大村はま「国語教室」の創造性

橋本　暢夫

渓水社

はじめに

大村はま先生の独創性豊かな実践営為「国語教室」について、長い年月、独自の調査・考究を積み上げてこられた橋本暢夫さんが「大村はま国語教室の創造性」と題して新著を刊行される運びになった。橋本暢夫さんは、既に「大村はま『国語教室』に学ぶ―新しい創造のために―」（平成13年7月30日、溪水社刊）を刊行しておられる。また、大村はま先生の大下学園（広島市）主催の研究会におけるご講演を収録した、「大村はま国語教室の実際」（上下二巻）（大村はま先生著、平成17年6月、溪水社刊）のまとめ役をし、「あとがき」を記しておられる。

既刊「大村はま『国語教室』に学ぶ―新しい創造のために―」（平成13年7月30日、溪水社刊）は、左のように七章（Ⅰ～Ⅶ）から構成されている。

Ⅰ　大村はま国語教室の提起したもの―国語科教育実践の課題―
Ⅱ　大村はま国語教室の営み―国際人を育てる単元計画とその展開―
Ⅲ　ＮＩＥの先駆者としての大村はま
Ⅳ　言語生活単元学習を拓く
Ⅴ　「大村はま文庫」学習記録に学ぶ
Ⅵ　大村はま国語教室研究関係文献・資料目録
Ⅶ　大村はま文庫について―所蔵目録を中心に―

本書には、大村はま先生の「国語教室」について、「大村はま文庫」について、それぞれ大村はま先生の開拓され、集積された成果が精細に述べられている。

新著「大村はま『国語教室』の創造性」（平成21年4月17日、渓水社刊）は、左のように四章（Ⅰ～Ⅳ）から構成されている。

Ⅰ　1　大村はま「国語教室」の創造性
　　2　二一世紀の国語教育への提言
　　3　「大村はま文庫」を活用するために
　　4　国語科教師論

Ⅱ　1　新聞による学習の創造
　　2　大村はま国語教室におけるメディアリテラシー教育―紅葉川中学校における「新聞学習」を中心に―
　　3　ＮＩＥの先駆者大村はま―単元「新聞」による「自己学習力」の育成―
　　4　対話力の育成―優劣を意識させない授業―

Ⅲ　1　個に応じみずから学ぶ意欲に培う教育を求めて
　　2　これからの単元学習のために
　　3　国語科教育の現状と課題―大村はま国語教室に学んできたこと―
　　4　ことばを育て、人を育てる
　　5　自己学習の育成のために

Ⅳ　1　テストで測れない力の育成を
　　2～　大村はま先生と鳴門Ⅰ～Ⅵ

大村はま先生の生涯をかけて営まれた、国語教室の独自性・先駆性が的確にとらえられている。
本書の「あとがき」には、本書の成立に関し、詳しく述べられている。一五年間（一九九三～二〇〇八）、求めつづけられたことが記録されており、大村はま先生の「国語教室」を、また、大村はま先生の指導された「学習記録」を精確にとらえ、考察・説明がなされている。

大村はま先生との出会いを広島・大分・鳴門各地でたえず豊かにと願いつづけ、その成果をまとめられたこと、橋本暢夫さんの労作（学位論文）「中等学校国語科教材史研究」（02年、溪水社刊）をまとめられたこと、中国へ出向かれての日本語教育への独自の取組みなど、そのご活躍には感銘を深くせずにはいられない。

平成二一年二月二七日

広島大学名誉教授
鳴門教育大学名誉教授
野地潤家

目次

大村はま「国語教室」の創造性

I

1　大村はま「国語教室」の創造性
――波多野完治博士からの書簡をてがかりに――

広島・大下学園国語科教育研究会
（02・12・1）

掲げましたサブタイトルは、大村はま先生が本年（02年）六月、横浜へ引越しをなさいました時に、世田谷のお宅から鳴門教育大学附属図書館の「大村はま文庫」に送ってくださいました資料の中から発見した書簡でございます。〔注―報告の時、資料は二分冊とし、書簡は便箋一枚ごとに原物のコピーで示していた。〕

資料その一の一覧（39ページ）にあげましたように、全集の配本のたびに、二年三ヶ月にわたりまして、一六通〔一五回配本分は未見〕が送られております。便箋百枚を越える書簡は、大村全集へのお礼状でございますけれども、内容に関しまして世界的な見地にたって大村実践を受け止め、位置づけ、そこからの発見を書き記されたものでございます。完成に向けて健康に気遣われるなど非常に温かなお手紙でございます。特別、大村先生のお許しをいただきまして紹介させていただきます。なお、私的なものでございますので部分だけ一人歩きさせられませぬように取扱いは慎重にお願い申し上げます。

まず資料その一の一枚目をごらん下さい。第一回配本は『国語単元学習の生成と進化』の巻でございました。波多野先生が、後に月報一一におきまして、「おそらく日本の国語教育の古典の一つ」になるであろうとお書きになった書物でございます。40ページの13行目からみて参ります。「大きな版の本でしかも五〇〇ページ以上、こんな本をいまの国語教師は一体よんでくれるのか、とおもいながら、よみ出してみると全体が一つのドラマのようでした。」と書いておられます。そして、そのあとに「全体が有機体のように構成されており、一冊の本であるばかりでなく、一つのドラマ、一つの作品でもありました。そうして、その中から得られる教育的洞察は無限です。」と記しておられます。

このことにつきまして、資料の59ページの終りの部分を御覧いただきたいと思います。波多野先生は「大村先生の場合、七〇歳を過ぎてもまだ進歩していたということは、第一巻を見ただけでもわかります。」と語られ、少々飛ばしました後で、「どうして先生はそういうふうに絶えず創造することができたんでしょうか。」と尋ねておられます。大村先生は「生徒を見ていたということかと思います。子どもは毎年同じでないわけで、その子どもに合わせようとすると、どうしても同じことは合わないわけです。」続いて、60ページの下の段に「ですから教科書をなかなかやれないわけです。何年か、同じ教材ですから。教科書でも一冊の本として扱えば、いろんなことができましたが。」と答えておられます。それは、全集一〇巻に教科書を一冊の本として読む実践がいくつも載せられているからであります。今、紹介しました資料は、「総合教育技術」(84・10月号、小学館)の一節でございます。

続いて、資料の最後のページ(74ペ)をお出しいただきたいと存じます。これは五年あとの大村先生の著書、『授業を創る』(87・4・20 国土社)の巻末に寄せられた文章でございます。「おわりのことば」(84ペ)に波多野先生はこのように記しておられます。「わたしは、この文章を引き受けたとき、感想文のようなものにだけはしたくないとおもった。ところが、どうだろう。本書の校正刷を読み出すと、感想があとからあとからわいて来て、止まるところを知らない。校正の周囲が感想でまっくろになるほどであった。」と。少々飛ばします。「八〇歳をこえて、なおこのようにあとからあとから新しい着想が出てくる頭を、そして他人をも新しいアイディアにさそう心を、なんといって形容したらよかろうか。」と述べ、「これは、自己に厳しく、たえず自己の教育力の向上を目指して精進して来たことから、生まれ出た水脈なのだとおもう。」と説いておられます。

書簡のほうへ返っていただきまして、40ページの下に、「わたしは、視聴覚教育から教育教授の問題に関心をもちはじめたものですので、あなたの実践は身にしみてわかるような気がいたします。」と同意を表され、「文章に書き、口に出してはいえないようなことを、シナリオにし、脚本化するなど、ひとびとにはなかなか考えつかなかったのだとおもいます。」と認めておられます。

これは大村先生が「鑑賞することと、それを書き表すこととは別の力である。」との考え方から実践されました、――この第一巻で申しますと――「地蔵の話」でありますとか、伝記を読んで劇とか紙芝居、あるいは朗読、放送劇、幻燈、絵本などにしていかれた実践をさしておられます。言葉によって表現することの難しい心理でありますとか、主題でありますとか、構想の特色などを、そのような形態の作業にさせていかれたものであります。それらの元をたどっていきますと、横浜元街小学校の独自の教育でありますとか、あるいは女学校二年生から日曜学校の先生をなさっておられました。そういう経験がここに活かされてきたのだと考えられます。

さらに波多野先生は、終わりの段落に「国語教師たちが、この本を気がるに手にし、一ページでも開いてみてくれるとよいとおもいます。そうすれば、すぐひきつけられて、それから先は、あなたのすぐれた「空間」へ入ってしまうでしょう。一旦入ったら、もうその世界からぬけられないでしょう。」と書いておられます。

別とじの資料「その二」の一枚目（86ぺ）を御覧いただきたいと存じます。「単元学習と私」のなかで先生は「一生覚えていなければならないことなら、忘れないように、頭に入れなければならない」（87ぺ）、「子どもが腰をピンと立てて、自ら打ち込んでいるという時の姿でなければ、ものを覚えるということはできないのです。そういう姿勢を作ることは、どうしても単元学習でなければならなかったと言いたいと思います。そういうふうに子どもたちを生き生きとものを学ぶことのできる頭にしておこうと思うと、どうしても、教科書の端の方からやっていくということではまにあわなかったのです。」——これは本校（大下学園）での講演ですが——このように語っておられます。なお、このページの始め（86ぺ）に「先ごろ、人から単元学習とは、問題を決めて、問題を解決していく学習のことですね、というふうに言われましたので、それもありますけれど、違うと私は否定しました。」その次でありますが、「国語科はそれだけでは結局できません。ですから、私は言語生活の指導というのが当たっているのではないかと考えたりいたします。つまり、能力の分析をはっきりもって、その力をつけようと単元を作っていきます。昔のただ興味ある問題、話題などをめぐって展開していた単元学習とは異なるのです。」と述べておられます。また、88ページの下の段で「新しい指導にはどうしても新しい方法がいるのに、方法を開拓しないで、——先生が一番工夫しなくてはならないところをしないで、——よくいかないところを単元学習という学習法の責任に転嫁してしまっている。」と問題点を示され、89ページの下で「今は程度が低いけれども、この道を行けば必ず一本立ちのできる、豊かな言語を使っていく人間になるという道へ乗っているかどうか、単元学習になっているかどうか、そういう所を見つめていきたい。」と語っておられます。

次（90ぺ）を見ていただきますと、「よい問いを出したとしまして、発言しない子どもというのがいるのです。子どもが黙っている、そのことはそんなに気にすることでもなく、悪いことでもない。なんにも考えていない子どもがいては、教育の意味がありませんし、頭も悪くなるでしょうから、困ったことです。しかし黙っている時間が長い子もあれば、短い子もいまして、スピード競争のようになることは、ほんとにまずいことです。」とされ、下の段で「いい発言をさせるには、いっしょに考えるようにすればいい、一生徒になって発言すればいい。」と工夫のあとを示し、91ページの最後でございますが「目の醒めるような発言をして、みんなを感動させることです。自分が作品を読んで、新しい発見をして、それをもって教室にでて来るような時に、その新しい自分の考えを、一生徒としてタイミングよく言い出してみたりします。生徒たちはびっくりして、腰を立てるのがわかる気がします。」と実践からの発見を話しておられます。そして、92ページの上のところで、「そして、より高まった発言が生まれてくればよし、きょう生まれてこなくても、高まったことは確実だと思います。」とありまして、「その度肝を抜かれて、じっと黙った、などという経験は貴重な経験であり、学校で一緒に生活して教えていないとできないことだと思うのです。」と教育の本質を語っておられます。

また、93ページの最後のところになりますが、「今のような方法は、書かせる時にも同様で、ものが書けない時は書くことがないのが最大の原因です。」「その書くことを与えるというか、書くことを開発するのが指導者の仕事。」と述べておられます。

個を把握し、学習者心理を洞察した上で新しい工夫をしていかれる、そうした大村教室の工夫を波多野先生は「教育的洞察は無限」と表現されたのであろうと考えます。

第二回目の配本は「ことば指導の実際」の巻でございます。この巻は「語彙は人生を拓く窓」という考えのもとに、言語感覚を育てることをめざして行われた実践を収めた巻でございます。41ページの書簡に「この巻は、小生のかねて興味をもっておりますテーマであるだけに、とくに一生けんめいによんでおります。現代の中学生の心理をたくみにつかまえておられて、とくに『幼児の思い出』に関心がないとか、現代の中学生を本当につかまえた文学作品がないとかは、大変共鳴いたしました。」とあり、次のところに、「貴全集がまとまりますと、国語教育に関してまったく世界に類例のないシリーズができあがるとおもいます。」と高く評価しておられます。

別とじの資料の四枚目（97ぺ）は、ことばの指導に関しまして、野地先生と対談をなさっている「大村はまの国語教室」（81・7・10　小学館）の一部でございます。初めのところに、野地先生が「いままで、話し合い・聞くこと・読書・書くことの指導のお話をしていただきましたが、そのどういう場合にも、先生はことばの指導を生きた学習場面で取り上げてこられました。」「その実例を」という質問に対しまして、これは一年生の例ですが、例えば動詞には、いろいろ広い意味に使われているのがあります。笑うとか、喜ぶとかいろんな言い方があります。そういういろいろな表現のあることばに目をつけて、ぴったりする場面を考える。次に、そのことばをかくして場面を発表して、そこにいちばんぴったりした表現を捜すという学習などは、大変面白い学習になる話をされ、「驚く」を例に取り上げられました。『驚く』ということばは『びっくりする』はもちろんですけれど、『ぎょっとする』『たまげる』『息を呑む』、いろんな言い方がございますね。」とありまして、98ページの下の段に「これをプリントして、『このことばこそ』という一冊にしました。」ついで99ページ上段です。「都会の子どもの自分たちが信州の星の輝きにほんとうに驚いた。『目を見張った』ということばがぴったりだというので、それを文章に作ったわけです。そして発表してみましたところ、話し合ってだんだん消し、最後まで残ったのは、『目を丸くした』と『目を見張った』なのです。みんな『目を丸くした』がどうして『目を見張った』より合わないのか、納得がいかないと言って担当者を責めたんです。どっちでもいい、同じだという意見が強くなりました。私は、二人がその文章を作っていたとき、『目を見張る』は何か優れたもの、美に打たれた、そういう感動のある驚き、『目を丸くする』はそういうふうな深い味わいがなくてもびっくりしているとき、と話してありました。」と述べておられます。とばしまして、100ページの線を引いたところで、「ことばをその場面に合わせながら、細かく頭を働かせて考えていきます。そういうときに、その人のことばの感覚というものが磨かれていく」と語られました。例えば七五年の入学生は特によく育ったと私に話されました。

「国語教室通信」には、毎週ことばを豊かにする試みがなされておりますが、ある時は「美しい」と「きれい」という用例を一五あげられまして、その文脈の中で、「美しい」と「きれい」の違いを感得させていかれる例もございます。

プリントの次をご覧いただきます。102ページの下に、「とにかく私は、子どもたちを優れたことばの使い手、言語生活者にするという責任者でありますから、そこへもっていくことをなんとしてもせねばならぬと思う。そのときにいろんな方法がある、いままでの方法では足りなくて、いろんなくふうをしているのです。」と語っておられます。

この第二回配本の目次をその後にあげております。第一章は「ことばを豊かに」の見出しのもとに、生活の場と一体になりました学習例があがっております。三つ目の「生徒の語彙を増すために」の実践でありますとか、「どの教科書もよめるようにするために」といったミニ単元があがっています。第二章には「ことばの指導の実際」との見出しで、単元「ほめことばの研究」とか、「ことばとことばの生活について考える」とか、「外来語の氾濫について考える」実践例があがっております。こうした「単元」とついておりますのが、大村先生のお考えになる本格的な単元でございます。

第三回配本は「読むことの指導と提案」の巻でございます。便箋一枚目の終わり近くのところ（41ペ～42ペ）でございますが、読むことの指導につきまして、「先生の指導は、具体的に中学生を動かすことを工夫してあって、この工夫のしかたにつき、読者に教えることが大きいとおもいます。これは、広島での講演がそうで、野地さんが解説で指摘しておられるとおりです。」と書いておられます。三五年前の本校（大下学園）での講演におきまして、例えば「文学を味わわせるために」は、前もってどのような力をつけておかなければならないかについて、大村先生は一〇の力をあげられまして、いろいろな単元の中で、意識的計画的にそういう力が養われてこそ、文学の学習は成功すると語っておられます。そのように「何々に備えて」という考えで、大村先生はたえず前々から布石を打っていかれるのでございます。

ついで、波多野先生は「わたしが本巻で一番感心したのは、久保田万太郎作品――『北風のくれたテーブルかけ』という作品です――の教材研究です。これは文学鑑賞としても一流のものですが、それが中学生の心理に即しているので、教材研究の傑作になっています。」と激賞しておられます。『北風のくれたテーブルかけ』は本文を含め五二ページにわたる教材研究でございまして、他に例をみない「典型」と呼ぶにふさわしい力作であります。

その次に重ね読みの問題を取り上げられまして、「重ね読みの問題はアメリカの文学教育からヒントを得られたのでしょうか。西尾先生も、アメリカの文学教育に関心をおもちでしたので、あなたのもその辺にヒントがあるのかとも思いますが…、それにしても、まったく大村式に消化されていて、すばらしいものです。」と書いておられます。資料その一の一七枚目（69ペ）をまずご覧いただきたいと思います。アメリカのいろいろな研究につきましては、大村先生はたえず目を配っておられました。波多野先生が「先生はそうとうイギリスやアメリカの国語教育の本を読んだでしょう」と尋ねておられます。大村先生は「いえ、ただ講習会で」とか「ＣＩＥの図書館で」とおっしゃっていますが、「イングリッシュ・ジャーナルを見ていました。」と答えておられます。――、これは何年もとっておられまして、桜新町の御宅の引越しの時は全部あったのですが、それを欲しがる方がおられて、全部あげてしまったとおっしゃったことがございます――、その「イングリッシュ・ジャーナルを見ていました。そしてイングリッシュ・ジャーナルに出ていた広告の本や、教科書やワークブックは見ていました。」と話され、「でもイングリッシュ・ジャーナルなどは、あまり教わるところがないといいますか、ごく当たり前というような感じがして、そんなに斬新な感じなどはしなかったのです。」「ただ、教科書とワークブックはその種類の多いのに驚きました。いろんな工夫がしてあって、読み解くときに、いっぱい問いが出ているでしょう。私は大変それが勉強になりました。」「読み解くときに、細かに細かにいろんな問いを出してやれば、それに答えているうちに文章がみんな読めてしまうという仕組みになっていたんです。問いかけにほぐされて読むということです。」こういうのが読む力になっていくと大村先生は考えておられるわけです。ヒントがたくさん出され、学習者が自力で解いていく、それが読む力になるという考え方です。

次に別とじの資料（104ぺ）をご覧頂きます。野地先生との対談に、「重ね読みというのがありますでしょう。私は『本で本を読む』という題目をつけていました。聖書を読むかたはご存知ですけれども、聖書には『印照付き聖書』というのがあって、それは一つの聖句のところに、それに関連したところを示しているものなのです。」――とじしろが大きくとってありまして、そこにたくさんのヒント、参照すべきところが書かれている聖書であります。――「この聖句を理解するのに参考にみるべき箇所を、『旧約聖書の何のどこ』『新約聖書の何のどこ』というふうに示した聖書です。父が作りましたのは小さな本でしたけれども、その考えをずっと押し広げていったもので、聖書で聖書を読むので、まさに『本で本を読む』のです。」このように語られました。この「重ね読み」の発想をもとになった読む力につきまして、104ページの一行目へ返ります。「読む力は」「やはり読んだものをめぐって、ほかの本を読んでいくということが本筋ではないか。ここはこういう意味、ここはこういうことを言っていると説明して聞かせて、納得させて、やっとわかったというふうになることは、その本を読むのが目的で、その文章を読むのが目的であって、読む力を育てることが目的と見定められていない」と語っておられます。

習っていない文章を読んでわかるのが、国語の読みの力であって、習ったことを覚えておいてテストに出たら、習ったとおりに書くのでは、読解力にはならないとの主張であります。読む勉強で養った力そのものが役に立つという考え方であり、その考えから本への取り組みの独創的な工夫がたくさんなされてきたのであります。

本日は、私は、本で資料を読む、試みをしておりますので、あちらこちらページを繰っていただきお手を煩わせております。そうした一つの試みをしながら、このように説明をさせていただいております。

重ね読みの問題について、大村先生は自己の読書の方法を教室へもってきたのだと言っておられるのです。書簡へ返りまして、その次のところに波多野先生はイーザーの「行為としての読書」のことを出されまして、作者と読者とのカケヒキの問題についての指導は「第七巻、八巻あたりに行って展開されるのかとおもい、楽しみです」と書いておられます。第八巻にそのことが出てくると、私は考えておりますが、八巻でなくても劇や紙芝居にする、伝記の扱いなどを見てまいりますと、ここに指摘されております、作者と読者とのカケヒキを取り扱っておられると解釈することができます。

第四回配本は全集では第二巻の「聞くこと・話すことの指導の実際」です。42ページに波多野先生は、「小生はこの一〇年ほど、話しことばについて関心をもっており」と記され、43ページに「こんどの巻は、まえの三冊の予備知識があります故か、大へんわかりやすく、全集第一巻、第二巻――第一巻　単元学習の生成、第二巻　聞く・話すの指導――をつずけ(ママ)てよむのに大へんよいとおもいました。」なぜなら「本巻は聞く、話すが中心ですが、読む、書くともからんでいるので、先生の全体の国語教育観がうかがわれ、全体的展望をするのによい巻とおもいます。」と書いておられます。ついで「わたしは英語、フランス語でスピーチの本をいくらか読みましたので、あなたの本を楽しく拝見することができました。」「なによりも聞く話すという、第一義的でなくなりやすい仕事を単元化していく授業の天才的な工夫に頭がさがりました。」と記され、そのことを波多野先生は便箋四枚目（43ペ）に、「上手な手品師のように見事に感じました」と書いておられます。続けて「わたしとしては、聞くと話すと、どちらにプライオリティー［注―重点］をおくのかのもんだいに興味をそそられました。というのは、欧米のスピーチ学者はみな「話す」にプライオリティー［注―優先権］をおいて、そこから聞くをひき出しているからです。もちろん聞くに全然ふれないスピーチ学者もいることですから、ヨーロッパ的風土が聞くことを軽視していることはたしかなのですが、あなたの『聞く』の重視は、中学生という発達段階を考えると、しごく当然でここから出発したのは、あなたの見識を示すものです。」と評され、下の段に「話し合いについてのご議論はじつにすぐれており、また、中学生の心性にあったものとおもいます。というのは、中学生は、小学生よりずっと自己中心的になり、分裂病的症状を呈し、したがって話し合いの価値のわからなくなる時期だからです。」と同意を表しておられます。

資料その二のナンバー7（107ペ〜）をご覧いただきたいと思います。109ページの上の段に、話し合いの「話」につきまして、大村先生は「たとえば『話』ですけれども、自分の話が人にわかるかわからないかということを、自覚させたい」とねらいを示しておられます。「物分りがいい先生とだけ問答していて、自分の話が人にわかるかわからないかということが判断できるでしょうか。わかりの悪い人や自分に好意を持っていない人、そういう人に自分の話をわからせることは容易ではないと思います。」また、五行あとに、「よく聞いていない人にも、よくわかってもらうような力をたくましく鍛えなければ、世の中を生きていく言語力をつけたとは言えないと思います。」と語っておられます。最初（107ペ）に返りまして、「自分の話を相手の人にわかってもらうということを」、「ほんとうにやっていくこともグループでないとできないと思います。それからいろいろな問題について話し合っておりますと、相手から何か得るというだけでなく、自分がひとりで考えていたときと全然違った新しい考えが自分のなかにわいてくることは、よく経験されると思います。そのためにも、自分の成長のためにも、どうしても子どもたちが話し合って、そして自分が話し合うことによって伸びられるかということを体験させるべきだ」と協同学習の意義を話しておられます。

次のプリントの上の段（112ペ）になります。「子どもたちに、すっきりしたお話を聞かせたいと私は思っています。生徒は私たちの話につれて、頭を動かしてくるのですから、いつも整然と形の整った、区切りのいい、段落のはっきりした話を聞いて、頭を動かしている生徒と、あちらへ飛び、こちらへ飛びする話しか聞いていない生徒とでは、長い間に、頭の組み方が違っていってしまう」と、計画された論理的な話の大事さについて述べられ、さらに、下の段の中ほどのところでは、「その話し手の気持ちになって、集中して聞く、そういう心構えのない生徒に、ものが聞けるとは思えません」と語っておられます。そして、113ページにかけて、学力と人間形成の基礎について「話のへたな人の精いっぱいの、しかしやっぱりへたな人が、情けない気持ちにうちかちながら話している、そういう気持ちを考えながら聞くところに、人間というものが育ってくるのではないか。もしことばというものが、人間性を離れてはないとしたら、また、ことばが、最後において人と人との通じ合うものであるとすれば、そういう心構えの育たない所には、人間というものは育ってこないという気がします」と、言い切っておられます。

次のナンバー9（115ペ）をご覧いただきますと、そうした、話しことばに目を向けさせ、自覚して学ばせるための工夫としまして、「テストに関係がないという考え方を捨てさせる」という見出しのもとでの話があります。下の段に、「テストに関係がないというのは、中学生のお得意の文句でして、一切を抹殺するような力があります。一挙にもうそれは自分のすることでない、学習の対象でないことと思うような風潮があるのです。」と話しだしておられます。波多野先生が中学生は自己中心的で話し合いの価値の分からなくなる時期であるとおっしゃったことと、このお話とはよく照合しております。

その第二巻の目次を下の段（116ペ）にあげておきました。第一章が「聞くこと・話すことの指導計画」で、その指導の基底となる考えが、丸印をつけました、「人と学力を育てるために」「話し合える人を育てる」に出てまいります。波多野先生が上手な手品師のように感じたとおっしゃる教育実践は、第二章、第三章にあげられています。第三章には、「聞くこと・話すことの単元の展開」として、本格的な単元であります「いきいきと話す」、「このことば使いをどう考えたらよいか」、「このスピーチに、この題を」などがございます。こうした生きた呼吸を私どもは学んでいきたいと存じます。文部省が指導要領のキャッチフレーズとして、前回はディベート、今回は「伝え合い」ということを唱えまして、種々の報告が出ております。こういう巻を見ますと、そうしたキャッチフレーズを超えた実践が、既に六〇年も前から大村先生によってなされてきたことが、よく分かるのでございます。

次の第五回配本は、その下（117ぺ）に目次をあげておきました。「作文学習指導の展開」のタイトルのもとに、「中学生の創作力を養うための学習指導」でありますとか、「書くことの指導の展開」として、「書き出しの研究」、「意見文の指導」、第三章に「個人文集」などが収められております。

書簡のほうへまた返っていただきまして、44ページでございます。「作文学習指導の展開」の巻につきまして、三行目に、「小生は、昭和八年から文体論をやるようになり、今年で五〇年たつわけです。そのせいか、この第六巻はことのほか面白く、また、他の人ではあじわえない本巻の長所もつかまえることができたとおもいつつ拝読いたしました。」とあり、そして「小生の著書の『文章心理学大系』のうちの『創作心理学』がことのほか出来が悪く、見おとりがします。それで形だけでももう少しととのったものにしたいと考えているのですが、うまいアイデアが出てきません。」と記されたのち、便箋二枚目の後半になります「こんどのあなたの本は、その点非常に貴重なヒントをいただいたことになりました。」と認められております。そして「中学生になると生活文では満足できなくなり、もう少し高度の文章をかこうとするようになることは、わたしも感じておりました。またアメリカの作文書などでは、中学生に創作を試みさせることも、まれに見うけます。しかし、あなたの工夫は例により、独特で書き出しを提供して、後をつづけさせたり、連作の面白味をつかませるようにしたりして、大へんよい成績をあげておられると感心いたしました。」と賛嘆され、「構想をまず提出させることも、アメリカではおこなわれておらず、あなたの独自のものでしょう」と書いておられます。大村先生は、例えば「五つの夜」でありますとか、「白銀の馬」でありますとか、こうした原作の構想をまず出させておられます。その時、その創作力を育てる教材をもらいまして、「血沸き肉躍る思い」と書いた個性的な学習者がいたそうであります。こんなことばをどこで覚えてきたんだろうと先生はおっしゃりながら、「しかし、このような経験をしたことは大変大事なこと」と私に語られたことがございます。波多野書簡にはさらに、「処理は子どもの嫌がるものですが、あなたは、じつにそれを面白く熱心にさせています。これもわたしはおもわず、ウームとうなりました。」と感じ入っておられます。処理も含め、作文指導の全ての要素を凝縮した「先生への手紙」というのがございます。これはナンバー10（118ペ）に挙げておりますので、のちほどご覧いただきたいと思います。

波多野先生は、さらにこの処理につきまして、44ページの下の段に「これは『批評』への導入としての役目もはたしています。」と記され、次になりますが、「今日のような時代には批評すること、そのことが教えられなければならないのです。この点、あなたの生徒による処理は――作文の相互評価、自己評価をさしていられます――納得できるものです」と書いておられます。作文の相互評価が批評精神につながっていくことを、このように位置づけておられるのであります。

そして「この本は、わたしに、あきらめていた創作心理への新しい意欲をおこさせました。」と書き記しておられます。

波多野書簡はここに力が入れられておりますけれども、この巻には先ほど申し上げましたように、「個人文集」の実践が収められております。その個人文集につきましては、言語感覚のよく育った生徒を三年生に持ち上がることがかないませんで、一人さびしく能登へ傷心の旅をなさったことがあります。しかし、今度一年生を持ったら、「その一年生を持たないと出来ない仕事をしよう」と考え、「食べることも寝ることも忘れて作った」と先生はおっしゃいました。そのようにしてできた文集であります。学期に一冊、課外で自由に書いていく文集でありまして、書くことによって自己を見つめさせ、自己を確立させ、個性を伸ばしていく、工夫の凝らされた文集でございます。それがこの巻に収められております。

第六回配本は「古典に親しませる学習指導」であります。45ページに波多野先生は「古典は少しめんどうだな、とおもいました。」と記しておられますけれど、上段の最後に「と、どうでしょう。本当に古典が親しくなってきました。ことに、萩原廣道に学んだともいわれるテキストをつくり、それを目で追うように生徒に指導され、あなたご自身で朗読していかれるという個所など、コレダとおもいました。」「そうなると、この第三巻の面白いこと面白いこと、今までの配本中でも傑作の巻ということがわかってきました。」「こういう指導なら、もう一巻か二巻あってもよいとおもうくらい面白い『よみもの』でした。」と書いておられます。

なお、余談でございますけれども、今、「国語は体育」とおっしゃる方が編集の方と一度大村先生を訪ねてこられたそうであります。その後、ご自身は大村先生を受け継いでいるとおっしゃっていますが、大村先生は、「私と考え方は違うんだけれども」と迷惑をしておられました。

書簡の便箋三枚目（45ぺ）の下の段の中ほどに「私は漢文はすきで、今でもときどきよみますけれども、古典国語はあまり読みません」とあり、「けれども、あなたの一つ作品があげられるごとに、その作品の書き出しの一節を暗唱して聞かせたという個所などは、なるほどプロでなくてはできないなと思いました。」としたためられております。便箋五枚目（46ぺ）からは波多野先生の読書法に筆は進んでいきまして「第六回目が終わりました。もうこの辺でこれからどうなるという仮説を立てて、先々の巻をよみすすめていくころでしょう。私はつぎのような仮説を立てました。（1）大村はまさんは、きくはなすを基礎にして、読む書くを上部構造とし、土台から上部へのぼるが、たえず上部構造から土台へもどって、言語活動を全体としてつかませるように努力する。すなわち上部構造と土台との円環作用を理想としている。」と書いておられます。

大村先生の実践は重層構造をなしていると、私はかねがね申してきたのでありますが、波多野先生がこのようにおっしゃっていることを、この夏初めてこの書簡で知ったのであります。

（2）の二行目に、「大村はまさんが視聴覚をこれほど利用していることは夢にも知らなかった。大村さんの視聴覚利用で一つの論文がかける。」と書いておられます。

（3）といたしまして「古典は特にそうだが、朗読、朗誦を中心にすえている」「これは日本の学級が五〇人でしかも一斉授業であることに対応するが、一学級一〇人とか一五人とかのいわゆるテュトリアル——少人数学級——ではどうなるか、フランスではそういう方向になっているようだけれども、この場合の朗読はどういう位置をうるか。」と書いておられます。そして、「こんな点に関心をもちつつ今後の巻を拝読していくつもりです。」とこの便りは結ばれております。

第七回配本は「国語学習のために」の巻で、三冊の書物、すなわち「やさしい国語教室」「続やさしい国語教室」「国語教室おりおりの話」を収めた巻であります。波多野先生はのちに「大村国語教育学」——と呼んでおられます——、その大村国語教育学の入門書として、一番向いている巻であると書いておられます。便箋二枚目（46ページの終り）に「七冊めは中学生のために書かれたものなのでやさしいかとおもいましたら、内容はおそろしくコンパクトなので、なかなか手がるによめません。」と記され、「これはあなたの教育者としての資質を示すものであるとともに、あなたの国語学者としての見識を示すものであり、かつ、あなたのジャーナリストとしての才幹がなみなみならぬものであることを示した巻であると思います。」と述べておられます。便箋四枚目の後半（47ぺ上）に「あなたのお書きになっている本文では、実際にあった事件をもとにして書いているところが実に迫力があります。」とも書かれ、最後の七枚目に、追伸として「国語教育のおしえ方とそのむずかしさ、同時に面白さが、あなたの本七冊をよんでわかったような気がします。」（47ぺ下段）と書き記しておられます。

第八回配本は、「書くことの計画と指導の方法」の巻でございます。便箋の三枚目（48ぺ）に、「さて、今回の第八回配本ですが、非常な力作であなたも、さぞご満足であろうと思いました。立派なできばえです。」「第六巻が先に刊行されているので、――第六巻「作文学習指導の展開」は、先ほど紹介いたしました創作力を養う実践とか、「個人文集」の含まれた巻でありますー―今度の第五巻は理論編、または総論にあたるかと思いますが、両巻をあわせて、大村国語教室の作文指導の全貌がわかるようになっています。私は第六巻を見ただけではわからなかったことが、今度の巻を見て大変よくわかりました。」と認めておられます。別とじの資料の一一枚目（123ぺ）を御覧いただきますと、最初のところに「作文指導といいますと、作文を上手にする指導と考えて、もう一つの作文教育の目的を考えないということが多いようです。」と作文指導の目的について説きはじめておられます。数行とばしまして、「書いたものが人にほめられるような作文にならなくても、『書く』ことによって育つ『あるもの』があるのだと思います。『書くこと』によってしか鍛えられない頭の働きがある、それは書いている作文の上手下手に関係なく得られる効果である」と大村はま先生は語られ、124ページの上の段の中ほどに「これから生きていくうえに必要な、用の足りる、書いたものによってわかってもらえるものが、あまり面倒という気にならず、ひととおり書ければよい」「人のほめるようなものが書けなくても、筆不精でなければ幸せだ」と考えること、「うまいまずいばかり考えずに、世の中には文章のうまい人はめったにいないと」と考えておくことだと述べておられます。それに、「文章の成長はどうしても人間の成長によるものですから、その子が人間として成長し表現したいものを心の中に持った時に不自由のないように、と考えて書き続けさせたい。」そのためには、書きたいことを持たせることが指導者の役割であると述べておられます。さらに、野地潤家先生との対談の中で、「私は自分の勉強のしかたをそのまま単元の一部に取り入れたり、また指導の方法にしたりしていることが随分あるのです。」、「作文を書くときのカードに書きまくるというやり方は、私が何か書くときに、いつのまにかしていたことです。」（125ペ）と語っておられます。大村先生は話される時にも、講演の時にも、題目に即して、まず頭に浮かぶことをカードに全部お書きになって、その後、字数とか時間によってそれを削っていかれるというのが常であります。そのことをこのように打ちあけておられます。野地先生がその次のところに「戦後、一般的にはブレーン・ストーミングの方法が紹介され、それを教室に取り入れられる方は少なくないと思いますけれども、先生の場合は、もっと前からそれを実地になさっておりまして、それを子どもたちの文章指導に生かしてこられたのですね。」とまとめられ、126ページのはじめに、「文章を書いていくときの、生きた呼吸のようなものを指導者自身がつかんでいなければ、どうしても書きなさいとか、しなさいと、形だけを与えるような文章指導になりがちだと思うのです。」と語られます。大村先生の独創的な指導の根底につきまして野地先生はこのようにまとめておられます。

書簡のほうへ返っていただきまして、（48ペ）「この巻の中では『言語生活を手がかりに』とか『おりおりの作文指導』など、読みものとしても面白く、ことに後者は、わたしのようなものにも、新しく教えるところのあるすぐれた着想にみちたものでした。下手な作文の場合には、二つまたは三つの題をいっしょにすると、わりと面白いものになる、というヒントなど、私のように年中下手なものばかり書いているものにとっては、貴重なものです。」と着想からの収穫を書いておられます。その次に『『中学作文』はすでにご著書としても名作のほまれ高いものとおもわれますが、本当にそうだとおもいます。その後につく題材集がまたすばらしく、この一ページをつくるのにどんなにたくさんの時間を費やされたかとおもい、その実践にアタマが下がります。」とも記しておられます。

次に、「さて、私が疑問におもうのは」と話題を転じて、「あなたには学習指導要領の各項目についての批評はないのでしょうか。輿水氏も指導要領の委員の一人として、もっぱらそれの『弁護』にあたっておられますが」――と、このような言葉を使っていられます――、「あなたの場合、学習指導要領は一つの足場であって、それをふみ台にして、非常に高いところへまで生徒をつれていく指導をしておられ、学習指導要領をシーリングとして、そこへまで到達すべくカツカツの実力しかもっていない人たちと同じように学習指導要領をあつかうことには、問題があるのではないでしょうか。」と疑問を呈しておられます。このことに関連しまして、別とじの一二枚目をごらんいただきたいと存じます。

大村先生は西尾実先生の教科書の編修を手伝っていられる時には、指導要領のことを細かくとりあげておられましたけれども、そのあとはあまり語っておられません。それは次のようなことによるのであります。下の段の一行あきの次でございます（126ぺ）。「指導要領の目標がばらばらにたくさんあったために、どれもみんな同じ重さだと考えられているようですが、指導事項には当然軽重があるはずです。けれども、読むほうからいえば、ずっと並んでいればみんな同じように取れるということもしかたのないことかもしれません。そんなことからずいぶん授業が散漫になっていった」と述べられ、「私自身、指導要領に関係した責任上、あれをいっしょうけんめい見ながらどういうところがどんなふうにやりにくいだろうかと考えて見ました。」「自分の授業があっちにとびこっちにとびした経験もいたしました」と「要領」が構造化されていないことを語られました。加えまして、プリントの最初のところ（126ぺ上）に、「しっかりとした話し合いの行われないところに」「また言うべきことを言わない人がたくさんいる社会に、どうして民主国家が成立するでしょうか」「私たちが話しことばを指導せず、討議――話し合い――のちゃんとできる子どもたちを指導しなかったら、何を指導したって、しようのない日本になるかもしれないということをもっと本気になって考えたい」と、――文部省の方に聞かせたいことでありま す――このように述べておられます。また、「もしこの力が日本の将来のために必要なんだったら、どんな困難があったって、しなくてはならないことは当然だ」と言い切られ、「指導要領に、あるからとかないからとかいうふうなところにとどまっていて、本気で指導しようという情熱をもっていないのではないか」と指導者の腹がすわっていないことを指摘しておられます。

指導要領が構造化されていないことにつきましては、例えば、中一に「要約力をつける」というのがございます。大村先生は要約力をつけるためには、三つの力がいる。「正確に読め」て、「要点がつかめ」て、「再構成する力」がなければならない、そのようなことが小学校の二年生とか、四年生とか、五・六年生にばらばらに指導事項として置かれている。そうしますと要約力をつけるという時には、指導者のほうでそれらの指導事項の達成度を検討して、どんな力が足りないから要約力がつかないのだと要素的な力について考えなければいけなくなってくるといったことを東京都の青国研で語られた記録がございます。

書簡のほうへまた返っていただきますが、第九回と第一〇回配本は二冊一緒にお礼の手紙（49ぺ）を書いておられます。二行目のところに、「月報の原稿をかいているうちに、全集がまた来て、二冊たまってしまいました。」とあり、三行あとに、「第一五巻の方は、――これには三冊の書物が収められております。「みんなの国語研究会」と「ことばの勉強会」、それから「学習慣用語句辞典」から抜粋されたものでございます。――あなたの得意な中学生のための『少年少女図書』で、たのしい、しかも有益な読みものになっておりますが、わたしが読んでもためになる部分が多いのにおどろきました。『仕上げられなかった研究から』などは、その代表です。」『文体の観察』などもわたしにもためになったページの方ですが、こういう作業をここまで指導なさったことに敬意を表します。わたしが大学生に卒論の指導をしても、ここまで数字を正確に出していることはすくないのです。」と記しておられます。「それに文体を見る目が――学習者の文体を見るまなこが――よくそだっていますね。」と書いておられます。数行とばします。「さて、今回第一〇回配本の『国語教室の実際』です。これは全巻講演の由ですが――国語教室の実際は、大下学園での講演などが含まれたものと、「教えるということ」と、「一人一人を育てる」の中から抜粋された一巻であります。――「これは全巻講演の由ですが、あなたがお書きになるものとちがった味があって、立派なものとおもいます。ここまで直し直しされるのは、あなたの話しことばをもってしても、容易なことではなかったでしょう。しかし、そのおかげで、われわれは講演というものの手本をいくつか持つことになりました。」と、このように書いておられます。

別とじの資料一三（129ぺ）に、この『国語教室の実際』の「あとがき」をあげております。130ページ下の段には「私はこの本を手にして、話を文字にした本には、最初から文字で書かれた本とは違った雰囲気があるということ」に気づいたとあり、次の行に「お聞きくださったかたがたの息づかいのようなものが感じられます。ページを繰っていきますと、なんかあたたかな、やわらかな感じがいたします。聞いてくださった皆様との合作のような本ですがとにかく、いきいきしたものを感じます。」と書いておられます。波多野先生が、書かれたものと違った味があるとおっしゃったことを、ご自身も感じておられたのでございます。

なお、この『国語教室の実際』の最初に据えられております「国語学習指導の記録から」は、ここ大下学園で大村先生がお話なさったことを早く亡くなられました英語科担当の佐藤博先生が文字化してくださって――ここに持って参りましたこのような本になったのであります。これが講演をまとめられた最初の書物でございます。

そのことについて大村先生はあとがきに感謝のことばを述べておられます。

本校だけで三二回の講演を大村先生はなさったのでありまして、広島県下ではおそらく五〇回を超える講演をしてくださいました。そうした講演の記録につきまして波多野先生は「手本」とおっしゃっています。

書簡には、さらにこの講演記録につきまして——便箋五枚目の最初のところ（49ぺ）ですが——、専門職としての「技術の重視」に感心したと書かれております。そして、「なによりも打たれますのは、貴女の人柄です。うちの女房勤子とは、まったくちがった人柄。」とお書きになり、「うちの女房は、小生のおかげでヒステリー性ノイローゼになりかけましたが、貴女をノイローゼにさせなかったものはなにか。わたしのようなダメ亭主がついていなかったからかなど、いろいろ考えさせられました」と書いておられます。

次のプリントに移ります。第一一回配本は『やさしい文章教室』と『やさしい漢字教室』を収めた巻であります。50ページ上段に、「『やさしい文章教室』をよんでおりましたら、すこし変った感想がかきたくなり、海外むけにつかっているレター・ヘッドの入った——横書きの——便せんをつかうことにしました。」とあります。この巻には、内容及び形式面でのいろいろな工夫が説かれておりますし、「いろいろな日記」のことなども書かれておりますので、それをお読みになってこういうことを思い立たれたのだろうと考えます。下の段の中ほどに、「こんどの『やさしい文章教室』は本当にためになりました。文章の構造を図にすると、（長四角の中に斜めの線が入った図）になることは気がつきませんでしたので、わたしには啓示でした。」と書いておられます。これは主題・構成にかかる長四角の図を作られ、「さて、この図は」との見出しのもとに、見たり聞いたりして得た材料、読んでえた材料、行なってえた材料、考えてえた材料といった四方向からの取材の工夫、あるいは構成の時にもそれが使えるということで、生徒たちに示された図であります。それについて「わたしには啓示でした」と書いておられます。続けて波多野先生は「わたしはコミュニケーション過程として送り手と受け手との関係ばかりを考えていたようです。そのプロセスでこのような構造化がおこなわれるということを今度のご本でしりました。デールの『経験の円錐』と相似の考え方です。」と記しておられます。「これはあなたのいうとおり、本当にいろいろのことにつかえます。対句構造、弁証法、みなこの構図から出て来てよいわけです。」とも述べておられます。

「やさしい漢字教室」につきましては、「漢字について」――ちょうど便箋三枚目の真ん中あたり（50ぺの最後）になります――「じつに親切ていねいに説いておられます。よくこれだけの知識を蓄積されたとおどろきます。」「アメリカの大学生たちは、入学のときが綴字の能力が一番たかく、卒論のころには一ページに七〇ぐらいも誤りをおかすそうです。」とのエピソードを添えておられます。下の段へまいりまして「あなたのようなやり方で漢字をたえず比較検討しながら覚えなおしをしていったら、日本の大学生たちも漢字をまちがわなくなるでしょう。」とも記しておられます。

大村先生は漢字は書いて覚える人ばかりではないということから、いろいろの工夫を――ゆっくり見せてパッと消す、比較をして覚えさせるなど――なさいました。ドリルで詰め込むやり方では、せいぜい三週間か四週間で消えてしまうんだからダメなことは明白であると考えられ、忘れないように頭に入れる工夫、さらに、それを使えるようにしてしまう工夫を重ねられました。そうした工夫がこの『やさしい漢字教室』に、ぎっしり詰まっております。そのことについて波多野先生はこのようにおっしゃっているのでございます。

第一二回配本は「国語学習記録の指導」でございます（51ぺ下）。「生徒作品のあいだに貴女さまがはさんだ「注」が、じつに生き生きしており、なるほど、これだけ苦心しておつくりになっている全集では、二ヶ月に一冊も大変だろうとおもいました。」と記されています。その次のところに、「小西まゆみちゃんの学習記録を見ていくと、国語の伸びもさることながら、この女生徒の人格形成の跡がしのばれ、じつにすばらしい指導と成長の記録とおもいます。」「そうしてその成長の間に、ちらちら大村先生のかげが見えるのもこのもしい感じです。」と書いておられます。大村先生は先ほどご紹介しましたように、「学力と人間形成が別ものであるわけがない」というお考えのもとに、たくさんの学習記録を残してくださいました。文科系の方ばかりでなく、理科系・医科系に進んだ優秀な方がたくさんおられます。――私も何人もの方を存じ上げておりますけれども――、そういう方が人生の生き方を大村先生から教わったと話しておられます。それは「学び方」を体得し、自己をみつめ、個性を伸す指導をしていただいたとの思いからくるようでございます。波多野先生はそのことを見抜いてここに指摘しておられるのであります。

なお鳴門教育大学の大村はま文庫には二千六十冊の学習記録を一冊一冊箱に入れまして公開しておりますので、ぜひおいでになって先生方の「新しい創造のため」のお役に立てていただきたいと願っております。野地先生の寄贈してくださいました三万冊の野地潤家文庫と大村はま文庫には、毎年全国から百人を超える方が研究においでになります。

書簡の52ページの上の段に「野地さんとの『総合教育技術』での対談――のちに小学館から三冊本として出版されました「大村はまの国語教室1・2・3」のうち、ここでは3について――は「大へん面白いです。おかげで、西尾実先生の国語教育論、全一〇巻別巻二巻を買いました。大村はまがどんな点にいちばん影響されたか、少し具体的に調べようとおもいはじめたのです」と述べられ、最後の行に「まさに八〇の手ならいです」と書いておられます。波多野先生は一九〇五年のお生まれでしたから、ちょうど、数えの八〇歳になられた年に、このように大村はま研究のために西尾全集を求めておられます。

次の第一三回配本の書簡に移ります。「国語教科書とともに」の巻でございます。52ページの終りに「こんどの巻は、特に興味ふかく思われます。というのは、わたしは、国語読本の『教師用』をよむのがすきで、アメリカ・イギリス・フランスなどいろいろあつめて読んでいるからです。その意味で全集に入れて下さって、大へんよかったとおもいます。海外のものとくらべた場合、あなたのは、いつもと同じく、深く考えられていて、あらためてあなたの用意の深く且つ慎重なのに感心いたしました。」とございまして、（1）から（4）までその特色を比較しておられます。⑵のところをご覧いただきますと、「テープレコーダーの利用、壁面の利用など、つまりディスプレイの方法が書いてある。こういうのは海外の教師用で書いているのは本当にない。あなたの指導がいかに『生徒の現代生活』を見つめているかを物語ります」と評され⑶に「朗読の場合、苦心するポイントが書いてある。」「これも感心しました。日本語をもっとよくしようという気持がなかったら、こういう点にはふれられません」と書いておられます。そして⑷に「評価の観点について。これもよく出来ているとおもいましたが、あなたはそれを数量化しようとしない。」「評価の観点は、項目について検討すると、たいてい到達度に属するので、この文章が書かれて――昭和三一年、一九五六年のことでございますが――、この文章が書かれて以後十年、アメリカで問題になって来たことを先どりしているともいえます」と述べておられます。さらに、下の段の終り近くには、「第二部の教科書を一冊の本として読むは、私がつねに試みていることについて書かれているので、大へん面白いです。石森さんの教科書をつかっての『この視点から』も面白いですし、『私の編集』はもっと面白いです。」と書き加えておられます。なお「このつぎは六月末発刊とあるので、それまでには、もう一度読めるとおもいます」と――続けてもう一度読むおつもりでしたのでありましょう。このように――述べておられます。

評価につきまして135ページの終りの部分を見ていただきますと「私は、子どもが自分でやっていることを、本当に何と思っているか――自己評価ということです――、子どもが自分でやっていることを自分でどのように思っているのか、「そういうことを評価というと思うのです」と説きはじめ、次の段落のところですが、評価が輸入されて、私たちの勉強した頃には、まだ正しくとらえていたと思う。その評価というのは、一つには、「教師にとって子どもたちの欠点や特色などをとらえて、これからどういうふうに指導していったらいいかと考えることをいう」とあり、二つ目に、「また子どもが自分の答案」とかいろいろなものを見まして「自分の欠点と弱いところを知って、これからの勉強の指針を得る。そういうことが評価なのです」と述べておられます。ついで、自分がこれからしなければならない学習の方向を決めるためには、自分の欠点をとらえ、足りないところをとらえなければいけない。すなわち、自己評価をしなければいけない。その自己評価力をつけていくことが、自己学習力につながるという考えであります。大村先生は、学習のすべてを収斂していく「学習記録」へのプロセスにおいて、この「自己評価力」を育て、学習者自身が「自己学習力」を発動していく教育を諏訪高女時代からなさってきたのであります。

また、135ページの上の段の中ほどに、「教科書の手びきというのは、全部やるようにはできていません。」――と、評価をそのように考えたとき、どう学力を導いていくかについてこのように語っておられます――。「子どもたちをよくみて、選んでやらせるとか、このクラスではこれを、とやるためにあるのです。問題集だと思って、端から一つずつやって、答え合わせなどというのがありますけれども、まったく無駄なことではないでしょうか。」と説かれ、「段落とか、こそあどなどは、そういうことが必要な子どもがあるときそれをやらせるのです。こそあどなどは、聞くとわからなくなるのが普通です。」一行とばしまして「それから、書く人もあまりどこを指すなどと決めていない」こともあるのですと話され、「こそあどさえ見れば、『この』がどこを指すかと聞く先生があるんですけれど、それは学力というものについて勉強が足りないのではないか」と指摘をしておられます。

次のプリント（138ペ）を見ていただきますと、話し合いにつきまして、「今は、話し合いということが当たり前に行なわれている」「先生は、気楽に、何かにつけて、『話し合ってごらん』と言われるのです。話し合いをさせる人が山ほどいて、話し合いを教える人、指導する人がほとんどいない」「民主国家とは国民の話し合いがしっかりできていなければ成り立たないのに、その指導をする人がいない」と厳しく指摘をされまして、141ページに、『身をもって』指導する先生がいなくて、先生のご指導が何もないので、全然張り合いがない、学ぶ喜びなどないので、学校が好きになるということもなく、優れた子どもがばかばかしくなってしまうのです。」と説いておられます。その「身をもって示す」話し合いの指導をしている人は、なるほどすくのうございます。やらせる人はいますけれども。前回の「学習指導要領」のディベートにしましても、今回の「伝え合い」にしましても、表面的には流行りますけれども、話し合うことをきちっと指導している人がいない。そのことをこの講演で指摘しておられます。

第一四回配本は「読書生活指導の実際一」でございます。54ページの上の段に「今回の配本、第七巻は、貴女さまの本としても傑作とおもいます。さいしょの読書指導計画案が、毎月毎月すばらしい上、おわりの方の『本をつくる』プロジェクトも――これは『もう一冊の本を作りながら読む』というプロジェクトでございます――独創的で見事と思います。」と記されております。さらに、「わたしは、予算をあたえて、本を買う――単元『どの本を買おうか』という単元でございます――そのトピックの構成にはもっとも感心いたしました。」と認められており、四行あとに、「わたしどもも、この生徒たちと同じようにして」外国の書物を注文すると書いておられます。そして、便箋三枚目（54ぺ下）に、「さて、わたしの教え子で東大助教授になっている吉田［注―章宏］君が面白いはなしを聞かせてくれました。彼の学科に、大村先生の教え子が入って来た相です。リポートを書かせたところ、大村先生に教わった回想をかきました。そうして、二年生までしか教えてもらえなかったことを、大そう残念におもっている、と書いている由です。その学生は、中学校ではたぶん、大村方式では、高校受験にさしつかえるとおもったのだろうと推測しているのですが、その学生は、大村先生に三年まで持ってもらった方が、高校受験にも有利だったのではないか、と書いている由です。」とエピソードを紹介されまして、「吉田君は斉藤喜博にいかれて——と書いておられます——児童の心理に深入りしてしまった人ですが、きっとそのうちに斉藤、大村比較論をはじめるとおもいます。私が生きていて、その論文がよめたらとおもいます」と願いを記しておられます。

その次に第一五回配本についての書簡があるはずでありますが、書簡をまだ探し出せておりません。ご紹介出来ませんのが大変残念でございます。

一五通目は、「大村はま国語教室資料編」五冊についてのものであります。55ページ上段に「別巻の方は、翌日に到着いたしました」と記されてまして、「はじめ資料の五冊が着いたとき、別巻にしては重く、量が多いので何かとおもいました。あけてみたら、資料。たからものです。」と書いておられます。「これがなくとも全集を読むのにさしつかえはありませんが、この資料とつきあわせることにより、本文に血がかよい肉がついてきます。これは貴重なもので、これを復刻なさったことは教育出版の——実は筑摩書房の——一つの新機軸でしょう。」とございまして、二行とばします。資料のうち「第五巻のテープだけは、さっそく聞きました。わたしは、あなたの講演を聞いたことがありませんでしたので、大へんたのしく、どれも有益でした。古典の講演は、声までどうやら歌舞伎調で、口跡がちがってきこえました。語彙指導の試みの工夫には感心しました。」と述べておられます。下の段の三段落目に、「これだけ資料がそろうと、欲が出ます。それは第一〇巻「国語教科書とともに」

について、西尾さんの教科書が絶版になっていることです。第一〇巻をていねいによめば、もちろん大村さんの意図はわかり、ＡＢＣＤ案などのバラエティにとんだ指導案など、ただただ感心するばかりですが、もし西尾さんの教科書を手にもって、あそこを読んだら、一層よくわかるとおもいます。じつは筑摩（書房）に相談しました。一冊ぐらい倉庫にのこってはいないかと。ダメでした。」二行あとに、「西尾教科書が消失してしまっていることは本当に残念ですね」と書いておられます。――実は七年後の九二年六月に復刻されまして、今日うしろに来ておられる菊地章介さんのご協力で全国に広まりましたけれども、復刻が千部でしたので、これも今は古本屋の目録で時々お目にかかるという状態になっております。――なお、余談でございますけれども、私は元の版を持っておりましたので、広島県の高等学校に勤めておりました土曜日・日曜日には西尾教科書と大村先生の指導書を読みまして、中学校でこういうふうになさるのなら、高等学校ではどのように考えていくべきかと学ばせていただいた思い出をもっております。

第一六回配本は全集の別巻についてでございます。書き出しのところに、「この手紙は、あなたの全集についての、第一七回目の」と書いておられますが、思い違いをなさっておりまして、一度二冊一緒にお礼の手紙を出しておられますので、第一六回目のお手紙ということになります。最後の行に「一五巻全巻と別巻一巻とを頂きましたことをなによりありがたく、かつ光栄におもいます。」と書いておられます。また、「ことに資料五巻は今後なかなか手に入らぬようになる刊行物であることを考えるとまったくありがたい気がいたします。」と再度お礼を述べておられます。「第一回配本から通読してきて、いま全巻を終り、わたしの大村はま観は、かなり変りました。第一回のころは、全集から学ぶつもりでした」。「四巻目をおわったころから敬意を生じました。これは、わたしどもの及ばぬ実力をもった女性だぞ、という感じで、その後は頭をさげて読むことになりました。おわりの二巻――読書生活指導の一・二でございますが――はまったく感心して、手も足もでなくなりました。そうしてさいごに、わたしの大学教授の古手としての矜持をうちくだかれましたのは、テープ三巻をきいたときでした。わたしは、あなたの授業を見たことがありませんし、これを残念とおもっておりますが、講演については、別にききたいとは思いませんでした。しかし、録音テープできく、あなたの講演の立派なことに」「まったく頭が下がりました。」と記されています。便箋五枚目（57ぺ2行）には、「さて、わたしの全集を読んだ記録は、大村はまという人格をだんだんとよく知ることになったプロセスでもありますが、同時に、あなたをふかく内がわから知ることになった段階でもあるとおもっております。わたしははじめ全集の一冊一冊につき、批評めいたことを書いておりましたが、七回ぐらいから、そういうことを止めたようにおもいます。おわりの四、五回は礼讃に終始しております。」と認められ、ここからは私事にわたることですが「わたしは、女房の勤子が、わたしより才能が上であることを自覚しており、そのことで少しも思い悩むことがありませんでした。」「わたしは、ひそかに女房とあなたとを比べました。そして、才能においては優劣がなく、勉強において、あなたがはるかに進んでいることを知りました。そして、これだけ勉強する人が、外国で、一中学教師として終始したろうかと考え、日本の教育制度の特性に考えこんでいるところです。」と認めておられます。そして、上の段の最後に「さて、別巻の批評です。これは、あなたの小学生時代からの作品や記録をもとにして、一生を再現したもので、『作品』としてもじつにすぐれたものですが、大学生活までは別として、その後の生活では、教師生活が前面にでて、あなたの知的生活、感情生活がうしろひっこんでしまった傾きがあります。読者はあなたのすぐれた実践の「生活的背景」を知りたくおもっているのではないでしょうか。しかし、教育者大村はまの生涯は、この記録によってよくつかめます。」三行とばします「後年の中学でのすぐれた実践のいくつかが、（諏訪時代に）すでに芽を出しているのに興味をもちました。」とお書きになっております。最後に、「世界に類例のない、この国語教育の実践記録を日本の読者に提供してくださったことに対し、心からお礼を申します。」と結ばれております。

先月の六日にもと本校で勤められました、群馬の北岡清道さんとご一緒にお宅を訪問しました時、大村はま先生は、お祝いの会で一度しかお目にかかったことのない波多野先生から、こういう書簡を受け取ってまず「驚いた」とおっしゃいました。在職中孤独感があったので――とおっしゃいましたのは、嫉みのために校内でさまざまに疎外され、心を痛められることが多かったのであります。一・二の例としては、言語感覚のよく育った生徒たちをもち上って三年生で一緒に勉強しようと思っておられたのに、それが叶いませんで、他の方が三年生を持ったり、一年生ばかりを担当するということがあったのであります。「日本の話し言葉教育の損失である」とさえ考えたとおっしゃったこともありました。そうしたことがありましたので、「孤独感があり、心細かった」という表現になったと推察されます。――書簡が届き「こういうこともあるんだなあ。神様ありがとう」という思いがしたと語られました。

「世界的な視野にたって書いてありますね」と申しましたところ、「こういうことを言っていただいて大丈夫かなあ、こういうふうに解釈してくださる人があるのかと胸に迫るものがあった」と感想をもらされ、「驚きと感謝の気持ちであった」と付け加えられました。

資料その二の終りのほう（146～153ぺ）は、大村はま先生の国語教育界への提案の数々をまとめたものでございます。これは後ほどご覧いただければ幸いと存じます。別とじの資料の二〇枚目（154ぺ）をお開きいただきたいと思います。

大村はま先生の国語教室の営みは、このような平面の図では表せない構造を持っておりますが、今回は敢えてこの図で説明させていただきます。先生は、まず学習者を優れたことばの使い手に育てることを願いとしておられます。優れた言語生活者は優れた人格のもちぬしであるはずだという確信のもとに枠の中のような実践を計画していかれたのであります。枠の中の左の上に記しましたように、学習者一人一人を「世界に眼を開いた民主国家の一員として育てる」ことをねらいとされ、枠の下のほうにあげましたように、「関心・必要感・意欲」をもたせるのは指導者の仕事であるとの考えから、さまざまな手びき、工夫が創出されていくのであります。真ん中の柱に書きました「言語生活の指導」につきましては、まず聞くことによって細かく頭を働かせ、論理的な頭を練る意図とともに、ことばの響きに人の心を知る言語感覚を育てることを実践していかれます。話すことにつきましては、的確に、生き生きと話すためには、何よりも真の対話の場が必要である、真の対話の場のない単元計画は修正しなければいけないと、ご自身でチェックをなさり、それを実践してこられました。書くことにつきましては、生きていくに必要な力をつけるために、筆不精の克服を第一に考えられますとともに、話すことと同じく、内容を育てることに心をそそがれ、その営みとして様々な工夫がなされました。読むことに関しましては、教材をわからせてもらう読みが、本当の読む力を育てることになるのかという前提のもとに、読む力は資料・本を使ってわかっていく、そういう作業でなければならない、そして、そのいずれもが、――読み・書き・話し・聞くの指導が――、自己の課題を発見させるための営みであるとの考え方にたっていられるのであります。さらに大村言語生活指導は立体的で、その上部構造として、社会の言語文化生活を向上させる指導が含まれており、分かりのよい先生と問答をしていても、自分の話が人に伝わるかどうか分からないという立場からグループ・協同学習による社会的な言語生活の技術を練る訓練がたえず行なわれております。そのようにして言語文化を創出していく基礎力に培う営みがなされていくのであります。

それとともにその左の柱のように、人生を拓く窓としての「語彙を豊かにしていく」実践が常に行なわれて、さらにその左の「言語感覚を育てる」ことが志向されて数々の工夫がなされてくるのであります。それと溶け合いまして、右のほうの柱の「発見・創造を志向した読書生活の指導」が行なわれております。それらの学習のすべてが、「国語学習記録」に収斂されて参ります。この国語学習記録の指導の中心にも、自己評価力を育てることが意図されております。このように自己評価力が育てられることによって、学習者には、自己の課題を克服しようとする態度が育ってくる、そのことが結局「自己学習力」につながっていくという考え方にたっていられるととらえることができます。

これらの学習を通じまして、枠の中の右上に記しましたように、常に「自己をみつめ」させ、「自己を確立」させ、そして「個性を伸ばす」ことが意図されております。学習者たちが大村先生に生き方を教わったと申しますのは、そこからくるのであろうと考えられます。食品店主の長谷川くんも、物産会社の丸田くんも、大阪で大村先生の講演が行なわれます時には、毎年毎年聞きに参ります。私がなぜ毎年?と聞きますと、「先生に大切にされたから」と、語ってくれたことがございます。

こうした実践が表の下に記しましたように、「重層構造」をなして「常に」営まれて参りますとともに学力が螺旋状を描いて向上していくよう立体的に計画されていたとみることができます。大村実践はそのようになされてきたと私には考えられるのでございます。

このような創造的な営みを生みだす根基になりますものを、155ページにあげてみました。大村先生はまず、若い時から人を優劣で判断するみかたを持ち合わせなかったとおっしゃいます。キリスト教への信仰と深い人間愛、それから育ってこられた環境からくる開拓者精神を受け継いでおられます。あわせて教育者・プロの専門家としての責任感があげられます。身をもって示し、子どもたちを集中させ、力をつけてしまう技術を高める努力が重ねられ、さらに教室でのテープをお聞きになって「自分がいちばん厳しい批評家」であるともおっしゃいます。

こうした「実践即研究」の姿勢、精神にうらづけられた技術がそれを支えてきたと考えます。

本日は触れ得ませんでしたけれども大村はま先生は、国語教育を前進させるためには、実践による研究が大切にされ、実践的提案がなされなければならない、それもたえずなされなければならないとの考えから、――ナンバー17から19のところ（147～149ぺ）にあげておきましたような――、数々の提案を続けてきてくださいました。

五二年にわたります大村国語教室の数限りない工夫は、そのまま実践と研究が結びついた前人未到の創造的な営みであり、実践の学としての国語教育学そのものであると私は考えます。

資料1　波多野完治博士から大村はま先生への書簡

○第一回配本（第1巻　国語単元学習の生成と進化　82・11・30）　［S57・12・3付］
○第二回配本（第9巻　ことばの指導の実際　83・1・30）　［S58・2・8付］
○第三回配本（第4巻　読むことの指導と提案　83・2・28）　［日付け読み取り得ず］
○第四回配本（第2巻　聞くこと・話すことの指導の実際　83・3・30）　［S58・4・4付］
○第五回配本（第6巻　作文学習指導の展開　83・4・30）　［S58・5・12付］
○第六回配本（第3巻　古典に親しませる学習指導　83・5・30）　［S58・6・6付］
○第七回配本（第13巻　国語学習のために　83・6・30）　［S58・7・22付］
○第八回配本（第5巻　書くことの計画と指導の方法　83・8・30）
○第九回配本（第15巻　ことばの勉強会　83・9・30）
○第一〇回配本（第11巻　国語教室の実際　83・10・30）　（九・十は同時に）
○第一一回配本（第14巻　ことばの力を伸ばす　83・11・30）
○第一二回配本（第12巻　国語学習記録の指導　84・1・30）
○第一三回配本（第10巻　国語教科書とともに　84・4・10）
○第一四回配本（第7巻　読書生活指導の実際　一　84・6・30）　［S59・7・18付］
○第一五回配本（第8巻　読書生活指導の実際　二　84・9・30）　未見
○大村はま国語教室資料編　5冊（85・2・20）について
○第一六回配本（別巻　自伝・著作目録・年譜他　85・3・8）　［S60・3・18付］

波多野完治博士から大村はま先生へ

○ 第一回配本（第1巻　国語単元学習の生成と進化
82・11・30）
［S57・12・3付］

拝啓
ごぶさたいたしております。

といつて、きがつきましたが、わたしは、まだあなたにお目にかかつたことがないのですね。テレビで見ただけでした。

さて、先日は、おもいもかけずご高著
　大村はま国語教室①
をお送り下さいまして、まことにありがとうございました。

大きな版の本で、しかも五〇〇ページ以上、こんな本を、いまの国語教師は、一体よんでくれるのか、とおもいながら、手にいたしました。ところがよみ出してみると大ちがいで、全体が一つのドラマのようでした。

ところどころに、「書きおろし」がセメントのように入つているためでしょうか。全体が有機体のように構成されており、一冊の本であるばかりでなく、一つのドラマ、一つの作品でもありました。そうして、その中から得られる教育的洞察は無限です。本当によいご本をよませて頂きました。

倉沢氏の解説も一冊をよみおえる上で大いにたすけになりました。

わたしは、視聴覚教育から教育教授の問題に関心をもちはじめたものですので、あなたのやられる実践はじつに身にしみてわかるような氣がいたします。

文章に書き、口に出してはいえないようなことを、シナリオにし、脚本化するなどということはひとびとにはなかなか考えつかなかつたのだとおもいます。

国語教師たちが、この本を氣がるに手にし、一ページでも開けてみてくれるとよいとおもいます。そうすれば、すぐひきつけられて、それはから先は、あなたのすぐれた「空間」へ入つてしまうでしょう。

一旦入つたら、もうその世界からぬけられないでしょう。

大きな本はこうありたいものだ、とおもいました。

　おん礼まで
　　一二月三日

大村はま先生

小生風邪のためお礼の手紙がおくれました。おわびします。

はたのかんじ

〔S58・2・8付〕

○第二回配本（第9巻　ことばの指導の実際　83・1・30）

ごぶさたいたしております。

さて、先日は、貴全集第三〔ママ〕回配本をお送り下され、まことにありがとうございました。この巻は、小生のかねて興味をもつておりますテーマであるだけに、とくに一生けんめいよんでおります。現代の中学生の心理をたくみにつかまえておられ、とくに「幼時の思い出」に関心がないとか、現代の中学生を、本当につかまえた文学作品がないとかは、大へん共鳴いたしました。

また20のとびら式のクイズを利用した文学指導には、まつたく感心いたしました。

貴全集がまとまりますと、国語教育に関してまつたく世界に類例のないシリーズができあがるとおもいます。書きおろしも多いようですので、どうか健康に十分お氣をつけられ「定時刊行」で進行されますよう、おいのりいたします。

小生は学校をやめて後、あまりよろこび、はりきつて仕事をしたせいか、一月で大病（心筋梗塞）をいたしました。

あなたは女性ですから、心臓の病氣とは縁がうすいとおもいますが、念のため。

滑川さんの月報の文章は面白く読みました。あの人は小さく、やせていますが身体の芯は丈夫なのでしょうか。大したものです。

おん礼まで

大村はま　様

○第三回配本（第4巻　読むことの指導と提案　83・2・28）

〔日付け読み取り得ず〕

ごぶさたいたしております。

以下は、「全集」第四巻をいただいたお礼です。このお礼は、すでに出したような氣もしているのですが、老年のため、ぼけて忘れてしまいましたので、第二巻の後に、もう一度かくことになつたかもしれません。

読むことの指導は、国語教育でなにより大切なことですが、先生の指導は具体的に中学生をうごかすこととし工

夫してあつて　この工夫のしかたにつき、読者に教えることが多きい（ママ）とおもいます。これは、広島での講演がそうで、野地さんが指摘しておられるとおりです。

わたしが本巻で一番感心したのは、久保田万太郎作品の教材研究です。

これは、文学鑑賞としても一流のものですが、それが中学生の心理に即しているので、教材研究の傑作になつています。

　重ね読みの問題はアメリカの文学教育からヒントを得られたのでしようか。西尾先生も、アメリカにおけるテーマ別文学教育に関心をおもちでしたので、あなたのもその辺にヒントがあるのかとも思いますが、それにしても、まつたく大村式に消化されていて、すばらしいものです。

わたしが本巻をよんでいまして感じましたことは、作者と読者とカケヒキの点を指導しておられないな、ということでした。これは七巻八巻あたりに行つて展開されるのかとおもい、たのしみですが、イーザー「行為としての読書」（岩波）は文学における、こうした作者と読者とのカケヒキ、または、はぐらかし合いが読書行為のたのしみの一つだ、ということをとりあつかつていて、わたしには、とくに面白くおもわれた本です。

作者と読者とのカケヒキまたはダマシ合いは、推理小説にとくに著しくあらわれるものですが、マンガなどにもあります。これは読んでいるプロセスのなかに出てくるので、ダイナミックですから、作品を全体としてあつかうことの多い第四巻ではとりあつかえなかつたのかもしれません。

毎巻毎巻こうして、本を頂戴していると、このつぎには、あなたのどういう面が表現されてくるのか、とたのしみです。これはカケヒキまたはダマシ合いではありませんが、読者の方のたのしみの一つなので、あえて一言つけ加えました。

　おん礼まで

　　　　　　　　　　　はたのかんじ

大村はま先生

○　第四回配本（第2巻　聞くこと・話すことの指導の実際　83・3・30）　　［S58・4・4付］

本日は全集第二巻をお送り下され、ありがとうございました。小生はこの一〇年ほど話しことばについて関心をもつており、政治家の演説なども、テレビでなるべく聴くように心がけておりますので、さつそく拝読しはじめました。今まで三冊いただいたかとおもいますが、こんどの巻は、まえの三冊の予備知識があります故か、大へんわかりやすく、全集第二巻を通してよむ人には、第一巻第二巻をつずけてよむのに大へんよいとおもいました。

本巻は聞く、話すが中心ですが、読む、書く（話すように書く、マンガのキャプション）ともからんでいるので、先生の全体の国語教育観がうかがわれ、全体的展望をするのによい巻とおもいます。

もとより、聞く、話すは、肉声のものであり、且つ、現場とむすびついてはじめて意味をもつものですから、それを書きことばで示すことは容易ではありません。これは、倉沢先生があとがきで言っておられるとおりです。

しかし、わたしは、英語、フランス語で、スピーチの本をいくらかよみましたので、あなたの本を理解する素地はいくらか出来ていたのでしょうか。

たのしく拝見することができました。

なによりも聞く話すという、第一義的でなくなりやすい仕事を単元化していく授業の天才的な工夫に頭がさがりました。

原理（スピーチ）としては、古来いわれたことが、あなたの授業で実践化されているところも多いのですが、第三段階を設定されたことで、それが教室の作業として「現実」のものになる点は、わたしは、上手な手品師のように見事に感じました。

わたしとしては、聞くと話すと、どちらにプライオリティー〔注—重点・優先権〕をおくかの問題に興味をそそられました。というのは、欧米のスピーチ学者にみな「話す」にプライオリティーをおき、そこから聞くをひき出しているからです。

もちろん、聞くに全然ふれないスピーチ学者もいることですから、ヨーロッパ的風土が聞くことを軽視していることはたしかなのですが、あなたの「聞く」の重視は、中学生という発達段階を考えるとしごく当然で、ここから出発したのは、あなたの見識を示すものです。しかし、「理論的」にどちらにプライオリティーがあるかとなると、議論がのこるでしょう。

話し合いについてのご議論は、じつにすぐれており、また中学生の心性にあつたものとおもいます。というのは、中学生は、小学生よりずつと自己中心的になり、分裂病的症状を呈し、したがつて、話し合いの価値のわからなくなる時期だからです。

たのしく読ませて頂いているのにまかせ、少し言いすぎたかもしれません。おゆるしを。

大村はま先生

はたのかんじ

○　第五回配本（第6巻　作文学習指導の展開　83・4・30）

［S58・5・12付］

ごぶさたいたしております。

全集第六巻をお送付下され、ありがとうございました。

小生は、昭和八年から文体論をやるようになり、今年で五十年たつわけです。そのせいか、この第六巻はことのほか面白く、また、他の人ではあじわえない本書の長所もつかまえることができた、とおもいつつ、拝読いたしました。小生の著書に「文章心理学大学」というのがありますが、そのうちの「創作心理学」がことのほか出来が悪く、見おとりがします。それで残りすくない年月ですが、なんとかして、形だけでももう少しととのつたものにしたい、と考えているのですが、なかなかうまいアイディアがでてきません。こんどのあなたの本は、創作をあつかつていますので、その点非常に貴重なヒントをいただいたことになりました。お礼を申します。

中学生になると生活文ではもはや自分に満足できなくなり、もう少し高度の文章をかこうとするようになることは、わたしも感じておりました。またアメリカの作文書などでは中学生に創作を試みさせることも、まれに見うけます。しかし、あなたの工夫は例により、独特で、書き出しを呈供して後をつずけ（ママ）させたり、連作の面白味をつかませるようにしたりして、大へんよい成績をあげておられると感心いたしました。

構想をまず呈出させることも、アメリカではおこなわれておらず、あなたの独自のものでしよう。〔注─「五つの夜」「白銀の馬」「先生への手紙」など〕

處理は、子どものいやがるものですが、あなたは、じつにそれを面白く、ゲームのようにして、熱心にさせています。これもわたしはおもわず、ウームとうなりました。これは「批評」への導入としての役目もはたしています。わたしは、小林秀雄の平凡な同級生ですので、批評については敏感で、またそれの教育にも関心をもつていました。今日のように、一億総批評家時代には、批評することとそのことが教えられなければならないのです。この点、あなたの生徒による處理は、納得できるものです。

この本は、わたしに、「創作心理」への新しい意欲をおこさせました。わたしは自分の年令を考え、もはや「文章心理学」に比敵する内容のものは書けまいとあきらめていたのです。この本を手がかりにすれば、或いは、少しはましなものができるかもしれません。遠慮なく使わせてもらうつもりです。
次回は古典の授業とのこと、これも期待しております。
第六巻は書きおろしが大そう多かつたのですが、あまり無理をなさいませんように。
おん礼まで

はたのかんじ

大村はま先生
ご机下
五月一二日

○　第六回配本（第3巻　古典に親しませる学習指導　83・5・30）　［S58・6・6付］

ごぶさたいたしております。
先日は、全集第三巻（第六回配本　古典に親しませる学習指導）をお送り下されありがとうございました。古典は少しめんどうだな、とおもいました。しかし、わたしも全巻よみとおす、と思つて第一回配本からよみはじめたのですから、やめるわけにはいきません。で、今回は野地さんの解説をよまずに、あなたの文章から入つていきました。と、どうでしよう。本当に古典が親しくなつてきました。いや、身に近くというべきでしようか。ことに萩原廣道に学んだ、ともいわれる、返へり点送りがた方式のテクストをつくり、それを目で追うように生徒に指導され、あなたご自身で朗読していかれる、という個所など、コレダとおもいました。つまり、犬養孝さんの万葉朗唱式の古典に親しませる仕方があるのだな、とおもいいたつたのです。（犬養式が少し芝居がかつている点はしばらくおくとして）

そうなると、この第三巻の面白いこと面白いこと、今までの配本中でも傑作の巻、だということがわかつてきました。中学には古典はこのくらいしかないので、いたし方ないのでしようが、こういう指導なら、もう一巻か二巻あつてもよいとおもうくらい面白い「よみもの」でした。

わたしは漢文の方はすきで、今でもときどきひつぱり出してよみますし、またお経といつても「般若心経」くらいのものですが、古典国語はあまりよみません。夏目漱石が源氏はきらいだといつているのに影響されてか、第一、わたしには源氏の文章はわからないのです。けれども、あなたのひとつ作品があげられるごとに、その作品の書きだしの一節を暗唱して聞かせたという個所などは、なるほどプロでなくてはできないな、とおもいました。子どもの生活集の指導も面白いものでした。

さて、第六回目がおわりました。わたしは一読総合法の共鳴者です。で、もうこの辺で、「これからどうなる」という假説を立て先々の巻をよみすすめていくころでしよう。わたしはつぎのような假説を立てました。

(1)大浜(ママ)さんはきく、はなすを基礎にして読む書くを上部構造とし、土台から上部へのぼるが、たえず上部構造から土台へもどつて言語活動を全体としてつかまえさせるように労力する。すなわち、上部構造と土台との円環作用を理想としている。

(2)そのための中介（パット）として、視聴覚をつかうことをおそれない。大浜さんが視聴覚をこれほどよく利用していることはわたしども視聴覚教育の夢にも知らなかつたことなのではないか。大浜さんの視聴覚利用で一つ論文がかける。

(3)古典は特にそうだが、朗読、朗誦を中心にすえている。これは一読総合法で、大久保氏が「表現よみ」といつているのに該当する。これは日本の学級が五〇人で、しかも一斉授業であることに対応するが、一学級一〇人とか一五人とかの、いわゆるテユトリアルでは、どうなるか、フランスでは社会党になつてからテユトリアルを中心にすえようという空氣があるようだが、この場合の朗読はどういう位置をとるか。

こんな点に関心をもちつつ、今後の巻を拝読していくつもりです。

自分の年を考えますと、全一六巻の全集を読みとおす、という作業はなかなかまわつてこないでしょう。後がないのです。で、少し早とちりですが、假説を考えました。

おん礼まで

はたのかんじ

大村はま　さま

○　第七回配本（第13巻　国語学習のために　83・6・30）

[S58・7・22付]

本日は、ご高著

大村はま国語教室⑬

をお送り下され、ありがとうございました。これで、あなたのご本を読むことも第七回になるわけです。もつとも、小学館から出た野地さんとの対談や、いまつづいている綜合（注—月刊誌「総合教育技術」小学館）のあなたの勉強のおはなしは別にしてのことです。

この七冊めは、中学生のために書かれたものなので、やさしいかとおもいましたら、内容はおそろしくコンパクトなので、仲々手がるによめません。これはあなたの教育者としての資質を示すものであるとともに、あなたの国語学者としての見識を示すものであり、かつ、あなたのジャーナリストとしての才幹がなみなみならぬものであることを示す巻でもあるとおもいます。

月報に永野重史氏の文を得たのは、大へんひき立ちました。この人は幼児教育の専門家と見られていますが、こういうものをかいても本当に立派であるとおもいます。永野賢氏とともにわたしの大切にしている人です。

倉沢さんの解説をつぎによみました。

これも感心しました。

あなたのお書きになっている本文では、あなたが、石川台［中学校］なり、その他、じつさいにあつた事件をもとにして書いているところが、じつに迫力があります。そうでない意見の文も感心いたしました。つまり、あなたの書かれるものは、

　実践記録

　意見（西尾理論によっているところが多い）

　他県へでかけての研究授業

という順序に、立派だ、ということなのでしょうか。しばらくこの假説にしたがつて、あなたの全集をよみつづけたいとおもつております。

　おん礼まで、全集も七回以降になるとつかれが出てくるとおもいます。ご自愛を

はたのかんじ

　大村はま先生

国語教育のおしえ方と、そのむずかしさ、同時に面白さが、あなたの本七冊よんで、わかつたような氣がします。

○　第八回配本（第5巻　書くことの計画と指導の方法83・8・30）

先日は失礼いたしました。

宮城まり子「まり子の目・子どもの目」の出版記念会ということで、宮城さんが中心でありましたため、貴女に対し、ふだん考えておりますことがすこししかお話できませんでした。

わたしは、西尾先生のおひきまわしで、戦前二、三回ほど大きな会で講演をしたことがあります。また戦後は、西尾先生のやつておられる会で、小学校の新しい教科書の合評会に出たことがあります。神田のあるキリスト教会の集会室でした。

そういう会で、あるいは、貴女にお目にかかつているかもしれない、と後で考えました。もし初体面でなかつたとしたら、大へん失礼なことをしたわけで、どうぞお許

しねがいます。

さて、今回の第八回配本ですが、非常な力作であなたもさぞご満足であろうとおもいました。立派なできばえです。

第六巻が先に刊行されているので、今度の第五巻は、「理論編」または総論にあたるかとおもいますが、両巻をあわせて、大村国語教室の作文指導の全貌がわかるようになつています。わたしは、第六巻を見ただけでは、わからなかつたことが、こんどの巻を見て、大へんよくわかりました。わたしと同じ読者がかなりいるのではないでしょうか。

第五巻も書きおろしの部分が多く、これは、まつたくの書きおろしの由を編集部の人からうけたまわり、驚嘆いたしました。どうかお身体にお氣をつけて下さい。

この巻の中では、「言語生活を手がかりに」「おりおりの作文指導」など、読みものとしても面白く、ことに後者は、わたしのようなものにも、新しく教えるところのあるすぐれた着想にみちたものでした。下手な作文の場合には、二つまたは三つの題をいつしよにすると、わりと面白いものになる、というヒントなど、わたしのように、年中、下手なものばかり書いているものにとつては、貴重なものです。

『中学作文』はすでに教科書に準ずるご著書として、名作のほまれ高いものとおもわれますが、本当にそうだとおもいます。その後につく題材集がまたすばらしく、この一ページをつくるのに、どんなにたくさんの時間を費やされたかとおもい、その実践にアタマが下がります。

さて、わたしが疑問におもうのは、次の点です。

あなたは、第五巻を学習指導要領との関連から書き出しておられますが、学習指導要領の各項目についての批評はないのでしょうか。輿水氏も学習指導要領の委員の一人として、もつぱらそれの「弁護」にあたつておられますが、あなたの場合、学習指導要領は一つの足場であつて、それをふみ台にして、非常に高いところへまで生徒をつれていく指導をしておられ、学習指導要領をシーリング（天井）として、そこへまで到達すべくカツカツの実力しかもつていない人たちと同じように、学習指導要領をあつかうことには、問題があるのではないでしょうか。

日本で「読むこと」といつている作業は、ヨーロッパの国語教育では「文学教育」といつているのにあたるようで、これについても、いずれご高見をうけたまわりたいとおもつております。

くれぐれもご自愛下さいますよう。

大村はま　さま

はたのかんじ

○　第九回配本（第15巻　ことばの勉強会　83・9・30）

○　第一〇回配本（第11巻　国語教室の実際　83・10・30）

［日付け読み取り得ず］

先日はお目にかかることが出来、恐縮でした。

月報の原稿をかいているうちに、全集がまた来て、二冊にたまつていました。

今まで毎月印象をかいてきましたので、もう書くこともなくなり、二冊一度でちようどよろしいかとおもいます。

第一五巻の方は、あなたの得意な、中学生のための「少年少女図書」でたのしい、しかも有益な読みものになつておりますが、わたしが読んでもためになる部分が多いのにおどろきました。仕上げられなかつた研究から」などは、その代表です。

しかし、中学生には、研究というものは、仕上げられないのが普通で、仕上げられるのは特別なのだ、ということと、仕上げられたとおもえるものも、「一応」にすぎないので、ということもさとつてもらいたいですね。

「文体の観察」なども、わたしにもためになつたページの方ですが、こういう作業をここまで指導されたことに敬意を表します。わたしが大学生に卒論の指導をしても、ここまで数字を正確に出していることはすくないのです。それに文体を見る目がよくそだつていますね。

『ことばの勉強会』の方は、芦田の『綴方一二ヵ月』の影響があるように感じましたが、これは失礼でしようか。人物の種類、出しいれなど、芦田の作品と比較させて、野地さんの大学院生に研究させてみたいですね。もうすでにおやりですか。

さて、今回配本の『国語教室の実際』です。これは全巻講演の由ですが、貴女がお書きになるものとちがった味があつて、立派なものとおもいます。ここまで直し直しされるのは、あなたの話しことばをもつてしても、容易なことではなかつたでしよう。しかし、そのおかげで、われわれは講演というものの手本をいくつか持つことになりました。

倉沢さんの解説が見事なので、その解説にしたがつて読んで行きますと、いろいろの感想がでてまいります。

技術の重視、しかし、なによりも打たれるのは、貴女の人柄です。うちの女房勤子とは、まつたくちがつた人柄。うちの女房は、小生のおかげでヒステリー性ノイローゼになりかけましたが、貴女をノイローゼにさせなかつたものはなにか。わたしのようなダメ亭主がついていなかつたからかなど、いろいろ考えさせられます。

『教えるということ』これについてはすでに何人もの人が語りました。わたしも語りました。こんどよみかえしてみて、こういう立派な講演をする人もさることながら、こういう講演をさせた人がえらいのだ、と倉沢さんの解説で教えられました。

あと五巻、別巻を入れて六巻です。

どうか身体をお大切にしつつ、完成に努力して下さい。

わたしは外国へいけば行ける身ですが、帰国して後の病氣をしたり死んだりする老人が多いので、出かけないでいます。あなたもご自愛を。

おん礼まで

はたのかんじ

大村はま　さま

○　第一一回配本（第14巻　ことばの力を伸ばす　83・11・30）

大村はま先生

今月の月報には、拙稿を巻頭に出して頂き、恐縮いたしました。

「やさしい文章教室」をよんでおりましたら、すこし変った感想がかきたくなり、わたしがおもに海外むけにつかっているレター・ヘッドの入った便せんをつかうことにしました。

昔、わたしは、横がき論者、というより、もう少しはげしいローマ字論者で、手紙も横書きにしていました。永井竜男から、お前はまだ手紙を横書きにしているなと、半分叱られるような返事をもらったことがあります。

こんどの「やさしい文章教室」は本当にためになりました。文章の構造を図にすると⊠になることは氣がつきませんでしたので、わたしには、啓示でした。わたしは、コミュニケーション過程として送り手と受け手との関係ばかりを考えていたようです。そのプロセスの中では構造化がおこなわれ、それが、作文のナガシカクになる、ということを、こんどのご本で知りました。デールの「経験の円錐」と相似の考え方です。これはあなたのいうとおり、本当にいろいろのことにつかえます。対句構造、弁証法、みなこの構図から出て来てよいわけです。

漢字については、わたしは、なにしろローマ字論者でしたので、あまり深く考えたことがないのです。そのため、貴稿には、ただおどろくばかりで、批評までいきません。漢字も日本語として通用している以上、活用すべきもので、貴稿はその点をじつに親切ていねいに説いておられます。よくこれだけの知識を蓄積されたと、おどろきます。

アメリカの大学生たちは、大学入学のときが綴字の能力が一番たかく、二年三年と時がたつにつれ、綴がみだれて来て、四年の卒論のころには一ページ（３００語）に七十ぐらいも誤りをおかすそうです。

あなたのようなやり方で漢字をたえず比較検討しながら覚えなおしをしていったら、日本の大学生たちも漢字をまちがわなくなるでしょう。漢字は研究すればするほど面白く、その面白すぎるのが欠点でコミュニケーション過程の障害になることもあるようです。

むずかしいところですね。

今月はたぶんこの感想が少しおくれているのではありますまいか。一二月はじめに千葉から帰京したら、ご本が来ており、大いそぎで読みながら、この文をかいているのですから。

なにしろ十一日には、青木幹勇氏の会で話をせねばならず、その準備もあります。

いつも全部よみおわつてから書くのですが、今月は十二月、年末多忙のためと、お許し下さい。

あなたの全集もあと五回をのこすところまでこぎつけました。立派なものです。健康に氣をつけられ、今後もご努力下さい。全巻出来たとき完成記念会の発起人に加えて下さいよ。

おん礼まで

はたのかんじ

〇　第一二回配本（第12巻　国語学習記録の指導　84・1・30）

ごぶさたいたしております。

大村はま国語教室第十二巻国語学習記録の指導をお送り下され、ありがとうございました。一月は配本なしで、二月に入つてから頂きました。（奥付は一月三〇日になつております）今年から二月に一冊だとかぜのたよりに聞いておりましたので、心配はいたしませんでしたが、本文を読むにつれて、生徒作品のあいだに貴女さまがはさんだ「注」か、じつに生き生きしており、なるほど、これだけ苦心しておつくりになつている全集では、二月に一冊も大変だろうとおもいました。

諏訪高女時代の学習記録には、メタメタメタをつかわぬこと、などというのがあつて、わたしの諏訪疎開時代をおもい出させてくれ、おもわずほほえましい氣持になりました。

小西まゆみちゃんの学習記録の目次をつぎつぎと見てい

くことは、国語の伸びもさることながら、この女生徒の人格形成の跡がしのばれ、じつにすばらしい指導と成長の記録とおもいます。

題のつけ方からして、成長しています。

そうして、その成長の間に、ちらちら大村先生のかげが見えるのもこのもしい感じです。

あと三冊（と別巻）とおもいます。別巻は少しおくれてもよいのではないでようか。とにかく、今年は、「健康で」この仕事を完成させて下さい。健康ということと、完成ということが大切ですよ。

わたしは、同じチクマの空海全集を今年はとりくむことにしました。「文鏡秘府論」をよむのをたのしみに、全八巻をボツボツ読んでおります。第一巻の「十住心論」は、少しむずかしすぎるので、第二巻にのっている、要約の「秘蔵宝鑰」をさきによみました。

わたしは、ヨーロッパの一六、七世紀のキリスト教神秘主ギに若いとき、少し凝つたことがありますので、密教をそれに比較することは、老人になつてからの楽しみでもあるのです。

それにしても、野地さんとの「綜合教育技術」での対談〔注―のちに『大村はまの国語教室2・3』（小学館）〕は、大へん面白いです。おかげで、西尾実先生の国語教育論全一〇巻別巻二巻を買いました。大村はまが、どんな点にいちばん影響されたか、少し具体的にしらべようとおもいはじめたのです。

わたしは、西尾先生には、大いに愛された方ですが、あいにく先生の本はほとんどよんでいないのです。まさに八十の手ならいです。

おん礼まで

はたのかんじ

大村はま先生

ご机下

○第一三回配本（第10巻　国語教科書とともに　84・4・10）

第十巻をお送り下され、ありがとうございました。（お氣ずきかもしれませんが、わたしは非常にあらたまつた時以外は、拝啓やその他時候のことを書きません。これは失礼とされていることですが主義と信念の問題ですのでお許し下さい）。

こんどの巻は、わたしには、特に興味ふかく思われます。というのは、わたしは、国語読本の「教師用」をよむのがすきで、外国ものはアメリカ　イギリス　フランスなどいろいろあつめて読んでいるからです。あなたの指導書の部分は、その意味で、全集に入れて下さつて、大へんよかつたとおもいます。

海外のものとくらべた場合、あなたのは、いつもと同じく、深く考えられていて、あらためて、あなたの用意の深く且つ慎重なのに感心いたしましたが、そのほか、つぎの点に氣がつきました。
(1)海外の教師用書では、たいてい総論の部があつて、これが一〇〇ページ内外、各学年を通じて同じものがついています。これは教科書の責任編集者が書くのでしょうが、中学生の心理の特質とか、グループわけの方法（たいてい上中下の三グループにわける）各グループでの指導の基本方針などがかかれています。あなたのこの本にこれがないのは当然で、そこの部分は西尾先生が、かいたのかもしれませんし、指導上の実際のことは、ほかの巻に入つているわけでしよう。
(2)テープレコーダーの利用などについて書いてあるほか、壁面の利用、つまりdisplayの方法が書いてある。こういうのは視聴覚教育の本には勿論ありますが、教師用で書いているのは本当にない。あなたの指導がいかに「生徒の現代生活」を見つめているかを物語ります。
(3)朗読の場合、苦心するポイントが書いてある。たとえば三八ページ、同じ音のつながりのところなど。これも感心しました。日本語をもつとよくしよう、という氣持がなかつたら、こういう点にはふれられません。
(4)評価の観点について。これもよく出来ているとおもいましたが、あなたはそれを数量化しようとしない。また、当然のことながら、この文章が書かれた二五年まえの時代を反映して、評価における、相対評価か絶対評価さらには到達度評価か完全学習評価の点にふれていない。梶田叡一氏や永野重史氏はこの点を重視するでしようね。あなたの評価の観点は、項目について検討すると、たいてい到達度に属するもので、この文章が書かれて以後十年、アメリカで問題になつて来たことを先どりしているともいえます。
教師用書については、このぐらいですが、第二部の教科書を一冊の本として〔注―（読む）〕は、わたしがつねに試みていることについて書かれているので、大へん面白いです。石森さんの教科書をつかつての、「この視点から」も面白いですし、「私の編集」はもつと面白いです。

このつぎは六月末発刊とあるので、それまでには、もう一度読めるとおもいますし、読めば、また氣がつくことがあるかもしれません。あと全集は二冊になりました。

別巻も出たところでまとめのおいわいをするのでしょうか。お身体に氣をつけて、ゆつくりまとめるよう、おねがいいたします。

はたのかんじ

大村はま先生

○　第一四回配本（第7巻　読書生活指導の実際　一84・6・30）　［S59・7・18付］

先日は大へん愉快な一夕をすごさせて頂き、ありがとうございました。

そのおりにもお話しいたしましたように、今回の配本第七巻は、貴女さまの本としても傑作とおもいます。さいしよの読書指導計画案が、毎月毎月すばらしい上、おわりの方の「本をつくる」プロジェクトも独創的で見事とおもいます。

しかし、わたしは、予算をあたえて、本を買うトピック〔注―単元「どの本を買おうか」〕の構成には、もつとも感心いたしました。

資料として各出版社の図書目録をあたえたのも適切です。左から右まで公平にそろえたのは、公立校として行きとどいた配慮とおもいます。わたしどもも、これらの生徒たちと同じようにして、外国書を注文するわけです。実物が見られれば一番よいのですが、そういかぬところに、なやみがありますが、生徒たちもきつとそうなのでしよう。

さて、わたしの教え子で東大助教授になつている吉田君〔注―章宏氏〕（学校教育学科にいますが、心理学専攻）が面白いはなしを聞かせてくれました。

彼の学科に、大村先生の教え子が入つて来た相です。リポートを書かせたところ、大村先生に教わつた回想をかきました。そうして、二年生までしか教えてもらえなかつたことを、大そう残念におもつている、と書いている由です。

その学生は、学校ではたぶん、大村方式では、高校受験にさしつかえるとおもつたのだろう、と推測しているのですが、その学生は、大村先生に三年まで持つてもらつた方が、高校受験にも有利だつたのではないか、と書いている由です。

吉田君は、斉藤喜博にいかれて、「授業」の心理に深入りしてしまつた人ですが、きつとそのうちに斉藤、大村比較論をはじめるとおもいます。わたしが生きていて、その論文がよめたらとおもいます。

このあいだお伺いした西尾先生が、大村先生の教え子の実力から、先生の教え方を推測されたエピソードと考え合せて、面白くおもいました。

はたのかんじ

大村はま　さま

○　第一五回配本（第8巻　読書生活指導の実際　二　84・9・30）　書簡未見

○　大村はま国語教室資料編　5冊（85・2・20）について　日付不詳

先日は、大へんけつこうな本を頂き、ありがとうございました。

別巻の方は、どういうわけか、翌日に到着いたしました。で、はじめ、資料の五冊が着いたとき、別巻にしてはバカに重く、量が多いので何かとおもいました。あけてみたら、資料。たからものです。これがなくとも全集を読むのにさしつかえはありませんが、この資料とつきあわせることにより、本文に血がかよい肉がついてきます。

これは貴重なもので、これを、復刻なさつたことは、教育出版［注—実際は（筑摩書房）］の一つの新機軸でしょう。あなたの工夫のたえまなく出てくることには、まつたく頭が、さがります。

資料は全部目を通したわけではありませんが、第五巻のテープだけは、さつそく聞きました。わたしは、あなたの講演を聞いたことがありませんでしたので、大へんたのしく、どれも有益でした。古典の講演は、声までどうやら歌舞伎調で、口跡がちがつてきこえました。コトバの語量指導の試みの工夫には感心しました。

小指でレコを指すのも教える、というところは、なるほどとおもい、こういうことにこだわりなく、ズバリと指導できることは、誰にでもやれるものではない、とおもいます。

これだけ資料がそろうと、欲が出ます。それは、「国語教科書とともに」について、西尾さんの教科書が絶版になつていることです。

第十巻をていねいによめば、もちろん、大村さんの意図はわかり、ＡＢＣＤ案などのバラエティにとんだ指導案など、ただただ感心するばかりですが、もし西尾さんの教科書を手にもつて、あそこを読んだら、一層よくわかるとおもいます。

じつは、チクマに相談しました。一冊ぐらい倉庫にのこつてはいないかと。ダメでした。こうなると古本屋か、唐沢君式にクズ屋をあたるよりないわけですが、西尾教科書が消失してしまつていることは、本当に残念ですね。
〔注―実は七年後に復刻。'56年'61年版を千部〕
別巻は、小生二十一日すぎにもどつてきてからゆつくり拝見し、この全集についてのさいごの、しめくくりの所感をさしあげたい、とおもつております。別巻は、あなたの仕事（作品）をつらねた、面白い構成のもので、わたしは、渋沢秀雄さんの「手紙随筆」をおもいました。

乱筆まで

大村はま　さま

はたのかんじ

○　第一六回配本（別巻　自伝・著作目録・年譜他　85・3・8）
〔S60・3・18付〕

大村はま先生

この手紙は、あなたの全集「大村はま国語教室」についての、第一七（ママ）回目のの手紙です。資料五巻についての所感が入りましたので、一回ふえました。

一五巻全巻と別巻一巻と、この大きく、高価な本を頂きましたことをなによりありがたく、かつ光栄におもいます。

ことに、資料五巻は、今後なかなか手に入らぬようになる刊行物であることを考えるとまつたくありがたい氣がいたします。

第一回配本から通読（精読にいたらぬのがまことに残念ですが）してきて、いま全巻を終り、わたしの大村はま観は、かなり変りました。第一回のころは、わたしは、全集から学ぶつもりでしたが、それは、わたしの同輩同僚の学者諸君から学ぶのと同じ関心からでした。つまり、どんなことを書いているのか、という好奇心からでした。四巻目をおわつたころから敬意を生じました。これは、わたしどもの及ばぬ実力をもつた女性だぞ、という感じで、その後は、頭を（軽く）ですがさげて読むことになりました。おわりの二巻〔注―第七巻、第八巻〕はまつたく感心して、手も足もでなくなりました。そうして、さいごに、わたしの大学教授の古手としての矜持をうちくだかれましたのは、資料についていたテープ三巻をきいたときでした。わたしは、あなたの授業も見たことありませんし、これを残念とおもつておりますが、講演については、別にききたいとは思いませんでした。しかし、録音テープできく、あなたの講演の立派なこと。また録音技術も一流です。この講演の中で、あなたが、ペンパルの生徒の手紙をほんやくされる話をきき、中国語、スペイン語、英語の三種に通じておられることを知り、まつたく頭が下がりました。

さて、わたしの「全集」を読んだ記録は、大村はまという人格をだんだんとよく知ることになつたプロセスでもありますが、同時に、あなたをふかく内がわから知ることになつた段階でもあるとおもつております。わたしははじめ全集の一冊一冊につき、批評めいたことを書いて、おりましたが、七回ぐらいから、そういうことを止めたようにおもいます。おわりの四、五回は礼讃に終始しております。

わたしは、女房の勤子が、わたしより才能が上であることを自覚しており、そのことで少しも思い悩むことがありませんでした。男が女よりすぐれている、ということは、結婚生活では、半分しか真でないのです。その半分を全体であるかのようにこしらえるところに、近代結婚のフィクションがあります。

しかし、わたしは、ひそかに女房とあなたとを比べました。そして、才能においては、優劣がなく、勉強において、あなたがはるかに進んでいることを知りました。そして、これだけ勉強する人が、外国で、一中学教師として、終始したろうか、と考え、日本の教育制度の特性に考えこんでいるところです。

さて、別巻の批評です。これは、あなたの小学生時代からの作品や記録をもとにして、一生を再現したもので、「作品」としてじつにすぐれたものですが、大学生活までは別として、その後の生活では、教師生活が前面にでて、あなたの知的生活、感情生活がうしろにひつこんでしまつた傾きがあります。読者は、あなたのすぐれた実践の「生活的背景」を知りたくおもつているのではないでしょうか。

しかし、教育者大村はまの生涯は、この記録の上手な配列（ことにスワ市時代の作文の赤訂正は面白い）によつてよくつかめます。スワ市から東京へうつつてからは、典座教訓のところと、和歌のつくり方のところが、じつに面白く感心しました。そして、後年の中学でのすぐれた実践のいくつか（図書室など）が、すでに芽を出しているのに興味をもちました。

世界に類例のない、この国語教育の実践記録を日本の読者に呈供してくださつたことに対し、心からお礼を申します。

はたのかんじ

資料2　対　談（「総合教育技術」84・10月号　小学館）

大村はま＝教師としての仕事（対談）

波多野完治
大村　はま

扉を開いてくれた子どもたち

波多野　きょうは「教師としての仕事」というテーマで対談をやることになっているんですが、そのテーマとは直接関係ないので、まことに申しわけないのですが、今回の大村先生の全集完成を機会に、発刊の苦心といいますか、あるいは第一巻から順々に出していかないで、第一巻の次は第四巻になっていたわけですが、そういう出し方とかも、たぶん先生がいろいろ考えておやりになったのじゃないかと思うので、そのへんのところから手はじめに少しお話を聞かしていただけるとありがたいのです。

大村　あんまり深い理由はなかったんですけれども、あれは刊行の途中で必ず遅れてくるから、すでに本になっているものから先に出していけばというふうに安易に考えないで、それは途中でまに合わなくて困ったときに出すことにしようと取ってあったんです。すでに本になっているものは、手がかかりませんから。

波多野　なるほど。

大村　しかし、子どものために書いたものはそのままですが、（中略）

第一巻はもう動かないもので、どうしてもあれは、第一回にということになりまして。

そのあとは、やっぱりまとまりやすいものということが大きかったと思います。ほかのかたの全集というのは、だいたいが活字になっているものを編集していきますね。ところが私のは、全部資料のままだったんです。自分の、自分だけ読める記録、それから研究授業のときの資料は一回ごとに、一まとめに袋に入れて全部取ってあったんですが、それは全部資料でありましで、そのまま載せるというわけにはまいりません。

指導案でありましても、私はいわゆる教育実習の手びきに出ているような形で指導案を書かず、ごらんくださるかたのためにというふうなことで、書き流しで、どういうふうにしてその日の学習までできたか今日はどんな授業か、ということを書いておりました。ですからそれを、そのまま載せるというわけにもいかないんです。で、資料は全部保存してありましたけれども、そのまま活字にすることができるものはなかったんです。この本は、ほんとに生徒と、そのほか、多くのかたがたとの合作のような気がいたします。ことに生徒なしには絶対にできなかったものですから、私は仕事の半分は生徒のものだと思っています。生徒がいなければできないことですから。

波多野　そうでしょうね。

大村　それから生徒は、学習記録をああいうふうに残しましたんで、これは大変によかったと思います。

波多野　わかります。

大村　学習記録はその子どもの成績品ですので、いったん返しました。そのときに小さなプリントを作りまして、「これは先生並びに後輩の勉強のために、できることなら貸してください。大切にいたします」と、そういうプリントを入れたんです。

波多野　そうですか。

大村　子供は、一ぺん返してもらって、点も見たりして、全部戻してくれたんです。（中略）

絶えず子どもたちを見つづけて

波多野　特に私、感心したのは、全部第一巻の「国語単元学習の生成と深化」ですか、これは初めのほうからのことがずっと書いてあるわけですね。それで五二年ごろの読書生活の実際も、ここへ入っているわけです。その間にずっと先生の指導法が進歩しているんですね。

大抵の人は、一回目で成功すると、それをどうしても踏襲しそうになるわけです。それをそうでなくて、その次に同じようなことをやる場合には、少し変えて、こういうふうにすると、それからまたその次にやるときは、また少し変えてやるというふうに絶えず進歩しておられる。五二年というと、先生が七〇超していらっしゃるんじゃないかしら。

大村　そうです。七三ぐらいですね。

波多野　それでもまだ進歩しているんですよね。ぼくはその点で、大変すばらしい先生だということを感じます。だいたい六五ぐらいになりますと、私自身の大学の講義なんかでも、中身は多少進歩してましたけれど、形式とかやり方とかいうものについては、今まで一番自分が楽で、生徒にも一番効果がありそうなことの見当がつきますと、それでマンネリ化しちゃうんですね。

先生の場合はそういうことがなくて、七〇過ぎてもまだ進歩してたということね、それは第一巻を見ただけでもわかります。初めのごく初期のものと、あとのものとでは大変な進化があるということがわかります。そういう点にぼくは驚きを感じます。

マンネリ化したら、おそらく先生が一番おきらいな「静かにしなさい」とか「聞いてなさい」とかいうような言葉を出さざるをえなくなるわけでしょう。要するにマンネリ化しないから、いつになっても生徒がついてきたんだと思うのですね。

そういう点で、ぼくは今の若い先生たちに自分の教授法というか、授業の方法というものを発見することも非常に大事だけれども、それを絶えず改新していくというか、新しく変えていくというところに非常に大事なことがあると思いますね。それでおうかがいしたいのですが、どうして先生はそういうふうに絶えず創造することができたんでしょうか。

大村　生徒を見ていたということかと思います。子どもは絶対同じでないわけで。

波多野　そう、毎年変わることは変わる。

大村　その子どもに合わせようとすると、どうしても同じことは合わないわけです。

波多野　それはそうね。

大村　新しい珍しいことをしたいと思ったのではないんですけれども、子どもを見ていたということが一番だったと思います。それから、同じ教材を繰り返さなかったということです。ですから教科書をなかなかやれないわけですね。何年か、同じ材料ですから。教科書でも一冊の本として扱えば、いろんなことができましたが。何しろ新しい教材で、新しいなにかを考えて、それで子どもの前へ出るときの気持ちというのは、実にありがたいものなのです。生き生きしてて、自分ながらうれしい気持ちなんですね。

それがちょっとでもそうでないとき、同じもののどこかを変えたとかいうときには、まずそのときの自分の気持ちが、やりきれないいんです。全然違うんです。とにかく新しい教材を持って教室に出るときの、あの新鮮な、さわやかな気持ちというのは、覚えてしまったら二度めのものを使う気にはなりません。

波多野　そうですか、なるほどね。河上肇という先生がいて、後には、京都大学を追われましたけれども教授時代には決して、同じ講義ノートを使わなかったそうですね。同じ内容でも、筆は新しく書いていく。古いノートを読むぐらい教授自身にとっても、つまらないといっておられますね。しかし、これがなかなかできないのです。大村先生のえらいところはそこですね。

大村　こうすればいいんだ、前にもうまくいったから、あれでいいと、こういうふうな姿勢というのは自分がやりきれないいんです。

波多野　そうですね、ほんとにそういうことはありますね、確かに。

大村　また、はずんでいながら、それは何ともいえない謙虚というような気持ちです。慢心してません。うまくいくなんていう自信はなくて、「どうかな……」と思って心配なんです。「ちょっと心配」、そういう気持ちが、私は教室に行くのに一番ふさわしいと思うのです。

先生が、よくいくという自信に満ちて、威張ってしまったら、威張った人なんか生徒は大きらいですから。修養して、そういう謙虚なさわやかな、気持ちになれるようにするのがいいんですけれど、なかなか、私はそういう気持ちは持てないのです。

ですから新しいものを持って生徒の前へ出ていれば、とくに修養しなくてもちゃんと望ましい気持ちになれるんです。その気持ちのよさを覚えると、どんなに骨が折れても、前のでやろうという気にはならないのです。

前に成功したのをまたやると、どうしても私は、慢心しそうです。よくいくのは当然であり、できないとすれば生徒が悪いというふうな神経が動きそうなのです。

波多野　なるほどね。

子どもを侮ってはいけない

大村　それに私、もう絶対いやだと思ったのは、前の子どもと比較してしまうんです、知らないまに。何年度のあの子たちはよかった、今度の子たちはだめだとか。これはいけないと思います。冷えた心だと思います。

波多野　そうそう。

大村　人と比較して物を言われるくらい口惜しいことは子供にはないと私は思うのです。大人ならがまんしますけど、そこがやっぱり子どもは子どもなんです。子どもというのは、そういうことはがまんならない。

波多野　さもありなんと思いますね。

大村　それで、口に出すほど、はしたないことはたぶんしないとしても、でも腹の中にあれば、子どもにわかるのは当然だと思うのです。そんなこと、わからないと、そこまで子どもを侮ってはいけないと思うのです。

子どもは子どもですけれども、人間としての感覚は、大人と同じに持っていますから、先生が心の底で人と比較して見ているということが事実あれば、どんなに隠していたつもりでも、子どもは必ずそれはわかると思うのです。それがわかると、先生を信じなくなります。そうなれば授業はやれないと思います。

私は五クラス、担当していましたが、五クラスで、三クラスぐらいしか同じ単元の学習を進めていませんでした。その三クラスも、単元名や資料が同じということで、進め方、などはそっくり同じではありませんでした。
　クラスがこれだけ違うのに、同じように進めるのは、むずかしいのです。同じ教材で幾通りにもやることはむずかしいんです。それで、そのクラスのための別の単元を用意することになります。これはまた、同時に、クラスとクラスを比べて見るということを自然に防いでいました。
　そうするとほかの組が、「先生、あの組はこういうのをやっていて、私たちはしないんですか」と聞かれることがありました。「組が違うんですもの、当たり前でしょ」と私はそう言って（笑）。

波多野　すばらしい工夫です。

大村　それを不公平で、テストに困ると言う人もあるかと思いますが、それは、教えたところをそのまま、テストをする、国語の力を記憶力の面からだけ見ているからであると思います。国語の力をつけるという、その基本のところを見ていれば不公平でも何でもない。
　どのクラスも、どの人もみんなそれぞれ伸ばすことを目的としていればそれぞれに違ってこそ公平だと思います。同じに教えれば、同じ力が同じところまで伸びるように言うかたがありますけれども、ヨーイドンで走ったら、ゴールに一緒に入ったなんていうのを聞いたことがないと私は思って（笑）。

波多野　そうですね、ええ。

大村　同じにやっても、同じところへ、同じときには着かないものですのに、それを不公平なんて言うのはおかしいんです。どこかの組を伸ばさないとしたら、これは大変悪いことですけれども、何という単元をやっても、それなりに伸ばして力をつけていればいいと思います。

波多野　そうですね。

大村　でもプリントとか、そういう資料や手びきは全部必ず配って、そして学年の終わりには「私たちがやらなかった単元」という時間を設けていました。そのとき、印刷物などを全部配って、簡単に、「これはこうやって、こういう学習をすると面白い。「学習記録」にやってごらん」というふうに指導していました。「この単元は何組だけにやったんだけれども、なかなか面白かった。これを使って、こうやって、こうやって、こうやるんですよ。やってごらん」と言うんです。

三年生を担任できなかった悲しみ

波多野　なるほどね。

大村　しかし、この、ほんとうの力をつけるために、別々の学習をするということをお母さんがたにわかっていただくことは、大変でした。記憶力――この段落はどういう意味を持っているということを習って、それを覚えておいて、テストに出たら書くというようなのは、国語の力とはいわないと思うのですが。

波多野　そうですとも。

大村　習っていないものを読んでわかるのが国語の力で、それでないと役に立たないわけです。習った文章の段落の意味を覚えておいて役立てるというようなことはまずない、その勉強で養った力そのものが、役立つのだということをわかってもらうのが大変でした。

こういうことを機会あるごとに話していたんです。自衛しなければなりませんから（笑）それでも私は受験準備に熱心でないからといって、おしまいごろに上級生が持てなかったんです。

波多野　はあ、そうですか。

大村　おしまいごろ、とても残念でした。教えることは、何年生でもいいんですけど、三年生をもう少しやってみたかったんです。中学の仕上げという時期を。討議なんか、どこまでいけるものか、中学の生徒を一生懸命指導した場合、どこまでいけるかということを、やってみたかったんですが、上級生を持つことができなかったんです。ほんとに悲しかったです。三年つづけて一年生を持ってたんです。

波多野　そうでしたか。

大村　それのよかったことといえば、仕上がった単元が小学校にも通用しそうなのがかなりあるということ、そういうはからざる幸せはありましたけれども、しかし私は、中学生の限界をもう少し確かめてみたかったんです。それは非常に情けない、悲しいことでしたけど、仕方がなかったんです。

波多野　そうですか。いや、それにしても、とにかく一クラス五〇人ですか、初めは。

大村　そうです、戦争直後は。おしまいは三八人ぐらいです。

波多野　どうでしょうね。クラスが大きいということは、やはり辛（つろ）うございますか。

大村　それは辛いです。人数としては二百人近くです。五クラス持ってますから、中学校はそうなってしまうわけです。成績品やいろんなものを処理することが非常に大変ですね。そういう意味で小学校はいいなと、私はいつも思っているんです。人数が多くても四〇人程度でしょう。中学校は、一時間ごとには一クラスだけの人数しかいませんけど、全体としては、二百人近くで、その文章やなんか読むのは、容易ではありません。

波多野　そうでしょうとも。

大村　作文より何よりそれだけの人数を頭に入れなければならないことが、骨が折れます。指導するには、まず子どもをよく知るということが第一だと思います。この人というのが頭にちゃんと入っていれば、言うべき言葉は自然に出てきますけど。上・中・下とか、この子は読解はできるけど、作文はまずいとかいうとらえ方を聞きますが、そういう程度のとらえ方というのは、個人をとらえていることにはならない、そんな程度では授業に役立てることはできないんです。

波多野　心理学的にも全くそうですね。

大村　「読むことは強いけど」といっても、どういう文章が、どんなときにどんなふうに、強かったのかわかりません。ですから、そういうとらえ方は、授業に役立てるには、大ざっぱだという気がします。とらえる方法もいろいろですけれども、いろんな教材でやっているということは、併せて細かくとらえることに役立つという利益もあるんです。いろんなものでやってますから、いろんな面が出てくるんですね。機械的にやっていれば、ある面しかとらえられないと思います。

目標を明確にしぼって

波多野　どこを間違えたとか、そういうことしかわからないですね。

大村　「何が書いてありますか」とか、そういう問いをいつでも出していれば、そういうことしかとらえられないんではないか。一つのことを聞くのに、さまざまな問いかけを試みる、そういうふうにしているととらえやすいのです。網の目が粗くては、とらえたものも粗いだろうと思います。

私はあまりほかのかたの授業を見せていただいたことはないんですが、どうもこうだと思えるのは、その時間に指導しようとしている目標が多すぎることです。気がついたことの一つ一つを、みんな取り上げようと思うと、どうしようもないわけです。

子どももいやになってしまいますし、こっちも疲れてゆきとどかなくなります。ですから「これ」と目標をなるべく一つ、多くても三つまで決めておくんです。生徒に言う必要はありませんけれど、私の心に目標があって、その点だけについて、ぐんぐん、ぐんぐんみんなの中で動くんです。そうしますとよく回れるんです。

波多野　なるほど。

大村　目標をそういうふうにしぼっておくということ

は、生徒から不公平と言われないようになることの技術でもあるんです。目標が五つも六つも七つもありますと、ひどいときは、思いつきのまま、つまり無数ということですが、そんなにありますとどうしても、この子に注意したのに、同じことをほかの子に言わないということになりやすいのです。そういう場合ができてしまうんです。

Ａさんにこのことをほめた。または叱った、どっちでもいいんですけど、そのうちに、同じ場面が出ても、前と対し方が違ってくるんです。これは子どもから見ると、不公平ということでしょう。あの人にはほめたけど、私は同じのがあってもほめてくれなかったし、何とも言ってくれなかったと。これは、先生としては失敗、そして不公平なことです。こんなことが不公平のそしりを受けるたねになるのです。子どもがいやがっているのは、そういうことなんです。

ですから、思いつきの気がつくままにやらないで、この学習は今こういうことをしているけれども、目標は何というのを決めておくんです。すると、どこへ行っても同じようなことが同じ視点から注意されるので、言い忘れたとか、だれさんだけご丁寧とかいうことをしないですむのです。私はこういうことは大事なことだと思うのです。

波多野　なるほどね。

大村　それで座席も、気をつけて作ってあったんです。

波多野　そうですか、なるほど。そこに秘密の工夫があった。

大村　この席はこの学習のあいだは、どういう人が座ると。ですから私は座席を自由にしなかったんです。座席につきましては私が絶対の権威で（笑）、私が決めて、プリントにして渡します。そんなプリントにして渡さなくてもいいかもしれませんが、私はプリントでもしなければ困るんです。プリントで、ちゃんと頭に案を入れて回っていくんです。で、この席にはどういう子が座っているということがはっきりしていました。それがどのクラスも、そろえてあったんです。もちろん、単元によって、また、同じ単元でも、作業が変われば、席は決め直します。

ですから回るときに要領がよくて、きょうのこのことは、一つの机に、ＡＢＣＤ四人座っている、そのＢのところに注目というふうにしてやっていました。人は気がつかないけれども、私は行ったときにむだをしないで、言うべきことを早く言います。そこへ行ってから、「そうねえ」などとノートを見たりして考えていては、時間がどんどんたちますから。

波多野　なるほどね。

大村　子どもの書いたものは、一目でぱっと読めるようにしますが、それについては、生徒のほうも薫陶しました、「先生、ここまでできました」と、ちゃんと見せるしつけをしていました。私が行ってから「見せてください」と言ったら、探して、「ここに書いてあります」と、そんなことでは、時間がかかりますので。とにかく見せるものは、先生のほうへ向けて出すのが礼儀だと言って（笑）。

それからグループの話し合いならば、司会者が、――司会者は輪番でしたが、私が行けば、「今こういうところまで話しております」と必ず言うことになっていました。回っていくときには私のほうに目標がありますから、その話がスムーズにいっていれば何にも言いませんし、どうかしていれば、そこで「いけない」とは言いませんでしたけれども、一緒に話し合いに入ってやりました。話し合いに実際に入るのが一番効果があるようでした。入って、いい発言するのです。優等生が転入学してきたと思えと、みんなに言ってあるんです（笑）。

少なくとも子どもの話し合いですから、私たちは何秒か聞いていると、何がどうしたのか察しがつきます。そこで適切な発言をするようにします。どういうことを言いなさいといってもだめですから、私が実際に、話し合いのメンバーになって、発言するのです。そうすると話が盛り上がってくるんです。これは私は体験から知ったんですけど、大人の話し合いでも、何となく沈滞しているとき、例えば波多野先生が途中からいらして、急に盛り上がったりするでしょう。（中略）

授業の話し合いと、楽しみの雑談を区別してない。授業をしているということは、何らかの力が育っていくということだと思います。

波多野　そうですね。

大村　それが育っていないとすれば、授業にはならないと思います。授業としての話し合いということをはっきり考えることがまず大事だと思います。自分の考えのないことは話し合わせる資格がないと思って、させません。自分が指導できない話題は展開させないんです。

それは私が力がなくて、その話題は扱えないということなんです。その話題で話し合いがさせられるかどうか、自分のことを考えることが大事と思います。ほかの方法なり、ほかの話題なり、ほかの作品なりを用意しなければいけないでしょう。

こういうわけからも、教科書だけでやれなくなってしまうんです。教科書を使うまいとか、そういうことを考えているわけではありません。また、この教科書はよくできていないとか、そういうことを言っているんでもないんです。けれど、子どもに合わせようとすると、数も量も足りません。それで加えたり取り換えたりしているうちに、実際に、使わないことが多くなったんです。教科書だけで、いろいろやれるものもあると思います。それをとやかく言おうとは思いません。私は不幸にしてできなかったということです。あんまりいろんな子どもがいすぎて、教科書一冊の、あれだけの数ではどうしても足りなかったんです。

波多野　それはそうですね。

教材を見る目で物を見てしまう

波多野　しかし、大村先生は教科書についてもよく研究していますね。ぼくは先生の本で、ほんとうにこれは参った、降参したと思ったのは、西尾先生の教科書についての指導案をこしらえたのがあるでしょう。普通、A案、B案、というのがあって、時によるとA、B、Cと案があるでしょう。あれに感心したんです。

大村　そうですか。

波多野　それで私は中学校の教科書を一つこしらえているんで、多少は見当はつきますが、教材と対照しないと、これはA案とB案とある、これはA案とB案とC案とあって、その違いがつかめない。

ああいうふうに二つの、教科書を教える式の行き方と教科書で教える式の行き方といったらいいでしょうかね、その二つをいつでも考えてこしらえてこられた。これはよほど力量のある人でなければできないのじゃないかと思いました。

もう一つ私は、こういうことを感じたんです。先生が最初の単元学習で非常に成功されたということは、単元学習の生成のところで大変よくわかりましたが、それからその深化は、三〇年たって非常にすぐれたものをこしらえられた。

ところが先生の場合は、それからまた進歩しているんですね。ところが普通の学校では、進歩するはずの人を、途中でやめさしているんじゃないでしょうか。つまり六〇じゃないんですか、今、定年は。そうすると大村先生は、それから先一〇年か一五年、進歩しているんですね。それでつまり一番進歩しているところを、普通の学校は使わないということになりはしませんか。

これからは今までの実践を、こういう記録に残されて、それでこれは、ただ、先生の学習ノートだけ見たって、なかなかちゃんとしたことはわかりませんから、学習ノートにいろんな注釈がついてるから、われわれ読んでもわかるんで、そういう仕事をここでまとめられたということは、またそれで意味があると思いますね。しかし、まだ学校にいてやっていれば、まだ進歩したかもしれないですね。

大村　私も、そう思います。今でもつい、知らず知らず、教材を探しているんです。この教材で、こうやるといいかもと、ついそんなことを考えているんです、本屋に行ってもなんか知らないまに教材を見る目で物を見てしまうんですね。ああ、こうやるといいかもしれない、と思ったり、子どもたちを頭に浮かべて、あの子たちはこういうことを言うに違いない、と思ったり。

波多野　そういうものを残すことはできないですかね。残念ですね。もっとも、大部分の方針だけは、西尾先生の教科書に対する授業案ですか、A、Bという、ああいうもので多少の方針はわかりますけれども、授業というものは、子ども一人一人との対決ですから、実践というものは、そういう具体的なものだから、読んだだけではちょっとわからない。実際に当たったら、どういうふうに変化していくかということもわれわれは知りたいし、そういうようなことがありますね。

大村　よく、どこかの学校でやってみたらとか、やったらとおっしゃるのですけれど、それはできないんですね。つまり教材を一緒に集めたり、それからとにかくふだんからの積み上げがないと、私らしいことはできないのです。いいことは、何よりも子どもを知ってるところからできることです。

波多野　ほんとうにその通りです。学級をつかんでるということね。そして一人一人の生徒の、どこができて、どこができないかということが頭に入っているということが、先生の場合には授業の基礎になっていますからね。人の子どもを借りて、これはAだ、これはBだという程度の学力指定だけでは、ほんとうの授業はできないですね。

大村　子どもが安心した気持ちで、私も冗談を言えたりという雰囲気でやってきましたから、そういう雰囲気のようなものが作れてなくてはできません。よその学校へ行って、教室を借り、芦田先生のようにとおっしゃってくださったかたもありましたけれども、芦田先生の時代はまた違うんです。

波多野　そうなんですよ。ぼくも芦田さんと大村先生のと比べて、芦田式に全国行脚するということがどうしてできないかということを考えてみて、やっぱりそうだと思いました。ああいうことができないのが、大村先生の非常に長所なんですね。

大村　芦田先生は芦田先生であの時代の、そして考え方の天才でいらしたと思います。ですから初めての教室、初めての生徒でも、私たちが一学期じゅうかかって、やっとわかるようなことを、一目でお見抜きになったということも考えられます。そういうこともあるでしょうし、芦田先生のご授業はとにかく非常に上手な教師中心の授業であったと思います。ですから教壇行脚も、おできになり、もしあのころテレビがあったら、ああいうご授業ですとテレビにも撮りやすいと思うのです。

私は、先生から教育の大事なこと、根本を教えていただきましたけれども、「七変化」という教式はやっていないのです。それで芦田先生のお弟子だったかたたちに、よく思われなかったんです。

波多野　あそう、ですか。

大村　でも私は、先生が生きていらっしゃれば、私のやっていることを「よし」とおっしゃってくださると思っているんです。

波多野　全くですよ。

大村　先生はそんな狭量なかたではなく、芦田先生のお仕事は、教科書中心の、教師中心の非常にすぐれた授業です。ですからそこから学ぶことはできますけれども、今は教科書も違いますし、先生のなさったとおりやるということは、私には全然考えられないんです。けれど先生をほんとうに尊敬しお慕いしています。物の考え方といいますか、教育の大切なことはみんな教わったと思っていますけれども、あの形でやっていなければいけないなんて考えられないと思っています。

国語の先生でなくて英語の先生？

波多野　それでもう一つ打ち明け話をお聞きしたいのは、先生は一言も言われないけど、そうとうイギリスやアメリカの国語教育の本を読んだでしょう。諏訪で英語も教えていらしたことがあるんですか。

大村　そうです。

波多野　それでね、終戦後のアメリカの国語教育がどんどん入ってきたときに、かなりお読みになったと、ぼくは思いましたね。

大村　いえ、ただ講習会で。それから図書館がございましたでしょう。CIE図書館といっていた、あそこに行ったり、それから「イングリッシュ・ジャーナル」を見ていました。そして「イングリッシュ・ジャーナル」に出ていた広告の本や、向こうの教科書とワークブックなども見ました。

波多野　そうですか。

大村　それから先年、最初にヨーロッパに行ったときは、イギリスで作文の本をもとめました。まだ「神さまへのてがみ」が日本で翻訳されてないときでしたから、あれもあちらで見つけました。でも生意気みたいだけど、「イングリッシュ・ジャーナル」などは、あんまり教わるところがないといいますか、ごく当たり前というような感じがして、そんなに斬新な感じなどはしなかったのです。

ただ、教科書とワークブックというのは、その種類の多いのに驚きました。いろんな工夫がしてあって。それから文章に対して読み解くときに、いっぱい問いが出ているでしょう。やさしい、だれでも答えられるようなことをたくさん出しているのが、私は大変勉強になりました。読み解くときに、細かに細かにいろんな問いを出してやれば、それに答えているうちに文章がみんな読めてしまうという仕組みになっていたんです。いちいち、問答するのではなく、まして、答え合わせなどということはありません。問いかけにほぐされて読むということです。これは面白いなと思って、古典なんかのときに使ったことがあります。細かく細かく聞いてやると、問答ではなく書くのですが、古典でもちゃんとわかったとか、そういうことはありました、

波多野　なるほど、そうですか。これは非常に大事なことで、また大村先生の非常に大きな長所でもあり、特色でもあると思うのですが、国語教育というのは、どこの国でも、外国のことはあんまり考えないんですよ。ドイツでも、ドイツ語の特色というものがあるもんですから、ほかの国のものを直接に入れるというのはむつかしいんです。で、その国の古いやり方ですね、歴史は大変よく調べられていますけれども、外国のを参考にしているということは、あんまりなかったですね。

大村先生が外国の国語教育の勉強をされたということは、非常に大村先生にプラスになっていると思うのですね。これはあんまり人が言わないことなんでね。ことにアメリカ国語教育の代表的雑誌であるイングリッシュ・ジャーナルを永い年月にわたって購読しておられたことは、さすが、と感心いたします。わたしも数年前までは採っていたのですが、老齢のため、いまはやめました。理由はまったく先生のいわれるのと同じですが、しかし題目だけでみていてフッとひらめくときがありますね。

大村　それでよく、日本の学者は外国語がしゃべれないとかなんとかいいますけれど、それはしゃべらなければならない人は、しゃべれなければ困るけれども、読め

ると書けるしかできないということは、そんなにみっともないことでも困ったことでもないと私は思っています。読みたいものが全部読めたらいいじゃないかと。その人はしゃべらなければならない機会がないかもしれません。語学力が読み書きしかできない学者のことをけなすのはいけないないと、読み書きできたらいいじゃないかと私は思っていました。

それは、しゃべれれば、もっといいかもしれないけれども、しゃべれないというだけでまるで外国語の勉強ができていないとか、力がないとかいう言い方をして、けなすのはよろしくないと思うんです。それは自分の弁護ですけど、私は、よく聞きとれなくて、わからないんですもの。読んでいれば、じっくり読んでいくからわかるけれども、とにかくおっそろしく速くて、聞きとれません。NHKの英会話など、テキストを見ているのに、あっと思うまに一ページぐらい過ぎちゃうんで（笑）。

あれで耳をならそうとしても、ちょっとだめで、聞きとれなくては、わかってることも言えません。それで私は、しゃべれなくても構わない、必要なものが読めれば、自分は、それでいいと思うようになりました。とにかく学者のかたの語学力について、しゃべれないので、読めることまで、まるで価値なきように言ったりするのは、ほんとにいけないと思っています……。（中略）

師範タイプでないよさ

波多野　いまのオーラル・メゾッドのほうへ直接入っちゃったということは大変面白いと思いますし、それから東京女子大で、あまり教育学や教授法をやらなかったということも、今になると一つの強みじゃありませんか。

大村　そうです。それは、幸せだったと思うんですが、高等学部というのは、新渡戸稲造先生や安井哲先生の理想の学部でありました。東京女子大はもともと、職業婦人を養成しようとしなかったんです。教員もつくろうとしてなくて、非常に教養の高い、ほんとうの意味で男性と並ぶ女性をという新渡戸先生のお考えだったんです。

（中略）

友だちもよかったし、女子大の生活は、まだ草創時代ですから、理想のようにいってました。ですから勉強というものを、新渡戸先生のとおりに考えていました。中学へ出てからの国語というのは、そういう背景が大事だったんです。なにもそのときに習ったことを覚えているわけではなくても、学ぶということのとらえ方や勉強することの意義のとらえ方、教養の幅とか、読書の範囲とかが違いました、国文だけをやっているより。

波多野　そうですとも。まるっきり違いますからね。国語そのものも大切ですけれど、国語できたえる一般教養が大切なんで、大村先生まずそっちの方の先生なんだ。

教え子の姿で西尾先生と出会う

波多野　私のほうからちょっとお話したいことは、先生は国語生活というものを非常に大切にしていらっしゃるわけですね。言語生活といってもいいわけですけれども。その言語生活というものを現場で生かそうとすると生活言語ということになって、その生活言語というものをちゃんと教える、そして使えるように読み、書き、聞く、話すと、そういうことになって、そのことでもって先生の場合には、国語の中で生活指導が行われる。

そういう点で、言語生活と生活言語と生活指導と、この三つが、一つの三位一体みたいな形でできあがっているということに大きな特徴があると思いますけれども、西尾先生の考え方が、私は、それに一番近いんじゃないかと思うのですね。西尾先生は東京女子大で教わられたんですか。

大村　いえ、いえ、先生はずっとあとで教授になられたんですから。私は昭和三年に卒業しましたし、先生が教授になられたのは昭和一〇年ごろのことで、ですから皆さんにそう思われるのですが、私は西尾先生の教え子ではないんです。西尾先生には、戦後に初めてお目にかかったんです。

波多野　戦後ですか。戦争前はご存じじゃなかったんですか。

（中略）［すぐれた教え子をみて西尾先生が探される！］

波多野　そうですか。じつにすばらしい話ですね。

大村　それで初めて西尾先生にお目にかかって、それからは先生にいろいろお世話になりました。教科書の編集のお手伝いもさせていただくようになりました。

波多野　そうすると大村先生が自分で考えた国語教育の理論といいますか、言語生活の理論といいますか、そういうものと西尾先生の考えとが偶然一致したといったようがいいくらいですね。

大村　かもしれません。よくわかりませんが。

波多野　そうですか。

大村　先生に山ほどご恩になって教えていただいてきていますけれども、最初お教えを受け、読んでそれを実践に移してみようとしたんではないんです。別に学生として教えていただかなかったんです。

波多野　いや、ぼくは、西尾理論だけでいくと、ちょっと足りないところがあると思うのですよ。それは西尾理論というのは、教材研究の理論だと思うのですね。それで、その教材研究したものを教室へおろしてくる理論というのはないんだと思うのです。

ところが大村先生は、それをやっているわけです。教室へおろしてくる仕事をやっている。それが国語教育だと、それが国語の授業だというふうにとらえていられるわけです。ぼくは、西尾理論を教室のほうへおろしてくる仕事をやるのにはどうしたらいいだろうかと考えて、ここまできたのではと思っていましたが、そうですか、それは偉いですね。

自分でこれだけの国語理論というものを考えて、そしてそれが偶然一致したと。いや、そうですか、これも非常に私にとっては驚きでした。

大村　でも後半は、先生のお教えを教室に実現しようとして努めていました。そのへんはあんまり言わないというのは、自慢話に聞こえてしまうからです。

編集部　むしろ西尾さんが大村先生からいろんなお話をお聞きになって、それをかなり参考にされているわけですね。

波多野　そうね。そういう部分はずいぶんあるわね。

（後略――筆者）

西尾先生との（ひとり研究会）

資料3　大村はま『授業を創る』「巻末に寄せて」から――波多野完治

（87・4・20　国土社　一七〇―一九三ぺ）

はじめのことば

ひとに教えるのにも、天才と鈍才とがある、というのが、わたしの意見である。鈍才というのは、さしずめ筆者で、わたしは、大学卒業のころ、就職先がないので、家庭教師をやった。その家庭教師先から「あなたのやり方は、成績が上がらないから」というので、ヒマを出された記憶がある。その後、女房が引きうけていた家庭教師先で、女房が風邪をひいたとき、臨時に子どもを教えたが、ここでも子どもの力をつけることができなかった。

教師の鈍才というのがあるとして、では天才はあるか。あるとおもう。ペスタロッチ――からはじまって日本では、芦田恵之助などが、それであろう。とにかく、なんということなく、子どもに力がつくのである。子どもの方も、その先生にいてもらうと、モリモリと学習意欲がわいてくる。人がらからいってそういうふしぎな魅力をそなえているのである。

大村はま先生という人は、半面にそういう天才をもっている、とおもう。大村さんの場合は、中学生で、中学の男子生、女子生が、大村さんと対面した瞬間、もう勉強する気になっているらしいのだ。

しかし、大村さんの場合は、天才ばかりとはいいきれない。というのは、先生は、もとは高等学校（高等女学校）の教師で、高女時代から、その教授力は抜群であったからだ。とすると、幼児向きの教師の天才、小学生向きの天才、中高生向きの天才、というものがあるのだろうか。わたしは大学の先生としても教えるのがあまり上手な方ではなかった。しかし、わたし以外に、大学生むきの教授の天才というものがあるのかもしれない。わたしは、大学生を二三歳のころから教え、六四歳まで教えた。その中で、これは成功した、と思う講義は一〇回程度であろうか。大体三年に一度である。そのほかに、東大受験の生徒たちを教えて、大成功したことがある。一〇名中九名の合格者を出したのだ。してみると、わたしの才能は「受験生むき」ということになるのだろうか。受験生は、まず「入ろう、入らなければならぬ」というモティヴェーションを起こしている。だから教えるのも楽なのである。こんなのは、才能でもなんでもないのかもしれない。

こんな風に、わたしは、自分が授業の才がないことを知っているだけ、他人の授業の上手なのが、うらやましくて、仕方がない。自然そのことに興味をもつようになる。こうして、わたしは、たのまれたり、こちらからたのんだりして、小中高校の授業を数かぎりなく見てきた。

こうしてつくりあげた目でみて、大村さんのやり方はたしかに天才的だが、「しかし」をつけるべきだ、とおもう。半分は天才だが、あとの半分は、工夫と努力であり、この工夫のためには、理論がある。だからこそ、大村さんは高等女学校で成功し、その上に中学校でも成功することができたのである。

わたしは、大村さんのような偉大な教育者の場合、その天才性を讃えることは、比較的容易だとおもう。多くの人のすでにやっていることでもある。大村さんを神格化すればよいのである。しかし、ここからは、日本の学習指導法の進歩はでてこない。

大村さんを一ぺん天才の座からひきおろす。そうして、平凡人として、大村さんがどんな苦心をし、どんな努力をして、今日の至高の実践能力をかちえられたかを分析してみる。このことが必要である。この後者ならば、こんにちの科学の水準でも、分析、説明でき、全ての教師の財産になり得る。

こういう作業を「科学的作業」というのだが、ここでは、この作業の全てをやることはできない。その端初を示しうるだけである。

一＝大村流単元学習

単元学習の説明としては、稲垣忠彦氏が、倉澤栄吉氏の著書『授業に学ぶ』（国土社刊）の「巻末に寄せて」であたえた次のような文章がさしあたり参考になる。

国語教育における単元学習の意義は、すでに昭和二〇年代のはじめから（倉澤）先生によって主張されているが、それは、子どもが必要感をもって学ぶことを媒介する学習のまとまりというひろい概念でとらえられている。

（中略）

これらの多様な活動において一貫しているのは、子どもが、自分自身の課題をもって学ぶこと、学ぶ主体となることであり、それが単元を意味づける中核となっているのである。

このような学習は、英国の公立小学校で普遍しているトピック学習、フレネ学校の学習文庫、シュナイターー学校のエポックなどと同質であり、これら子どもを中心とする学習の系譜につながるものといってもよいだろう。

わたしも、この「単元」観に賛成である。

イギリスのトピック学習、シュタイナーのエポックなどは、ある週なり月なりの学習時間全部をつかって、ある一つの単元をやるのが特色で、したがって、当然「合科」になる。算数、理科、社会が国語と融合しているのである。アメリカの場合には、中心になるのが、社会科または理科の単元になる。アメリカではユニット・メソッドといい、アメリカでトピックというときには、ユニットの中での、いくつかの「問題」、たとえば、フランス革命とナポレオン、といったようなことになるようだ。

日本では、単元の考え方は、戦後、進駐軍の民間情報教育部（CIE）を通して入って来た。いわば「社会科」とともに新しく入って来た教育思想であった。

だが、日本には、戦争まえから、これに近い考え方をする人が、いないわけではなかった。

西尾実博士の「言語活動」の思想がそれであった。国語を文化とする前代の考え方に対して、言語活動主義の考え方では、教材を教科書に限定しない。国語文化主義の考え方では、教科書は大切な文化財であり、国語文化を代表的にあらわす象徴的存在であるが、言語活動主義においては、子どもが先生と交わす一時間一時間の言葉のやりとりそのものが、「教材」である。言語活動のあるところ、国語教育がなければならぬ。教科書は、そのような教材の一種、一部となる。

西尾実博士と同じ立場に立つ、古田拡氏（故人）は、遊び時間にも、廊下にも国語教材がある、という『国語教材研究』を書いた。これは彼が西尾実博士のまねきで法政大学教授になるまえのことで、ここにはすでに「生活単元」的な学習の考えが存在している。

言語活動主義の立場だと、国語は能記と所記とから出来ている。所記すなわちコトバによって意味されたものを離れて、ただ記号だけを教えてもいたし方ない。そういう国語教育は半面的国語教育、または一方に偏した国語教育である。

で、所記を能記とともに教えるということになると、理科、社会との合科は不可避となる。現代社会の特性は科学にあり、科学は、小中学校においては、理科、社会に端的に表現されているからである。

で、単元学習を言語活動主義の立場から考えると、小学校は大へんうまく出来る。ここでは学級担任で、一人がクラスを受けもつから、合科または合科的取扱いがやさしい。

問題は中学校で、日本の中学の特性から、大村流の単元学習が生まれてくることになった。中学校は学科担任制で、しかも学科間の壁があつい。すこしでも他人の学科へ侵入すると、いろいろなトラブルがおこる。

このため、学科の独立性のつよい国々では、ティームティーチングによって、この問題を解決するのがよい、ということになっている。アメリカなどの単元学習がそれだ。しかし、わが国では、昭和二〇年代、まだティームティーチングはポピュラーでなかった。

ドイツで発達したシュタイナー学校では、小中高の一二年を通じて、学級担任制だ、ということだ。つまり、一人の教師が全科をを教えるのである。わが国では、教員養成は全て専門学科を通じておこなわれるから、一般教養に通じにくい。（子安美知子『ミュンヘンの中学生』による。）

大村流の単元学習は、日本のこのような事情によるところが多いと推定される。この方法だと、国語単元は、「言語活動に限定したものに」なる。倉澤栄吉氏は、たとえば、『授業に学ぶ』の中でつぎのような単元をあげている。（三〇あげているが、そのなかから四つ。）

② 学校の校歌や校訓の研究。

④ もし私が児童会に立候補するとして、あるいは友だちが立候補するとして、その挨拶というか、立候補の主旨。

⑧ 学校巡り。新入生のための学校案内。

㉑ 僕の行く本屋さん。

以上は、小学生のためのミニ単元から抜いたものである。小学生だから、もう少し「所記」に寄った単元でも組めるはずなのだが、倉澤氏は、慎重にそれを避けている。

このような点から、大村さんの単元設定は慎重をきわめる。単元概念導入の事情については、本書最終章にもすこしふれているが、そのほかに、全集別巻所載のつぎの個所が大切である。（「中学校へ転じてから」より。）

当時まだアメリカの占領下にありましたので、案を立ててはＧＨＱに持っていったのです。教科書は国定でしたが、単元という考えはなかったので、戦前までのとおりに、第一課・早春、第二課・やさしいことばで、というように、一課は一文章でした。一学期一冊で、たとえば二年の二学期ならば、七課で七篇の文章でした。ＧＨＱに「七は多い、どうしても三ユニットにせよ」と言われました。委員長が、一課一課は独立した教材なので、それを三つのユニットにすることに困難であることを何回も説明したのですが、できないことはないはずである、考えてくるようにと言われるばかりでした。（中略）

この間こじつけこじつけて考え、何かと指摘されてはやり直していますうちに、私は、ユニットという意味が少しわかってきました。

（中略）

そして、その後経験したことがないと思われますほど、一々について、一行、一語の末まで委員会で精読され、検討されました。惜しみなく時間をかけて仕上げていただきました。この全過程で、私はほんとうに恥ずかしい思いをこらえながら、考え方について、表現について、たいそう教えられ、鍛えられたと思います。……深川第一中学校に勤めまだ疎開先の千葉県安孫子から通っているころでした。夜、一〇時、一一時の汽車になることがたびたびでした。

わたしが、大村流は天才だけで出来ているのではないと、さきに言ったのは、このような点をさしている。それは、概念としてはアメリカに生まれたにしても、同じ考えは日本にあった。それがうまく育たないでいたところに、敗戦で、アメリカから肥料が来たのである。この肥料をつかって、日本の教育事情に適合するように育成していったのが、大村流の単元学習である。だからそれは、工夫の上に工夫が重ねられ、苦心して出来上がったものである。努力が天才とともに貴いのである。

本書のさいごの章として編成されている、「おわりに――私の単元学習の歩み」は、みじかいながら、感動的な文章である。いそがしい人は、この章だけでも読んでもらいたい。そうして、戦後まもなくのころ、教育によって、日本の国を再建しようと志したものたちが、どんな苦労をして自分の道をきりひらいて来たかを想像してもらいたい。

オズボーン氏は、わたしども教育関係者には親しい名前である。彼が大村さんの実践を単元学習と肯定したことは、当然ながら、うなずける気がする。大村さんのさいしょに赴任した学校が、そんなにひどい学校とは、わたしはしらなかった。窓ガラスがない学校だ。ということは、どこかで読んだような気もするが、同僚の先生の話などは、はじめて知ったのである。そういう学校で国語の授業をしようとおもったなら、まず、子ども（中学生）の生活ととりくみ、これを改善しつつ、国語もよくしていく、という方法しかないではないか。だから、それは当然、生活単元を中心とするものになり、生徒の経験を出発点にする学習にならざるを得ない。すなわち、大村流単元学習にならなければならなかったのだ。このことが、本章ほど具体的に、端的にわかる文章に、わたしは出会ったことがない。その意味で、本章がつけ加わったことだけでも、本書が出た意味がある。

二＝少年少女心理への洞察

学習者たちが、どのようなことに興味関心をいだき、どのような心理でいるか、心理学者も及ばないほどの洞察力をもっていられる。［井上敏夫（大村はま国語教室編集委員）「大村方式の理解から実践へ」全集別巻月報］

わたしは、この言葉に半分同感で、その同感の程度は、わたしが心理学の専攻者である、あるいは、あっただけに、よけい身にしみて同一化できるものである。しかしあとの半分は、これに対して反対の気持ちもないわけではないので、これについて述べることにしたい。

大村はまさんの書かれるもの、また講話を速記したものを読むと、「心理」についての発言の多いのにおどろく。そうして、その発言がまことに的を射ているのに、再びびっくりさせされるのである。

「心理」は、中学生の心理に関するものと、彼等を相手にしての「教授学習心理」に関するもの、すなわち教室心理に関するものの、二つに分けて考えるのがよい。

まず、中学生の心理に関する発言としては、つぎのようなものが、本書から引用できる。（本書の内容と重複するので、なるべく中心語句だけを書きぬく。くわしくは本文を見て頂きたい。）

そうしましたら子どもたちも、「僕たちも別に面白いとは思っていない」といって自分たちの漫画への態度を話してくれました。（二五ページ）

面白いようだけど、こういうところがこうだとか、そういうことがちゃんとわかるのはおとなの話なのです。（三一ページ）

少し程度の高いことがいい単元の条件（三六ページ）

説教は子どもはいちばんきらいです。（一一〇ページ）

生徒には変な遠慮のような気持ちがありまして、自分で自分のよかったことをいうのは恥ずかしいことだという。（下略）（一一六ページ）

つぎは教師自身の心理に関するものである。

指導者自身が、まず読みに読むということが大事なのです。（六四ページ）

たくさんのむだをしなければ、やはり玉を拾うことはできない。でも考えればむだになったのではないのです。（六六ページ）

第三は教授学習心理に関するものである。

こういう一つ一つの読書の技術というのは、そのように、個人的に教えていくもので、いっせいに、今日は段落の勉強をしますというふうな学習は、あまり合わないのです。（六二ページ）

子どもはされたとは気がつかない、先生に教えてもらったという気がしませんし、それから注意も、書きようによりまして、先生から教わったというふうにならないようにと考えました。なんとなく自分が発見したように、なんか自分の力でやってきたような、そういうふうな気持ちになれるのではないか、とそれを願ったのです。（一〇七ページ）

こうやって拾っていくと、いたるところに「心理」がちりばめられてあって、まるで、「国語授業の心理学」または「国語教授のための中学生心理学」とでもいったおもむきがある。

じつを言うと、こういうのは、大村さんの「講演」の特色であるらしく、全集の方には、この傾向は、特に著しくあらわれているわけではない。講演は、特定の人に「中学生のコツ」「国語授業のコツ」ということを話すことになるので、こういう機微にふれた、つまり心理の記述が多くなるのかもしれない。で、信州における大村はま講演集『教えながら教えられながら』（昭和六一年刊、長野県国語教育学会）には、中学生心理と、それにもとづく授業の工夫の名言がじつに多い。この本が地方出版に止まっていることは、真に残念なことだ。［のち共文社］

本書には言われてなくて、信濃でだけ言われている名

言、金言を一つ二つだけ拾うと、

書いたものが人に読まれることは嬉しいことです。大人でもはじめて活字になったなんて時は大へん嬉しくて、その場所ばっかり何べんも読んでるものなんです。自分が書いたんだから読む必要はないわけなんだけれども、そこをじっと読んで、何となくはずむものなんです。それはみんな人間だからなんです。子どもはもっとそうです（下略）（「書くこと」その指導と実際）

教室を楽しくするために禁句にしたいことば、皆さんもご存じのように「わかったか。」「できた人。」、これですね。「できた人。」このひとことで、できない人はしょぼんとします。その瞬間楽しさが消えてしまいます。（「子どもに楽しい国語教室を」）

出来ないから、わからないからと思って、その子だけにていねいにすれば、（教えれば）その子が喜ぶってのは、ちょっと今時の子どもたちの心理としては違うんではないでしょうか。先生がていねいにしてくれるってことは「自分が出来ないからだな。」と思うことは、うれしいより先に恥しいとか、友だちに対してかっこ悪いとか、そういうことがとてもあるんです。（「書くこと」その指導と実際）

以上のような洞察を見るとき、心理学者は、まったくカブトを脱がざるを得ない。こういうのを心理学では「人間知」（メンシェンゲントニス）といい、こういう能力を持つ人を「メンシェンケンナー」（人間知者）というのである。

わたしは、すこしいい方をかえて、これを「中学生の精神現象学」と呼びたい、とおもう。そこには、中学生の精神に関する本質的洞察があり、それは本質諦視といってよいものだからである。この点でわたしは、この項のはじめに引用した井上敏夫氏の発言にまったく共鳴するものである。

だが、反面、現代の心理学は、こういう方向へ発達せずに、まったく別の方向に発達してしまったことを認めなくてはならぬ。それは、現象をつかまえることで満足せずに、「説明」しようとし、その説明の綜合体、統一体としてモデルを提供しようとする方向である。自然科学とも性格を同じくする。このモデル作製の方向が、現代心理学の目指すところである。そうして、この方向をとると、個々の人間知的洞察をこえた、もっと包括的な洞察がえられるのではないか、と考え、期待して始めたことなのだ。

大村さんの洞察は、現象的または現象学的ではあるが、説明的ではない。大村さんは、モデルをつくるが、それはフローチャート的モデルであり、または、教育的モデルであって、現代心理学がのぞむ「論理・数学的モデル」ではない。この点が、わたしの井上氏の評価に留保をつけているところの「反面」である。

目的がちがうのだから、大村さんのは、それでよい。大村さんは、一時間一時間を通して、国語の力をつけたいと目指す。そして、そのために中学生の心理を本質において把え、これを「実践」へのふみ台とする。

いまの心理学は、教育に対して、もう少しまわり道をとる。現象があったら、それを説明しようとする。そしてモデルをつくる。このモデルを通して教育へおりてくる。こういう一段か二段ステップをおいた道を考えているのである。そうして、この方が、けっきょく、教育心理学が、大きく授業に役立ってくるのではないか、と考えるわけである。

こういう迂り路をとる必要はない、と考える人もある。そういう人は少数である。たとえば、東大の吉田章宏教授などは、現象学が授業に役立つことを考えているらしくみえる。

吉田章宏教授の現象学と、大村はま先生との連関について考えていると、短い文章で、というわけにはいかないので、ここでは一つだけヒントをあたえることにしよう。

吉田章宏氏の教育現象学の支柱になった一つに、斎藤喜博の「ゆさぶり」というものがある。子どもの考え方が、低いところで安住しようとするとき、それをふるいたたせるのが、「ゆさぶり」であるが、これに対して、大村先生は、「波風をたてる」という方法を提唱している。

回って行った時に、どっちがいいとか、そういう話はしないで、なんかいい着眼点をひとつずつ出していくほうがいいんです。こういうことを思うという、先生が、みんなが右の方へかたよっていたら、こういう見方をしたい、できる、思い込みたい、それが一番いいとは思わないけれども、私はこんなことも考えた、てなことを先生が言って、波を立てていくことが一番いいんで、たまには「そう。」と同感の意味を表して子どもを喜ばせることもいいですけれども、波を立てていくことが一番いい。つまり、グループの勝れたメンバーになって一つの新しい見方をそこに見せるということが、私は大事だと思います。(『教えながら　教えられながら』)

三＝職業としての教師

大村さんの第三の、そうして、最大の特長は、教職の専門性を誰よりも、なによりも大切にする、ということである。そして、これは心理学者ということをはなれて、わたしには、大へん面白いことだとおもわれる。

なぜかということ、大村さんは、その出自からして、教職学校出身ではないのである。大村さんは、自分でもよくいわれるように、東京女子大学の、しかも一般教養課程の出身だ、ということだ。教員養成大学の出身でなく、一般教養の出身で、その人が、プロとしての意識をもたねばならぬ、ということを人一倍感じている、としたら、これは面白いことではないか。

大村さんによると、プロであるということは、ある事柄の目標を達成するための「技術」または「技倆」をもつことである。ある目標をもつことは、誰にでもできる。しかし、プロとは、その目標を「術語」でいえることではない。その目標を中学生にしゃべることではない。中学生もしらないうちに、その目標ができてしまうようにすることだ、というのである。

これは全集でもたびたび言及されていることで、とくに引用するまでもないかもしれぬ。しかし、強いてあげるなら、わたしは、『教えるということ』（昭和四八年）をあげたい。この本は、大村さんが、富山県の第一回夏の新採用教員研修会のために講演されたものの文字化である。

教員のために話されるのに、大村さんは、わたしは「教育の本」はよんだことがない、とさいしょに断っている。この勇気は痛快である。大村さんの読んだのは、教員の資格試験をうけるための参考書として、乙竹岩造の『教育学』（師範教科書）だけだ、というのだが、わたしは、このエピソードをきいたとき、むろんこれは象徴的な言い方だとおもい、話半分としても面白いとおもっていた。ところが、これは実話であるらしい。とすると、教育学や教授学の本をほとんど読まずに、あのおどろくべき教育力がどこから、どうして出て来るのか、学問上の大事な研究問題になるわけだ。だが、しかし大村さんが、乙竹岩造の本を読んだのはよかった。この教育学は、乙竹さんの弟子の石山脩平が、心血をそそいで書いたので、大へんよく出来ている。石山さんという人は、アタマの大へんよく整理されている人で、この人の筆にかかると、万事が整理されてしまう。つまり、模範答案になるのである。だから乙竹＝石山の「教育学」の教科書を暗記するぐらい読めば、教育学とは一とおり終了したといってよい。

大村さんの教育学は、だから「実践的教育学」である。プロにはプロの技術がなければならぬとして、必至に工夫した自成の教育学である。そういうプロの技術が、本書には要約して書いてある。

この際、なんかペンネームをつけてみてはどうかとすすめてみました。すてきな名前をひとつつけて、その名前の由来をおしまいに書くのがいいのではないかと言いましたので、少し試みた子どももありました。（中略）「私の名前は」というふうに書き出さないこと、それをやめてほしい、という意味で、書き出しの工夫をさせようとしました。だまっていれば、なんの気なしに、「私の名前は」と書き出してしまいます。そういう持ちあわせの力で、するっと書いてしまいがちです。そこで、「ひと工夫して書きなさい」などと言うと、なんとなく説教じみてしまいます。説教は子どもはいちばんきらいです。さあ、書こうという時に、お説教が始まるのは本当にいやなことなので、そういう説教がにおいも気配もないように、しかし、ひと考えさせようとしました。（一一〇ページ）

とにかく、子どもの心理を洞察し、その心理に沿って、子どもがいやでないように、工夫に工夫をかさねて、けっきょく目的を達する。これが大村さんのやり方である。だから大村さんを、わたしは、天才が半分、工夫、努力が半分というのである。これは、天才がすくないという意味ではない。才能はありあまる程あるが、その上に努力が大へんなものなのだ。

こういう努力のつみ重ねは、ときにつぎのようなこともやらせる。

要は、珍しいことがしたいというよりも、なんか打開してみたいし、今日まで手慣れてやってきた自分の作文指導法をひっくり返してみたいと思ったのです。そうしなければ、新しい進展はない。前のは悪くなくても、私が手慣れたということが困るのです。（一三四ページ）

おわりのことば

わたしは、この文章を引き受けたとき、「読書感想文」のようなものにだけはしたくないとおもった。子どものなかには「感想文」を書かされるから、本を読むのはいやだ、というものがある。

わたしは、本書について、そういう仕事はしたくないとおもった。

ところが、どうだろう。本書（の校正刷）を読み出すと、感想があとからあとからとわいて来て、止まるところを知らない。校正の周囲が感想でまっくろになるほどであった。

この本は、それくらい、人を「感想」にさそうものをもっている。人を「思索」にさそう部分も勿論あるが、そんなむずかしいことでなく、とにかく、ひとを感想にさそうのである。プロヴォカティヴというか、一行読めば、一つ感想が生まれる、という風である。その意味では、この本は、大村さんの金言集であり、一番よいところをまとめたものと言えるだろう。

八〇歳をこえて、なお、このようにあとからあとから新しい着想が出てくる頭を、そして他人をも新しいアイディアにさそう心を、なんといって形容したらよかろうか。

これは、自己に厳しく、たえず自己の教育力の向上を目指して精進して来たことから、生まれ出た水脈なのだとおもう。

資料4

第一回配本（全集1巻）の資料

つい先ごろのことですけれども、人から単元学習とは、つまり問題を決めて、問題を解決していく学習のことですね、というふうに言われましたので、それもありますけれど、違うと私は否定しました。つまり、国語科には単元学習がないと言われたのも、問題を掲げて、それを追究する学習であるというのが単元学習の意味でしたから、国語科はそれだけでは結局できません。社会科や何かには単元学習はあるけれども、国語科ではないというふうに言われたのはそのためだと思います。ですから、私は単元学習という名前は、自分から使いだしたことばでないと思って、内容を考えてみますと、言語生活の指導というのが当たっているのではないかなと、このごろ考えたりいたします。その新しい単元学習、つまり、能力の分析をはっきりもって、その力をつけようとして単元を作っていきます単元学習を、昔の、能力分析もない、ただ興味ある問題、話題をめぐって展開していた単元学習に対して、新単元学習と言われるのではないかと思います。

以上の理解があるものとして、単元学習が、なぜされなくてはならないかを新たに考え直し、私がさまざまの問題の中を通りながら、どうしてもこの学習しかやってこられなかったことを考えると、それがどんなに子どもたちにほんものの力をつけることであったかがわかるように思うのです。子どもはどんな時でも、自分が打ち込んで一生懸命になっていることでなければ、ものを考える力もつかないし、ことばの力もつかないし、なんにも覚えないと思うのです。覚えるということだけを考えても、やはり印象に残る時、感動している時でなければものを覚えることはないのではないかと思います。国語科の中にも、ぜひ覚えなければいけないことはあるのです。覚える一点張りな体制があるものですから、記憶ということがばかにされたりしますけれども、それを全部と考えるからつまらないことだということになるので、なんにも覚えていなければ、作文も書けないのではないかと思います。覚えていることを書くというだいじなこともあるのです。どうしても覚えていなければならないことというのはあるのです。けれども、ねむいような、ぼんやりしたような、何の感動ももたない心が、いったい何を覚えるのかしらと思います。漢字ひとつでも一生忘れないようにするには、何かのお話の中で、みんながおもしろいなあと思っている時や、悲しいなあと思っている時など、とにかく、生き生きと心が動いているその瞬間において、必ず覚えなければいけないことを入れなくてはならないと思います。そういう時には、また、もったいないくらいよく覚えるもので――私たちも、いくら忘れてもいいと言われても、絶対忘れないということがあるのですから――そういうふうにぜひ覚えていなければならない、一生覚えていなければならないことなら、忘れないように、入れなければならない、そんな場面を作るということは、それこそ単元学習のなかでなければできないと思うのです。子どもが、腰をピンと立てて、だれに頼まれたのでもなくて、自ら打ち込んでいるという姿の時でなければ、ものを覚えるということはできないのです。そうすると、そういう姿勢を作るのには、どうしても単元学習でなければならなかったと、私は言いたいと思います。そういう姿勢を作りそこなうことは山ほどありましたけれども、そういうふうにして、子どもたちを生き生きとした、ものを学ぶことのできる頭にしておこうと思うと、どうしても、教科書の端の方からやっていくということではまにあわなかったのです。

教室を楽しく、生き生きとさせたいと思わない先生はないのではないかと思います。それで、単元学習に目を向けられたのですが、それがうまくいかず、比較的退屈な時間が国語教室にあってみたり、覚えなければいけないことも覚えなかったり、そういうことがどうしてあったのだろうと思います。私はいろいろ考えてみたのですけれども、考え方は生徒の話題を捉え、そして、興味をもたせてというところにありますけれども、その話題とか組み立てるとかいうところだけが単元学習的なので、実際の教室で読んだり、聞いたり、書いたり、話したりする時は、以前と違わないような方法になったからではないかというふうに思います。

また、教科書が終らなければ大変だとか、どうやって教科書をこなしますか、とかいうような問題が、今でもいろいろな研究会に出ないことはないといってよいくらいです。つまり、教科書中心で、教科書がどのようにして作られ、どういう位置を占めるかという反省もなしに、教科書は必ず使うものであり、そして、前の方からやるものであり、終らなければいけないものであり、手びきはみんなしなければいけないもの、といったふうな姿勢はなにも変えないで、単元学習らしく組み立てられた中へはまってきていたのではないか。教材の取り方や作り方が根本的には変わらなかったのではないか。教科書にいくつかの補充教材を用意したり導入の教材を用意したり、また、同種の教材を少し加えたりといったように、ちょっと変化はありましたけれども、根本はなにも変わっていないで、先生の生みだしたもの、おとなの生み出したもの、できあいのものの、組み合わせ方が、多少、変わったとか、位置が変わったとかいうことで使われるだけであって、基本的に考え方の変わったところから教材が違ってきていたのではないと思います。教材に対する姿勢は変わっていなかったのではないでしょうか。単元学習を展開することのできるような教材が用意されていなかったと言ってもいいでしょう。つまり教材に対する先生の考えとか、気持ちとか、扱いとかが、単元学習でない時のままで単元学習という学習がされていたという気がします。

方法も、根本的に考え直してかからなければならなかったのです。問いが先生から出て答えが生徒から出てくる、それを先生が決めるなり広げるなり、処理をするという、このやりとりの姿勢が、問いの出し方など少し変えたとしましても、同じであるということです。そして、生徒とともに学ぶといいますけれども、先生はやはり生徒の立場にはなっていないので、先生は先生で、違う人として子どもの前に立っているということ、ひどい場合には、黒板の前から動かない、そこが先生の定位置ということになっていまして、そこにずっといるということ、それだけでも単元学習の構えではないと思います。単元学習と称し、第何単元といい、問題を追及しているといいながら、先生のそうした基本的な姿勢は、あまり変わっていなかったのではないか。そういうところに、単元学習が伸びてこられなかった原因があると思うのです。新しい指導にはどうしても新しい方法がいるのに、新しい教材もなく、新しい方法もなく、ただ考えだけが単元学習であった、そっちへ向かっていた、ということになるのではないかと思うのです。新しい言語生活の指導には、新しい読書指導には、新しい言語生活の指導には、新しい方法がやっぱりいりました。新しい読書指導には、位置を全く変えたような姿勢がいるのだったと思うのです。よくできていると思われます単元学習の案が、教室に行ってしまうと、いっこうにそうでなくて、どこか一点張りといった形と、何も変わらない教室の雰囲気になってしまうということはどういうことなのでしょうか。たしかにいい案だと思うのにそれがうまくいかないということはなぜだろうと思いました。やはり、考えとか案とかが単元学習になっているのであって、先生自身の体のかまえ方といいますか、行動の仕方というと思いました。

世をあげてテスト時代のようになっていきまして、ペーパーテストに出てくる結果だけがその人の指導のよさを判定することになるといった風潮が多かったものですから、即効力のないような、この単元学習がなんとなくなじめなくなったのではないかと思います。

単元学習が失敗してくるもとには、そういう学力の見方のまちがいもあると思うのです。アチーブがどれだけあがったかとか、あがらないとか、そういうようなことを見ようとします。単元学習によって育てられたものは、何十年かたったら、必ずある差があるだろうと思います。けれども、さしあたり試験の点が、国語の力の一部分が取り上げられる試験の点が、単元学習をする前は七〇点だったけれども、単元学習をしたら九〇点になったなどと考えている世界とは、だいぶ距離があると思います。ですから点数はもちろんのこと、作文でも、話しことばでも、近い成果というものにあまりこだわらないで、何をねらって教育はすべきかということを、きちっと考えて単元学習に向かってゆきませんと、失望するのではないかと思います。

私は単元学習について、このごろいろいろ考えてみて、新しい単元学習を進めていくための、今までと違ったたくさんの方法を開拓していかなくてはならない、そうしなければ単元学習そのもののよさを見ることもできずに、それを捨て去ってしまうことになるのではないかと考えます。その方法を開拓しないで、やり方そのもの、単元学習そのものをけなすようなことになったら、ほんとうにいちばんだいじなものを見失ってしまうのではないでしょうか。先生が、いちばんくふうしなくてはいけないところをしないで、よくいかないところを単元学習という学習法の罪に、その責任に転嫁してしまっては、子どもたちを生き生きとさせることのできる学習法を、自分で捨てていってしまうことになるのではないかと思います。

今は程度が低いけれども、この道を行けば必ず一本立ちのできる、ひとりで生きていける、豊かな言語を使っていく人間になるという道へ乗っているかどうかということを見つめていきたいと思います。

○生徒のなかに身をおくことが教える技術の一つ

よい問い、考えるべきことを出したとしまして、発言しない子どもというのがいるのですが、それは、別に悪いわけではないのです。問いに答えないのは困るという、この考えを、まず、払わないと困ると思います。どんなにいい問題だと思っても子どもが黙っている。そのことはそんなに気にすることでもなく、悪いことでもない。困るのは、それている子どもがいるということなんです。なんにも考えていない子どもがいては、その時間にいたことに何の教育の意味もありませんし、頭も悪くなるでしょうから、それは困ったことです。しかし応じられないことがあるのです。じっくりいろんな面から考えてきたりしますと、しばし黙っていないわけにはいかないのです。黙っている時間が長い子もあれば、短い子もいまして、短い人が偉いというスピード競争のようになることは、ほんとにまずいことです。のろくても、すばらしいことを考える人は、やはりすばらしい人なのです。早くてもつまらないことしか考えないんだったら、それだけの値うちです。ですのに、どういうわけか、先生の問いが終わってから、あまり長い間黙っている生徒は、反応が鈍いとか、よくできないということになるのです。先生の方は気が焦ってきますし、子どもの方は、ソワソワするといったような、学力がなんにも増さない状態になってくると思うのです。私は子どもにいい発言をさせるには、そういう黙っていることがあっても気にしないことだと思うのです。別に、ひどく反省すべきことでもなんでもないので、いっしょに考えるようにすればいいと思うのです。しかし、その教室で、先生が黒板の前から動かないということになりますと、問いを出してからじいっと黙った時間があったりしては、教室にならないような気がして、つい何か言ったり、考えを乱すような発言をするわけです。それが深く考えている子どもほどじゃまになるのです。じっと考えようと思ったら先生がいろんなことをちょこちょこ言うのでだんだんわからなくなるのです。

そのばあい、先生が子どもの中に入っていれば、ほんとに一メンバーとして入っていれば、黙っていてもそんなに雰囲気が壊れませんし、それから何か小声で言ったりしましても、それは仲間のことばという感じで、不思議に子どもを困らせないのです。教師からまだ他に考え方があるだろうなどと言うと、恐くなってしまいますけれども、生徒のひとりとして、今、だれさんが言ったような考え、いったいどういうことから考えたんだろう、などと言ったからといって、べつに、子どもはびっくりするわけではありませんので、教室のなかの雰囲気を、柔らかに、楽に、ゆったりさせていけるのではないでしょうか。先生の体そのものを黒板から離して、みんなのなかに、いすを持って、座を占めるべきだと思います。立っていれば、やはり威圧になります。やってみるとわかりますが、雰囲気が何となく壊れてしまいます。私は一つの丸いすを使っているのですけれども、あちらこちら置いてあれば、なおいいかもしれません。前に、少し広い図書室で勉強してる時には、いすがあっちにもこっちにもありました。

さっき主題追及のお話もありましたけれども、主題がなんだろうかとみんなで考えていきます。幾通りも幾通りも出てくるでしょう。そして、どれも否定しないことになると、先生の権威のようなものがなくなるように考えたり、また、何でもいい、どっちでもいいというのは、子どもに適さないという意見もあります。字一つ書くにも、どっちでもいいんだなどと言ったのでは、子どもが納得しないし、曖昧を許すようなことになって、考え方が不明瞭になるとかいう話があります。けれども、決めるべきでないことを決めるのもやっぱり頭を悪くすることだと思います。

このように、追究していく間に、子どもたちが、あんがい道徳的で、いかにも新しそうな今の子どもたちが、びっくりするほど古いところがあるのを、みなさんは知っていらっしゃると思います。かえって年配のかたの方が新しくて、若い人の中にびっくりするような古い考え、封建的な考えをもっている人や、型にはまった考えで、——自由、個性と言いながら実に型にはまった一定の道徳観の中で——文学作品を解釈しようとする人もずいぶんあります。子どもには非常にそういうところがあります。つまり、未熟ということでしょう。それは、古いとか新しいとかいうことではないので、子どもが未熟だということでしょう。たいへん狭い考えで、かしこまったような、いかにも、どこかの参考書に書いてありそうなことを言っていることがあります。そういうのを打破する時こそ、先生は生徒になっているほかにはありません。今のあなたの考え、型にはまっている、などと言われても目を白黒させるだけで、とてもいいことを言ったと思ったところが、型にはまった考えで、ほんとの考えがでてない、自分のことばで話していないじゃないかなどと言われると、生徒は自分のことばで話したつもりですからびっくりします。

そういうことを言わずに目の醒めるような発言をして、みんなを感動させることです。そこへ行きますと、作品研究とか教材研究がものをいうのであって、自分が作品を読んで、新しい発見をして、それをもって教室にでて来ているような時に、その新しい自分の考えを、自分が今度読んで発見した考えを、一生徒としてタイミングよく言い出してみたりしますと、レベルの違う所で道徳的なことを言っていた生徒たちはびっくりして、少しうしろにいるとおわかりになりますけれど、腰を立てるのがわかる気がします。ピンとしてきます。今言われた考えに、びっくりするわけです。そして、応戦できませんけれども、ドキドキするわけですね。ああいう考え方があゝいうふうに言われたということで、みんなはしばらくものが言えません。私、ものを言う教室も好きですけれども、いい発言によって度肝を抜かれてものも言えなくなったという姿もとてもいいと思います。そして、その発言の仕手が生徒であるのもうれしいけれども、自分がそういう形で教えていきたいと思います。みんなびっくりして、じっと先生の言ったことを考えていて、そして、より高まった発言が生まれてくればよし、きょう生まれてこなくても、高まったことだけは確実だと思います。自分が言った瞬間に感動したと言ってくれないと気がすまないなどというのは悪趣味だと思います。自分の言った反応など、そう簡単には出てきません。しかし、度肝を抜かれて、じっと黙ったなどという経験は貴重な経験であり、学校で生活して教えてないとなかなかできないことだと思うのです。

今は黙っているところを考えてみましたけれども、発言をさせますにしてもその中に入っていろいろと新しいくふうをしないと、単元学習は成功できません。いろんな誘い方があるのです。話し出しを言って誘うというのはたいへんいいことです。だれさん何々は、と、つなぎのような——つなぎといっても接続詞とは限りません——話し出しを少し言って、その先を続けさせるというようなこともありますし、それから、半分くらい言って、さて、この次だれさんお願い、と譲るわけです。手をあげた人をあてていくなどというのは、ある特殊なばあいではないでしょうか。その人にと譲ります。そういうふうに言われますと、わかりませんなどと答えるわけにはいかないのです。一生懸命に話してきた途中で、しばらくつまって、多少演技ですけれども、さて、この次をどういうふうに言ったらいいか、だれさんつないでと、こういうふうにやってみると、いつのまにか少し話すようになるのです。もし言わなかったら、その次を少ししたすというふうにして譲っていきますと、半分言ったことばの後へつなぐことはなんとかできます。路線をそこまでの間に作っておくわけです。そのように発言する機会があり、そして、だんだん慣れて、発言できるようになっていくのではないかと思います。

黙っているのももちろんいい、考えていればいい、と申しましたけれども、それはそれで別の尊いこと。発言できることは、もちろん、別の意味で表現力を合わせもったという良さは当然ですから、黙っている日があってもいいけれど、表現力がいらないなどということではもちろんありません。その育てたものを言わせようという時に、ただ強要するような、他にありませんかといったような言い方、だれでもいいから自由に考えたことを、なんて言ってもなかなか誘えませんが、それを誘って、重くるしい雰囲気にしないのが教師のいる教室というものなのです。教師がついていなければ黙ってしまって、息が詰まるようになるということはあるでしょうが、息が詰まるようにさせるということがおかしい、自分がついているのにと思います。ですから、半分言わせることもあり、また、子どもが小さいうちならば傍へ回って行きながら、実際に手をあげさせながらやっていくこともあります。いろんな話をしながら、これについては、ハイッと、そこにいる人の手を持って上げさせてしまいます。一年生に限りますけれど、思わず手を上げてしまったものですから、司会の子どもにあてられます。と、その子がどうしても何か言わなければならなくなって、発言をする。これは何か少し言えそうなのに、やはり元気が出ないで手をあげられないといった子どもをねらうやり方です。もし言わなかったら、替わって言ってやればいいので、すぐ、自分で替わって言ってやりまして、こういうふうに言おうと思ったのではなかったかと聞いてみます。たいていそうであり、時には、違いますとかなんとかいいます。違うなら言ってと言わせれば、もちろん言えますし、おなじなのでしたら、私が今言ったのに賛成してねと言えば、賛成意見が出る。こういうふうにやりながら話す力もつけていく。生徒の中にいつもいて、そういうふうに誘っていく技術、学ばせていく技術を工夫しませんと、単元学習が展開できないわけなのです。いい案でありながら、先程申したようにいつも黒板の前にいながらそれを運ぼうなどというのは無理だと思います。

今のような方法は、書かせる時にも同様だと思うのです。ただ書けというのでは、なかなか書き出せません。けれども、まず、書く前には内容をもたせますね。書くことをもたせるのが一役なのでして、ものが書けない時は書くことがないのが最大の原因です。書くことが溢れるほどあるけれども、書く力そのもの、ことばで字を綴ることができませんというのは、大変少ないのです。あるていど大きくなった子どもなら一人もないといってもいいくらいなのです。つまり自分の心に題材があり思想があり、事がらがあるという時、感激があるという時に、それがすでにことばをもっているからそういうふうに頭の中にあるのでして、なにもことばがないのでしたら、頭の中にあるわけはないと思います。ですから、それを書けばいいわけです。頭がからっぽであって、書こうとする思想もなし、感動していることもなし、何もなしという時には、豊かな表現力をもっているということになっている生徒も何も書けなくなると思うのです。その書くことを与えることが、与えるというのか開発するというのか、これも指導者が発見して一生懸命に助けなければ、自分で発見するなどということは、めったにないことなのです。

生徒の毎日は平凡で、ほんとにこれこそという書くことはないものです。ですから、指導者は子どもといっしょに暮らしている人なのですから、その題材をたくさん拾ってみせたいと思います。遠足の作文など書かせるのは嫌いですけれども、今、例として取ってみますと、遠足に行きますね。そのことを書かせるのでしたら自分は生徒の数くらい種を拾ってこなくては、ちょっと書かせるわけにはいかないのではないでしょうか。きのうの遠足、いろいろおもしろかったことがあっただろう。いちばんおもしろいこと書いてごらん、などと言われても、生徒の身になると、いろいろありましたけど、さて、どれってわけにもいかないし、どれもめんどうな気もするし、書く意欲が湧きません。ですから、何がおろしろかったかと言われても、いろいろ、などと言っていて何も書かない。こういうふうになります。いろいろといったとして、その中で特に強く感じたことあるでしょうなどと責めても、ううん、いろいろ、などと、言っています。それは書く気がないからなのです。書く気がなければ総てのことがそういうふうに平板に見えると思います。そのような時に、このことはどうかと言って、喜んでえんぴつを思わず取るというふうにできないのだったら、そういうことを書かせる資格がないと私は思います。遠足などはいい例ではありませんけれども、あの人にはこれ、この人にはこれというふうに、いくつもいくつも頭にないと指導にならないと思います。たくさんもっているというのが一つの雰囲気を作るわけです。自分がたくさんもってないと、ヒントも出せないわけです。それが、単元学習を指導する教師の姿勢の一つなのです。昔の先生が、全部の字が読めて、全部のことばの意味が説明できるようにしていったと同じように、といいますか、それ以上の努力をして、題材とか観点とかを豊かに拾っていって、ヒントに出せるようにしていかなければならないと思います。

　このごろ、創造力がよく話題になりますが、創造することのできる、新しいものを作りだすことのできる力をつけることであって、そこに、新しい作品がぽんと出てくるということではないでしょう。作文でいうと、創作とか、童話を書かせようということになるようですが、新しいものを作り出していく力そのものを練っている時代なので、そこへ作品がぱっと出てこなくてもいいのだと思います。今に成長して、人生経験も積み、養っておいた創作力を使ってひとつの作品が生まれるかもしれません。

　私は作品がじょうずにできないとか、いいものでないとかいうことを、あまり気にしません。自分の受けもった子どもによりまして、すばらしい作品のできることもありますし、同じように努力してもできないこともあるのです。そういう、すぐれたものが生み出されるということは、私などが少し手をかけたためではないのでしょう。本人のもっているものの力であると私は思います。

　奥田先生のおっしゃった――「仏様の指」というわけにはいきませんけれども、資料がよくて、その企画がよければ、子どもはやるべきことをどんどんと喜んでやっていくのではないでしょうか。教室でなまけるとか、姿勢が悪いとか、書かなかったとかいって叱ったりする。叱るというわけではなく、注意ですけれども、そういうことを言ってもなかなか子どもたちは一生懸命にならないんです。高校ぐらいになればどうかわかりませんけれども、中学には、クラブだけが楽しみ、などという子どももおおぜいいるわけです。そういう子どもたちに、ほんのしばらくでもいいから、筋道を立てて頭を使う時間を作るのが私たちの仕事ではないでしょうか。ことばの力をつけるということはもちろんですけれども、けっきょく、そういうふうに頭を使って、生涯使いものになる頭を作っていく少年のひとときだと思ってもいいのではないでしょうか。各教科、いろいろの学習をさせながら、つまり、散漫でない、集中できる、問題に向かって取り組める頭脳を育てることに役立てればいいのだと思います。私はそうした時間を作りたいと思います。教師というもののあり方が、どういうところに向かわなければならないのかということを考えさせられます。優れた計画者というのでしょうか。優れた演出者というのでしょうか、そういう考え方で、自分が教室をほんとうの意味で学習室として演出していくこと、仏様の指のような生き方、そういうねらいでいかなければと思うのです。

単元学習を進めたり、新しい指導の理論を生かしたりしていくためには、それに似合うだけのくふうをしなければならないと思います。よさそうだが、力のつかない教室ができたりするということは、やはり、原理が悪いのではなくて、その原理を生かす時に、自分の持ち合わせの力、教授法の範囲内でいろいろくふうするだけになっているからではないか、全然違った世界へ飛び出して、自分で居る場所をきちっと変えて、そこから、新しい原理にみあうだけの新しいくふうをしないというところにあると思います。現場の者が新しい原理にみあう新しいくふうをやるべきでして、私もこれからみなさんとごいっしょに、おおいに新しい方法を開拓していかなければと思うのです。新しい方法を開拓して、こうという案を立てて、材料を集めて、さあと教室に出てくる時の気持ちはなんとも言われません。その意気込みに生徒は第一にまいるだろうと思います。できあいの方法で、今日もまたというふうに、ここにはどういうことが書いてあるかなどと言う時には、何の感激もないのではないかと思います。先生が何の感激もなく、ここにはどういうことが書いてあるか、どう思うかなんでも自由に、などと、何百遍も言ったことを今日もまた言うのではまことに退屈という気がします。そういう退屈な一言によって始まった授業が、いくら単元学習の案であっても、おもしろくいくということはないでしょう。ほんとに、自分の創造力をもって、描くても、自分が今回案出いたしましたというものをもって生徒の前に生き生きと出て行くところに、新しい時代を生きていく子どもを作るエネルギーのようなものが生まれるのではないかと思います。

(第1巻 『国語単元学習の生成と進化』 82・11・30 筑摩書房)

第二回配本（全集9巻）の資料

いままで「話し合いの指導」「聞くことの指導」「読書の指導」「書くことの指導」と四回にわたって、大村先生からお話をしていただきました。そのどういう場合にも、先生はことばの指導を生きた学習場面で取り上げてこられました。大村教室でなされておりますかずかずのことばの指導につきまして、……………………（略）

場や状況に即したことばを

野地　いままでご指導になられましたなかで、実例をお教えいただけたらと思います。

大村　これは一年生（中学）の例でございます。動詞には、いろいろ広い意味に使われているのがあります。「笑う」でも、どんな笑い方かによって、いろんな言い方があると思いました。「喜ぶ」といっても、おどりあがるように喜ぶのもあれば、少しにこっとするというのもあります。そういういろいろな表現のあることばに目をつけて、「おどりあがる」なら「おどりあがる」がぴったりする喜びの場面を考える。次に、その「おどりあがる」をかくして場面を発表し、そこにいちばんぴったりした表現を捜すというのもおもしろいのではないかと思ったのです。そして、このようないろいろな表現のあることばを取り上げた短い勉強をいくつかいたしましてから、こんどは「驚く」にしようと言いました。「驚く」ということばは、「びっくりする」はもちろんですけれど、「ぎょっとする」「たまげる」「息を呑む」、いろんな言い方がございますね。それをたくさん集めました。

この集めるときですが、類語辞典とか、そうでなくても、ふつうの国語辞典や漢和辞典でも使うと、すぐ集まると思われますが、私は辞書を開くのは最後の仕上げのときで、それまで、むだのようですが、ほんとうに、長い日数をかけて、文字どおり、集めました。実際の生活を見るのはもちろん、読んで、会話を聞いて、写真や映像を見て、さまざまの驚きのある場面を集めました。そして、その場面にあてはまる、驚きを表すことばを考えました。逆に、ことばを先に調べて、その用例というふうに考えるのが普通かと思いますが、このように生活から拾ったほうが、そのことばの重要性、使われる範囲のとらえ方、語感などが、いっしょにつかめるように私には思われました。

そして、もっと大切に思われたことは、いよいよ学習に入ってからの指導力です。ヒントを出したり、助言をしたり、とくに、深く子どもをうなずかせることのできるようなことばが、らくにどんどん出てくるように思われました。

こうして集まった驚きを表すことばのなかに、「目を丸くする」とか、「目を見張る」とかいうことばなどもございました。「ぎょっとする」「あいた口がふさがらぬ」「胸をうたれる」、それぞれに「驚き方」がいろいろ出ています。これをずっと並べた一枚のプリントを作りました。それから、二人一組でそれを一つずつ、分担しました。どの二人が、どのことばの担当かは、秘密でした。この「秘密」というのが、みな大好きでした。私と相談するときも、教室のすみにのがれて、警戒しながらひそひそ話す、――こういうことでたいへん愉快になるのが子どもです。声の小さい子も、このときばかりは遠慮なくぼそぼそ話せます。

ところで、担当したことばを使った、三〇字四〇字の短文を作るのではありません。担当したことばが使われたら、ぴったりだという場面を表現した一編の作文を書くのです。ここは、「目を丸くする」は「目を丸くする」、「ぎょっとする」は「ぎょっとする」でなくてはいけないというような作文です。よく似たほかのことばがあるけれどぴったり合わない、というような作文です。この作文は、必ずよくできていないと困るのです。もしその場面がほかの「驚く」ということばでもよろしいということになりますと、これは出題者としてたいへん失敗になるわけですから、それはそれは熱心に辞書なども引いて、意味だけでなく、そのことばの感じをようく調べて、どういう感じ方があるかということをつかみ、その反応なども調べていました。それを全部秘密でやるのでたいへんでした。

できるとまず私に聞かせて、どういうふうに受け取られるか、ためしにきたりしました。私も全力をあげて指導に当たりました。そして、文章そのものが間違いなくその担当のことばを使うのがいちばんよい、まさに「このことばこそ」というところまでもっていったわけです。そして、その担当したことばのところへ、そしらぬふりに、一律に「驚く」ということばを入れて、問題は出来上がりです。これをプリントして、「このことばこそ」という一冊にしました。

そして、発表会、――代わる代わる、自分たちのグループのを読んでは、この場の「驚き」を表すのにふさわしいのはどのことばか、と問いかけるのです。みんなは、れいの一覧表を見ながら、これと思う表現を選ぶのです。いろいろのが出てきます。それについて、おおいに話し合って「このことばこそ」の「このことば」をしぼっていくのです。そのなかから一つ例をお話ししてみますと、女の子たちのグループでした。その子たちが夏休みに信州へ行きます。そして、非常にきれいな星を見て、「目を見張った」。都会の子どもの自分たちが信州の星の輝きにほんとうに驚いた。それはもう「目を見張った」ということばがぴったりだというので、それを文章に作ったわけです。そして、発表してみましたところ、まあ、「ぎょっとする」なんかは出ませんけれど、「目を丸くする」「驚異」「息を呑む」などいろいろ出てきました。話し合ってだんだん消し、最後まで残ったのは「目を丸くした」と「目を見張った」なのです。出題者は「目を見張った」をとるというのですが、みんな「目を丸くした」がどうして「目を見張った」より合わないか、納得がいかないと言って責めてきたわけです。どっちでもいい、同じだという意見が強くなりました。

私は、二人がその文章を作っていたとき、「目を見張る」というのはすばらしい、美しい絵とか、そういう何か優れたもの、美に打たれた、そういう感動のある驚き、「目を丸くする」はそんなふうな深い味わいがなくてもびっくりしているとき、「目を見張る」には感嘆するという意味がある、と話しました。そして、浦島太郎が竜宮城へ行くでしょう、「竜宮城へ来てみれば、絵にもかけない美しさ」この浦島はどっち？　二人がうなずいて、にっこり、――こんなことがたしかにあったと思います。ですから、わかっているはずです。けれども、みんなに責めたてられて、すっかりあがってしまって何も言えなくなって、もう少しで「目を丸くする」でもいいかもしれません、と言いそうになりました。見ると、ぱあっと赤くなってきました。息づかいが荒くなってきました。そして、つらそうに顔をしかめながら「あのう」と言いかけました。私はちょっとしたヒントを小さな声で出してやりました。「いいもの、じゃない？」

と、すぐ思い出して、「目を見張る」ということばは、心に感動があって……、感嘆して……、憧(あこが)れがあって……、そういうときに使うのです。「目を丸くする」は、そういうものがなくてもただ驚いて、これはこれは珍しい、なんて思えば目を丸くするんだけど、珍しく、かつ、美しく（このへんから声に力が入ってきました）、人を感動させるものがあるとき、「目を見張る」と言うんだ、と一気に言いました。そして、学芸会のときも劇のだれさんの役だったニーナがたいへんに評判だった、おとなの人も「目を見張って」中学生の劇であそこまでやれるかとほめられたとか、ほかの例までさっさと二人で出したりいたしました。

そういうときにみんなの頭のなかに、その「目を見張る」ということばを使うほうがいいんだとわかるだけでしたら、あまりたいしたことではないと思いますが、ことばをその場面に合わせながら、細かく頭を働かせて考えていきます。そういうときに、その人のことばの感覚というようなものが磨かれていくように思うのです。覚えるだけならすぐわかるのですけれど、いちいち場面を頭に浮かべながら、細かい、口に言いきれないような違いというようなものを探りながら考えておりますね。

この場合はことばがきまり、とうとう答えは合ったわけですが、そのことよりも、探りながら、ことばをいくつか比べながら違いを見つけよう、同じところを見つけようと思って考えている、そういうときにことばを覚えたり、ことばを使ったりする神経のようなものが、たいへんよく磨かれるのではないかと思っています。

ことばは人間を開いてみせる窓

（略）

そのうちとうとうチャイムが鳴りました。チャイムが鳴ったら終わり、というのはよくないけれど、「これだけ考えた、これはきょうの余分な勉強だし、もうこれで降参しなさい。」と言いましたら、「します」と言った子もいましたが、「しない」と言う子もいました。「もうとにかく、チャイムが鳴ったから降参しなさい。」と言って、私が「心が洗われるような」というのを出したのです。その瞬間、「あ、あっ」というため息が出ました、「そうだっ」と思ったらしいのです、しんとなってしまいました。私はうれしくなりまして、大威張り。「ほらごらんなさい、先生はやっぱり先生」という気分で、たいへんおもしろかったのですが……。

そういうふうな場面もありまして、ことばは、生活のなかにほんとうにはまったのを見つけたとき、言うに言われないような快感があるのではないでしょうか。そして、ほかのことも、わかればうれしいでしょうが、なにかことばというのは、一つ身についたときに、ぱあっとどこか生活の一場面というか、人生の一場面というか、人間の一部分というのか、そういうところが開いていくような気がいたします。

そして、ことばはたった一つですけれども、ほんとうにわかったというときには私はたしかに心がそれだけ太ってくるし、また、おおげさな言い方をすれば、人生の一部がほんとうにわかっていくのではないだろうかと思います。ことば、ことばと言いますけれど、ことばはほんとうにそういう力のある、人間というものを開いて見せる窓というような気持ちがいたします。

野地　「ことばの問題を出す」と大村先生がおっしゃいましたら、生徒たちがたいへん喜んで、学習にけんめいに取り組んできたというお話でございますね。いま、お話しいただきましたことは、ことばの学習の神髄のようなことをお示しいただいたと思います。

大村　これは個人文集のあるページなんですが、「指を見つめて」というので四つの小品を書こうと思ったのです。それで、その内容を指示するのに、いろんな生活の断面が出るようにと思いました。ちょっと読んでみますと、「思うこと」「思いだすこと」、これは普通ですね。思うこと、思い出すことの中身をもう少し誘うことになりますが、「指あそび」「指人形」「指相撲」、——みんな遊んだことの場面が出てくると思うのです。それから「けが」「きず」、指に傷のある人があって、何かの思い出もあるかもしれません。それから「指折り」「指切り」、似ていますが、全然場面が違います。「指をくわえる」、それから「指一本ふれさせぬ」「指をさす」、この一つ一つはみんなある少年の日の場面につながりそうなのです。それから「指輪」「指ぬき」、——「指ぬき」なんて知らないかと思いましたら、まあ、たいてい知っておりました。それから、子どものうたとしまして「指の家族」「冬の夜」、この二つのなかに指が歌われているのです。そして、「親指姫」。こういうふうに出してみますと、このことばの一つ一つが、みんな一つの生活の場面になっていて、小品の題材になれますね。

私は、作文の目のつけどころを誘うのに、うまく整理した、こういう単語を出していくということもおもしろいな、と思い、なかなか効果的だと思いました。ことにことばについて、一つのことばが一つの生活を表すというようなことを、たびたび経験して勉強している者にとっては、この一つ一つをゆっくり読んでいるうちに、パッパッ、パッパッと頭のなかに絵が浮かぶでしょう。そういうふうになってくると、一つのことばの広がりというものの示す深さのようなものがわかって、ことばの指導とともに書く世界を広げていく、——その子の世界とか、生活とかいうものを深めていくことができるように思うのです。

野地　生活語を踏まえながら、それをさらに文化への志向をもって高めていく、そういう気持ちをこめてご指導にあたっていらっしゃるということでございます。生徒たちの頭のなかにいま何が起こっているか、あるいはどういう力がついているかをいつも見つめながら、題材を用意したり、指導の計画を考えたりしておられるというお話を伺ったことがございますが、実際にことばの指導をなさいますときに、ふだん先生がいろいろと心にとめていらっしゃいますことを、一、二、お話しいただけたらと思います。

大村　「目標」といえばひと言になりますけれども、どういうことばの力を持った人にしなければならないという、したいという、そういう目標が確立していなければならないとほんとうに思っています。いろいろくふうしますけれども、くふうするためにやっているわけではなくて、私が精いっぱい考えた子どもたちのこれからの世界で、私たちを乗り越えた世界で、どういうことばの力があればいいかということです。それはこういう一つ一つのことばとは限りません。聞くでも、話すでも、いままでお話しし合ってまいりましたことの全部ですけれども、どういうことができればいいのかということを、それこそ片時も忘れてはならないと思います。

いろんなくふうというのは、それを達成するためにいちばん大切なことを考えてのことで、人様がいいくふうをしたな、とおっしゃってくださることは、みんなただそのために考えただけで、珍しいことや新しいことがしたいと思ったわけではないのです。そんなことを考えている暇はないので、ああいうふうな人、こういうふうな人にしなくてはならないと思ったとき、それは教科書を使おうと、自分で捜した本を使おうと、そういうことではなくて、何を使ってどうするとあそこに着くかという、その一念にすぎません。

とにかく私は、子どもたちを優れたことばの使い手、言語生活者にするという責任者でありますから、そこへもっていくことをなんとしてもせねばならぬと思う、そのときにいろんな方法がある、いままでの方法ならいけないというのではなくて、いままでの方法では足りなくて、それだけではそこへ行けないようですので、それで、行かせるのにはどうすればいいかなあと思って、いろんなくふうをしているのです。

ですから、よく子どもを愛しているとか、子どもをたいへんかわいがって、子どもを愛して教えている、とおっしゃってくださるのですけれど、ほんとうのこと言うと、私はあまり時間中に子どもをかわいいなんて思っていたことがないのです。そんなことを考える暇がなく、こういうふうな人にと思って、それをほんとうに覚えていて、そこへもっていこうと思っていろんなことをしていますと、それがいいくふうであったり、子どもをかわいがっていることになったり、一生けんめいやっていることになったりするわけです。私自身としては、言語生活者、すばらしい言語生活者、――ということは、つまり、すばらしい人間であるということですが、――そのほんとうの言語生活者にしたいと思いつめていただけです。ことばをほんとうの意味で使える人が、人間らしい人だと思います。人間らしさをほんとうに持った人にしようと思うと、もうそれでいっぱいで、それこそ手段を選ばず、どんなことでもしてそこへもっていこうという気持ちになってやってきただけなのです。

（『大村はまの国語教室　――ことばを豊かに――』81・7・10　小学館）

〈第九巻　目次〉

第三回配本（全集4巻）の資料

大村　読む力は読むことによって育つということを信じなければ、やっていけませんが、これは真実と認めたことにしますと、やはり読んだものをめぐって、ほかの本を読んで、読んでいくことが本筋ではないか。ここはこういう意味、こういうことを言っていると説明して聞かせて、納得させて、やっとわかったことになるということは、その本を読むことが目的で、読む力を育てることが目的と見定められていないように思います。

野地　読むことの面で、体験から発してくふうされた例がありましたら、お願いいたします。

大村　重ね読みというのがありますでしょう。私は「本で本を読む」という変わった題目をつけていました。昔のことですけれど、私の父が「聖書にて聖書を」という小さな本を作っていました。それは、聖書を読むかたは皆さんご存じですけれども、聖書には『引照付き聖書』というのがあって、それは一つの聖句のところに、これに関連したところを示しているものなのです。この聖句を理解するのに参考に見るべき箇所を、「旧約聖書の何のどこ」「新約聖書の何のどこ」というふうに示した聖書です。父のは小さな本でしたけれど、その考えをずっと押し広げていったもので、「聖書にて聖書を」、聖書で聖書を読むので、まさに「本で本を読む」のです。解説ではなくて、聖書のほかの部分を読むことによって、その聖句の意味がわかる、理解を深めるという考えで、その聖句の箇所を示してあります。そのところを読むと、解釈を聞かなくとも、聖書のことばで聖書がわかるという、そういう小さな本でした。この本が頭にありまして、「本で本を読む」という題を思いついたのだと思います。

わからない本というのは、そこをどんなに注釈していただいても、わからないときはわからないと思うのです。けれども、その同じ問題を書いた、ほかの適切な本を読みますと、同じぐらいむずかしい本であったとしましても、違った人が、違った見方でそのことを書かれて、別の面が見せられるからでしょうか、わかってくるのです。同じかたが書かれたものでも、もちろんいいのです。そのかたの、もう一冊の別の本です。一つの民話の問題なら民話の問題について、いろんなかたが書かれているものを読むということは、全部が高まってきまして、結局、初めのところがよくわかるということになるのです。これは体験です。一つの大事な読書法であると思います。わからないからといって、やさしく解説してもらうという考え方ではなくて、ほかの本を読むことで視野が広くなり、見方が深くなって、そのためにもとの本が自分でわかってくるようにしたほうがいいというふうに思いました。それで「本で本を読む」という単元の幾つかができたのですが、これも自分の読書のしかたから生まれたものです。たとえば、益田勝実さんの『民俗の思想』は、中学生にはむずかしいと思われるでしょうが、ほかのかたがそういう思想を書かれていますのを読んでいきますと、そしてまた戻って益田勝実さんのを読みますと、中学生でも、この問題についてはこういうふうに言っているということがわかってくるのです。本をほんとうにわかるということは、やはり言いかえたり説明してもらったりしてわかるのではなくて、そういうふうにして各方面から、自分の心を耕してもらって、そうして自分でわかっていくのではないかと思います。子どもがわからないところがあったとき、「ここは何という意味?」と聞くと、「うん、そこはこういう意味」と、すぐやさしいことばでまとめて言ってやる、子どもはだいたい「ふんふん」ということになって、わかったことになる、ということがよくありますが、そういうのは読書力をつけないと思っています。とにかく一人前の読書人となるには、本を使って本を読むということを考えさせたいと思います。これは、自分の勉強法から出発した方法でありました。重ね読みというのも、同じ考え方です。文学作品を味わうときなどに重ねて読んで、それによって自然に比べられるようになって、なんでも比べていいのではないでしょうが、比べるようになったりして、なんか周囲が耕されてわかってくるのでしょう、一つだけ読んでいるときよりも。重ね読みという方法は、とてもいい方法であると思っています。それをもう少し広げて、単なる重ねるという意味ではなくて、同じその周辺をめぐって、別の人が別の角度で、べつにもとの本を意識してでなしに書かれている、それを読むということによって、ほんとうにわかるということがあるのではないかと思います。これは私の大事な読書法でしたので、それを取り入れた学習が、いろいろの年度にあって、三つぐらいの単元になっています。

これも自分の勉強のしかたから出発した学習に数えられます。よい方法と思ったというよりも、なんとなく人にすすめたくなるような、採用したくなるようなと言ったほうが気持ちに合っています。むずかしい本など、中学生は大きらいと言われますが、中学生にはまた一種の不思議な心理がありまして、あるとき、ひょっと、むずかしいものが好きなのです。偉そうな本が好きなのです。その偉そうな本が読みたいし、読めないでしょう。それで、私はそういう気持ちも満足させたかったし、また、私たちは一人前でしたら、人にやさしく解説し、言ってもらったりすることを期待しない読み手になっていかなければならないと思い、自分のむずかしいけれど、どうしても読みたい、わかりたいときの方法を持ち込んだのです。これはいま学校にいれば、まだ別の材料で取り組みたいような魅力のある学習です。

野地　広島の大下(おおしも)学園の研究会で、初めて先生のお話のなかで重ね読み、比べ読みのことを伺いましたが、あのときは、単独読みといいますか、解釈読みを中心にどうしても読むことの学習指導というのは考えますので、びっくりいたしました。(笑い)。具体的に例を挙げながらお話をいただいたのですが、結局、生徒たちに読ませます方法が非常に狭くなったり、固定したりしておりまして、もっと生き生きと読書力をつけるためには、どういう本への取り組み方をさせればいいのかということで、やはり国語の指導者は考えあぐねているようなところがあるのですね。教科書万能で、教材を順々にやっていくかたというのは、あまり疑わないで、そのことに一生けんめい取り組んでいらっしゃるという面がありますが……。

大村　ええ、そうなんです。なんとか説明し、解釈してわからせている、というふうに見えます。子どもからいえば、わかったというよりわからせられたというような。読む力というのが、片隅に追われているようです。

野地　ほんとうに読書人を育てる、読み手を育てるということから、重ね読み、比べ読みのお話を承りましたときは、そのことでやはり思い当たる人、あるいはぜひそういう方向でこれから考え直していきたいという気持ちをもった人は、広島のほうにも、あのお話をきっかけにいたしまして、かなりいたように思います。

(『大村はまの国語教室3——学ぶということ——』84・9・29　小学館)

このごろ、読書指導ということがよく言われますが、読書指導というのは、ひとつの読むことの単元学習であるというふうに受け取られます。また、私は、このごろ、その単元学習という名前が、なかなか人にわからなかったり、いろいろに思われるものですから、よくよく自分のしてきたことを考えてみると、ちょうど、読書指導が何を読めばいいかというのではなくて、読書生活そのものの指導であると考えられ、つめて読書指導と言われているのであって、今、言われています読書指導というのは、昔のように「読書」ということばそのものの通りに、何を読めばいいか、何の次には何が適当だといった、そういうことの指導ではないということです。ですから、私の考えていました、効果的な方法と思っていろいろくふうしてきた、人が見ての単元学習は、私から見ると、やはり言語生活の指導というふうに言えばよかったのかもしれないと思います。

（『大村はまの国語教室3――学ぶということ――』〈「単元」が生まれるまで〉84・9・29　小学館）

第四回配本（全集2巻）の資料

○　グループ指導――社会的な技術を練る

自分の話を相手の人にわかってもらうということ、それから人の話を自分がわかるということなどでも、そんなことをほんとうにやっていくことも、グループでないとできないと思います。それからいろいろな問題について話し合っておりますと、相手から何か得るというだけでなく、それ以上に、自分がひとりで考えていたときと全然違った新しい考えが自分のなかにわいてくることは、皆さんもよく経験されることと思います。話していると不思議なくらい自分の考えがはっきりしたり、発展したりしてまいります。そのためにも、自分の成長のためにも、どうしても子どもたちが話し合って、そして自分がどんなに話し合うことによって伸びられるかということを体験させるべきだと思うのです。それからひとりでやっていける仕事というものはだんだん少なくなっていって、学問の世界も実業の世界も、人といっしょに話し合って、グループとして活動していかなければならぬことが多くなっていくでしょうから、社会生活としてもこれはどうしても必要なことだと思います。

ですから、実際問題としてのいろんな話し合いをして、三人で話し合えば四のものも五のものも生み出せるということを体験して、人と力を合わせていくことの意義を心から感じさせるとか、実際の社会的な技術として、どんなに気の合わない人とでも話し合っていくだけの、そういう力を持つこととか、それからだれにでも自分の話をわかってもらう技術を練るとか、だれにでもわかってもらえる文章を書くとか、いろんな目あてを達するためにも、グループはたいせつなものだと思います。そういうような目的がはっきり見きわめられていなくて、ただちょっとおもしろそうな学習方法だとか、それからちょっと目先が変わっているとか、この方法もおもしろいかもしれないといった、そんなようなことでグループの学習にはいったりすると、やがてめんどうになったとか、効果があがらなくなったとかなどで、すたれてくるのではないかと思います。

たいせつな目標がはっきりわかったからやるものなので、いかに困難にあっても、その目標が達しなければならぬものなら、どうしてもやっていかなければならないと思います。ちょうど、読ませるということがどうしても必要ならどんなにたいへんでも、指導の方法をくふうして読ませていくと思うのです。また文法だってそうだと思います。文法はいらないと決めてしまえば別問題ですが、文法はたいせつだから、どうかしてその目的を達しなければならないと思ってその方法をいろいろ考えているわけです。グループでなければ達しられない、今申し上げましたようないろんな目標があるわけですから、その目標を達成するために、グループ指導の方法をいろいろ考えて、今までの失敗は何であったか、なぜ失敗したかということをいろいろ考えてやっていかなければいけないと思うのです。

私はいろんなかたに何が目標だったかをわかってもらいたいと思っています。そして、今までのグループ指導がすたれたのは、要するに、失敗したからだと思うのです。うまくいかなかったからだと思うのです。しかし、なぜ失敗したかということを考えずに、失敗したからグループ指導はだめだというのは早計だと思うのです。指導方法が悪かったから直さなければいけないでしょうけれども、失敗すれば方法そのものが悪いということはないでしょう。グループ指導のしかたが失敗だったので、グループ指導そのものがくだらなかったのではないと思うのです。新しい方法はみんなそういうまちがいをされてはいないかと思います。単元学習もそうだと思うのです。単元学習のやり方にいろいろまずいところがあった、それは確かだと思います。けれども、単元学習そのものがくだらなかったという理由は何もなかったと思うのです。グループ指導の方法についても、同じことがいえると思うのです。

話すことと聞くこと

純粋な国語科としての目標だけとしましても、たとえば「話」ですけれども、自分の話が人にわかるかわからないかということを、――うまいへたは別問題として、――自覚させたいと思います。先生とだけ問答していて自分の話が人にわかるか、わからないかということが判断できるでしょうか。先生はだいたいにおいて物わかりがよく、ずいぶんはんぱな話でもわかるものです。半分言ってもわかるし、顔だけでもわかるぐらい。しかし、わかりの悪い人や自分に好意を持っていない人、そういう人に自分の話をわからせることは容易ではないと思います。

また半分も聞いていない人、そういう人もいろいろいるわけです。グループを組んで勉強していると、そういう人たちに出会うわけです。いっしょうけんめい説明したと思ったら、とんでもない意見が向こうから出てくる、それはまったく自分の言っていることを誤解しているにすぎないためということがあります。誤解するのが悪いといっても、世の中には誤解する人もおおぜいいます。よく聞いていない人にも、よくわかってもらうような力をたくましく鍛えなければ、世の中を生きていく言語力をつけたとは言えないと思います。

あんな聞き方では、わからないのがあたりまえだというようなおかしな聞き方をしていて、つまらないことを質問するというような生徒もおります。そういう人たちに会って、ただ聞いていないほうをしかっているだけでは、よい子どもが伸びられないと思うのです。そういううかつな人を引きつける話をくふうしなければならぬと思います。世の中に出れば、そんなことはいくらでもあると思うのです。そういう人も引きつけて自分の意見をいちおうわかってもらわなければ、自分の意見を生かすことはできないと思うのです。そういう人をも引きつける技術をみがくのに、どうしても先生と生徒だけの話では足りないと思います。いろんなお友だちに接して、友だちもまたいろんな人、いろんな機会に会って話してみないと、とてもそんなたくましさというものはできないと思うのです。

書くことと読むこと

文章もそのとおりだと思うのです。文章の相互批評をしますときによくわかりますが、先生から批評をもらうだけではだめだと思うのです。最近私も論文を書かせましたけれども、論文を書きました後、四人ずつのグループに組みまして、そのグループの人たちに書き手が何を言おうとしたかを書かせました。書き手がほんとうに言おうとしたことを書かれた場合はいいのですけれども、トンチンカンなふうに取られることがたいへん多いのです。それはもちろん文章の書き手のほうにも罪があったかもしれないし、読み手のほうに問題があるかもしれません。どっちにあるにしてもそれはどちらも授業としてはたいせつな問題だと思うのです。

書き手のほうがよかった例ですが、あるときある優秀な生徒が口をとがらしておこり、「だれそれはろくに読まないでぼくのここが悪いと言う、けしからん。」と言ってまいりました。ですから私は、「そんなことをおこるのじゃない。世の中には二へんも読んでくれる人なんてめったにあるものではない。いっぺんでわからないものを書いたということを考えなければならない。あの人がよく読めなくたってよくわかるように書こうと思わなくては、じょうずになるものではない。読み手を責めていたんでは、書き手のほうはいつまでたってもじょうずになるはずはない。」と申しました。

そういうようなこともやはり鍛え合うということです。書き手のほうがたくましい実力を持ちますためには、そういう無理解な読み手にだって、よく読まない人にだって読まれてみるということがなければならないのではないかと思います。いろいろの人がとんでもない読み方をするということを知って、それに対する用心をするようなことは、それはとても私ひとりが作文を読んでやってやれることではありません。私はグループというものは国語自身の目的からいっても、とてもたいせつだと思うのです。

今のような場合、もちろん、ここは世の中ではなくて先生がついているわけですから、どちらの話し方が悪いのか、どちらの読み方が悪いのかぐらいは、それは最後は先生が決めるべきもので泣き寝入りをさせるのではありません。「これは読み手が悪かった、あなたの書き方は悪くない。」と決めるのはもちろん私自身です。けれどもそんな場面に一度、会わせることがたいせつだと思うのです。このように実に予想外の質問、予想外の見方を、ほかの人はするものだということを考えて、私自身ひとりで作文を読んでやったり、話を聞いてやったりしていてはいけないということをしみじみ感じるのです。

（国語学習指導の記録から「国語教室の実際」　70・12・

1　共文社）

学力と人間の形成の基礎

学力と人、この問題は、本来、別のものであるわけはないと思います。学力とはどういうことかとか、どういう学力が次の時代に必要であるかとか、国語教育の目的は何かとかいうことを、本格的に考えていきます時に、その二つのものに違いがあるわけはないと思いますし、あってはならないものだと思います。けれども、現実には、そういうことが現場でささやかれることが多いのではないでしょうか。高等学校でもそうかもしれませんが、中学の方でもそういう話が、出てくることがございます。しかし、本来、一つのものであるはずだ、と思います。その時に、どういう姿であったら、一つになるのだろうか、そんなことで、気づいておりますことを、少しお話ししてみたいと思います。

聞く、話すと学力の基礎

私に話をということでございますので、具体的なことでお話しすることがよいかと思います。まず、「聞く」ということが、みんなの恐れております試験で読解力が中心だとしました時に、どんなふうに役立っていくのであろうか、「聞く」ということのテストがいつまでもないことになるのかどうか、それはまた別問題として、「聞く」ということが、現在は何となく縁遠い感じを人に与えていると思います。けれども、じっと考えてみますと、何が学力になるのか、「試験」ということばかりを出すことはいやですけれども、何がほんとうにそういう問題をやりぬく力になるのかということを、とらわれないで考えてみるとしますと、実に意外なことが役立っているものではないでしょうか。例えば、きのうやけさなどに、どういうものを食べただろうかと、こう考えてみます。その食べたものが、私たちの今の研究心になったり、こういう席にすわってお話をしたり聞いたりするような力になっているわけで、もしずっと何も食べないでいるとすれば、そういう精力はないわけです。すると、具体的にどういうものを食べたかということが、何となく生まれ変わって、きょうの研究心になっているような気さえいたします。そうすると、卵であったかご飯であったか、そういうものと、勉強するということは、ほんとうにつないでみることができないぐらい違っていると思いますが、しかし、そういうふうに生まれ変わってエネルギーになってくるものではないか。国語の方も、こういう問題ができないといけないから、こういうことがいるからといって、そればかりをつっついていることが、果たしてほんとうにその力をつけることになるものかどうかと思います。まず、子どもたちに、すっきりしたお話を聞かせたいものだと私は思っています。生徒は私たちの話につれて、頭を動かしてくるわけですから、始終混乱した話をするということが、どういう結果を生むことになるでしょうか。いつも整然と形の整った、区切りのいい、段落のはっきりした、そういう話を聞いて、そういうふうに頭を動かしている生徒と、あちらへ飛び、こちらへ飛びする話しか聞いていない生徒とでは、長い間に、頭の組み方が違っていってしまうような気がいたします。そして、頭の、この部分が「聞くこと」の頭、ここの所は「読解」の頭というふうに、分かれているわけではなくて、ただ一つの頭が活躍することですから、整った話を常に聞いている頭、集中して聞くという、集中力のある頭と、そうでない頭とで、私たちの恐れている試験などの場合をやりぬく頭になってくるのではないか。私は、おかしい話のようですけれどもそんなことを考え、私たちの、毎日何か話すその話し一つ一つを、いつも段落・構成そういうことを考えてやっていきたい。それをまた、ほんとうに聞くような、一度でしっかりと聞くようなしむけ方、そういうものが、子どもたちの頭を作ってくるだろう。それが、学力を作ってくる基礎の基礎というふうに、思われるのです。ごく平凡なことですが、そんな小さな営みに、私たちの教師の努力というものがあるのではないか。そして「だれでもできる仕事」でないというものが、そういうところにあるのではないかと思います。

ほんとうに聞くことが学力の第一歩

また、一度で聞くとか、本気で聞くとかいうことは、それは人を作る上に、どういうことでしょうか。人の話、つまらない話もあれば、あまりおもしろくない話もある。いろいろなへたな話、はっきりしない話もあるわけですけれども、その話し手の気持ちになって心から聞く、集中して聞く、それはエチケットでもあるかもしれませんが、そういったような心構えのない生徒に、ものが聞けるとは思えません。で、毎日毎日、先生の話、また友だちの話を聞いています。その態度を、ただ「よく聞きなさい」とか、それから「静かに聞きなさい」とかいうふうな注意ではなくて、もっと人間性を目ざめさせるような注意のしかたはないでしょうか。人の話を、ほんとうに人情を持って聞くというか、へたな話、話のへたな人の精いっぱいの、しかしやっぱりへたな話、そういう人が情ない気持ちにうちかちながら話している。そういう気持ちを考えながら聞くところに、そしてそういう注意のしかたの中に、人間というものが育ってくるのではないか。もしことばというものが、人間性、人間ということを離れてはないとしたら、そしてまた、ことばが、最後において人と人との通じ合うものであるとすれば、そういう心構えの育たない所には、冷たく批判的にのみする所には、人間というものは育ってこないような気がします。で、まず、そんな所を出発点にして、ほんとうに話を聞くことは、学力のためにも、人間のためにも、まず第一歩であるのではないか。すぐできることですけれども忘れそうな、毎日のできごとだと思います。

ことばの響きを大切に

それから、人の心のほんとうの響きのようなもの、深いものというのは、どうかするとことばになりませんで、その響きの中に出てくるような気がします。文法で言えば「文末表現」ということになりますが、同じ文末表現でも、聞きとっておりますと、その人のほんとうの気持ちがそこに響くような、まことに足りないことばで話されていながら、ひたひたと心を打たれることもあり、また実にうまいことばだと思いながら、うますぎるような冷たい反感のようなものがわくこともある——そのことばの響きというようなものに気をつけるところに、人間も育ち、また、ほんとうの意味で学力——文学をほんとうに理解するような細かさというものは、そんなふうにして養われてくるのではないか。きょうは文学の鑑賞をする時間、そういう時にだけ文学作品にぶつかって文学の勉強ができるというのではなくて、毎日毎日の話し合いに人のことばの響きを聞きとって、そこから人の心を知るような、そんなふうにして練り上げられたそういう力こそ、文学を鑑賞することのできる頭ではないかと思うのです。ですから私は、人のことばの響きというものに気をつけるように、聞くということの面から、ぜひしたい。また、人と人との深い交わりは、人の心の響きを聞きとらない人の間には、たぶんできないでしょう。とにかく人と人と深い交わりを結ぶということ、そしてまたそれは文学を理解する基礎でもあるでしょうが、そういうようなことを、日常生活の中でできなくしていくのではないか。そういうことが全部おろそかになっていたのでは、鑑賞の時間に、文学作品を一行一行、味わわさせようとしても、受けとる畑がないために、受けとることができないのではないかと思います。

人のため自分のためになる質問の指導を

それから「質問」というのがございます。きょうもいろいろな質問がございました。質問するということは、よく聞いていたことのしるしにもなり、それを本気で考えたことにもなると思います。子どもたちの発表を、いろいろな発表の機会がありますが、ただ黙って聞かせておかず、ぜひ発表のあとの質問を教えたいと思います。ただ、質問がありませんか、なければおしまい――そういうことではなくて、今はこういう質問があるはずだった。こういう質問をしてあげるべきだった。あの人はこういうことを言い足りなかったし、誤解されたかもしれない言い方が、今あった、それを聞いてあげればよいのに、そうすればその人はそこを説明する機会を得たのではないか。そのような態度というのも、聞くことの基本的な頭を作ることにもなり学力にもなるでしょうし、また人間のできていくもとになるものではないか。

的確な問答の指導が明快な読解力の育成に通じる

それから、問答ということが教室ではあるわけですが、問いのしかたに対して、子どもたちが的確に答えないことがあります。たとえば、「〝口は災いのもと〟とはどういう意味ですか」ということを聞きますと、子どもはその意味を言えばいい方で、言って、それから、それは大変困ることだとか、必ず感想のようなことを述べがちです。

そういう場合に、必要なことを言ったから、ほかのことも言ったけれど、まあよしにするといったような、あいまいな問答の時の先生の態度、これが子どもたちの頭をどれぐらいぼんやりさせてしまうかわからないと思います。

同様に、「口べたは生まれつきでしょうか」という問いが出されますと、生まれつきであると思うかどうかということを言えばよいのに、それに対するいろいろな忠言とか、対策とか、そんなことを述べやすい。そういうふうになりやすい問いの形を、私は今ここに、二〇ほど分類して持っているのですけれども、生徒にいろいろな質問をします時に、これらの中のどの問いの形の時に子どもたちは範疇を超えてよけいなことを言いやすいか、または足りないか、的確に答えられるのはどの問いか、ということを、自分の子どもたちに対して把握しておきたいと思います。そして、その明快な答えができないような問いを気をつけて出していくようにしながら、この聞かれたことだけをはっきり答えるということ、とにかく毎日毎日あることですから、それを心がけておりますと、ものをはっきり考える、きりっとした、そういう頭の態度のようなものができてくるのではないか。そういうものを鍛えながら、だんだんとむずかしい論説文を与える日を待つことになるのではないかと思っています。そういうことをおろそかにして、ほんとうに一〇種類もないぐらいの質問の形——どういう意味ですかとか、きまった型の問いがいつも出されている場合に、そしてまたその受けとり方があいまいである場合に、聞くことの指導にしましても、話すことの指導にしましても、それは試験に関係ないとするような、また学力、読むことの学力に結びつけて考えることのないような考え方が出てくるのではないか。とにかくこうした日常の「聞く・話す」、教室の中でざらにある一つ一つの機会が、私たちの願ってやまない明快な読解力を一歩一歩築いているのではないかと思います。また、人間としても鍛えられてきそうな気がします。

（人と学力を育てるために）

話しことばを学ぶことの大切さ

○テストに関係ないという考え方を捨てさせる手だて

ある時はトヨワケキキミミノミコトから始まりまして、聖徳太子などを題材とすることもありますけれども、いろいろな場合に、私は話しことばというものの力をわからせようと思いました。たとえば、テストに関係がない——こういうのは中学生のお得意の文句でして、一切を抹殺するような力があります。先生たちも、他教科の先生方がテストに関係ないことだといいますと、一挙にもうそれは自分のすることでない、学習の対象でないことと思うような風潮があるのです。論理的には、また気持ちの上では、私がそんなことに心を動かすなどということはないのですけれども、実際に毎日毎日顔を見合わせながら、同じ子どもを扱いながらやっていくにつきまして、その苦しみは中学校にいらっしゃる方はおわかりだと思います。

私は次のようなことを言って、その、テストに関係ないという考えを捨てさせるようにしてみました。学力、あこがれの学力、そのあこがれの学力をつけるにはどうしたらいいか。いったい学力というものはどうやってつくものだろうか。けさは何を食べてきたかしら、トーストかな、卵かな、ハムかな、みそ汁かな。そういうものを食べて今日は学校へ来た。そして今、国語の時間になって、話をしたり、聞いたりしております。そのエネルギーというのは、もしかしたらきのうや今日食べたものの変形じゃないのか、そういうふうに、生きていくエネルギーなどというものは想像もつかないところから生まれて来る。けさ食べた卵と、今、そこへすわって話を聞いているということと、いったい何のつながりを発見することができるでしょうか。何にも発見できないけれども、それは確実にそうなんだということ、そうした食べもののようなものが、どういうふうにか、自然のわざで変わって、今そこにすわって勉強して、ものを考えたりしているエネルギーになっている。学力というものはそういうもので、話しことばがテストに出ない、だからいらないというのは実に単純な考え方で、力がどんなものかということを知らないから、そんな考え方が出てくるのだという話をしました。

○討議とテスト——頭の働き方は同じ

また討議を展開したりすることを時間つぶしだとする考え方の子ども、それは私どもも十分注意しなくてはならないことでして、討議ということを結論が出るまで何時間でもやるといったようなことがあるようで、まったく、全体の計画をみだしてしまうことになります。それはじつに教師の不手際ということで、反省しなくてはならないことです。

○話しことばの世界の重要性（略）

（私の授業から）

（第2巻『聞くこと・話すことの指導の実際』83・3・30　筑摩書房）

第二巻　目次

第六巻［作文学習指導の展開］目次

第五回配本（全集6巻）の資料

「私の作文［　　］に添えて」

①私の作文「　　　　」に添えて

一年　組（　）

②まず題材についてですが、この題材は、…………

…………

…………

③目あては、…………

④この作文で私がとくに書き表わしたかったのは、…………

…………

…………

⑤そのためにくふうしたこと、くふうとまではいきませんが、考えていたこと、気をつけていたことは、…………

…………

…………

⑥組み立ては次のようになっています。もう一つ、

下のようにも考えていました。上のほうが、（⑦　　　）のでいいと思います。

⑧書き出しは、次のようにも考えてみました。

…………

…………

⑨表現については、ご指示のとおり、次のように符号がつけてあります。

A　ここは、もっと簡単にあっさり書くべきだったでしょうか。

B　ここは、もっとくわしく細かく書くべきだったでしょうか。

C　このところは、すらすらと書きました。

D　このところは、なんか進まず、つかえつかえ書きました。

E　このところは、よく書けたと思います。

F　このところは、どうもよく書き表わせていないと思います。

G　このことば、この言い方は、たいへんものた

りないのです。しかし、ほかのことばがどうしても思いつきませんので、とにかく書いてあります。

⑩　そのほか、この作文について私の考えていることと、また疑問に思われることは、……………

……………………………………………………

次は、添えられた「先生への手紙」と、作文の例です。

私の作文「はじめて見た銀世界」に添えて

二年Ｄ組　⑷⑼　熊内祥子

〈まず題材についてですが、この題材は、〉雪を見て、感動したこと、考えたことを書こうとしたものです。

〈目あては、〉クラスの友だちに、わたしの体験を報告するためです。

〈この作文で私がとくに書き表わしたかったのは、〉はじめて、その銀世界を見たときの自分の気持ちと、雪について考えて見たことです。

〈そのためにくふうしたこと、くふうとまではいきませんが、考えていたこと、気をつけていたことは、〉わたしが見た銀世界を、できるだけくわしく、わかりやすく、ことばで表現することでした。

〈組み立ては次のようになっています。もう一つ、下のようにも考えていました。上のほうが、（書きやすい）ので、いいと思います。〉

一、はじめに雪を見たときの気持ち
　1　一面まっ白
　2　東京では見られないけしき
二、場所の紹介
三、朝、ゲレンデに出て
　1　太陽が反射して
　2　ころんだとき
四、夜散歩して考えたこと
　1　白いじゅうたん
　2　すなおな雪
五、自然の美しさに感動したこと

五、自然の美しさに感動したこと
三、朝ゲレンデに出て
一、はじめに雪を見たときの気持ち
二、場所の紹介
四、夜散歩して考えたこと

二、場所の紹介
五、自然の美しさに感動したこと
一、はじめに雪を見たときの気持ち
三、朝ゲレンデに出て
四、夜、散歩して考えたこと

〈書き出しは、次のようにも考えてみました。〉
なにもかも、雪に征服されたような感じだった。
〈表現については、ご指示のとおり、次のように符号がつけてあります。
A　ここは、もっと簡単にあっさり書くべきだったでしょうか。
B　ここは、もっとくわしく細かく書くべきだったでしょうか。
C　このところは、すらすらと書きました。
D　このところは、なんか進まず、つかえつかえ書きました。
E　このところは、よく書けたと思います。
F　このところは、どうもよく書き表わせていないと思います。
G　このことば、この言い方は、たいへんものたりないのです。しかし、ほかのことばがどうしても思いつきませんので、とにかく書いてあります。〉
〈そのほか、この作文について私の考えていること、また、疑問に思われることは、〉
ごく幼稚なことばで書いてあるところが多いと思う。
雪の積もりぐあいについて書いたほうがよかったか。
帰って来てからの感想をひとことでも書いたほうがよかったか。

はじめて見た銀世界

二年D組 ⑷9) 熊内祥子

A 「銀世界」ということばがあるが、これは自分で実感として味わってみなければどんなものだかはっきりわからないと思う。ふと外を見ると、さっきのけしきとはうってかわって、白という色一色でまわりをおおわれてしまっていた。小枝にも家の屋根にも、冷たい雪がおおいかぶさっている。なんというけしきだろう。二メートル以上も積もっている雪――生まれて一四年、こんな光景を見たことは一度もない。雪が降ってもせいぜい三〇センチ、二日もすればとけて流れて、土が姿をあらわす。そんな雪しか見たことがない。それにくらべて二メートル以上もつもった目の前の

G 雪――東京では、天地がひっくり返っても見られ

ないけしきだ。

　ここは、忠賀高原の一ノ瀬。尚子さん（母のいとこ）に誘われて、一月六日の朝上野を出た。始業式に出られないことになるが、わたしにとって、こっちのほうがおおいに魅力がある。ほかのいっしょの人は全部おとなだが、そんなことはいっこう気にかけず、すぐに、行くことに決めてしまったのである。

(G)E

　次の日の朝、ゲレンデに出て、きのうとはまたちがったけしきに目を見張った。えのぐの白のような色ではなく、もっとさわやかな新鮮みのあるような白の雪に思えた。ある人から見れば、
「雪の色に変わりなんかないよ」
と言うかもしれない。がわたしは、雪そのものにちがいがあるように感じた。

　いよいよスキーをはいて立った。サングラスをはずすと、目がいたくなる。コーチをしてもらっている間、何回もころんで、雪だるまのようになってしまった。が、ころぶことなんて、全然こわくなかった。むしろ、勢いよく雪をはじきとばして、おもしろいくらいだった。

(C)E

　ちょうど天候にも恵まれ、まばゆい太陽も出ていた。ここから見ると小さいが、雄大なエネルギーでわたしたちを照らす太陽。それにくらべて、降る範囲は比較的広いが、人間に簡単に征服されてしまいそうな雪。これほど対照的なものはそんなに多くないと思う。

D

A

　日もふけて、スキーヤーたちが宿にひきあげて行ったあと、尚子さんたちと、高天が原まで散歩した。太陽の光もなく、電燈も遠くに星のようにチカチカと見えるだけだったが白い雪の明るさで、充分に歩けた。雪がこんなに明るいものだとは思ってもみなかったことだ。雪が自ら光を発するわけではないが、暗い空にくらべると、白いじゅうたんをしきつめたようで、明るく感じた。東京の町中のように車がひっきりなしにヒューヒュー走っているようなことはないので、静かなじゅうたんの上にわたしたちの歩く足音が「サク、サク」と気持ちよく聞こえるだけだった。後ろを見ると、今まで平らだったのに、わたしたちの足あとで作られたあながそのままずーっと続いている。はじめは、「みだしてしまって悪いなあ」というようなばかばかしいことを考えていたが、そのうち、わざと大きな穴をあけたくなったので、道の両わ

B きの一段高くなっているところめがけて、走って行ったりした。そのために、片足ぐらいスポッとはいってしまいそうなものまでできてしまった。でも雪ってすなおだと思う。人間の思うままに簡単に形を変えられてしまう。人間みたいに偉大なものではないが、ひねくれたところもない。ただ、なだれなどはおそろしいものだと思う。でもこれは自然の現象だからしかたがないだろう。

　このような雪でも、毎日見ていたらどうだろうか。一か月もたたないうちに見あきてしまうと思う。たまに見るから、ちょっとしたことにでも感激してしまうのだ。驚いたことに、地元のこどもたちで、はしゃいで雪で遊んでいるこどもは、ごくわずかだった。東京のこどもたちは、雪が降れ
G ば、全員と言ってよいほどのこどもが外に出てきて、雪だるまを作ったり、雪合戦をしたりして遊ぶのに——考えてみれば当然のことだ。いなかのこどもたちが、都会の自動車やビルディングを見て目を見張るのと同じ事かもしれない。

　雪についてばかり書いてきたが、今までに自然について深く考えたり、ありがたいと思ったこと
G はあまりなかった。考えてみると、自然って、う

D まくできているものだなあと思う。例をあげると、空は青い色。よく落ちついて、さわやかで、静かな感じがする。もし空の色が赤や黄色だったらどうだろう。「そのうちに慣れるだろう」とは言え、色が強すぎ、すぐに見あきて、多くの人間が気がちがってしまいそうだ。海や湖も青い（これは、見方によってちがうが）が、空の色とは全然ちがった感じで、落ちつく。それから木は横へのびず、たてにまっすぐにのびる。もし横にのびていったら、人間などはたちまち住むところもなくなり、ほかのものに征服されてしまう。小鳥は空をとび、魚は泳ぐ。風がふき、雨が降る、昼があり、夜がある。まだほかにも、人間にとって有利なことも
F 多いが、一つ一つあげていたらきりがない。最後にもうひとつ、雪は冷たくて白い。これがもし熱かったら、スキーができないどころか、人も歩けないくらいだ。また、白という色は清潔で新鮮だ。こんな雪をきらう人はいないだろう。わたしも一目見て好きになったくらいだから。ぜひまた銀世界を見る機会があることを望む。

（『教室をいきいきと　2』86・8・30　筑摩書房）

第八回配本（全集5巻）の資料

どうしたら作文を書くようになるか

作文指導、作文教育といいますと、作文を上手にする指導と考えて、もう一つの作文教育の目的を考えないということが多いようです。作文が上手にならなければ、やった甲斐がないように考えていることもあるようです。作文を学習させてよいものが書けるようにならなくても、書くということをすることによって得るものがあるのです。時実利彦「脳の話」には、「頭をよくするのは読書と作文」とあります。書いたものが人にほめられるような作文にならなくても、「書く」ことによって育つ「あるもの」があるのだと思います。「書くこと」によってしか鍛えられない頭の働きがある、それは、書いている作文の上手下手に関係なく得られる効果であると思います。近ごろ、老人が、頭の老いないため、つまりぼけないための工夫として、日記でも自伝でも、それこそ上手下手を気にせず書くことがすすめられていますが、それもやはり脳の衰えを防ぐ力のあることを示しているように思います。

作文教育の目的、作文を指導して何を得させようとしているのかを考えて、指導に当たりたいものです。

◆書かせることの目的は何なのか

書くことを、戦前は小学校では「綴り方」と呼び、中等学校（今の中学校・高等学校）では「作文」という呼び方をしました。どちらも、もちろんよい文章が書けるようになることが目あてでした。戦後は、綴り方も作文も含め、「書くこと」として、とらえ直したと思います。「書くこと」は文章だけではないので、考え方が広くなったといえます。この世を生きていくためには、いい文章、そうでない文章という言い方からはみ出した、書く力の必要なことがたくさんあるのです。それを含めた考え方、言い方になったのだと私などは思っていました。この本の性質上、このような議論めいたことは、もうこのへんでやめたいと思いますが、子どもがいわゆる優れた文章が書けないということで、指導者として苦しみすぎないように、子どもたちもそういう文章を書けなくても気にしないように、と思います。

教師は書くこと、文章の書き方を教える人ですから、もちろん、あるところまでよい文章が書けるように勉強することは当然ですが、子どもたちは違います。たいへんよい文章の書ける子どももありますが、それはごく数が少ないのが当り前です。世の中には、文章のうまい人というものは、そうたくさんいないのです。

文章に限らず歌でも絵でもそのほか何でも、たいへんそのことが上手という人はそう多いものではないでしょう。歌が下手とか、絵が下手とかいうことは、あって当り前のように扱われているようですが、作文となると態度が変わってきて、みんなが名文家になることが目ざされているように思います。それだけ、書くこと、作文は、どの人の生活の中でもできないと困ること、生活の中にはまりこんでいることであるのでしょう。何でもよくできることは、かなうことなら上手なほうが幸せでしょう。文章もよく書けるようになれたらとても幸せなことです。しかし、それはみんなが望んでもかなわないことでしょう。

普通には、これから生きていくうえに必要な場合、用の足りる、書いたものによってわかってもらえるものが、あまり面倒という気にならずに、ひとどおりに書ければよいと思います。描写が優れているとか、心情がこまやかに書けているとかいう文章でなくてもよいと思います。そんなことが全部の子どもにできるわけがないのに、程度の高い一人前の書き手に対するような表現を鍛えようとするために、書くことがおっくうになるのです。

上手下手をあまり言わず、書くことが特別なことをするという気持でなくなるように、書き慣れさせるようにしたら、子ども教師も楽になるのではないでしょうか。いい文章が書ければもちろん幸せですが、人のほめるようなものが書けなくても、筆不精でなくなれば幸せだと思います。そのくらいの気持で、うまいまずいばかり考えずに、世の中には文章のうまい人はめったにいないと、まわりを見まわしながら考えることです。

それに、文章の成長はどうしても人間の成長によるものですから、焦らずに。「自分の心の中を字にする作業」——書くことをそのように考えて——を続けさせて、その子が人間として成長し表現したいものを心の中に持った時に不自由のないように、と考えて書かせつづけていたいと思います。ほかのことでも同じですが、文章を書く力は、ことに伸びの速度と時期がまちまちです。いつの日か、大なり小なり花の咲くことを信じて、上手下手を気にせず、しかし書かないことのほうは大いに気にして、とにかく書くことをつづけさせる、やめさせない、ということを考えていきたいと思います。

◆書きたいことを持たせるために

「書くことの指導」といいましても、中にはいろいろなものがあります。取材をして、これを書きたいと思うものを見つけて、自由に書く、こういうのも作文の一つの大事な分野ですね。どうかするとこれが作文の全部であるように思われていることもあるくらいです。

でも、その自由作の取材というのは非常にむずかしいものです。「自分の身のまわりを心して見て一生懸命探せば、これを書きたいというものがあるものだ」「自分の本当に書きたいと思ったこと、感動したこと、そういうものこそいい文章になるのだ」などとよく言われます。本当だと思いますけれども、その感動するようなことがなかなか見つからないものです。

題材は、「探すように」と言うだけでなく、指導者が探してみせたり積極的に与えたりすることが大切であると思います。

（『教室をいきいきと　2』　86・1・30　筑摩書房）

大村　私も自分の勉強のしかた、――自分が書いたり読んだりしますときにしていること、それをそのまま単元の一部に取り入れたり、また、指導の方法にしたりしているということが、ずいぶんあるのです。これは思わずふきだしてしまったと言われたことのある、例の作文の、カードに書きまくることから始めるあのやり方は、私が何か書くときに、いつのまにかしていたことです（注、『大村はまの国語教室②――さまざまのくふう』の三七～三九ページ参照）。この方法は、手を動かさずにじいっと、自分の心のなかを探っているよりは、やはりよかったような気がします。こんなのは、まったく自分の経験から考えた方法でした。

野地　戦後、一般的にはブレーン・ストーミングの方法が紹介されまして、それを教室に取り入れられるかたは今日では少なくないと思いますけれども、先生の場合は、もっと前からそれを実地になさっておりまして、それを子どもたちの文章指導のなかに生かされることを思い立たれまして、なさったというわけでございますね。

大村　そうなんです。

野地　書くべき内容をもたせて、それからどういうねらいで、どういうふうに構想を立てて書いていくのかというもとのところがしっかりしておりますと、子どもたちも「書こう」という意欲、あるいは「書ける」という自信がついてきまして、組み立てることもちゃんとできるようになりますし、また、そのことに興味をもって、意欲的に打ち込むことができるようになると思いますが、実際にお話を伺っておりますと、激しく一気に思い浮かぶことを全部書き連ね、あとでゆっくりと取捨をして、どのようにまとめて、また、どのように書きあらわしていけばいいのかということを考える、――そういう文章を書いていくときの、生きた呼吸のようなものを指導者自身がつかんでいなければ、どうしても書きなさい、こういうふうにしなさいと、形だけを与えるような文章指導になりがちだと思うのです。

（『大村はまの国語教室3――学ぶということ――』〈「単元」が生まれるまで〉84・9・29　小学館）

指導要領

しっかりとした話し合いの行なわれないところに、そうして自分の心のとおりにものを言うことができない人がおおぜいいるところに、また言うべきことを言わない人がたくさんいる社会に、どうして民主国家が成立するでしょうかと考えたとき、私はさきほどアチーブに役だつような「聞く、話す」の指導を、と申しましたけれど、ほんとうは、私の本心は、アチーブだ、なんだかんだと言っていられないという気持ちです。

私たちが話しことばを指導せず、討議のちゃんとできる子どもたちを指導しなかったら、国語を教えたって社会科を教えたって数学を教えたって、しようのない日本になるかもしれないということを、私はもっと本気になって考えたいという気がいたします。もしそういう話す力がいらないんだったら、テストに役だとうと何しようと、「聞く、話す」の指導など、しなくたっていいと思うのです。骨が折れますし、これくらい疲れる授業はないのですし、そういうことをしなくたっていいと思いますが、もしこの力が日本の将来のために必要なんだったら、どんな困難があったって、アチーブに出なくたって、どこへ出なくたって、しなくてはならないことは当然だという気がするのです。

そういうところから、私たち教師側の腹もすわらないのだと思います。そうしてふらふらとした気持ちや、「一〇分の一」ということが指導要領にあるからとかいうふうなところにとどまっていて、本気で指導しようという情熱をもっていないのだと思います。それですから、むずかしいより何より、まだ本気で指導のくふうがされていないと思います。情熱のないところに真剣なくふうもわいてこないという状態になっているのだと思うのです。

それから、指導要領の目標がばらばらにたくさんあったために、どれもがみんな同じ重さだと考えられているようですが、作った人からいえば同じではなく、当然軽重があるはずです。けれども、読むほうからいえばずっと並んでいればみんな同じように取れるということもしかたのないことなのかもしれません。そんなことからずいぶん授業が散漫になっていったような気がします。また私自身、指導要領に関係した責任上、あれをいっしょうけんめい見ながらどういうところがどんなふうにやりにくいだろうかということを考えてみました。そういうときに行きあたる問題として、たくさんの目標をこなすために、自分の授業があっちにとびこっちにとびというような経験もずいぶんいたしました。結局一つの作業に、幾つもの目標を持たないこと。「一つの作業には一つの目標」ということを考えるようになったのです。

なぜ散漫な授業になるか――聞く、話す、読む、書くは一つだということから生まれた誤解――

学習活動の目あてということでございます。教室でいろんな学習活動を展開いたしますときに、その学習活動の一つ一つの目あてがはっきりしていないことがあるのではないか、たとえば今、何か本を読んでいるとします。読ませていましてもその読む目的が何であるのかをはっきり見つめていこうとすると、授業というものがぐっと締まってくるような気がします。読ませるにしましても、その次に何をするために読ませるのかということによって読ませ方も違えば先生の指導のしかたも違うわけですが、それがはっきりしないと読ませている間の先生の活動がいつも同じようになってしまうのではないかと思うのです。たとえば、読書についてみますと、読書ということは本を読ませること自体が目的です。読むということがいちばんの目あてです。ですのにその授業がどうかすると話し合いのほうがずっと多かったり、書く時間のほうがずっと多かったりしてほんとうに読むという経験そのものはそれほど多くなかったりするようなことがよくあります。

目あてを見つめる

とかく自分の好みと自分の傾向とによってかたよった授業になっていくということが多いようです。読みという仕事だったら思い切り読ませることです。書くことも話し合うことも読みを深めるためにすることであるとは思いますけれども、その度を越さないようにして、話し合いのけいこでもないときに話し合いの指導になっていったりするようなことのないようにしたいと思うのです。

たとえば話し合いの指導ではないときにことばづかいだとかいろいろなことをくまなく取り上げてゆくような仕事が、行き届いた仕事のように思われることが批評会などでよくあるのです。そんなものですから研究授業のときには、何もかもまんべんなく取り上げることがいいことのように思われたりすると思います。実際の場合、生徒のことを考えてみますと、大きな生徒になれば少しは違うのかもしれませんけれども、中学校の生徒などではそのときの目あてをほんとうに見つめていくことが、いちばん実力をつけていくような気がします。ですから文学を味わわせるという目あてのときには、どの字が読めないということや、話し合いがまずいということなどについて、批評がましいことを言ったりしないことです。文学を味わわせるということでしたら、味わわせる材料がそんなにむずかしければその材料そのものの選択を誤ったということですが、できるだけのことをして、ことばの意味だとかいろんなことに煩わされずに、文学の内容に飛び込んでいけるように指導を向けたらどうかと思います。

話し合いの指導をしているのでなかったならば、話し合いの足りないところは先生が加えていってやるということ、そこで今の発言をやり直してみなさいというようなことを言うのではなくて、補って育てていって話し合いそのものを成長させてゆくいき方がいいのではないかと思っているのです。

それから書くこと自身が目的であったらその書くことがよくできるように、他のことのマイナスの点は先生自身が取り除いてゆく、手伝っていくいき方がどうかと思っています。こういうことを述べますのも何を目あてにするかわからないような、何もかも目あてにするといったような授業がよく行なわれているからです。それはきっと指導要領の中に聞く、話す、読む、書くをまんべんなくやっていくようにと、いうようなことの書かれていることが誤解のもとになったと思うのです。

聞く、話す、読む、書くの四つをやっていくということは何も一時間のうちに四つのことをいっぺんに同じ重さでやっていくという意味ではないわけです。ですからたとえばお話を聞くというときに書くという仕事がついてきます。ただし聞いているのではなくて、聞きながらメモを取ったりします。生活としては聞きながら書くという仕事があるということからです。それから話すということの背景にはじゅうぶんだれかの意見を聞くということがあるでしょうし、自分の思想を育てるためにいろんなものを読むという生活があるでしょう。ですから話すという背景には非常に真剣な読書生活というものがあるわけです。

話すと読むとはいちおう反対のことのように言われた

りしますけれども、そうではなくて話すということがじゅうぶんにできるためには、どのくらい多くのものを読まなくてはならないかわかりませんし、いろんな人の意見も聞いてこなければなりません。このように、実際の生活の中では話すということの背景に読むとか聞くとかいうことがあります。また話す前に要点を書いてみるとか、書いて考えてみるとか、いろんなことが結びついているというふうに考えるべきです。聞く、話す、読む、書くは一つだということは、そういう意味だったのです。

目あてとしてどのこともどのことも指導しなければならない。今聞きながらいっしょうけんめい書いてメモしている。すぐメモの指導もしなければならない。それから話しているときにすぐ本の読み方も言わなければならないという、そんなふうにして散漫な指導をするという意味ではなかったのです。

（『国語教室の実際』　70・12・1　共文社〈国語学習指導の記録から〉）

第一〇回配本（全集11巻）の資料

そのときどき、誠意と熱意にあふれた聞き手を得て、そのかたがたに引き出していただいたような講演の記録がこの本になりました。

この本ができましたのは、たくさんのかたがたのおかげでございます。第一、講演の場を設けてくださったかたがたがあります。「来て話せ」と声をかけてくださったかたがたがあります。そのご熱心な呼びかけなしには、この本は生まれなかったのです。

そして聞き手、その中には、広島祇園の大下学園の生徒たちも含まれておりますが、どの会場でも、じつに誠意と熱意をもって耳を傾けて聞いてくださいました。静かな、しかも、いきいきとした雰囲気を作り、私に、心から語らせてくださいました。無言のうちに、私の中にあるものを引き出してくださいました。芦田恵之助先生のおことばをまねれば、「聞き手は聞いて育ち、話し手は聞いてもらって育つ」ということでありましょう、ほんとうに、聞き手の皆さんに育てていただいた感を深くいたします。

次に、この録音テープを文字にするという、根気のいる苦労な仕事がございました。このことをしてくださったのが、広島大学教授 野地潤家さんを中心とする国語研究室のかたがた、大下学園国語科の皆さんでありました。特に、最初の「国語学習指導の記録から」は、そのとき英語科を担当して大下学園にお勤めになっていらした佐藤博さんが、ご担当の教科ではありませんが話を聞いてくださり、ぜひ録音を文字化したいと、ご自分から進んで申し出られ、最初のこの仕事をしてくださったとのことでございます。このごろは、話をテープにとること、それを文字化することは、よくあることで、珍しいことでもなく、それを仕事にする人もございますが、当時は事情が違っていまして、それはまだまだ新しい考えでありました。今、佐藤さんがいらしたら、この本のできましたことを、どんなにか喜んでくださいますでしょうに、すでに、先年急逝されたとのこと、この本をまとめるに当たってはじめて知ったことでございます。

こうしたかたがたの、ほんとうに身に余るご好意に支えられてこの本は生まれたのです。こんなあたたかな本を持ちえますことだけでも幸福であると思います。

そしてもう一つ、この本ができますのには、共文社の永井雅明さんのお励ましがありました。「古いものを……」とためらう私を、資料を整え、手順を整えて、根気よく励ましてくださいました。まことにありがたいことでございました。深く感謝いたします。

私はこの本を手にして一つのことに気づきました。それは、話を文字にした本には、最初から文字で書かれた本とは違った雰囲気があるということでございます。読み返していますと、それぞれの会場が思い出され、お聞きくださったかたがたの息づかいのようなものが感じられます。ページを綴っていきますと、なんかあたたかな、やわらかな感じがいたします。聞いてくださった皆様との合作のような本ですが、とにかく、いきいきとしたものを感じます。そしてまた、教室の実際の話が多いため、その一つ一つの教室が、生徒の表情、声が、ありありと浮かんできます。繰り返すことも、やり直すこともできない、一時間一時間のなかで、「教えて育ち、教えられて育つ」、文字どおり、芦田先生の「師弟共流」であった記録の一節が、私には、まるでさし絵のように見えてまいります。

「古いものを……」と、本にしますことをためらった私でしたが、この本のなかに生き返ってきているものを感じてうれしく、聞かれた話を読んでくださる皆様と語り合いたい気持ちでございます。

昭和四五年一一月一日

（『国語教室の実際』　70・12・1　共文社〈あとがき〉）

第一一回配本（全集14巻）の資料

『やさしい文章教室』目次

動詞を使いこなす

このあいだ、わたしは、わたしの友だち——やはり国語の先生ですが——が、詩を味わうことについて書かれた文章を読んでいました。

わたしはその文章の内容にも心をひかれましたが、その説明のことば、特に、動詞の使い方に変化があることに感心しました。じつに、豊かに、自由に、そして適切に、動詞が使われていました。このようなさまを、「使いこなす」というのかなと思いました。

例をみせましょう。こんなふうに書いてあるところがありました。

　詩は感動の表現であって、理屈を述べたり、説明を加えたりするものではありません。

こんなところもありますよ。

　作者の感動そのものに触(ふ)れ、それを自分の感動として受けとめる……。

「作者の感動」などは、なかなか、その全体をとらえることはむずかしいでしょう。まったく「触れる」程度でしょう。しかし、その「触れる」ことのできただけのものは、しっかりと、深く、強く、自分の心のなかで味わい返すでしょう。「受けとめる」のです。「受け流し」

たりせず、ほんとうに、作者の感動を、自分の感動と同じようににぎって、胸のせまる思いになっている、その心のさまは、まさに「受けとめる」です。

今ここに例にしていますす文章は、解説の文章で、詩とか小説とか、そういう文学ではありません。豊かなことばを使いこなすとかいいますと「文学」というふうに思う人が多いのですが、解説、説明というような文章、伝達、報告というような文章のなかでも、たしかに、豊かに、ことばを使いこなしたいものです。

「動詞を豊かに使いこなす」といいますと、わたしは、すぐ、西尾実（にしお・みのる）先生を思い出します。こんなふうにするとよい。こんな方向へ進んだらよいと、みんなの先頭に立って進みながら導いてくださるかた）です。その西尾先生の、読書について書かれた文章の一節を見せましょう。

……著者のことばを読んで、「なるほど」とうなずいたり、「そうかな」と疑念（ぎねん）をはさんだり、または、「そんなはずはない」と否定したり、「自分にはどうしてもこう考えられる」と主張したりしながら読みすすめていくところは、親しい人ととりかわすような、最も深い心の真実を開いた対話であり、問答であるともいえる。

○「なるほど」とうなずいたり
○「そうかな」と疑念をはさんだり
○「そんなはずはない」と否定したり
○「自分にはどうしてもこう考えられる」と主張したり

この「　」のあと、どうかするとたった一つの「思う」ということばで、まに合わせてしまうところです。

○「なるほど」と思ったり
○「そうかな」と思ったり
○「そんなはずはない」と思ったり
○「自分はどうしてもこう考えられる」と思ったり

これに比べて、西尾先生は、なんと豊かに、適切に、動詞を使っていらっしゃるでしょう。

（『やさしい文章教室』　68・9・15　共文社）

第一三回配本（全集10巻）の資料(1)

学力と評価

グループという学習の形をとるのが、戦後の新しい行き方のようになっています。グループをやっていれば新しい指導のように思う方があるんですけれども、グループ指導というのは、その編成がまず大変なのです。生活グループというのが生活指導のためにありますね。一緒に何かやったり、助け合ったりする。それと学習活動のグループとは違うのです。何の学習のためのグループかということによって、変えるものなのです。私はたった一時間でもグループの編成を変えたのです。たとえば、読むことを主にした学習をグループでやろうとすると、読み方が速い人と遅い人が一緒のグループにいたらどういうことになるでしょうか。ですから、読みが中心のグループだったら、読みの速度とか深さとか、家にたくさん本があるかないかなど、そんなことを考えてグループの編成をしています。ですから、グループは、ただやればいいというのではない。

それから生活指導のグループを流用する方があるのですが、給食などのグループを勉強のときにそのまま使ったりするのを、本当に何と思っているのでしょうか。グループが、目的もなく、意味もなくただ何となく家が近所だからなどということでつくられては、生活指導にはなるかもしれませんが、勉強のためには役立たないでしょう。

私はよく能力別グループを運営していたのですけれども、その能力別グループも能力がきちんと測られているんでしょうか。テスト問題がめくりのようなものであったりして、どんな学力がどんな状態なのか、測れるように作られていないことが多いのです。総合点で八〇は七〇点よりもいいという考えではできないのです。読解でも、ただ読解の問題がよくできた、テストでいい点をとった、そんなことでは足りません。

読解といっても、中学生ぐらいですと、読解力がないということは、ただ読めないということではないのです。読解力の分析によって、いろいろの読む力のわかるように問題が作られていないと、テストをしても、グループ編成の資料になるような結果は得られません。例えば、中学の二年生ぐらいまでですと、長く書いてあるところが、主だと思いやすい。そういう癖があるのです。それからちょっと洒落たハイカラな言葉があると、そこが大変印象に残って、取り違えてしまう人もいるのです。ですから問題を作るときに、そういうことが試せるように作っていないと、いくらやらせても、全体で八〇点だなどといったところで、指導の目標が立たないのではないですか。あと二〇点失うのは、その子としては何であるのか、どういうときに失うのか、それをちゃんとつかんでいない教師が多いのです。能力をはっきりとらえていないので、一人一人の力のつくように教えられるわけがないのです。

よく段落指導などというのがありますけれども、段落がみんなにしっかり分かっていないので読解がうまくいかないのでしょうか。ならばそれでいいのです。けれど、そういうことが、分かっていないのなら、みんなにそういうことを言うのは、おかしいのではないでしょうか。教科書の手びきというのは、全部やるようにはできていません。先生が子どもたちをよくみて、適当なものを選んでやらせるとか、皆でやるにしても、このクラスではこれを、とやるためにあるのです。問題集だと思って、端から一つずつやって、答え合わせなどというのがありますけれども、まったく無駄なことではないでしょうか。

段落とか、《こそあど》などは、そういうことが必要な子ども——この子どもは段落意識を持たせたら、もっとよく、うまく読めるのではないかと思う子どもがあるとき、それをやらせるのです。《こそあど》などは、あまり聞いたりしない、聞くと分からなくなるのが普通です。「この」は、どこをさしているかなどと言われると分からなくなりますが、自分で文章全体を読んでいるときはちゃんと分かっているのです。何となくね。それから、書く人もあまりどこを指すなどと決めていないのです。調子を良くするためとか、いろんなために使っているのであって、《こそあど》さえ見れば、「この」がどこを指すかと聞く先生があるんですけれど、それは学力というものについて勉強が足りないのではないかと思います。そういうことでとても学習が嫌いになってしまうことがあるのです。段落の嫌な授業を見たことがありますが、一時間中、三行目で切れたらいいか、四行目で切れたほうがいいかということを言い合っているのです。もう退屈で退屈でかなわないですね。ああいうことがあると「ああ国語の時間なんて嫌だな」と思うのではないでしょうか。

私は、子どもが自分でやっていることを、本当に何と思っているか、そういうことを評価というと思うのです。今一般には、評価ということは、価値を認めるというような意味になって、「誰さんのお話は評価された」というと、良かったということになるでしょう。学校での評価はこれとは違うのです。それから、評価ということは、五四三二一をつけることだと思っている人もいる、たくさんいるのです。それがまた、いろいろな問題を起こすわけですね。評価というのは、試験とは違うものなのです。戦後に導入されたもので、戦前には評価というものはなかったのです。調査とか試験とかテストとか、そういうものはあったんですけれど、評価というのは、戦後に輸入されたものです。それを受け取ったたいていの人が試験と同じに思ってしまったのですね。ですから、評価するということが、今のように世間的な価値を認めるという意味にも使われることは、戦前にはなかったことなのです。

「試験」という意味を、「点をつける」という意味にとっている方がたくさんいます。評価が輸入されて、私たちの勉強した頃には、まだ正しくとらえていたと思うわけで、教師にとって子どもたちの欠点や特色などをとらえて、これからどういうふうに指導していったらいいかと考えることを評価というのです。また子どもが自分のテストの答案を見て、どういうところが劣っているという、自分の欠点と弱いところを知って、これからの勉強の指針を得る。そういうことが評価だったのです。今は、その面影もなくなって、誤解されていますから危ないのですけれども、戦後に輸入されたばかりのそれが正しいのではないでしょうか。評価ということはそういうことで、役に立つことなんです。自分がこれからしなければならない方向を定めるためには、検査したり、問題をやったりして、自分の欠点をとらえなければならない。足りないところをとらえなければならない。そういうふうに考えていたんですね。

入学試験は試験であって、入学評価などとは言わないんです。入学試験は何がどうあっても、何の理由だろうと、点数のいい人がいいことになるでしょう。ですから、評価とは言わない。入学考査とか、入学試験といっていると思います。それはそれで正しいのですね。けれど、その入学試験を評価と一緒にしている方があって、それがいろんな混乱を起こしているのではないか、たいていのまずいことが戦後のそういう問題・受け取り方の違いによるのではないかと思うのです。今、すぐ人をどっちが上、どっちが下、どっちが良くて、どっちが駄目というふうな考え方で見ますね。子どもは作文を書いても、話をしても、何をしても、そういうふうに考えるし、教師の考えることも、評価ということとは違うものになっているのではないでしょうか。評価ということが、優劣を決めることになってしまっているのが現状です。私は、それが不幸ないじめとかいろいろな問題につながると思います。

私はスピーチのようなものでも一遍に一人しかさせなかったのです。二人させるとどっちがうまいとかいう考えが働いてくる。そして、そんなつまらないことを考えてお話を聞く。お話というのは、いい聞き手がいると励まされて、話し手がよく話せるわけでしょう。それなのに、そんな変なことを考えているのです。教師もまた評価表などというものを作って、声の大きさはどっちの方が良かったか、言葉づかいはどうであったか、話の構成はどうであったかなどと項目を作って、聞いたあとで書かせたりするのです。だから子どももそういう目で、批判的に聞いているのです。批判的にどちらがうまいかなどと聞いている。それが、話し手の方に響くとしたら、こんな悲しいことはないでしょう。なのに、そういうふうに始終どっちが上、どっちが下と勝ち負けの世界にいるのです。そういう目で見れば、どっちかがいいに決まっているではないですか。すると、その駄目な方はどんな思いがするでしょう。

この間、ちょっとテレビを見ていましたら、すべてのスポーツは勝った瞬間に躍り上がったり抱き合ったりして、非常に喜びの表現が大きいというのです。でも、相撲だけはそうではないと。勝ったときにVサインなどはしないというんです。それはそうですね。負けた人の方をちらっと見る力士が多いんですね。万歳なんてパッと勝った瞬間に手を挙げるお相撲さんはいないですね。あれが日本の国技の理由なんだそうですよ。子どもらしく、抱き合って喜んだら悪いとは言いませんけれども、あまり勝敗のことだけでやるというのはどうかと思うんです。

これはあまりいい仕事ではないんですが、読書マラソンということをやっていたことがあるんです、四月から秋の読書週間までに。私の読書記録はうまく書き入れるようにできていて、累計していって、読書週間の終わるときに一万ページになったらゴールインというわけです。それで、ささやかな文庫本などのご褒美をあげていたのです。そういうことがあって、全員で二百人ぐらい参加しますけれども、一万ページに達する人は一年に十二、三人だったんです。

ある三月のおしまいに、今年の思い出の中で印象に残ったことを皆一分間スピーチでしたとき、堀田さんという女の子が立って一分間お話ししたのですけれども、「私は本を読むのが大好き。それで、四月には大喜びで読書マラソンに参加した」と言うのです。ところが、「だんだん、だんだん大変で、とうとうゴールに入れませんでした。けれども、私はこれに参加したために、一年中たくさん本が読めて、うれしいことでした」という感想だったのです。私はそういう気持ちが好きですね。参加した子で、入賞したから本をもらってうれしかったというのも、それはそれでいいけれども、もらわなかったけれど、届かなかったけれど、参加したために本をたくさん読んだ、いい読書人だったということを喜んで穏やかにしているその気持ちが育たないと、平和な子どもにはならないというように思いました。

　そういう読書好きの人が育っているんですね。私は、その人が何かいいことをしたというわけではないけれども、そういうふうに、自分の喜びとして、自分のすべきことととして、本に親しんでいるのかと思ったときに、人が育っているのだと、非常にうれしい感じがいたしました。

○話し合い

　今は、話し合いということが当たり前に行なわれているのですけれど、本当に指導されていることは珍しいようです。先生は、気楽に、何かにつけて、「話し合ってごらん」と言われるのです。そんなに簡単に話し合いなどできるものではないのに。話し合いをさせる人が山ほどいて、話し合いを教える人、指導する人がほとんどいない、それが、今の状態なのです。民主国家とは、国民の話し合いがしっかりできなければ成り立たないわけでしょう。ですが、だいたい話し合いをする前には、準備がいります。何について話し合うのか。何でもいいというわけにはいかないのです。そして、一時間話し合いをしようと思っているのなら、二時間はもちろん、三時間ぐらい準備時間がいるのです。そして、話し合う内容をみんなが持っていなければならないのです。今は話し合うことがなくても、話したいことがなくても、話し合いに参加していることが多いのです。また、意見が何もなくて、言いたいことが何もなくて、言えることが何もなくても話し合いに参加しているのです。はじめから書くことのない作文と同じように、意味のない人の話し合いなどというのは、どういうことになるでしょうね。そんな人は、教室にはじめからいるだけ、学習はしていないことになります。（中略）話すことがない人が部屋に座っていたというのではならない。その内容を準備する学習の時間を大事にする先生がいないのです。

　その準備も、ただ「これを読んでよく考えていろいろ意見を持ってきなさい」では駄目です。そんなにほっておいてもいろんな意見が持てるようなら、もう学校に来なくてもいいわけでしょう。ですから、題目をよく考えて、先生が子どもの数よりたくさんの意見が持てるということが条件なのです。そして、それぞれが用意しているときに、「これを言いなさい」などとは言わないけれども、いろいろヒントを出して、子どもの考えを育てておかなくてはならないのです。それをしている方は本当に少ないのです。それでただ「話し合ってごらん」になってしまうんです。話し合う内容をちゃんと持って、みんなが言いたいと思うことがあるようにするんです。それから話し合いをはじめますね。そういうことをしないということがまずい、と私は思うのです。話し合う授業がうまくいっていないのを見ると、ある子どもだけはべちゃべちゃ言っていて、おしゃべりの子どもはたくさんいて、本当のことが言えていない。そんな人が世の中に出てきて民主主義ということでやりはじめたら、本当に困るのではないでしょうか。

それからまだ困ることは、あまり早い時期に司会者を立てることです。司会などという仕事は、恐ろしく難しい仕事、人間の仕事の中で最大級に難しいことに入るのではないかと思うのです。このみんなの話し合いをリードして、いい方向に向けたり、深く考えさせたりして、話しあった甲斐があるようにすることは、民主主義の一つの基盤ですね。そういうことをリードできるということは、最高に難しいと思っています。私も昔の人間ですから、大変苦労しています。

クラスで何か事柄を相談するときに、ろくに司会の力も育てていないのに、誰かが指名されて前に立つわけです。そして、何でも、思ったこと、意見を言えというのです。はじめから意見のない人が集まっているのだから、何も出てくるわけがありません。それから、話が非常に堂々巡りしていつでも同じようなことを言っているだけで、解決できない。そうすると、頭のいい子は、こんなことをいつまで話したってばかばかしいではないかと思って騒ぐ、そういうことになるわけです。

この話し合いを指導するのは、言葉では本当に駄目。「もっとしっかり司会をしなさい」、そんなことを言うのはもちろん一番駄目ですね。「さっきから話が堂々巡りしてますので」と、言ったりする。そんなことを言っても、堂々巡りしていたと意識している子どもは少ないし、それを直すことなんか、大人だって容易ではないですね。

そういうときには、子どもにそんな無理なことはさせない。小言を言っては駄目で、小言を言うと、子どもは黙ってしまいます。口をつぐむのです。話し合いは黙ってしまったら、おしまい。誰も意見を言わないで、おしまいになってしまったら、一番駄目。授業をしたことにならないではないですか。みんなに活発な話をさせなければならない。そうすると、先生はむやみに叱ったり、それから激励なさるけれども、同じ人が同じようなことを言っているだけというような教室をご覧になったことがないでしょうか。

そういうときに、私は司会者の前にスーッと立ってしまって、自分で司会をしていくのです。子どもの話し合いです。こちらは教師で、年上ですから、司会ぐらいはできますね。できないのならその方は、話し合いを指導する力がないので、させては駄目です。自分に力がないことはできないのですから、子どもがかわいそうなだけです。その前に立って、司会をするのです。そして、上手に司会をして、盛り上げてしまいます。よく進行してきましたら、スーッと身を引いて、「このあと続けておやり」と前の司会の子にゆずるのです。私の後ろでどんな顔をしていたのか知りませんけれども。「今、先生がやったようにやってごらん」などと、かわいそうなことをいっては駄目です。今言ったことをその通りにできるわけありませんから、そうではなくて続けてやっていくのですね。盛り上がっているところを受けて続けるのです。

そして、教師は今度はメンバーになって、みんなのなかへ小さな椅子を持って入っていきます。それに座って手を挙げる。そして、堂々巡りしているのなら方向転換します。そこで適切な発言をしていくのです。「こういう話が出ていますけれど、こんな向きも考えてみたらどうでしょうか」というような発言をする。優れた発言をするのですね。そうすると、また盛り上がってくるでしょう。それを言える子どもがクラスにいればいい。言ってくれればいいけれど、言えなかったらそこで、「方向転換をするような発言をしなければいけません」などというものではないです。言えるのだったらはじめから言っているでしょうから、子どもはもともとしゃべることが好きですから。分かっているのに言えないということはまずない。こういうことを言えばいいなと思えば言えると思うのです。それで言えなかったら、悲しくなるようなことを言わないで、責めるようなことを言わないで、こういうことを今、言えばいいと思うことを、子どもになって言う。何遍でも、AさんにもBさんにもCさんにもなって発言するのです。そうするとみんなが、「ああ、今ああいうことを言えばよかったのか」と分かるでしょう。「しっかり発言するのですよ」などといっても、言うことが分からなければ言えない。そして辛い気持ちになってしまいます。活発ではないと、叱られているようで。教師の子どもになっての発言の実際を聞いて、ああいうふうに言うのか、こういうふうに言うのかと具体的に覚えていくのです。身をもって、教師が示すことが大切です。

けれど、これはなかなか難しく、骨がおれるためなかなかしないのです。聞いていて、注意や助言をしているよりも、ずっと大変なものですから。それで、いい話し合いができるということがほとんどないように思えます。

ある子どもたちは、ばかばかしくて話していられないと思っているでしょうし、はじめから何も聞かないで遊んでいる子どももいるでしょう。そして、先生のご指導が何もないので、先生のおかげという気持ちになることもない。そういう学校へ行きたいということの方が珍しいのではないでしょうか。全然張り合いがないでしょう。学ぶ喜びなどないので、学校が好きになるということもなく、ましてや授業が好きになることなどないわけです。よほどしっかりやらないと、優れた子どもがばかばかしくなってしまうのです。そんな同じようなことを、あっちから手を上げて、こっちから手を挙げて、何だかんだ言っていることなど、見ていても、何の力も育たないと思います。私は、話し合いの学習などは、今、最も駄目になっていることだと思っています。そういう気がするのです。話し合いをさせない教師はないと言ってよいほど、行われていますが、話し合いを指導している教師は少ないのです。

（97・12・13　関東短期大学国語国文学会　第七回公開講演会）

第一三回配本（全集10巻）の資料(2)

水入らずの話し聞くが「対話」

野地　学習記録のお話を承りましたが、自主的な学習はどういうふうにしていくべきかということにつきましても、西尾先生のお書きになりましたものとか、お話しになりましたものを通じて、ずいぶん克明に追究しておられますね。西尾先生の「全集」第七巻の巻末の解説では、それを「外国の人は日本（日本人）をこのように見ている」という単元を例にとって、西尾先生から啓発を受けたお考えを具体的に示してくださいましたけれども、実際には、西尾先生の晩年の国語学習のほんとうのあり方というのは、大村先生の実践やご授業の記録をごらんになりながら、お考えをまとめていらしたのではないか、ひとりひとりの子どもの学習とことばを土台から育てていくというお考えなども、そういう趣があるのではないかと思うのでございますが……。

大村　もしそういうことが少しでもあればうれしいわけですけれども、先生に指摘していただいたことで、さきほどお話しした発声の指導はとうとうできなくて、おじぎしてしまった格好になりました。そのほかでは対話というのがいちばん私は骨が折れました。西尾先生は「対話が基本」とおっしゃって、まずそれができなければだめであるとおっしゃったのです。もちろん、問答と区別した、西尾先生の「対話」です。「教師と一対一の話し合い、そう言うと、それは毎日やっているという先生がよくあるが、それはたいてい問答である。一般にみんなが対話だと思っているのは、あれは問答だ」とおっしゃいました。先生が問いを出して、子どもが答えるというのですね。あれはもう授業法の代表的なというか、それっきりしかないかと思われているような、じつにあたりまえの形でしょう。あれは自分は対話と言わないとおっしゃっていました。おおぜいのほかの生徒がいる、いわば公衆の前での話し合いで、一対一ではない。対話というのはそこに、ほかの聞いている人はいない、ほんとうに一対一で、水入らずの話し聞くでなければならない、とおっしゃっていました。西尾先生のおっしゃる「対話」を知らずに、話し合いさえしていれば対話をしていると思われていることがありますね。西尾先生は一対一の、自分のいう対話が教室のなかになければいけない、それがないから基本が崩れているとおっしゃったのです。

このほんものの対話を、実際に教室のものにすることはじつにたいへんなのです。しかし、それがなければ、基本がないことになるのですから、なんとしてもやりたいのですけれども、それがたいへんなのです。教室のなかで問答ならいくらでもできますけれど、一対一で話す機会ということは、――聞き手がいない二人の話し合いの場をもつということはたいへんなことです。けれども、とにかく人間がひとりひとりで話す対話というものが国語の学習の、ことばの発展のスタートなんだ、ところがスタートがなくて、その次からしかない、と先生はおっしゃっていたのです。

それで、この対話の場を授業のなかに設けようと試みたのが、紅葉川中学校での、あの廊下まで使ってやりました単元「読書」の学習でした。昭和二七年のことで、紅葉川中学校はまだ独立校舎がなく、阪本小学校の一部を借りていたのです。三分の二が阪本小学校に、あとの残り一学年は、常盤小学校の一部にいるという状態でした。紅葉川中学校は九学級の小さい学校でしたので、私は二学年にわたって授業をもっていて、二つの小学校を行ったり来たりしていたのです。でも、三分の二がいる阪本小学校のほうは、一応、本校ということになっていました。その本校のほうでの授業です。教室が二つ普通に並んでいました。その奥の方の教室と、その廊下を使いました。廊下は、行き止まりでした。校舎の隅の一角を借りているためですが、その廊下を使ったのです。教室のなかは読書室で、机をいろんなふうに並べたのです。窓ぎわにピタッとつけた席とか、ちょっと向き合ったのとか、コの字型とか、鉤（かぎ）の手とか、ちょっと見たときに楽しい雰囲気が出るように、机を並べ変えました。国語の前の休み時間は大さわぎで、生徒といっしょに、いろんな形に並べ変えました。教室の隅には、テストコーナーといったような自分の読書力を調べる、自分で自分をテストする場所をつくりました。読みの速度のテストとか、いろんな読みの力を調べるので、ストップウォッチもおいてありました。それからその行き止まりの廊下のところをどこから探してきたのでしたか、つい立てで、三つに区切りました。その一つは談話室と称していたのです。あとは読書新聞編集室と、印刷などの作業室でした。読書室は、無言の場所でちょっともしゃべることはならなかったのです。「公共図書館でしゃべったりしたらつまみ出される」などと言っておどかしていました。テストコーナーも、ひとりずつですし、無言。談話室は談話室、おおいに語るところ。それから編集室は、静かなときもあれば黙るときもありました。その談話室に子どもを呼び出して、一対一で話ができるようにしたわけです。読書室はしんとして、めいめい好きな席で読んでいます。テストコーナーも、ひとりずつ出てきては、問題を読み、時間を計る問題なら計りながら答えを書いて、そして「答え」という封筒から答えを出して、合わせて、自分の欠点をつかんで、また元のようにして帰る。だれか帰ってきたら、ほかの人が出て行くというふうに、ここはまったく自主的世界です。私はもっぱら談話室、編集室を行ったり来たりしておりました。談話室は心ゆくまで子どもと二人で話すところでした。

編集室のほうですが、ここでの話し合いは、ひとりひとりではありませんが、それに準ずると考えました。編集部員は三人ぐらいですが、その三人が、一つの目的で、ひとりのようになっている、その三人との話し合いは一対一に準ずる、対話の一種に考えてもいいのではないかと、そこは発展的に考えたのです。こういうのも一種の対話といいたいような気がしました。三人というものが編集委員として束ですと、読書新聞の編集の話をしている限り、三人でひとりのようなものと考えようとしたのですが、どうも変な理屈でした。読みものによって読みものを指導しようと思って、読書新聞を編集しましたが、読書新聞をリードするということは、さまざまな読書問題について、意識上個人と話す場面であったのです。いま思いますと、むりがありますが、こういう授業を試みたというのは、西尾先生のおっしゃる「対話」をなんとかして教室のものにしようとしていたからです。その後、いろいろ授業のくふうをしますときに、必ず対話というものがどこかに入ってくるかどうか、考えるようになりました。単元の案を検討するときの、大切なチェックポイントになりました。

石川台中学校のころ、指導案ができてから、対話の機会がどこにあるかということを必ず見るようになりました。語い指導の場面がどこにあるかと見るのと同じように、対話がどこにあるかということを見て、もし、対話の場面がなければ、その場を設けました。その案は当然直すわけで、なんとかして、その場を設けました。自分の指導案の評価条項がありました。その条項のなかに、対話の機会がどのくらいあるかというのがあったということです。

西尾先生のお教えのうち、まったくできなかった発声の指導を別とすれば、これはいちばん実践のむずかしかったところであったと思います。この対話の機会をどこに設けるかというのは、ほんとうに苦心惨たん、いちばん骨が折れたという気がいたします。

野地　西尾実先生のおっしゃる「対話」を、国語教室のものにしようとして、どんなに心を潜めてお努めになったか――、いま、先生は「対話の機会をどこに設けるかというのは、ほんとうに苦心惨たん、いちばん骨が折れたという気がいたします」とお述べになりましたが、戦後、ほんとうの「対話」が見いだされ、それが教室に根づき、生かされるために、まず「対話」の機会をどこに設けるかについて少なからず苦心されたというおことばには、身のひきしまる思いがいたします。ことばの教育がほんとうに成り立つためには、こうした「対話」そのものを生み出していくことへの深い配慮が必要なのですね。

西尾実先生はまた、戦前から戦後にわたって、国語教科書の編集の仕事にもうちこまれました。先生も、戦後は協力者として、長いあいだ国語教科書のことに取り組まれましたが……。

野地　いまのことに関連しまして西尾先生がおっしゃっておりますのは、「国語教育において主体的学習を取り返すために、指導者と学習者との対話、問答の機会を用意し、現実の必要に即した通信及び学習ノートをメモさせ、それを一時間ごとに点検することによって、指導者と学習者との人間的交渉を深くすることが、あらゆる言語生活を展開させる基礎として、また人間育成の機会として欠かせることのできないものである。ここに国語教育の根本的革新への問題があると思う」ということですね。

大村　そうです。そのことですね。学習記録があれば、話のたねは限りなくあります。ちょっと見ても何かの話題はありますから、そういう意味でも、みんなを一度に話すというふうに考えないで、いつも心がけていると、そういう機会が得られるわけですね。そこに「対話、問答」とありますが、問答のほうはあまり心配がないわけです。とくに骨を折らなくても、問答の機会というのはいくらでもあります。西尾学説の対話の機会は、私自身としてたいへんでしたけれど。その記録の批評なんかでも、みんなにも話はしますけれども、個々に、それこそ一対一でなければ話してもしかたないことがあります。

（『大村はまの国語教室3――学ぶということ――』84・9・29　小学館）

02・11・6に大村先生が〈気になること〉として話されたことのメモ。

現状――プランに傾いている。
・実践する時の力が手うす。
・「話し方」を教えるのではない。「話しことば」を身につけさせるのだと西尾実先生。そうしておくと「討議のしかた」を教えなくても場に臨めばできる。

〈まとめ〉の資料（橋本著『大村はま「国語教室」に学ぶ』より）

大村はま先生の実践の特色は、国語教室を言語生活を営む場とし、一人前の日本人として生きていく基本の力を、主体的な学習を通じて、中学生ひとりひとりの身につけていかれた点に見いだすことができる。すなわち、一人の日本人として社会生活を営んでいくためには、読むべきものがあれば、捜して読むことができ、書くべき時に、対象を考えてきちんと書くことができなければならない。また、人の話を聞いてしっかりとした対応ができねばならない。それには、話すよりさきに、人の話をよく聞くことのできる人間でなければならない。そのうえで言うべきことがあれば、言うべき場において、適切な発言ができるようでなければならない。

大村はま先生は、このような言語生活力を学習者ひとりひとりの身につけるために、国語科の全領域にわたって研究をすすめ、実践にうつしてこられた。ひとりひとりを真に学習させるためには、ひとりひとりの学力に即した教材が必要となる。朝日新聞の、「いま学校で」とか、NHKテレビが何度も紹介した、個人差に応じる手作り教材は、こうした考えから生まれてきた。

五四年に及ぶ教壇生活の後半は、そのほとんどが手作り教材であり、しかも、自己が成長し、中学生をひきつけるのは、教材の新鮮さであるといった考えから、二度と同じ教材を使われなかった。

こうした考えに基づく授業実践が、実践即研究の姿勢に支えられて、国語教育実践史上、例をみない独創的な教室を創りだしてきた。

大村はま先生は、指導者自身の向上・深化のない教室は、学習者を本気にさせることができないとの考えから、毎日の国語教室を創造していかれるとともに、みずから求めて授業研究にとりくみ、戦後、中学校に移られてからだけでも二二〇回を越える研究授業を重ねてこられた。そのうちの七二年から八〇年まで、九回にわたって開かれた、実践研究発表会では、次に掲げたような「提案」を国語人に提示された。即ち、国語科教育の課題を解決するため、こういうことをねらい、その目標を達成するために、こういうくふうをしてみたという実践による提案をされたのである。

以下、東京都大田区立石川台中学校における実践研究発表会と、それ以後の「大村はま国語教室の会」とにおける「提案」、及び、「私の研究授業」（『大村はま国語教室　第一巻』）から推察しうる提案とを対象として、大村提案がどのような実践を通してなされてきたのか、また、提案にひそめられたねらい・心くばり・願いなどを考察していく。

1　大村提案

（注）番号にダッシュのついていない授業は、一九七九（昭和54）年の国語科実践研究会においてまとめて発表されたもの。ダッシュが一つつけてある授業は、それ以外の大村提案を著者が加えたもの。ダッシュが二つのものは、大村はま先生の実践記録から、著者がとりだして加えた授業である。年度は西暦で示している。

授業	年度	単元名
1国語教室		
1　学習を真に学習生活にするくふう。	79	知ろう　世界の子どもたちを
2　一人一人、それぞれに、ことばの何かの力が静かに、確かに身についている時間にするくふう。	79	〃
3　ときのニュース、世の動きに関心をもち、時事性をもった、なまなましい現代に触れている国語教室にするくふう。	79	〃
4’　国語のいろいろな能力を、自由にしぜんに使わせるくふう。	80	知らせよう日本の子どもたちを

以上の、実践を通じての提案を分析してみると、大村はま先生の提案は、次のようになされていると考えられる。

○A

ア　よい聞き手を育て、話し合える人を育てる

14 聞かせるために　(6)項目

I

15いろいろな場の話しことばを育てる　(29)

イ　書くことの力を育てる

22いろいろな場で書くことを育てる　(15)
23作文の処理　(2)
24文集をめぐって　(9)

ウ　読書人を育てる

16読書人を育てる　(19)
17本を捜す　(16)
18本の利用　(9)
27文学作品を読む　(4)
21古典に親しませるために　(13)
29朗読（群読）　(1)

エ　ことばの力を育てる

31ことばへの関心をもたせる　(9)
32語い　(11)

○B

1国語教室　(3)
2主体的に意欲的にさせる、本気で学習に取り組ませるために　(18)
3現実に目的のはっきりした真実の場で学習させるために　(5)
4特にこんな場面を　(5)
5優劣のかなたに　(12)

○C

7適切な資料は　(8)
8教材を作る　(7)
10学習の手びき　(2)
6協同学習の意義をわからせる　(3)
11グループの編成　(3)
12グループを活動させる　(2)
13楽しい気分をつくるために　(6)
35一校時を使いこなすために　(1)
36教師の研究　(1)

○D

26いわゆる基礎能力を強くする　(4)
9資料を作成させる　(4)
19資料カードの作成　(4)
20読みと行動　(2)
25観点のとらえ方を学ばせるために　(2)
28中学生の研究テーマ　(1)
30文法の知識　(3)
33学習記録　(1)
34自己評価　(2)

大村はま先生の実践の構造を右のようにグルーピングしてみると、

Aの種目は、学習者たちの身につけさせたい、めあて、目標、学力に関わる提案で、計一四三の項目があげられている。

その一つを、ア「よい聞き手を育て、話し合える人を育てる」項目とした。そこには、「聞かせるため」にくふうされた提案が六つ、「いろいろな場の話しことばを育てる」くふうが二九、計三五の提案がなされている。

二つめは、イ「書くことの力を育てる」項目としてまとめた。「いろいろな場で書くことを育てる」くふうが一五など、計二六の提案が含まれている。

三つめは、ウ「読書人を育てる」グループで、六種目、六二の提案がある。

四番めは、エ「ことばの力を育てる」項目で、「ことばへの関心をもたせる」、「語い」を豊かにすることによって学習者の心を育てる二〇の提案がなされている。

大村教室では、これらの力を単元的な学習展開のなかで身につけさせていかれる。そのためには、優劣を意識させず、主体的・意欲的に取り組ませる、「生きた場」、「実の場」をどのように設定するかのくふうが必要となる。それらが、Bのグループの種目で、五種目、四八の提案がなされている。

さらに、優劣を超えて、主体的に、生きた場で学習させるために、ひとりひとりに応じた資料・手びき・学習形態などのくふう・配意が必要となる。それがCのグループで、三三の提案が含まれている。

Dのグループは、学習力とでも呼ぶことのできるグループで、「基礎能力を強くする」、「学習記録」など、二三の提案がなされている。

以上の、A・B・C・Dは、段階的な順序を示すものではなく、相関連して、一つの全体像を作りあげている。また、Dの学習力のグループは、それぞれ、Aの各項目と結びついていると考えることができる。

大村はま先生の言語生活単元学習は、これらの諸要素の総合のうえになりたっている。

大村はま国語教室の特質

大村はま国語教室の実践構造を以上のように捉えるとき、その特質として、次の六つをあげることができる。

①これらの実践による提案が、学習者の未来を見通した眼から生みだされてきていること。次の時代を幸せにしようという意欲、熱望、開拓者精神が指導者を研究・教育にかりたてるのだといえる。二一世紀を生きる生徒に必要な力は、と考え続けたところから、実際的目標が生まれ、実践のくふうがなされてきたと申すことができる。

②これらの実践が、周密な国語の能力分析のもとになりたっていること。たとえば、人の話を聞いて要約をする力をつける目標をたてるとする。大村はま先生は、その目標を達成するための、学習力としてどういう力がいるか、そのためには、どんな基礎力が必要かを考え、基礎訓練をし、実の場で聞き書きの力をつけていかれる。一面、その学習を指導するためには、学習者ひとりひとりの能力が把握できていなくてはならない。そうした、国語学力の分析が指導者になされているということ。

③番めとして、学習者ひとりひとりに、優劣を意識させず、主体的・意欲的に言語生活力をつけていくための、生きた場・実の場が用意されていること。

④学習者の実の場は、指導者にとっても実の場であるということ。

学習者に主体的・意欲的に学習させるためには、幅広い学習材が必要となる。それを生み出すのは、指導者の読書力・言語生活力であり、そうした場に、たえずみずからをおいていられるということ。

⑤こうした学習を成りたたせるために、文字通り学習者の手をひく、周倒で緻密な「学習の手びき」がくふうされていること。

⑥このように営まれた学習のすべてが、「学習記録」として定着するように指導されていること。

こうした大村教室を支えているものは、つきつめていえば、指導者自身の言語生活力である。教室における、真の対話・討議をはじめ、聞く力を育て、書く力に培い、読書生活の指導に及ぶ実践には、指導者が身をもって示していく〝指導者自身の言語生活力〟が基底となっている。

「大村はま文庫」学習の記録・学習指導資料に学ぶ

鳴門教育大学が寄贈を受け、「大村はま文庫」として学内外の利用に供している文献・資料は現在（二〇〇一年度）文献が、六三〇〇冊、雑誌一三〇〇冊、学習の記録二〇〇〇冊、学習指導資料五〇〇点である。このうちの学習指導資料には、石川台中学校における「月例研究会資料」「実践研究発表会資料」「国語教室通信」「読書生活通信」のほか、「学習指導案」、「学習の手びき」、「テスト問題」等が含まれており、大村国語教育における日常的な実践の営みをうかがうことができる。

「国語教育を飛躍的に前進させるためには、もっと、日々の国語教育の実践そのものによる研究がたいせつにされ、実践的提案がなされなければならない」「また、二一世紀を活躍の場とするわが教え子たちに、今の日本で、国語教室で、何をしておくことが必要か、実践をもって提案したい。」との考えから営まれてきた大村国語教室のくふうは、四〇種目、四五〇項目を超えている。そのいずれもが教室を新しい創造へ誘う項目であり、二一世紀の国語科教育のめざさねばならぬものでもある。

たとえば、大村はま先生が単元の胚胎として述べられたことや提案のなかに、「世の動きに関心をもち、時事性をもった国語教室にするくふう」、「現実に目的のはっきりとした真実の場とすることのできる題目」があげられている。そして、教室での学習にあたっては、「自然に主体的にさせ、本気にならせるくふう」、「個人指導の場を多くもつくふう」がなされていく。

こうした学習の向き（意図や学習のくふう）をうかがうと昨今の教室が教科書中心の内容主義で、知識・技能が生きて働くようくふうされてこなかった営みを反省させられる。九九年版「学習指導要領」のキャッチフレーズである「生きる力」「自己学習力」の育成は、半世紀前から実践され続けてきている。

「大村はま文庫」の学習記録・学習指導資料に学んでいくと、毎時間本気にならせるための、「ほんとうに自分の学習という気持ちをもたせる」くふうの数々を見出すことができる。その一つとして、単元「知ろう世界の子どもたち」の手びきをあげてみる。この実践は、人々の幸せのためには、世界が平和でなければならない。その第一歩はお互いが知り合うことにあるとの考えから発想された単元である。まず、世界の子どもたちについて調べていく学習の、着眼点のヒントとして四三項目があげられている。それらのなかに、

1日常生活のようす、毎日の暮らし。
5どんなことをどんなふうに勉強しているか。
10どんな友だちが好かれているか。
19希望　どんな希望をもっているか。

などと並んで、

12どんなことでほめられているか。

21恥としていること。

25戦争、平和に対する考え方。

などを見ることができる。まさに、自己の問題として学習者に迫ってくる問題である。

また、内容を捉え筆者の意図を把握するだけではなく、「問題点のために読む」読書法を身につけさせるために、岡田章雄氏の『日本のこころ』をとりあげて、次のように「手びき」をしておられる。

1これは問題だ。考えてみなければならない。

2これは……だ。もっと調べてみたい。

6そうだとすると、こういうことを考えなければならない。

13こんな一面があるのか。考えてみなければいけないことだ。

15これは自分への宿題です。これから調べたり、考えたりしてみます　など。

このように「手びき」されると、学習者は、「もう一度読んでごらん」と言われなくても、自己の問題を探すためにくり返し読む姿勢をつくりあげていったと聞く。国語科において、「ことば」を通じて創造性に培っていく典型といえる。

「大村はま文庫」の学習記録・学習指導資料には、これらのほか、「書くための手びき」、「書き合うための手びき」、「きれいに書きたいと本気で思わせる手びき」、「まとめるための手びき」、「発表準備の手びき」、「話すための手びき」、「話し出しの手びき」、「話し合いの方法を身につけさせる手びき」、「話し合うための手びき」などなどのほか、「テストのための手びき」、「テストをみての（今後留意していくべき）手びき」［これには一二ページにわたっているものもみられる┃などがあり、講和（お話）による手びき、対話による手びきなどと並んで、多彩なくふうをみることができる。

このようにひとりひとりの手をひき、つくられた「虚の場」でなく、「実の場」において、主体的・意欲的に、優劣を意識させず、営まれてきた学習のすべてが、書くこと「学習記録」に収斂されている。しかも、一学習者の三年間の「学習記録」を見ていくと、一時間一時間の学習が、大村はま先生の三年間を見通した「国語科の学力の構造」と学習者の発達段階に即した「学力の系統」に位置づけられていることが明らかとなる。即ち、大村国語教室のばあい、単元学習を徹底することによって「国語学力の系統」が創りだされていると申すことができる。

さらに、「学習記録」によって大村国語教室の実践の構造をみていくとき、目標（学力観）をはじめ、内容・方法・評価を通じ、実践のすべてが「重層構造」をなしていることを見出すことができる。

実践即研究の立場にたっていられる大村はま先生のめざされているものは、以上みてきたように、ことばへの関心・自覚をもつことによって自己をみつめ、みずからの言語生活・読書生活への識見を高め、二一世紀の社会を生きぬくとともに、新しい社会を創出していく学習者の育成にあると申すことができる。

こうした国語教室における「学習記録」の役割を確かめていくと、まず学習者ひとりひとりに学習のすべてを記録させることによって、学んだこと・考えたこと・心が拓かれたことなどを、書くべきときに書き留める態度を身につけさせることがあげられる。ついで、学習生活を記録するプロセスにおける適切な「手びき」によって、充実した学習がすすめられ、その収穫、学習中の自己の姿、課題等をみつめさせ、自己評価力を身につけさせていかれた点をあげることができる。

現在「生きる力」として求められている「自己学習力」は、この「自己評価力」に基く自己の課題を解決したり、克服しようとする個々の営みから形成されていく。また、思考力にせよ、創造性にせよ、それらを養い育てる「実の場」のないところに育つことはない。その「実の場」の多彩な相を「学習記録」に学ぶことができる。

（橋本暢夫　『大村はま「国語教室」に学ぶ――新しい創造のために――』　01・7・30　溪水社）

No.20〈まとめ〉の参考資料

〈大村はま「国語教室」の創造性〉

[象徴的なことばで示してみると]

・優れたことばの使い手・すぐれた言語生活者に育てる ＝＝ すぐれた人格のもちぬしであるはず。
人生を生きぬく力をつけていく ⟹ 学習者ひとりひとりの把握 ↔ [学力観] → 目標を定めひたすらに↔さまざまな工夫
（人は、ひとりでは育たない）⇒ てびきする⇐師を得て人となる。

世界に眼を拓いた　民主国家の一員として
（国語科として貢献できるのは…）

○ 自己を確立させ　個性をのばす
○ 自己をみつめさせ

○言語感覚を育てる
言葉の響きに人の心を知る

○語彙を豊かにしていく
人生を拓く窓

社会の言語文化生活の向上をめざす指導
・言語文化に学ぶ
・言語文化を創出する基礎力に培う
・グループにより社会的な技術を練る
話し合い＝新しい考え・文化が生まれる体験をさせる
[民主国家建設のため　話しことばに特別の思いがある]

言語生活の指導 ―― 社会生活に適応できる能力を分析 ―― 身につけさせる
さまざまの工夫

・聞く　ことばの響きに人の心を知る　細く頭を働かせ
・話す　真の対話の場が必要　的確に・生き生きと
・書く　筆不精の克服　生きていくに必要な書く力
（論理頭を練る　内容を育てる　課題発見のため）
・読む　解らせてもらう読みから　資料・本を使って判っていく読みの力を

○読書生活の指導
発見・創造を志向した

収斂
○国語学習記録の指導
これから為すべきことの自覚
〈自己評価力が育つ〉
⇒ 学習力

態度 ＝ 自己学習力

[基　底]　関心・必要感・意欲を誘う・もたせる　＝　指導者の仕事[学習者の実態把握・心理の洞察]

こうした実践が　重層構造をなして常に営まれる

〈大村はま実践の根基〉

- 深い人間理解に基く人間愛と開拓者精神
  - キリスト教への信仰　深い人間愛
  - 育てられてきた環境［あたたかい人々］

  若い時から人を優劣で判断するみかた（こころ）をもち合わせなかった。
- 教育者・専門職としての責任感＝身をもって示す：目標を見定めひたすらに工夫する。

  私の仕事の半分は生徒のもの　―学習記録に学ぶ―　たえず教育力の向上をはかる。

  敗戦を経験し再び不幸な時代を招くことがないように―「話し合う」体験を得させる。
- 研究即実践の姿勢＝自分がいちばん厳しい批評家

2　二一世紀の国語教育への提案
――「優劣のかなた」をめざした単元――

大村はま記念の会・横浜（05・8・10）

「優劣のかなたへ」のことばが、広い意味で「学習者に優劣を意識させない世界で学びひたらせる」学習の境地をさすと受けとめると、諏訪高等女学校時代以降の、大村はま先生の「国語教室」のすべての学習が、「優劣を超えた世界で、自己をみつめさせ、自己を育てる」教育であったと申すことができる。

その意味で、この象徴的なことばは、大村はま先生の国語教室の根基をなすもの、実践を貫く思想・理念と考えられる。先生自身、「私は若い時から人を優劣で判断するこころをもち合せなかった。」と語っておられる。

ことばとして用いられたのは、一九六九（昭和44）年の入学生が二年生になったころ、「個別化ということを考えるようになった。」と語られており、個別化との関わりで用いられるようになったとみられる。資料の60ページ、七〇年の「単元・私の生まれた日」（研究授業№85）に、「優劣のかなたの世界にすることに目を拓いた学習」と説明されている。ただし、大村はま先生は実践から理論・思想を生みだしてきておられるので、大村先生の意識をたどっていくと、この思想は、目黒八中時代の、四九（昭和24）年の［資料42ぺ・研究授業番号4］「実用的な手紙」の単元に、すでにみることができる。目黒八中時代からの実践が、「私の生まれた日」の単元において意識化され、理論的な説明がなされたとみることができる。

七九（昭和54）年に整理された資料では、提案された単元とともに、171ページの項目5「優劣のかなたに」において、「40・優劣があまり関係しない、劣の生徒が力の弱いことを忘れていられる時間を作るくふう。」「42・一人一人、学級においてかけがえのない位置を占め、優劣のこだわりから解放するくふう。」など一二項があげられている。

「優劣のかなた」を目指された単元のなかで、大村先生が「おすすめ単元」として、「朝日NIE講座（02・12・7）」で紹介された五つを資料一（168ぺ）にあげている。それらは、ア「ほめことばの研究」、イ「動物のことば」、ウ「私の生まれた日」、エ「大村日本語教室資料部助手二年C組の○○○○」、オ「表現くらべ」である。

資料二の2項に、信州での熱心な実践家、故宮下勅夫氏の推された単元二つ、ア「楽しくつくる『白銀の馬』」、イ「私たちの作ったことばあそび」をあげた。お一人をあげたが、私の想い・意図したところは、滑川道夫先生、波多野完治先生、広島・大下学園の佐本房之氏など、早くから大村先生の実践に思いを寄せておられた方々、また、今日ご参加のお一人お一人の方の推される単元がおありと推察しながら項をたてている。

資料の三として、40ページ以降（ここでは略。『大村はま国語教室の実際　下』545〜625ぺ、05・6・2、渓水社、参照）に、大村国語教室の実践に学んだり、考察したりする資料として、大村はま先生の「私の研究授業一覧」をあげている。

大村はま先生が整理された二三二の単元のうちから、本日、与えられたテーマである「優劣のかなたをめざした単元」として、私は、深化期の単元を中心に、二八単元を採りあげてみたい。

〔大村はま「国語教室」からの数多くのおくりもの――232の単元から〕

（年）　（単元記号）　（内容）

一九六七　二年　50　本で本を読む（「宇野重吉の語り聞かせ」　益田「民話の再話と再創造」他）

六八　三年　58　批判的によむ（諭吉自伝　ちがいを発見し、違い方を考える）
六八　三年　59　主体的に読む（「私の読書法」のいろいろを読み、話し合い発表し合う）
六九　一年　66　調べたいことによって本を探す。目的に合うノートをとる。（「人間の歴史」など）
六九　一年　71　読むことから実験　実行　試作へ。（「父と母の歴史」鶴見和子など）
六九　一年　74　問題発見のために読む（「日本人のこころ」岡田章雄など）
七〇　二年　82　書き手によって開かれながら、自分を育てながら読む。（「サーカスの馬」他）
七一　二年　98　読書生活記録　あとがき集（副題で新鮮に　豊かに）
七一　三年　100　教科書を一冊の本として（「ことば」ということばの使われ方の分類）
七一　三年　107　私はこの人を（「私の履歴書1―44集」）［ひとりひとり別のものをの最初］
七二　三年　110　文集を読み合い、書き合う（学年文集「大草原Ⅱ」）
七三　一年　125　新一年生に石川台中学校を紹介する。（一グループ一冊　学年で47冊）
七三　二年　132　楽しく作る「五つの夜」　［創作する力に培う］
七四　三年　138　明治大正昭和作文の歩み（「中学生日本つづり方作文全集」）
七四　三年　140　課題図書をめぐって（新聞の投書から　意見　問題点　意見文）
七四　三年　142　外国の人は日本（日本人）をこのようにみている［国際人としての自己確立］
七四　三年　144　児童文学　世界名作の子どもたち（よい話し合いの体験）
七五　一年　149　いきいきと話す（「クリちゃん」にことばを付ける）
七五　一年　152　本を知る窓（「こども日本風土記」を読み、パンフレットにある特徴を探す）
七七　二年　166　このことばづかいをどう考えたらよいか（インタビュー）　［あげる　先生等］
七七　一年　179　ことばを思い出す　捜す　見つける（観光パンフレット「まえばし」によって）
七八　一年　187　外来語の氾濫について考える（投書「わからぬカタカナ語」ほか）
七九　一年　200　古典のなかに見つけた子ども　［朗読に徹する］

八〇　一年　202　もう一つの歩き方をさぐる（「まんが道」「NHKわたしの自叙伝」など）
八〇　205　個人文集「私の本」（一学期一冊　計9冊）　[自己をみつめる]
八七発表なし　220　筆者になりかわって語り、読ませる。　[司会者になり代わっての対極]
九一　224　日本と日本人をとらえ直す（本　放送　講演　研究発表等）[142の発展]
九三　226　アイヌ、その意味は「人間」　[地域の実際踏査の基礎力]

さらに、資料二の4の、「大村はま国語教室の会」における二つの提案、「単元　一基の顕彰碑」と「ことばの海で（ことばを選ぶ）」の学習をあげたい。

「一基の顕彰碑」は、叔父で北海道開拓者の一人である小川義雄の顕彰碑を対象とし、「はじめに」に、単元が胚胎してくる経緯について書かれている。

「興味のある調べたいことを、もし子どもたちに尋ねれば、宇宙の問題、恐竜、生命の起源、人類の始まり、日本語の起源など、たくさん出てくると思われる。しかし私は興味は持っているが、指導者としての力が不足である。また、時の話題であって、同じような種類と程度の書き方の本があり過ぎる。探すまでもないほど溢れている。探すというより、比べて選ぶということになりそうである。それはそれで別の学習になるが、今回のねらいには添わない。それに、いつも一つの単元の学習を決めるとき、確かめる項目の一つ、豊かな語彙に出会えるかという点でためらわれた。やはり人や人の仕事にしようと思った。」と記され、小川義雄は、それほど有名でなく、全く無名でもなく、特に研究されてもいず、しかしいろいろなところにその足跡が、なまで残されている。したがってさまざまな語源活動が開かれてくること、生活を共にした人もまだ何人かいるので、インタビューも計画しやすい。

書物になる、その前のなまな資料に、じかに接することになると、さまざまな現実的、生活的な言語活動が自然に導かれて、現れてくる。と述べられ、「文献探索」の単元が構成される。

「目標」として、(1)調べたいこと、わかったことを分かち合い、みんなのものにするための技術を身につけること。(2)調べていくと、その先、調べるべきことが、見えてくるものであることを体得すること。(3)発見しながら読んでいく読書の世界を経験すること。(4)おもしろそうでなくても、必要なものは読む。そこでおもしろさに出会う読書の世界を経験すること。(5)いろいろの読み方を駆使する、読みながら読み方を選び、変えていくこと。(6)情報処理のいろいろな方法、その重なったり並んだり関連し合っていることを実感し対応すること。(7)初めての人、親しくない人、年齢の違う人などと、学習や研究調査の話ができること。

などがあげられ、この学習の展開のなかで高められる、さまざまな言語活動の場面に即し、「書くこと、読むこと、話すこと、聞くこと」、およびインタビューについての学力を養う指導事項があげられている。

この単元は、目的をもって資料を集め、カードの活用法を体得し、調べたことをわかち合う技能を身につけ、生涯にわたる読書人としての能力がつけられていく学習であり――そのプロセスでさまざまな国語学力が高められていく――読書生活人育成の本格的な単元である。

「ことばの海で（ことばを選ぶ）」学習（95・11・26　第25回大村はま国語教室の会研究発表大会で提案）は、学習を一まとまりのことばの生活として組織する姿を単元と考えると、本学習は、「単元」ではない。しかし先生が単元設定の要素・課題の一つとしておられた「言語感覚を磨く」、すなわち、ことばの生命を感じとる力を鋭くする学習であり、「師弟ともに学ぶ」提案であると受けとめることができる。

提案のはじめに、「選ぶ」ということについて、次のように記されている。

「選ぶ」ということ

単元の学習の資料を、本の場合を中心にして捜し選ぶ学習である。

今までも、単元として資料を選ぶという学習は、いろいろ試みたが、それは、そのために、すでに指導者が選んだものであった。少なくとも、あら選りしてあった。目録を使った学習などでは、かなりその人なりに選ぶ経験をしたが、その目録は指導者が選んで揃えていた。

学級文庫に、買い足す本を選び決める学習、地方の交通の不便な山村の中学校に、本を贈る二回めの場合、その本を選ぶ学習、これも目録の活用によった。「少年少女のための」と添え書きのある児童図書目録であった。

「動物のことば」について、調べた学習では、動物のことばについて、何かが出てくる本を、指導者が集めてあって、その本のどこに出ているか、また、その本の特色、読み易くやさしいか、むずかしそうか、写真や図の量、写真は新しいか、鮮明か、とにかく調べていることについて、役立つかなど、いろいろの観点から適切なものを選ぶ学習であった。

昭和四七年一〇月一年生に、その子たちが三年になった時の秋の予定している単元「外国人は日本（日本人）をどう見ているか」に向かって資料を集める学習をした。このとき、指導者が捜して揃え、与えるという点では、教科書と、そう違わないのではないかと考えていた。しかし、資料を子どもとともに捜すということに、本格的に取り組むようになった出発であった。たくさんの目録その他を用意したが、そして、子どもたちは、個々に書店に行っていたことは明らかであるが、書店で捜す場を指導したのではなかった。

こういう目録で選ぶことも、もちろん、ぜひさせたい学習であったが、それと並んで、書店で実際に、本に当たって選ぶことをさせたかった。書店という場で、教材化されていない場での経験をさせたかった。普通の読書人の、あたりまえの生活を体験させたかった。

しかし、子どもたちを郊外に連れて出ることは簡単にできることではない。かりに、手順が調えられたとしても、交通事故が心配で、とても実現できることではなかった。

昭和三〇年代には、春の子どもの読書週間の催しのとき、図書委員一同と、展示即売の催し場に行ったが、そのときの委員たちのいきいきとしたようす、本の間、書架の間を目を輝かして、いそいそと歩きまわり、これと思った本を、「石川台中」と札のあるテーブルに積み上げる、あの時のはずんだ楽しさは、今も会えば話題になっている。それにつけても、全員に、実際に書店で選ぶ経験をさせたいと思っていた。

「選ぶ」ということは、じつにさまざまの、まったくその人の「持てる限りの」と言ってよいさまざまの力を、いっぱいに使う作業である。

そして、「選ぶ」ことの不手際、誤りは、誠意も努力も、空しくしてしまうと言えよう。「選ぶ」ということは、本に限らず、重大なこと、「選ぶ」知恵と能力は、どうしても養っておかなければならないと思う。本を選ぶということに限って考えても、漠然と「読むこと」と考えていることではすまない。(中略)とにかく本を選ぶということは、国語教室の目標の一つとして大切にしたい、書店で本を選ばせてみたい、そして、その実の場で、いっしょに選びながらなまなましい選ぶ力を育てたい。子どもは一ぺんに本好きになるに違いない。(中略)

言語に関するものを集めたところまでは選んでいるわけであるが、書店の実際も、そこまでは選別されているので、下選り、あら選りをしない状態で、という今回の目的の形に合っているといえよう。また網羅に近づけようともしなかった。そのようなことは出来ないし、書店でも出来ない。ただ、相当数なければ成り立たないが、今日書架に並べてあるのは一三七で、八重洲のブックセンターの「言語」の書架より、ずっと多い。たいていのものは、長年の間に、持っていたもので、このごろもとめたのは少ない。また一クラス四〇人として約三倍なので、四〇人の子どもが捜すのに、思うように手にとれないということはないと思う。もう一〇〇余冊、加えようとしたが、ブックセンターの実際を見て、かえって不自然かと思われて加えなかった。特に選ばす、適当に省いた。

すなわち、ドリルでは育てられない、「明晰に考える頭脳」、「論理的な思考力」に通じる作業をと考えられての提案である。

「学習を進める」にあたって、具体例が次のようにあげられている。

学習を進める

一、ことばについて、ことばをめぐって、考えてみたいこと、知りたいことをいくつでも考えてみる。

出て来そうなテーマの例（順不同）

1、「ことばを大事にする」とは、具体的にどういうことか。
2、若者の、妙に助詞や助動詞を高くしたり強めたりする調子は、どうなっていくだろうか。このごろは教師のなかにも、その調子がうつってきている。
3、「見れる」「食べれる」という使い方はどうなっていくだろうか。
4、外来語、外国語の氾濫をどう処していったらよいか。
5、敬語のゆくえは、どうなっていくだろうか。
6、日本語の将来
　これからの日本語

7、ことわざの使われることが減ってきているようであるが、どうしてであろうか、また、これからどうなっていくだろうか。
8、故事成句の運命
9、「くん」と「さん」
10、男女のことばの差は、このまま少なくなっていくだろうか。
11、漢字がワープロのおかげで、力を得てきているということであるが、これから日本ではどうなっていくであろうか。
12、女の子の名前、男の子と思われるような、少なくとも、男子か、女子かすぐはわからないような名前がふえている、ということであるが、真実かどうか、その背景について。
13、先生が、自分のことを自分で「先生」というのは誤りか。なぜ、こうなったのだろうか。
14、わかれのあいさつの現状と問題点。
15、「おられます」「申された」は、敬語の混乱した言い方であると言えよう。しかし、よく使われているし、あまり不自然という気がしない。これは、許容されているのか、いないのか。許容されているなら、その理由。
16、ことばの移り変わり。
17、「文語」が口語にまじって使われているのに、たびたび気づくようになったが、その背景。
18、かなりの学校に残っている授業始めのことばづかいについて

起立

礼

着席

先生、おはよう、ございます（一種のフシがあることがある。）
19、わたしたちは、ほんとに活字離れか。

20、ことばの変化。どんなことばがどんなふうに変わったか。
21、近ごろ、マスコミでは、ことばについてどんなことが取り上げられているか。ことばについて、一般は、どんな点に関心を持っているか。
22、近ごろ、ことばについてどんな本が出ているか。どんなことを主題にしているか。
23、ことばについて私の発見、私の疑問。
24、新聞によく出てくることわざ
どんなことわざが出ているか。どういう記事のところに多いか。
25、『岩波国語辞典』第四版と第五版を比べて。
どういうことばが消え、どういうことばが加えられたか。
その変化の背景。そこに見る社会。
二、もっと、こういうことも考えてみたい、考えなければいけない、こんなことを考えたらおもしろそうだ、というようなことを発見するために、そういう発見を求めて、自由にいろいろの本を見る。
三、一、二で考えた結果をまとめて三つないし五つくらいのテーマにしぼる。できたら順位をつける。
四、調べたり考えたりしたいテーマそれぞれについて資料にする本を選ぶ。
選んだ本の位置づけをする。どんなふうに読むかの計画。
主な資料にするもの。
全体を使うもの。部分を使うもの。
精読。拾い読み。
まとめの形。
を考える。
五、もっとこういう本があればいいのだが、と思う本があったら、何冊でも書く。書名でなく、どんな内容、どんな書き方などについて。

六、七の意見交換会の資料として、三、四、五のメモを作る。三ないし五題。

用紙は国語係が作成、配布。

めいめい、用紙に記入、コピーして配布。

七、意見交換会（助け合いの会）

質問し合い、助言し合う。

〈例〉このテーマなら、こんな本はどうか。

こういう本が見たいけれど、心当りの本があったら教えてください。

――という本、使おうと思っているんですが、まだ見ない。××さん、使うんでしょう。どんな本ですか。

××さん、いっしょにやりませんか。

などという相談も。

八、計画案仕上げ。

（『大村はま国語教室の実際　上』232～235ぺ　溪水社　05・6・2）

今年（05年）になってからも「先生は尋常でない本の買い方をなさる」と、教え子の苅谷夏子さんが電話で語られた。読書生活人として、九八歳一〇ヶ月の生涯を過された大村はま先生の信念は、「すぐれた言語生活者（真実のことばの使い手）は、すぐれた人格のもち主であるはず」との考えにたち、「ことばを育てることは、こころを育てること、人を育てること、教育そのものである。」のことばに象徴される指導観、また、「指導者自身の向上、深化のない教室は、学習者を本気にさせることはできない」とのことばにみられる開拓者精神、それに、「自分が一番きびしい批評家」とおっしゃる、指導者自身、師弟ともに学びひたる境地にあると考える。

加えて、「優劣を超えた世界」で学びひたらせる前提として、国語科で育成する人間像が措定されている必要がある。そのうえにたって、明確な目標が設定され、それに達する基礎力の分析がなされ、学習者一人ひとりが多面的に捉えられていなければならない。そうした前提のもとに、学習者一人ひとりの関心・必要感が喚起され、適切で新鮮な教材・てびきが用意され、重層構造にたった学習が構造化されている必要がある。

すなわち、大村はま先生の考えは、「すぐれた言語生活者（真実のことばに生きる人）は、すぐれた人格のもち主であるはず」とうの信念のもとに、将来一人の社会人として生きていくための言語生活力を「実の場」において身につけさせていこうとするものであった。それは、聞き・書くことによる明晰で論理的な頭脳の育成、話し・書くことにおける内容をもたせ、説得力のある文章力、自力で比べ読み・重ね読み、自己の考えを育てるほんもののの読みの力を備え、社会における言語文化生活を継承し、創造する読書生活人を目ざされた営みであった。

大村はま先生の「単元学習」は、単なる方法ではない。いわゆる指導の方法をまねることはできない。それは、大村先生自身の理念――人間への愛、教育観、学力観、言語観、洞察された学習者心理などをもとにした――にうらづけられ、「世界に眼を拓いた民主国家の一員としての言語生活者を育てる目的のもとに、社会における言語能力を分析し、語彙を豊かにし、言語感覚を鋭くし、読書生活力に培い、学習のすべてを「学習記録」に収斂する作業を通じて、「自己学習力」を育成していくといった重層構造をもって展開されてきた。

大村はま「国語教室」の継承を考えていくとき、「私のやり方をまねるなら、そのすべてを学んでほしい」と言われたことばを受けとめ、まず、「指導要領」が変わるたびに打ちあげられるアドバルーンにふりまわされず、指導者自身の自己確立がなされねばならない。

さらに、「人は、おたがいを育てながら生きている。なにより、自分自身を育てながら生きている」、また、「自分が一番厳しい批評家」とのことばに示される、自己研鑽の姿勢に学ばねばならぬと考える。

［資料］

大村はま記念の会（二〇〇五（平成一七）年八月一〇日（水）於横浜市開港記念会館）

「優劣のかなたをめざした単元」資料

二十一世紀の国語教育への提案

――「自己学習力」の育成――

目次

一　大村はま先生の実践研究の精神と実践による提案

1　大村はま先生の実践研究の理念

大村はま先生の長年の実践研究の精神は、一九七二（昭和47）年に届けられた、第一回実践研究発表会の案内に尽くされている。

国語科実践研究発表会

国語教育を飛躍的に前進させるためには、もっと、日々の国語教室の実践そのものによる研究がたいせつにされ、実践的提案がなされなければならないと思います。現場の実践者による実践的提案――現場の実践によってしかできない提案がさかんになされなければならないと思います。もちろん授業は水入らずですべきものですから、授業による提案は非常にむずかしく、限界があると思います。そうした限界を考えつつも、やはり、その限界のなかでの実践――授業による提案を試みたいと思います。

このたび、特に、長年にわたって私の国語教育実践の歩みを見守り、多くの示唆と励ましをいただいた、今日まで私をささえてくださったかたがたにおいでをいただきまして、これからの国語教育へのいくつかの提案をいたしたいと思います。小さな、しかし、それなしにはすぐれた理論も、教室の実際においては空転するのではないかと思われるような、日常の国語教室の営みのあり方を実践によって提案したいと思います。また、二十一世紀を活躍の場とするわが教え子たちに、今の日本で、国語教室で、何をしておくことが必要か、実践をもって提案したいと思います。

この提案がきっかけになり、これからの国語教育が大いに論じ合われますよう願っております。

昭和四七年九月東京都大田区立石川台中学校

大　村　は　ま

2　大村はま「国語教室」の提起したもの・平和な世界を築くための提案

大村はま先生の実践の特色は、国語教室を言語生活を営む場とし、一人前の日本人として生きていく基本の力を、主体的な学習を通じて、中学生ひとりひとりの身につけていかれた点に見いだすことができる。すなわち、一人の日本人として社会生活を営んでいくためには、読むべきものがあれば、捜して読むことができ、書くべき時に、対象を考えてきちんと書くことができなければならない。また、人の話を聞いてしっかりとした対応ができねばならない。それには、話すよりさきに、人の話をよく聞くことのできる人間でなければならない。そのうえで言うべきことがあれば、言うべき場において、適切な発言ができるようでなければならない。

大村はま先生は、このような言語生活力を学習者ひとりひとりの身につけるために、国語科の全領域にわたって研究をすすめ、実践にうつしてこられた。ひとりひとりを真に学習させるためには、ひとりひとりの学力に即した教材が必要となる。朝日新聞の、「いま学校で」とか、ＮＨＫテレビが何度も紹介した、個人差に応じる手作り教材は、こうした考えから生まれてきた。

五四年に及ぶ教壇生活の後半は、そのほとんどが手作り教材であり、しかも、自己が成長し、中学生をひきつけるのは、教材の新鮮さであるといった考えから、二度と同じ教材を使われなかった。

こうした考えに基づく授業実践が、実践即研究の姿勢に支えられて、国語教育実践史上、例をみない独創的な教室を創りだしてきた。

大村はま先生は、指導者自身の向上・深化のない教室は、学習者を本気にさせることができないとの考えから、毎日の国語教室を創造していかれるとともに、みずから求めて授業研究にとりくみ、戦後、中学校に移られてからだけでも二二〇回を越える研究授業を重ねてこられた。そのうちの七二年から八〇年まで、九回にわたって開かれた、実践研究発表会では、次に掲げたような「提案」を国語人に提示された。即ち、国語科教育の課題を解決するため、こういうことをねらい、その目標を達成するために、こういうくふうをしてみたいという実践による提案をされた。

以下、東京都大田区立石川台中学校における実践研究発表会と、それ以後の「大村はま国語教室の会」とにおける「提案」、及び、「私の研究授業」（『大村はま国語教室　第一巻』）から推察しうる提案とを対象として、大村提案がどのような実践を通してなされてきたのか、また、提案にひそめられたねらい・心くばり・願いなどを考察していく。

大村はま先生の実践による提案〔橋本暢夫『大村はま「国語教室」に学ぶ』（溪水社01・7・30）〕

（注）番号にダッシュのついていない提案は、一九七九（昭和54）年の国語科実践研究会においてまとめて発表されたもの。ダッシュが一つつけてある提案は、それ以外の大村提案を筆者が加えたもの、ダッシュが二つのものは、大村はま先生の実践記録から、筆者がとりだして加えた提案である。年度は西暦で示している。

提案	年度	単元名
1　国語教室		
1　学習を真に学習生活にするくふう。	79	知ろう　世界の子どもたちを 4
2　一人一人、それぞれに、ことばの何かの力が静かに、確かに身についている時間にくふう。	79	〃
3　ときのニュース、世の動きに関心をもち、時事性をもった、なまなましい現代に触れている国語教室にするくふう。	79	〃
4’　国語のいろいろな能力を、自由にしぜんに使わせるくふう。	80	知らせよう日本の子どもたちを
5’　持っている力を、ひろびろとのびのびと使いながら伸ばすことを教えるくふう。	80	知らせよう日本の子どもたちを
6”　言語に関する知識を総動員して、ゆたかな言語学習をさせるくふう。	75	私たちの座談会
5　優劣のかなたに		
40　優劣があまり関係しない、劣の生徒が力の弱いことを忘れていられる時間を作るくふう。	73 81	文集「石川台中学校を紹介する」 石川台中学校図書館掲示板

41 力の弱い生徒が、力の弱いことを忘れている時間を作るくふう。	73	私たちの生まれた一年間
42 一人一人、学級においてかけがえのない位置を占め、優劣のこだわりから解放するくふう。	74	外国の人は日本（日本人）をこのように見ている
43 優も劣も気にならない、優劣のかなたの世界につれていくくふう。	76	私たちの作ったことばあそび
44 やや拙い作品の拙さを、そのまま包みこんでいく、あるいはカバーしていくくふう。	74	秘密のあそびば
45 力の弱い生徒がそれなりに参加し、学習し、努力し、報いられ、収穫があり、力の弱いことを忘れている時間をもたせるくふう。	73	私たちのスピーチの題
46 差別を感じさせることなく、優れた発表、発音を、学習の広場にじゅうぶんに出させていくためのくふう。	73	〃
	81	石川台中学校図書館掲示板
47 力の弱い生徒に、じゅうぶんに、しかも目に立たず、心ゆくまで指導する機会を得るくふう。	75	字のない絵本によってつくる
48 大きな能力差に応じうる題材のくふう。	78	外来語の氾濫について考える
49 やさしいものが量少なくあっても、高いものまでゆたかに読んであっても、それぞれの読みえているもので、あとの学習活動に参加できる題材のくふう。	78	〃
50 各自それぞれに、精いっぱいの力を出させるくふう。	79	知ろう　世界の子どもたちを
51 力の弱い生徒を、自分は劣っているという意識から解放するくふう。	79	〃

6　協同学習の意義をわからせる

52	協同学習の意義、価値を悟らせるくふう。	74	外国の人は日本（日本人）をこのように見ている
53	協同研究の意義、資料交換の必要と価値をさとらせるくふう。	72	資料を集める
54	一人一人、それぞれに、クラスの学習生活の一部を負わせるくふう。	79	知ろう　世界の子どもたちを

7　適切な資料は

55	暗誦のための適切な資料。	72	国語学習発表会
56	「読む人を読む」学習の適切な資料としての「民話の解説」。	75	読む人を読む
57	指導者が仲間になって、作文を書きながら指導する材料。	73	楽しく作る
58	個人差に応じ、能力に応じるための資料と、それによる指導のくふう。	74	外国の人は日本（日本人）をこのように見ている
59	個人差に応じた指導のしやすい材料、こんなものがある。	77	ことばの問題について考える
60	学習の方法と密着した学習資料の整え方のくふう。	77	〃
61	個別指導のしやすい、この機会の多い話題と資料のえらび方。	78	外来語の氾濫について考える
62	伝記の読み方を見つけさせ、伝記を読む意義をさとらせるには、どんな伝記をどのように読ませたらよいか。	80	もう一つの歩き方をさぐる

8　教材を作る

［以下　項目だけをあげる］

9　資料を作成させる

10　学習の手引き

11　グループの編成

12　グループを活動させる

13　楽しい気分をつくるために

I

14　聞かせるために
15　いろいろな場の話しことばを育てる
16　読書人を育てる
17　本を捜す
18　本の利用
19　資料カードの作成
20　読みと行動
21　古典に親しませるために
22　いろいろな場で書くことを育てる
23　作文の処理
24　文集をめぐって
25　観点のとらえ方を学ばせるために
26　いわゆる基礎能力を強くする
27　文学作品を読む
28　中学生の研究テーマ
29　朗読（群読）
30　文法の知識
31　ことばへの関心をもたせる
32　語い
33　学習記録
34　自己評価
35　一校時を使いこなすために
36　教師の研究
37　中学校国語学習入門
38　国語学習発表会
39　書くことの基礎を育てる

大村はま先生の、1「国語教室」に関する提案のなかには、「学習を真に学習生活にするくふう」、「一人一人、それぞれに、ことばの何かの力が静かに、確かに身についている時間にするくふう」、「言語に関する知識を総動員して、ゆたかな言語学習をさせるくふう」などの細目がある。

その一つに、「ときのニュース、世の動きに関心をもち、時事性をもった、なまなましい現代に触れている国語教室にするくふう」[3]がある。

これは、一九七九（昭和54）年の、単元「知ろう世界の子どもたちを」の実践を通じての提案である。国際児童年という、ときの問題をとらえ、一〇年、二〇年先の国際化時代の主体である学習者に、世界の子どもたちを知る学習を計画し、師弟一体となって取り組み、国際人としての自覚と、行動力の基礎に培うくふうを試みられたものである。

時の問題をとりあげて取り組まれた実践は数多くある

が、第二次世界大戦中、女学校の一教師として過ごし、敗戦後、「身を捨てて何かしたく、新制中学にとびだした」とみずからお書きになる大村はま先生にとって、戦争のない、平和な社会を築くために、「今できることは何か」と考え、それを実践することは、悲願の一つであった。

こうした国際人としての学習主体の確立をめざして実践・研究され、企図されたものとして、次のような単元をあげることができる。

ア「外国の人は日本（日本人）をこのように見ている」（74年）
イ「知ろう世界の子どもたちを」（79年）
ウ「知らせよう日本の子どもたちを」（80年）
エ「個人文集　第二集　〈わたしのペンフレンド……紹介〉」（82年）
オ「隣国に友を求めて」（85年）
カ「日本の少年少女に贈るインドネシア少年少女読本Ⅰ」（86年）
キ「私たちのフォスター・きょうだい」（87年）
ク「大村日本語教室資料部助手2年C組の□」（88年）
ケ「東アジア・東南アジア小年少女会議」（90年）
コ「日本と日本人をとらえ直す」（91年）
サ「アイヌ、その意味は『人間』」（93年）
シ「ことばと人間のめぐりあわせと面白さ」（99年）

知ろう世界の子どもたちを

七九（昭和54）年の「知ろう世界の子どもたちを」の単元は、ときのニュース、世の動きに関心をもち、時事性をもった、なまなましい現代に触れている国語教室にするくふう」を提案された実践で、以後の大村実践の一つの典型となった。単元を生み出す基底となった考えを大村はま先生は次のように書いていられる。

「今年は国際児童年で、こういうことはたびたびはないことですので、これをふまえた授業をと、これは、昨年、この児童年のことが発表になったとき、すぐ心に浮かんだことでした。（私は、日本はこの国際児童年にもう少し熱心に取り組むものと考えていました。それは私の予想はずれで、日本は、少しことばが過ぎましょうが、お茶をにごす程度でした。そして、そのことはこの学習の展開に関係がなかったといえないと思います。）

一〇年、二〇年たてば、どうしても同時代の人として、互いに関係しあいながら生きていかなければならない世界の、現在の子どもたちです。その中に、私たちの教え子日本の子どもたちもいます。なんとか平和に、少しでも幸せに生きられますようにと願います。それには、なんといっても知り合うことが第一歩であると思います。知る、知ってもらう、くふうと努力が大切であると思います。また現在、すぐできる、私に、私たちにすぐ実際にできる、確実な実践であると思います。いろいろのはなやかな発言も、この地道な努力なしには浮き上がってしまうと思います。このような考えを下地にしての試みでございます。」（79・11・12、国語科実践研究発表会「参観のしおり」７ページ）

一〇年、二〇年たてば、同時代の人として、互いに関係しあいながら生きていかなければならない世界の子どもたち、そのなかに日本の教え子たちもいる。なんとか平和に、少しでも幸せに生きるためには、知りあうことが大切との願いから単元が構想されたという。

資料集めには、ここでも師弟ともに取り組んでいられる。

「資料は、国際児童年のことを知ると同時に集め始めました。生徒には、去年の暮れに話して資料を集め始めさせました。……一月には、かなり国際児童年に関する記事が出ましたので、収集のスタートは順調でありました。四月、また一年に［筆者注　担当学年が］なりました。この資料集めを引き継がせました。資料は、見るべきものを、歴史的なものを見るというわけにはいきません。新しいもの、現在出ているものにしました。深くはないけれども、新鮮であるという資料です。……」（「参観のしおり」９～10ページ）

このようにして、学習準備の一〇か月間に、『花には太陽を』（羽仁説子編）、『国際児童年のしおり』、『江崎玲於奈一家のアメリカ日記』、『子どものモスクワ』（松下恭子）、『中国を歩き日本を考える』（佐藤藤三郎）、『北京三里屯第三小学校』（浜口光子）など、単行本が四一冊、「未来を目ざす子ら」（毎日新聞）、「国際児童年とユニセフ」、「いま開発途上国の子供たちは」など、新聞の切り抜きが八〇編集められている。

このような資料が集められ、図書室の書架に並べられると、学習者たちは、資料をとりまいて、これが読みたい、あれがおもしろそうと熱中しはじめる。いわゆる、単元の「導入」なしで、意欲的になっていったとお聞きした。

学習にはいると、配られた「学習の手引き」に導かれて、それぞれが分担した資料の中から、世界の子どもたちの、「日常生活のようす」、「学校での生活」、「友だちとの交わり」、「どんな友だちが好かれているか」、「どんなことでほめられているか」、「どんなことになやんでいるか」、「あそび」、「楽しみ」、「どんな希望をもっているか」、「将来に対する考え方」、「戦争、平和に対する考え方」といった項目に応じて、学習者たちは、速読み、斜め読み、拾い読み、要点読み、熟読、精読など、いろいろな読み方で読み進め、カードに要点をメモしていく。

そこでは、目的をもって資料を集め、自分たちで集めた資料を使って、生きた場での学習が進められる。即ち、世界の子どもを知る目的で集めた資料を、その種類や性質を考えて、それぞれに活用する態度、集めた資料の整理のしかた、目的に合わせてカードを用いて活用しやすいようにする方法など、目的と資料に合わせた学習が進められ、生涯、読書生活を続けていく人としての能力がつけられていく。

こうした学習について、大村はま先生は、次のように考えていられる。

「子どもの研究は、どれもそうだと思いますが、研究として、そう高いレベルに達することはできないと思います。内容的には、とるに足りないものといえましょう。しかし、その研究の進め方は、本格的でありたいと思います。今度の学習もそういうつもりで、資料の扱い、カードの使い方なども指導しました。」（「参観のしおり」10ページ）

個別学習が終ると、グループによって、国ごとに項目別にまとめられ、それぞれの国の子どもたちの生活がよくわかるように、発表をしていくことになる。劇にしたり、手紙にしたり、お話にしたり、形式はさまざまで、そこにまた、さまざまな言語生活の力をつけていく活動がくまれている。

これらの活動を通じて次のような提案がなされている。

○各自それぞれに、精いっぱいの力を出させるくふう。
○力の弱い生徒を、自分は劣っているという意識から解放するくふう。
○いろいろの文章を書く必然の場を設ける計画上のく

ふう。

○発表に当たって、新しいくふうをしようとする意欲的な態度に導くくふう。

学習のプロセスでさまざまな国語力が養われるとともに、学習者たちは、単元の中心目標である、世界の子どもたちを理解し、平和を守る努力をしていかねばならないと考えはじめる。佐藤英二君は、「世界の子どもたちについて知りえたこと、考えたこと」として、次のように記している。

「「知ろう世界の子どもたちを」の学習を終って、いろいろなことを知り考えたりしました。まず、各国の子どもの日常生活の様子や、学校生活、希望、楽しみなどその他いろいろなテーマで調べて本を読んだり、スクラップを見たりして知ることができました。そして発表会によって、みんなの発表を聞き感心したことがたくさんありました。考えたことは、貧困家庭が多い国々が多いことです。これはもっと世界各国の人がみんなで協力をして、少しずつでも改善していき、死と戦っている子どもたちを助けていくべきだと思いました。そして、子どもたちでも平和を守っていくべきだと思います。このように「知ろう世界の子どもたちを」を勉強して、世界各国の共通点や問題点があるということも知りました。そして、こういう問題点を少しずつでも改善していって、平和な世界を作っていくべきだと思いました。」

また、「調べながら、知ったこと、わかったこと、発見したこと、楽しかったこと、苦労したこと」として、「……全部で四四か国について調べ、中には、エッとおどろいたこともありました。（中略）また、宗教というのはだいたいの国が持っているのに、日本だけは宗教をもっていないというのも発見しました。それから、いろいろな面で、日本と同じみたいだ、日本と全く違う、というのがたくさんありました。「流行歌」「各国を見た時の様子」というのは、とてもおもしろいのもあり、はなやかさの違いも知りました。……もう少し調べてみたかったのは、「学校生活」、「戦争・平和に対する考え方」、「日本に対する考え」でした。（以下略）」

この単元によっても、大村はま先生のめざされたもの、その国語教室の営みのなかでくふうし、提案しておられることの内実をとらえることができる。

3 「大村はま文庫」を活用するために

――「学習の記録」にどう学ぶかを中心に――

鳴門教育大学国語教育学会（06・8・18）

大村はま国語教室の創造性として「優劣を意識させない場」の設定をあげることができます。先生がもっとも重視しておられた個々人と学習との出逢いについて、どのような場が設定されてきたか、またそれらの場における学習の中で、聞くことの学習活動がどのような位置を占め、どのような役割を担ってきたか。その発想がどこから来たのかを本日は報告させていただきます。

資料は昨年（〇五年）の夏に「大村はま記念の会」が開かれましたおり、多めに作製して残しておいたものであります。特に、資料四〇ページの黄色の間紙からうしろの授業提案一覧は、大村先生が二〇〇〇年に提示された貴重なものであります。

本日は提案の趣旨に併せましたプリントを補充して報告してまいります。

大村はま先生の実践の特色は、国語教室を言語生活を営む場とし、一人の日本人として生きていく基本の力を、優劣を意識させない主体的な学習を通じて、中学生ひとりひとりの身につけていかれた点に見いだすことができます。

すなわち、世界に目を開いた民主社会の一員として、社会生活を営んでいくためには、読むべきものがあれば、探して読むことができ、書くべき時に、対象を考えてきちんと書くことができなければなりません。また、人の話を聞いてしっかりとした対応ができねばなりませんが、それには、話すよりさきに、人の話をよく聞くことのできる人間でなければならないとの考えに立っておられます。

一行とばしまして、大村はま先生は、このような言語生活力を学習者ひとりひとりの身につけるために、国語科の全領域にわたって国語の能力を分析し、実践に移してこられました。ひとりひとりを主体的に学習させるためには、まず、ひとりひとりを捉え、ひとりひとりの学力に即した教材が必要となってまいります。大村先生の個人差に応じる手作り教材は、こうした考えから生まれてきております。その基になっておりますのは、教育は結局ひとりひとりのもの、ひとりひとりを育てていく営みとの考えであります。これは芦田恵之助先生に学ばれた考え方であります。従いまして家庭学習、グループ学習、話し合い学習等々、どの形態をとっておりましても、ひとりひとりを伸ばすための場が設けられていなければならないということになります。（終わりから五行目くらいですが）大村はま先生は、指導者自身の向上・深化のない教室は、学習者を本気にさせることができないとの考えから、毎日の国語教室を創造していかれますとともに、みずから求めて授業研究に取り組み、戦後、中学校に移られてからだけでも二二〇回を越える研究授業を重ねてこられました。（次の行の下のほうをごらん下さい。）すなわち、国語科教育の課題を解決するため、こういうことをねらい、その目標を達成するためにどのように「実の場」を設定し、どのような学習材を創出し、どう一人ひとりを「手びき」したかという実践による提案をしてこられました。

その独自性は、次の提案（ここでは略。本書171ぺ参照）によっても明確に捉えることができます。国語教室についての提案の1に「学習を真に学習生活にするくふう」とあります。四月に教科書をもらってその時に、もう教科書を読んでしまった学習者にとりまして、教科書を教えられるだけでは真の学習生活にならないという考え方もふまえられております。

提案の3は、「時のニュース、世の動きに関心をもち、時事性をもったなまなましい現代にふれている国語教室にするくふう」（171ぺ）とあります。

具体例の一つは、一七五ページにあげておりますので後ほどご覧下さい。〔「知ろう世界の子どもたちを」（79年）

この提案に見られるように、計画、提案の段階から人生、生活と結んだ形で実の場がくふうされ学習主体の確立がめざされているのであります。

先生は、「わたくしの授業はわたくしの勉強していることそのものです。わたくしにとって関心のあること以外は教えません」と語られたことがあります。そういう題材を選び、生徒の国語学習、国語学力が伸びるように展開される。そこに大村教室の創造性の原点があるのであります。

「一基の顕彰碑」の単元計画（159ぺ）につきましては、現地調査とか文献収集について、村井真理子先生の大きな協力があった単元であります。そこに小川義雄という方が取り上げられております。この方は北海道の開拓者のひとりであり、クラーク先生の札幌農学校を出られて、アメリカに渡って帰国後、北海道で初めて稲作を試みた方であります。

さらに、アメリカから連れ帰った乳牛などで、北海道に牧畜畜産を広めた方であります。その人の顕彰碑および文献をもとに、「文献探索」の学習活動を進める中でさまざまな現実的、生活的な言語活動を営む単元が計画されております。

一六〇ページの目標をごらん頂きますと、(1)に「調べたこと、わかったことを分かち合い、みんなのものにするための技術を身につける」とあります。共同学習、共同研究の基礎力がねらわれているのであります。(2)に、「調べていくと、その先、調べるべきことが、見えてくるものであることを体得すること」とあります。まさしく自己学習の態度の育成そのものがねらわれております。さらに(3)には、課題発見のための読書がねらわれ、(4)ではおもしろそうでなくても必要なものは読む。そこでおもしろさに出会う読書の世界を経験するといった態度の育成が図られております。

このように、大村はま先生の学びひたらせる学習は、その学習目標に創造性が現れてまいります。先生はこういった目標を達成するため、どのような基礎力が必要かを見極め、ひとりひとりに適した学習材を選び、手びきをし学力を育てていかれました。大村先生の実践による提案は、授業研究の宝庫でありまして、二一世紀の国語学習指導への提案とみることができるのであります。

目標を受けまして、話すことの指導事項（ここでは略）があげられております。「調べたことを、ほかの人が調べ直さずにわかるように、はっきりと話す」と指導事項が設けられております。すなわち、自己の言語生活の向上とともに、社会における言語文化生活の向上が意図されております。次の行には話す場を論理的思考力育成の場とする意図がうかがえる。いきいきと話すといった試みが、そういうところからきているのでございます。左のほうに移りまして、聞くことの指導事項としては、「調べたことの報告を聞き、役立てられる内容を正確に位置づけながら聞く」ということが入っています。そういうふうに生涯にわたる読書人としての能力を身につけさせる学習の中で、国語学力が高められていく計画が立てられております。二一世紀の国語教室を構築していくために、こうした目標とか指導事項に学びたいと考えます。〔以上、詳しくは、『大村はま国語教室の実際　上』（溪水社）を参照されたい〕

一九一ページからの学習記録のプリントは、ひとりひとりをどのように捉えるかというよりどころを示した例であります。すべての学習者を主体的に学習させるためには、ひとりひとりをどう捉え、どう導くかが問題になります。

一九六四年の中学一年生の四月、最初の時間は自己紹介から始まっております。大村先生は新しい学校、学級で自己紹介に学習者が困ることがないように、また、自己紹介がマンネリにならないように、さらに人まねをしないように、先生がまず例を示されます。先生の自己紹介を聞いて右の記録者熊内祥子さんは、「先生の自己紹介」、（内容のところです）「横浜で生まれたから、浜とつけた。」「名前の思い出。」「趣味」と記しております。

左のほうの藤永幸一君は、「先生の自己紹介」、横浜で生まれたから浜という。名前を書くのが難しかった思い出。これは旧字体の浜の字のさんずいが（墨で書く時代ですから）広がってしまいますと格好がつかない。「シ」のようになってしまって困ったという話をされたことによります。オルガンを弾くのが好きであると記録しております。熊内さんは、無駄なく要点を概括的に捉えているのに対しまして、藤永君は、内容を具体的に捉えて記録を残しております。下の「感想」の欄を見ますと、熊内さんは、「言うことがはっきりしていて順序がそろっているので聞きやすい。わたしも先生のように話してみたい」と書いております。話すことの大事な点としまして、明晰さ、順序・構成の論理的であることに気づいております。左の藤永君のほうは、下の「きょうの感想」に「自己紹介の内容がよくわかった。特に自己紹介にはどんなことを話したらよいかがわかったのでうれしかった」と自己に引きつけて学ぶ姿勢を記録に残しています。このように見てまいりますと、記録に個人差が出ております。その個人差は能力差ではありません。能力差は個人差の一部であるというのが大村先生の考え方でありますが、この個人差に応じて、これを捉えてどのように導くかが指導者のくふうのもとになるところであります。

こうした聞く活動の記録から、学習者の個人差を捉える例のほかに、左のプリントに聞くことが支えていく学習、あるいは聞くことによる課題発見の場の提案があげられておりますので、後ほどご覧ください。〔プリント資料　193ぺ参照〕

聞くことが学力の第一歩であり、学力の基本であるという主張を受け止められました波多野完治博士は、一九五ページの上段に、大村はま先生への書簡において「本巻（全集第二巻）は聞く、話すが中心ですが、読む、書くともからんでいるので、先生の全体の国語教育観がうかがわれ、全体的展望をするのによい巻と思います。何よりも聞く話すという第一義的でなくなりやすい仕事、〔第一義的な仕事は国語科では、だいたい読むと書くであり、話すというのは第一義的ではないと普通考えられている。それで先ほどのような提案が出てくる。〕そういう仕事を単元化していく授業の天才的な工夫に頭が下がりました。第三段階を設定されたことで、それが教室の作業として現実のものになる点は、わたしは、上手な手品師のようにみごとに感じました」と。波多野完治先生は二つの重要な指摘をしておられる。

まず、あとのほうの第三段落を設定されたということにつきまして、一九五ページにあげておきましたが、一九五七年の石川台中学校一年生に対しまして、大村先生は、話すことの学習ですから、言語抵抗の少ない、民話「白うさぎ」を取り上げて、大国主命はどんな人柄かと問題提起をしておられます。これが第一段階。二番目に「わたしたちの祖先はどんな人を理想と考えたか。」理想と考えたからこそ、ずっと今まで民話として残ってきたのです。これが第二段階です。第三段階は、「わたしたちの祖先が考えた理想の人とわたしの考える、わたしたちの考える理想の人」と手びきがなされております。このように人生と結んだ形で学習が進められていきます。伝記を自分にひきつけて読むといわれますが、計画の段階で書かれていても学習の「場」がありませんと、第一段階、第二段階だけでは知識の指導の段階で終わってしまう。知識が身につく人もいますし、身につかない人もいるわけです。この第三段階を設定することによって自分に引きつけて考えるということが行われます。そこで自己が確立されていく作業になるわけであります。そういう実践を波多野完治先生は教室の作業として現実のものになっているとおっしゃっています。

波多野先生のご指摘のもうひとつの「先生の全体の国語教育観がうかがわれる」ということにつきましては、一九五ページの下の段を見ていただきますと、そこに大村はま先生の考えがよく捉えられていると思います。「大村国語教室」を示す話として「いつも整然と区切りのいい論理的な話を聞いている学習者と、あちらへ飛び、こちらへ飛びする話をしか聞いていない学習者とでは頭の組み方が違っていってしまう」と語られたことがあります。また、「論理的な話を集中して聞く頭が学力を作っていく。それは読解に対しても、試験に臨んでも応じる頭と別のものではない。」とあります。日ごろから論理的な話を聞いて、頭を論理的にしてない、明晰にしていない学習者はどこに行っても応じることができないわけです。そういう話を大村先生はしておられます。

飛びまして、一番最後の挟みましたプリントをごらん頂きたいと思います。

大村はま先生の国語教室におきましては、戦前から、作文・書くことの指導を中核にことばへの関心、ことばへの自覚をもたせることによって、自己を見つめさせ、自己を確立させてこられました。大村先生に生き方を教わったという藤原ていさんは、戦後の混乱のなかを、三人の子どもをつれて、中国東北部から歩いて帰ることができたのは大村先生に教わったお陰と書いておりますが、そういうふうに「生き方を教わった」と卒業生が口々に申しますのは、人生と結んだ形で個性を伸ばす教育が行われてきたことを示しています。戦後は民主社会の基本である話し合える人を育て、国際化時代の言語主体の育成を図ってこられました。その柱の中核として①学習者が一人で社会生活に適応できる言語生活力を身につけ、社会全体の言語文化生活を向上させる姿勢が育てられておりますとともに、②課題発見を志向した読書生活の指導。また、③ことばの響きに人の心を識る言語感覚を育てる指導。④人生を拓く窓である語彙豊かにする指導等が考えられております。

これらの学習のすべてが「学習記録」に収斂され、自己の学習の成果と課題を自己評価する場が設けられております。この自己評価力が育ち、これからの学習で成すべきことを自覚した学習者は、自己学習力をみずから発動して、次々と学習に取り組んでいきます。大村はま国語教室におきましては、こうした目標から評価にいたる実践が、重層構造を成して常に営まれてきたのであります。常に、が大事でありまして、ふた月に一回とか年に何回とかいう学習でなされているのではないわけです。

波多野完治博士がその書簡で、大村はまさんの聞くの重視は「あなたの見識を示すものだ」という評価をされました。「聞くことの力」は学力の第一歩であり、基本であるという考え方は、真実のことばによる対話に人の心は表れるという「対話の場」の重視に表れてまいります。対話の場のない授業はいくらいい計画でも取りやめにしたと大村先生は話されました。加えまして、一分ないし、三分ぐらいの短い講話をたびたびなさいます。それは、①導入のない学習の始まりでありますとともに、②聞き浸らせる態度を養い、③話題、題材への関心を喚起し、④時事性、時のニュースに関心を持つ教室にし、⑤新しいことばを織り交ぜて語いを豊かにし、⑥持つべきものに関心を持たせ、⑦目的に適応した文脈の整った話によって論理的に頭を鍛え、⑧聞くことによる課題を発見させ、自己啓発を図る等の役割を持っている。そういう「聞くことの学習」を通じて自己を見つめさせ、自己の確立を図る。すなわち個性を磨く教育に到達しておられます。この聞くことが学力の基本という考え方はすでに府立第八高等学校時代、授業中は頭にとどめてノートを取らせず、あとで記録を充実させるという学習法をとっておられます。すでにそのころに見ることができます。

この聞くことの重視の発想がどこから来たのかがわたくしのひとつの課題でありました。これは、昨年の秋亡くなってから出版されました『学びひたりて』という本でありますが、それをひもといてまいりますと、東京女子大学時代、読書ざんまい、勉強ざんまいの生活を送っておられますとともに、どのような人に接する生活をしておられたかがよくわかって参ります。また本年五月に、NHKの「ラジオ深夜便」におきまして、修道院での生活を話していたかたがおられましたけれども、この修道院での生活の教えの三つ目として、「従順であるということ。すべてを聞いて素直であること」があげられておりました。クリスチャンである大村先生はこの教えを体得され、この体験から聞くことの重視が学力の基底となされてきたというふうに考えられるのであります。

最後になりますが、大村単元学習は、単なる方法ではありません。先生の理念は優れたことばの使い手は、優れた人格の持ち主であるはずであるという信念のもとに、教育は結局一人ひとりに応ずる営みであり、能力差は個人差の一部であるという教育観に裏付けられています。その営みは、社会における言語能力を分析した厳密な学力観のもとに、学習者がひとりで社会を生きていける国語学力を身につける実践でありました。

その根源にありますのは、①深い人間理解に基づく人間愛と開拓者精神にあるといえます。先生は、わたしは若いときから人を優劣で判断する心を持ち合わせたことがなかったと語られたことがありました。また、②専門職としての責任感。目標を見定めてひたすらに工夫し、身をもって示す姿勢に表れています。「人は自分を育てながら生きている」とのことばによく彰わされているとわたしは思います。

また、わたしの仕事の半分は生徒のものとおっしゃいます。それは学習記録に学ぶ姿勢に表れております。大村先生は、毎年学習記録に「対面」するために鳴門へこられました。絶えず求め続けること。それが先生の淵源であると考えられるのであります。三つ目に実践即研究、研究即実践の姿勢。これは西尾実先生のことばでありますが、その姿勢は、自分がいちばん厳しい批評家であるとのことばに現れています。その生徒が聞きなおしたり、話が生徒にどのように聞きまちがえられたか、あるいは学習記録を見ると、こういう受けとめ方がある、こういう取り方がある、これはわたしの話し方がちょっとまずかったのではないかと反省をしておられた。そうしたことばによく表れています。

大村国語教室に学ぶというとき、このように指導者自身の自己確立。すなわち教職の専門職として生涯学び続ける姿勢、教育は誰のためのものかといった姿勢の確立が必要になると考えております。

ありがとうございました。

【司会者】引き続きまして質疑応答に入りたいと思います。

後藤が丘中学校の伊木です。

貴重な資料をありがとうございました。これだけの膨大な資料ですので、おそらく時間の関係で、はぶかれたところがおありかと思います。もう少しお話を伺いたいのですが、

【橋本】大村先生は、石川台中学校におられました二〇年間に一〇の学年を受け持っておられます。七八年の一年生がどういう授業を受けてきたかが81ページからの記録（ここでは略）によって分りますが、82ページ（略）の上の欄に「国語学習準備の総括」とあります。中学校三学年の中で話し合う基礎力を育てたり、話し合いをしたり、聞くことの重要性を悟ったり、書く生活の基礎を身につけるという国語学習準備の時間にかなり大きな時間が取られております。

番号・一八五という単元がありますが、「これは本を知ろう」とする熱意を持たせるくふうの単元であります。それから一八六を見ていきますと、安野光雅さんの「旅の絵本」を、文字のない、あの字のない絵本を活用して、安野さん自身わたしが中学校一年だとしたら、とてもこういうふうには捉えきれなかっただろう。わたしの絵本を聴覚的に捉えてもらえてたいへんうれしいとおっしゃっている、そういう実践がここにあります。安野光雅さんの作品はさまざまな生活場面が細かく描かれておりますので、この「旅の絵本」によって絵本を読み取る、それを文章に書く、そういう実践であります。

その次の一八七番の実践は、外来語の氾濫について考えるというテーマのもとに投書、社説、新書本、単行本、

あるいは講座本の中から外来語を取り上げ、83ページ（略）の上にあります「あらまし」のように外来語の氾濫について読んでは考え、考えたことを書く。次から次と新しい資料をもらって書いています。読む順序は自由だけれども、だいたい投書から読んでいたということが書いてあります。そういう学習もあります。

あと、下の段の一八八には「もっといろいろなことばを」という実践がありまして、白丸印のところに思想をあらわすことばをもっと増やすというふうにあります。こういう実践がなされている。

それから一八九ですが、少年少女日本の民話・伝説という書を取り上げている。

こういう民話、伝説を取り上げられるのは、人間の知恵とか人力を超えた現象に対しまして、読書量の少ない学習者は、これは作り話だといって軽視する。そういう態度では文学を味わうことはできませんので、文学を味わせる基礎として、このような実践がなされているわけです。

この学年はさらに八四ページ（略）の「こころとことば」の単元で、教科書中の作品全部を対象として読み、「こころをさぐり、（こういう気持ちを表すのに、こういうことばがあると）ことばを見つける」学習をしています。そこでは、中学新国語に出てくる文学作品を全部いっしょにして、一括して扱われるわけです。教材を題材として一つ一つ見ていくのではなくて、全部ひっくるめて文学作品を味わうとか、あるいはそれらの違いを考え、文学このよきものに触れさせようという単元であります。

一九〇番の「個人文集」は、一学期一冊、三年間で九冊あるわけですが、これは「自己を見つめる」というねらいの文集で、どこを開いてどこから書き込んでもよいのです。生徒が考え・書くことは自己を見つめることにつながっていく。そういうくふうがなされた文集です。

もうひとつ申し上げておきたいのですけども、この資料の中に、例えば、64ページの上の段に一〇七という符号のついた単元があります。そこの白丸印の三つ目のところに「教師もほんとうに内容を知らずに生徒の話を聞くことになり」と書いてありますが、これはことば通りには受け取れないのです。先生はこういうふうにちょっと関心を寄せさせる、引きつけるために書いておられるのです。こういう源はうんと早く芽生えておりまして、この単元などは60ページの八五の単元とつながった単元であります。

それから60ページ（略）を見ていただきますと、上の段に八五番という単元がありますが、その最後のところの白丸に「教室を優劣の彼方の世界にすることに目を開いた学習である」と書いてあります。これなどもこのことば通りには受けとれないのでありまして、この考え方はすでにこの時期より二一年前の42ページの四という単元に淵源があります。こうした断りをしておられますけれども、大村先生のここにこう書いてあるからこれが最初の単元だというふうには見ることはできない。さかのぼって行きますと、さまざまに伏線があったり、あるいは学習に備えて石を前々から打ってあったりということがあります。

資料　プリントから

（『大村はま国語教室』12 116ぺ～）

（'64）(1)4．8

〈学習記録〉

一、自己紹介
　目的　1名まえを知り合う
　　　　2どんな人か知る
　注意　1はっきり聞こえるように言う
　　　　2内容をよく考える

二、先生の自己紹介
　内容○横浜で生まれたから浜とつけた。
　　名まえの思い出。○趣味
　感想　言う事がはっきりしていて、順序がそろっているので聞きやすい。
　　私も先生のように話してみたい。

三、自己紹介には、どんな事を話したらよいか。
　○由来　○学科
　○思い出　○出生地
　○趣味　○たべもの
　○性質　○その日の出来事

四、私の自己紹介
　私は八月二二日生まれの一二歳で、名まえを熊内祥子と言います。小さいころは自分のことを、童謡の「さっちゃん」の歌にもあるようにさっちゃんと言っていました。おかあさんは今でも私のことをそう呼びます。

目的　注意
由来　趣味

〈学習記録〉
　よくやりましたね。実力もゆたかにあり、それを、また、ほんとうに生かして、努力しています。
　うれしく見ました。最も優れた学習記録の一つでした。　大村　（昭39・7月）

きょうの感想
中学校では最初の国語の時間で、小学校の仕方とは少しちがう。「先生の自己紹介」がおもしろかった。

次の予定
1自己紹介
2書取り
復習・宿題
1感想二つ

出身小学校は有名な（でも不潔な）洗足池の近くにある洗足池小学校です。好きな学科は社会と数学ですが、中でも地理や数量の計算です。きらいな科目はこれといってありません。それから、国語も好きです。復習や予習をしていると、楽しくなってきます。

　これからの一年間、お友だちになって、仲よくしてください。よろしくおねがいします。

2書取り

3自己紹介を書いて話してみる

(1)4．7

〈学習記録　藤永幸一〉

一、自己紹介

○目的　1名まえを知りあう。
　　　2どんな人か知りあう。

○注意　1わかりやすくいう。
　　　2あわてないでいう。

二、先生の自己紹介

○内容　横浜で生まれたから浜という。名まえをかくのがむずかしかった思い出。オルガンをひくのがすきである。

○感想　動作が入っていたので、わかりやすかった。

三、自己紹介にはどんなことを話したらよいか。

○由来　○学科
○思い出　○出生地
○趣味　○たべもの
○性質　○エピソード

メモ　——はテストに出る漢字。

きょうの感想

自己紹介の内容がよくわかった。とくに自己紹介にはどんなことを話したらよいかわかったのでうれしかった。

次　書取テスト
　　自己紹介

四、私の自己紹介 私の名まえは、藤永幸一です。幸一というのは世界で一ばん幸せな人になれるようにという意味だそうです。性質は、きちょうめんなことです。といっても、たまに、ハンカチやちりがみを忘れることもあります。又、私はそう思わないのですが、おかあさんから短気だといわれることもあります。 （以下略）	復習・宿題 1感想を書く（二つ） 2書取り 3自己紹介をかいてみる。話してみる。

大村はま先生の実践による提案

（橋本暢夫『大村はま「国語教室」に学ぶ』（01・7・30 渓水社）から）

14 聞かせるために

87	聞くことが支えている学習をさせるくふう。	74	外国の人は日本（日本人）をこのように見ている
88	聞き書きの能力を養うくふう。	73	私たちの生まれた一年間
89	友だちのスピーチをよく聞かせるくふう。	73	私たちのスピーチの題
90	話す前に、聞いて考えることが先行しなければならない体験をさせるくふう。	77	ことばの問題について考える
91	講話を聞く経験をさせる機会をとらえる必要。［聞くことによる課題発見の力］	78	外来語の氾濫について考える
92	聞くことによって、何かを得る、開かれる実感をもたせるくふう。	78	外来語の氾濫について考える

15　いろいろな場の話しことばを育てる

対話	会話	公話
問答	討議（話し合い）	討論（ディベート）

93	独話のさまざまな形を体得させるくふう。	72	国語学習発表会
94	わからないことを尋ねる呼吸を体得させるくふう。	73	私たちの生まれた一年間
95	問答を的確にする力を養う機会を作るくふう。	72	話し合い、ことばの意味と使い方
96	一つの会を運ぶくふうを学ばせる方法。	72	国語学習発表会
97	プリントを活用しての発表、グループによる発表のし方を身につけさせるくふう。	73	一年生からの手紙
98	目的に応じて発表のし方をくふうする態度を養うくふう。	73	私たちの生まれた一年間
99	発表しながら、聞き手のようすを読み、速さを加減したり、必要な情報をはさんだりする呼吸を体得させるくふう。	73	〃
100	発表会の評価のし方（発表会の中の話し合い）。	72	国語学習発表会
101	話し合いのし方を指導する学習の手びきのあり方。	72	話し合い　ことばの意味と使い方
102	グループ討議から全体討議への過程。	72	〃
103	中学校の討議は、どの程度まで指導できたらよいか。また、どの程度まで指導しなければならないか。	74	児童文学　世界の子どもたち

○『聞くこと・話すことの指導の実際』(全集 第二巻 83・3・30刊)中の「話すことの学習」[『国語の系統学習』(57・12 東洋館)所収]を参照されたい。

○波多野完治博士書簡(83・4・4付)

「(前略——引用者)本巻は聞く、話すが中心ですが、読む、書くともからんでいるので、先生の全体の国語教育観がうかがわれ、全体的展望をするのによい巻とおもいます。(略——引用者)なによりも聞く話すという、第一義的でなくなりやすい仕事を単元化していく授業の天才的な工夫に頭がさがりました。——第三段階を設定されたことで、それが教室の作業として「現実」のものになる点は、わたしは、上手な手品師のように見事に感じました。」(『22年目の返信』36ページ04・11・10 小学館)

中学一年生の「話すことの学習」に際して、言語抵抗の少ない民話「白うさぎ」をとりあげて、1大国主命はどんな人がらか[第一段階]。2私たちの祖先はどんな人を理想と考えたか。3私たちの祖先の考えた理想の人と私の考える(私たちの考える)理想の人[第三段階]と手びきをしている。学習者はそれぞれの実態に即して、第一段階から、あるいは第二、第三段階から学習にはいっていく。この「学習の手びき」の第三段階にみられるように、内容把握が中心となるのではなく、生活と結んだ「実の場」を設定して学習が深められていく実践を波多野博士は、「教室の作業として「現実」のものとなる」と感じ入り、「上手な手品師のように見事」と評したのである。(橋本暢夫 註)

○『22年目の返信』(04・11・10 小学館) 波多野完治書簡への橋本の註

註4 「先生の全体の国語教育観がうかがわれ……」

この指摘に、「ほんとうに聞くことが学力の第一歩」との大村はまの考えがよくとらえられている。大村国語教育観を示す話として、「いつも整然と区切りのいい論理的な話を聞いている学習者と、あちらへ飛び、こちらへ飛びする話しか聞いていない学習者とでは頭の組み方が違っていってしまう」、「論理的な話を集中して聞く頭が学力をつくっていく。それは、読解に際しても、試験に臨んでも応じる頭と別物ではない」がある。さらに、「聞くことの学力と人間形成」については、「話の下手な人の、精いっぱいの話、その話す人の気持ちを考えながら聞くところに人間性が育ってくるのではないか」との教育観がある。

註5　「話し合いについてのご議論は、じつにすぐれており、また中学生の心性にあったものとおもいます」

ここで「話し合い」と言われているのは、西尾実博士の言う「討議」をさしており、「討論」は含まれない。大村実践は、話し合いの目的を世界に眼を拓いた民主国家の一員として学習者を育てるところにおき、グループでなくては、社会的なことばの技術を練ることはできぬとの考えから営まれてきた。波多野博士は、「中学生は小学生よりずっと自己中心的となり……話し合いの価値のわからなくなる時期」と捉えており、大村実践のもとになった話し合いについての見識を「中学生の心性にあったもの」と同意している。

4　国語科教師論

一　専門職としての技術と精神

二一世紀の国語科教育を考えるとき、まず、その担い手である教師が、どのように変わっていかねばならぬかに思いをいたす必要がある。

波多野完治が世界の母国語教育で最大級のものの一つと推奨された、『大村はま国語教室』（全一五巻　別巻一　筑摩書房）の著者、大村はまは、これからの国語教育がどうなっていかねばならぬかに答えて、次のように述べている。

①　「よく聞いてなさい」。このようなことを言わずに、生徒が思わず聞き入るような内容と話し方の技術をもたなければ、国語の教師は勤まらなくなるだろう。

聞くことに限らず、望ましい力一つ一つ、実際に子どもの身につけさせる教師の仕事を忘れ、「なさい」と命令し、「できたか」と検査する、そんなことでは勤まらなくなるであろう。

②　「わかっていれば言えるはずだ。書けるはずだ。言えない、書けないのは、ほんとうにわかっていない

からだ」。こう言って、表す力の伸びのおそい、わかる力の育っている子どもを当惑させる。わかっていても、それをわかっているとおりに言い表すには、理解力と並んで表現の力が必要である。わかったことは表現できたほうがよいには決まっているが、表現できないからといって、わかった事実までも無視するような混乱は、子どもを伸ばさない。

同じような混乱はほかにもある。読書して感想を書くことはいいが、書かなければ読書の価値が減るわけではない。それぞれ独立した二つの力である。

また、優れた朗読の背景には、作品の深い鑑賞があるにちがいないが、逆に、深い鑑賞ができていれば必ず優れた朗読ができるとはきまらない。その深い鑑賞から得たもの、その感動を声にのせて表現できるという、鑑賞とは別の一つの能力が要る。

以上のような、能力の意識、とらえ方の混乱がなくなって、子どもは自分の持っている力、持っていない、というか弱い力のとらえ方に誤りが少なくなるであろう。できるとか、できないとかいうことに対して、もっと透明な、安らいだ気持ちがもてるようになるだろう。

③ 「この問題ができると、国語のどういう力があることになるのですか」という問いに答えられないようなテスト問題が出なくなるであろう。漠然と、国語ができるできないという言い方は認められず、国語のどういう力がどういう状態になっているか、詳しく、確かに、師弟ともに知って、それぞれに何かの指針を得ることになり、テストが一種の楽しみにされるであろう。

④ 国語教科書の量が多過ぎるなどという人は、それこそ全くなくなって、一冊のページ数など問題にする人はなく、もっぱら、学校図書館の蔵書の状況、地域図書館、児童図書館の普及などが教師の話題になるであろう。

⑤　「教師」が問い直され、二つのことが自覚され、努力されるであろう。
一つは、教師はただ誠意・熱意・愛情の人であればよいのではない。その上に、教える専門職としての技術がなくては。

もう一つは、その技術で「何」を教えるのか。その「何」の深さ、豊かさがなくては。

（『これからどうなる』116〜117ペ　岩波書店　83・5・20）


ここには、国語科の全分野にわたって、新しい道を開拓してきた大村はまの国語教育者論が凝縮されている。

二　言語生活者としての自覚

国語科教師が、学習者を言語生活者・生涯学習実践者として育てていくためには、指導者みずからが、識見を備えた言語生活者・規範者でなくてはならない。
教室における教師のことばは、学習者に最も近い、そして大きな影響をもつ言語環境であり、生きた教材であり、目標でなければならない。大村はまは、国語教室における教師のことばは、「授業そのもの」であると説き、教師のどんなことばが、学習者の何を育てるのか、（あるいは、育てないかについて）次のように述べている。（授業における教師のことば（「国語の授業」75・4月号　12〜19ペ　一光社）参照）
まず、「わかりましたか」、「一生懸命教えたんですけど」、などを禁句とし、指示するだけのことば――「ことばを正確に使いなさい」、「ことばの終わりに注意しなさい」、「ひとのことばをよく聞きなさい」等々は、職業人としての甘さを示すもので、このような注意のことばは、できるだけ少なくしたいと述べている。なぜなら、これらのことは、大切な指示であり、注意であるが、それは、これらのことばの含む内容が大切ということであって、これらのことばで言うことが大切なわけではない。このように内容の露出した、命令的な言い方をせずに、これらの内容が行われるようにしたい。あくまでこれらは、指導すべき内容なのであって、このまま、子どもの前にもって出るものではないと言い切っている。

ついで、話し合いの場などにおける、「思ったことをどんどん言いなさい」、「もっと活発に発言しなさい」、「もっと深く考えてみなさい」、などの発言について、「これでは、導く人のことばとして、あまりに安易であり、しろうと的であると思います。」と語っている。このようなときは、教師が、高い位置から見通しをもっていたり、全体の動きを正しくつかんでいたりして、みんなのゆくべき方向を明らかにしながら、一方で、子どものなかの一員としてその身になって、その立場で、考えたり発言をしていく。こうした二重のはたらきをして、文字どおり、身をもって指導したいと言う。すなわち、教師のことばで、「もっと発言しなさい」とか、「いろいろの面から考えてみなさい」と言う代わりに、生徒になっている教師自身が、一人の学習者として率先、発言をする。新しい一面に着目させるような、よい発言をすることによって、生徒たちの目を開いていく大切さを説いている。

教えることに専門家としてのこうした技術は、指導者の日ごろのことば自覚、言語生活への姿勢にかかっている。対話、会話、討議、討論の場において、国語教師みずから、どのような言語生活を営んでいるか。積極的に自己の考えを述べ、相手の立場を尊重しつつ、その意見を受け入れているか、そのうえにたって、新しい発展的な考えをみんなで生みだす努力をしているかどうか自省してみたい。

このように、指導者みずからの国語学力及び言語生活を向上させる努力をぬきにして、学習者の国語学力を高めていくことはできない。言語生活者としての自覚が国語教師としての基本である。

三　目標の設定と評価力

国語科教師として、現下なにをなすべきかを考え、明日の進路に思いをいたすとき、国語科教育の歩みに関心をもち、先人たちのすぐれた遺産（理論・思潮、学習者把握・教材発掘・授業構想に係る実践の典型等）に学ぶことが必要となる。また、二一世紀を生きていく現在の学習者が、将来どのような言語生活力（情報処理力・課題解決力・自己学習力のための）を必要とするのかを見通しておかねば教室に臨むことはできない。

現在課題とされている国語科の授業によって、学習者の言語生活を向上させるとともに、学習の方法を身につけさせるためには、断片的に読み書き、聞き話し、設問に答える活動をさせるだけで一時間一時間を終わらせていてはならない。学習者の発達段階に応じた国語学習力をどのように獲得させていくか、また、それをどう確認・評価していくのかの識見をもつことは、国語教師として、最も大切である。

一九五〇年代の国語科単元学習を推し進めた教科書に、『国語　中学校用』（西尾実編　筑摩書房）がある。この指導書、『国語　学習指導の研究』のうち、学習指導の実際の部分は、一年―三年の全巻を通じて大村はまが担当している。ここには、一単元に一つの案ではなく、A案～C案・D案といった案が示されている。また、目標と学習活動との関係、評価の実際、学習者の実態に即した留意点など、国語教師としてわきまえていなければならぬ基本が細かく示されている。

試みに一年の第二単元、「詩の誕生」の目標と評価をとりあげてみる。

教材は、㈠おさな子のことば（西尾実）　㈡詩人の目（丸山薫）　㈢詩三編（大関松三郎などの生徒の作品）である。

目標として、㈠詩に親しみを持たせる。㈡生活の中の詩の芽ばえに目を向けさせ、それを育てようとする気持ちを養う。があげられている。〔小項目は、ここでは省略に従う〕

評価の項には、次のことがあげられている。

㈠教室での一つ一つの学習への打ち込み方や、図書館で読まれる本の傾向を見守るほか、生徒の生活全体を不断に観察して、話題になり、自由な掲示物なりに、詩への目がどのくらい向けられているか見たい。次のようなことが見られたり、話されたりすれば、この単元の学習は成功したと言ってよいであろう。①図書館で、詩集が読まれる。②紙片に、詩人の名を書いて、読み方を聞き、「この人、有名?」などと聞かれたりする。③新聞から詩を切り抜いてきて見せ、ノートにはりつけたりする。④放送部へ、詩の朗読を放送してほしい、などという希望が出る。⑤「ちょっと作ってみた。」といって、詩を見せてくれる。⑥兄や姉の教科書に載っている詩を写してくる。⑦学級新聞に詩が載る。⑧小学校の時の文集の詩を見せてくれる。⑨ラジオに詩の朗読はあるか、などと聞いてくる。⑩「○○って、北原白秋の詩ね。」などという話が耳にはいる。⑪「うちのにいさんも○○っていう詩、習ったって。」などという話が耳にはいる。⑫「それ、詩に作ればいいのに。」などという声が耳にはいる。⑬幼い弟妹のことばを書きつけてきて、それを友だちに見せて笑い合ったりしている。⑭「『山のあなたの空遠く』『山のあなたに空遠く』どっち?」などと聞きにきたり、話し合ったりしている。⑮「童謡って詩?」などと聞きにきたり、話し合ったりしている。⑯落ちているいたずら書きでも、いたずらがリズムのあることばになっている。

㈡朗読をじゅうぶんに聞き取って、どこまで理解し、味わいえているかを考えたり、感想文と朗読とを考え合わせて、味わいえて朗読には表現できないもの、文章として書きえて、朗読としては表現できないものなどを考える。

㈢朗読のくふうをしたり、鑑賞して、話し合ったり書いたりする時、語感について、どのくらい着眼しているか。助動詞・動詞の添えている意味に注意しているか。どういう助詞・助動詞が注目され、また、注目されないか。句読点に目をつけて意味をとったりしているか。そして、そういう発言なり、文句なりが、どのくらいあるか。

㈣各指導事項〔引用者注――（書く）領域では、⑴詩を味わって感想を書く。⑵詩にしてみたいと思った情景を書く。（ことば）については、⑴語感の違い。⑵助詞・助動詞の添えるいろいろな意味。⑶句読点による意味の変化。など各領域ごとにあげられている。〕については、いわゆるテストの形では評価しにくい点が多いが、あとにあげたような例によって、項目によってはテストをする、などである。

テストを評価と言いかえ、形成的評価の重要性が叫ばれて久しい。しかし、現場の実態は、読解した内容について知識を計るだけのテストに終始している例が多くみられる。しかも、中間・期末のテストを足して二で割る実践家が多く、そのために、学習者に真の国語学力についての自覚をもたせえない国語教室が多くみられる。ペーパーテストで計ることのできる国語力は、真の国語学力の一部であることを再確認し、目標に即した評価の工夫と、例に掲げたような評価力を自己のものとしていくことが要請される。

四　国語科教師の三段階

西尾実は、『国語国文の教育』（29・11・24　古今書院）の最終章を「国語教育者」にあてて、世阿弥が、個性によって型を生かし、型の洗練された美をもって、あらゆる変化の曲体を自然的に発展せしめようとしたところに、その芸術観の完備がみられること。また、千利休が、幼時、塵一つ留めないまでに清掃されている露地の掃除を命ぜられ、傍の一樹を揺り動かして飛石に二、三点の落葉を点じて露地の趣を出した例を引いて、全人的、根底的精神の大切さを説いたのち、次のように述べている。

「今、こういう考え方をもって人生を眺めると、物事に対するわれわれの心の態度にはおよそ三つの段階が成立する。これを教育者の上についていえば、第一は、規定を規定としてただこれに従い、まじめに実行しようとしている段階、第二は、規定に縛せられることをいさぎよしとせず、自己の主義主張に基づいて自由に児童生徒の個性を養い伸ばしてゆこうという段階、第三は、規定のために規定に従うのではなく、また主義や個性をふりかざすのでもなく、ただ己を空しくして、忍耐強く道に随順することによって、法規をも、児童生徒をも、自己をも生かしてゆく段階である。

第一のごとき教師は、まじめであり忠実であるということは出来るが、しかしそういう教師は、どれだけ熱心にやっても、ただ物識りをつくるだけで、人をも自己をも人間として成長させることには無力である場合が多い。結局法規をも、真の意味においては生かし得ないのが常である。

第二は、青年教育者に多くある型で、一見いかにも熱誠にみえるために、児童生徒は往々にして深く動かされ、文学好きの教師ならば、生徒も文学好きになり、科学に熱心ならば科学好きになるというようなことがある。これを第一のごとき教育者から見れば、不健全にもまた危険にも見える。しかし、一面生徒に対する感化が大きいので、一般からは真の教育者らしく尊信されることが多い。けれども内省を厳にし、あるいは明眼をもってこれを批判すれば、そういう教育者は、生徒の生命を伸ばしそれを力強くすると思いながら、実は教師自身の自我をもってそれをおおい、児童生徒をして、一時的な自己の追随者たらしめて満足している場合がはなはだ多い。そしてそこに働いているものは、真理の愛よりも我執の強さであって、いまだ真に上乗の教育とはいい難いものが見出される。

第三はこの我執を克服した状態であって、第二はこの第三に発展することによって初めて真の完成を得る。……真の教育活動の意識は、自分は全生命を打込んでいるのだというような自負の状態ではあり得ない。真理の前に謙虚に立ち、己がゆだねられた一人一人の生命を尊重し、愛護して余念なき時、初めて生命を打ち込んだ教育が実施される。真の教育はけっして単なる「熱」をもって出来るものではない。「熱」よりもはるかに深い刻苦と忍耐によってかち得た自覚に発しなければならぬ。現代教育の一般においては、この第二の段階を求めることを知って、更にその上の発展あることを知らない状態にある。」（275〜277ぺ）

国語科教師は、言語生活者として、また、言語文化の体現者として、学習者の自己確立と生涯にわたって成長していく個々の学習者の人間形成に助力をしていかねばならない。西尾実のいう三つの段階は、近代国語教育者の心のありようを道破しているといえる。

豊かな国語学力を備え、的確な学習者把握、教材透視力をもとにすぐれた授業実践力を自己のものとするため、再度国語教師としての自覚を新たにしていきたい。

II

1　新聞による学習の創造

今年（06年）は百年に一人の教育者と言われ、公立中学校退職後も、九八歳一〇か月まで執筆・講演活動を続けられた大村はま先生の生誕百年に当たっている。

大村はまは、一九〇六（明治39）年横浜に生まれ、東京女子大学卒業後、一九二八（昭和3）年に長野県諏訪高等女学校へ赴任し、東京府立第八高等女学校を経て、第二次世界大戦後は、新制中学校に転じ、一九八〇（昭和55）年七三歳一〇か月まで東京都の公立中学校の教師を勤めた。

生徒一人ひとりに目を向けたその実践は、「大村単元学習」と呼ばれ、退職後『大村はま国語教室・全15巻・別巻1』（85　筑摩書房）にまとめられた。

中等国語教育の実践・研究者としての大村はまは、昭和の初めから、作文・書くことの指導を中核として学習者の思考力・自己学習力の育成をはかってきた。

時代の影響を受けて、第二次大戦中、女学校で戦争への協力を説いた反省から、戦後は新しく発足した新制中学校に移って、それまでの一九年の教職経験を生かそうとした。

一九四七（昭和22）年に、赴任した深川一中の教室には、窓ガラスや黒板はおろか、机や椅子もなく、広い講堂のような部屋に一か月野放しにされていた生徒が、百人ほど集まってわんわん騒いでいたという。教科書もノートも鉛筆もなく、ガリ版もないのでプリントを作ることもできない。

そこで、東京が空襲で焼ける前にいくらか疎開してあった荷物を包んでいた新聞紙に目をつけ、それで教材を作ることを思いついた。新聞や雑誌のいろいろなところを切り分けて、一つ一つ教材を作り、その数が百くらいになったところで、それらに考える向きを示す「学習の手びき」を用意していった。

これらの資料を走り回っている生徒を捉え、また、あたりに立っている生徒一人ひとりに渡していった。ひとたび、学習の資料が与えられ、学習の方法が手びきされると生徒たちは、食い入るように学習にはいっていったと語られている。

このように始められ、精密に工夫された大村教室の実践は、平和で民主的な社会を築く基盤である「話し合える人」を育て、本物の国語学力を身につけさせる教育として戦後の教育界の指針となった。その教室の記録について大村はま自身、「次の時代をみつめて、新しい方法を冒険的に開拓し奮闘した実践の記録であり、実践による提案です」と語った。

大村はまの実践の特色は、国語教室を言語生活を営む場とし、一人の日本人として生きていく基本の力を、主体的な学習を通じて、中学生一人ひとりの身につけていった点に見いだすことができる。すなわち一人前の日本人として社会生活を営んでいくためには、読むべきものがあれば、探して読むことができ、書くべき時に、相手・対象を考えてきちんと書くことができ、また、人の話を聞いてしっかり対応ができなければならない。それには、話すよりさきに、人の話を謙虚に聞くことができ、そのうえで言うべきことがあれば、言うべき場において、適切な発言ができなければならない。大村はまは、このような言語生活力を学習者一人ひとりの身につけさせるため、国語科の全領域にわたって能力の分析をすすめ、実践にうつしてきた。

二十一世紀をみつめて開拓された　前人未踏の実践は、『大村はま国語教室　全16巻』の他『大村はまの国語教室　3巻』（小学館）『教室をいきいきと　3巻』（筑摩書房）『授業を創る』『教室に魅力を』（ともに国土社）など六〇冊を超える著作にうかがえる。

また、大村はまはロングセラーとして知られる『教えるということ』（73　共文社）のほか、NHKテレビがたびたび取り上げた「教える」「私の自叙伝――教え続けて50年――」「訪問インタビュー」「心の時代」「いきいき授業」などにおいて、専門職としての教師はいかにあるべきかを提言し、教職に携わる人ばかりでなく、多くの有識者の共感を得てきた。

大村はまの、優劣を意識させず、一人ひとりの生徒に目の前の学習に打ち込むよう工夫された実践について、発達心理学者で世界の国語教育に詳しい波多野完治博士は「百年に一人の実践家で、世界の母国語教育に類例がない実践の記録」と語っている。

一九九五年大村はまは、永年にわたって単元学習を中核として指導してきた教え子の学習記録、及び、指導記録・指導資料類、ならびに実践・研究のために収集した文献を鳴門教育大学に寄贈した。鳴門教育大学図書館では、寄贈を受けた「学習の記録」約二〇六〇冊、単元学習実践資料約五〇〇点、文献一五〇〇〇冊を「大村はま文庫」と名付け、教育実践学研究の資料として学内外の利用に供している。

優劣を意識させず、学びひたらせるためには、同一教材で、一斉に授業を進めるやり方は向かない。家で教科書を読み、宿題を済ませてきた生徒とそうでない生徒とでは関心の向け方が変わってくる。持つべきものに関心をもたせ、みずから進んで学習する態度を育てるためには新しい教材が必要となる。「子どもは新鮮な学習材が好きなのです。」と訴え続けた大村はまは、みずからの広い読書生活のなかから、学習者一人ひとりに適した（生徒の数以上の）教材を創り出すようになっていく。それらの資料のなかには、購読している新聞四紙が常に含まれていた。民主的で戦争のない平和な世界を築くためには、次の社会を担う　現在の世界の子どもたちが「互いに知り合うことが最も大切」であり、民主社会成立のための世論形成に、新聞は欠くことができないとの考えにたつ大村はまは、新聞の役割・意義を体得させるため「学校新聞」「学級新聞」の制作・発行を重視する。

そこには、新聞の編集計画とそれを発行する「実の場」を通じて、編集について話し合い協力するといった、優劣を意識させない一人ひとりに応じた役割があること、また、さまざまな種類の文章を書く機会があり、それが一人ひとりの生徒にことばへの自覚をもたせ、ことばについての発展学習につながっていくように考えられている。

「単元　新聞」のもたらした成果

二〇〇〇年一〇月、横浜に「日本新聞博物館」が誕生した。この博物館は、大村はま国語教室における「新聞」単元の学習が契機となって、その後の五〇年間に、「かわら版」の原初や、わが国最初の邦字新聞「官板バタビヤ新聞」（一八六二　文久2年）をはじめとして、一〇万点以上の新聞を集めた羽島知之氏のコレクションがあって、はじめて可能になった。

その羽島氏は、折りあるごとに「私の新聞研究の原点は、中学一年の時の新聞学習にある」と語っており、次のように記している。

「（前略　引用者）　昭和22年、旧制高等女学校から公立の新制中学校に転じた大村はま先生は24年一月に目黒区立第八中学校に転任された。中学一年生だった私も、この年千葉県の疎開先から二学期に目黒八中に転校した。居住区の関係から本来なら区立六中に入らなければならなかったが、父が八中の学校医をしていた関係から越境入学した。クラス担任は大村はま先生、これがあとになって私の人生をかえる「出会い」になる。

国語の授業はグループごとに分かれ、いろいろなテーマについての調査、研究、発表という形の効率的な学習が行われた。新聞・雑誌・ラジオ・読書などごく身近な課題の中で、たとえば新聞の論説やコラムを読み、中学一年生としてわからないことばを書き出したり、新聞記事の書き方を学んだり、学級新聞や、文芸雑誌をつくり、放送劇を制作する実習もあり、思い出深い楽しい授業の連続であった。こうした単元学習の場で、口の開かない仲間が人前で堂々と意見が述べられるようになったり、現代でいう登校拒否や、校内暴力などの問題をかかえる生徒が、「話し合う」ためには相手を尊重する姿勢が第一との指導で立ち直ったりした。

私自身、この単元学習で新聞の種類を調べ、全国の新聞題字を集めたのがきっかけで、古い時代の新聞収集がはじまり、半世紀におよぶライフワークにまでなった。この学習の後、24年六月には、同期の仲間とガリ版ずりの学校新聞「八中読売」を創刊した。教科書やノートもままならなかった用紙不足の時代、貴重な新聞用紙のわら半紙を工面してくださったのも大村先生で、この「八中読売」は広告もとり、ほぼ週間で発行された。（中略）先生は、今年九四歳。大切に保管されていた単元学習の膨大な資料は、いま鳴門教育大学に移され、「大村はま文庫」として関係各方面に開放されている。

先生は、語ることの少なかった自らの生い立ちと出会いを『私が歩いた道』（筑摩書房）などにまとめ、いまなおことばの教育に情熱を傾け、執筆、研究、講演活動を精力的に続けておられる。そのことばにかかるエッセイ集『心のパン屋さん』のなかに教室で生徒たちに話されたものが載せられており、私のことが「新

聞のコレクション」として採録されている。」（羽島知之「新聞資料」00・7）

大村教室の単元「新聞」の学習に呼びかけられて、羽島少年は学校新聞の制作にうちこみ、大村はまの話しによると、毎週新聞を発行したうえ、体育祭の日には、手刷り謄写版の時代にガリ版で原紙を切って、一日に八回の号外を発行したとのことである。さらに、「集めておく、記録しておく、保存しておく」ことの大切さを体得した羽島知之氏は、生来の誠実さを発揮して、今に至るまで日曜日ごとに古書・骨董市に通い続け、文化遺産の蒐集に打ち込んでいられる。

この羽島氏の仕事について、大村は中学生に次のように語った。（「新聞のコレクション」大村はま）

昭和二〇年代ですから、私は、目黒の第八中学校の教師でした。そのとき、私の担当していました学年に、羽島知之さんという生徒がいました。その生徒は新聞が大好きで、新聞委員をつとめ、上級生になって新聞委員長になりましたが、私が困ってしまうくらい新聞の発刊に熱心でした。今とは違って紙が充分でない時代でしたので、紙を獲得するのに骨が折れたというわけなのですが、実に熱心に新聞を出しました。学校全体の新聞、クラスの新聞、終始大いそがしです。体育祭でもあれば臨時号外のような小さな新聞を、運動会のまっ最中に取材してすぐ原紙にそのまま書いて刷って会場に配る、というふうに活躍したのです。今のように電気の輪転機があるわけでなし、いちいち手刷りですから、それはもう文字通りまっ黒になって新聞を出していました。

知之さんのうちは、医院でした。その医院の長男です。ですからお父さんは、知之さんがお医者さんになることをどんなにか願っていられたと思います。私にも知之さんが、お医者さんになりたいと思うように話してほしいと頼まれました。話しましたけれども、知之さんはまるでそういう気がなくて、「だめだめ先生、ぼくがお医者さんなんかになったら、みんな死んじゃいますよ」と言ってお医者さんにとうとうならなかったのです。

知之さんは会社に勤めるようになりました。そしてその後も、中学時代に興味をもった新聞に打ち込んできたのです。でも新聞記者になったのではありません。新聞を集めたのです。そのコレクションは、今では、日本で一番であり、それだけ新聞が集まっているところ、それほどに集めているひとは、いないのだそうです。だから、ただひとりとも言えるわけです。新聞図書館といったものを建てたのだそうです。そこへ、集めに集めた新聞を全部整理し展示もして、新聞の資料館としてはただ一つの貴重なものになったのです。今では、新聞のことを研究したり、ことに新聞の歴史をみたいと思う人は、どうしても羽島さんのところへ行かなければならない、そういう貴重なものになったのです。

私は、羽島さんのしたこの仕事を思うとき、集めておく、記録しておく、保存しておく、ことの値打ちを考えるのです。羽島さんは、たしかに、自分で言っていたとおり、いわゆる成績優秀というより、誠実な人でした。その誠実な、着実な気持ちで、着々とこれらの新聞を集めました。羽島さんに言わせると、それを頭のいい人が使って、この世の中に価値ある発見をいくつかしていく。そこからまた、集めた新聞がこの世の中になんらかの意味で役立てることができるようになった。「ほかの人の頭を借りていい仕事をした」と笑っていましたが、たいへん考えさせられる、いいお話だと思いました。（『国語教室　おりおりの話』78　共文社、のち『心のパン屋さん』99　筑摩書房　再録）

昭和二〇年代前半の大村国語教室の「新聞」学習の成果として、羽島知之氏の仕事を取り上げたが、昭和二〇年代半ば（50）から一九五五（昭和30）年にかけての大村教室における「新聞」単元の典型を　西尾実編「国語　中学校用」に見いだすことができる。

そこでは、新聞の意義及び、その編集作業を通じて、学校生活の生きた問題を取り上げ、学習生活全体を向上させる自覚を高め、自己学習力が育つように図られていた。　西尾実編「国語　一下」の第六単元「新聞」は、次のように構成されていた。

1　ほしくなった学校新聞　　加藤地三
2　新聞の文章　　　　　　扇谷正造
3　わたしたちの新聞　　　（大村はま）

内容としては、1に「学校新聞を作る目的とその心がまえ」を説いた文章が、2に、有名な新聞人、扇谷正造の「新聞の文章の特色」を述べた文章が据えられている。その3の「わたしたちの新聞」は、一　「いずみ新聞」（モデルとして全四面作成されているそのうち）の第一面と、二　この新聞の批評会（生徒六名による話し合い）で構成されている。この一六ページにわたる教材のすべてを大村はま自身が書き下ろしている。

「いずみ中学新聞」と出来上がってきた新聞の批評会での説明・討議を通じて、学校新聞の意義、学校新聞編集の技術、見出しの工夫をはじめ、記事・論説・ホームルーム便り・生徒の声・文芸欄など、――本来なら生徒自身が書くことになる――さまざまな文章を通じて、学校新聞が採り上げる記事の視点、意見、感想、さらに書く力の基礎力が育てられるように工夫がなされている。そこには、学習環境の問題、昼休みの意義、いじめの問題、下級生からの意見、など中学校生活の生きた問題が的確にとりあげられている。学校新聞を身をもって制作してみせることによって、学習生活を向上させるには、一人ひとりがどのように目配りをし、どのように考え、どう行動すべきかを示唆し、考えさせ、学習者の学校社会生活への意欲の喚起がはかられている。

大村はまの教室は、学校新聞・学級新聞の制作、その内容に関する研究・配意、さまざまな工夫を通じて、自己学習力を育成してきた点からみて、わが国におけるＮＩＥ運動の先駆けをなしたといえる。

2　大村はま国語教室におけるメディアリテラシー教育

――紅葉川中学校における「新聞学習」を中心に――

一

テレビ・新聞・ラジオ・インターネット・ケイタイ（携帯電話）等から送られてくる情報を取捨選択し、自在に活用するとともに自ら発信するメディアリテラシー能力が重視されてきている。

学校においてメディアリテラシーを身につけさせる教育は、戦後の大村はま先生の実践を嚆矢としている。新制中学校発足時の一九四七（昭和22）年の五月、疎開の荷物を包んでいた新聞・雑誌のいろいろなところを切り分け、それに考える向きを示した「手びき」を付して教材とされた深川一中での大村教室、及び、どの鉛筆の広告が、やさしいことばで訴えかける効果をもつかを考えさせられた広告四種の比較研究がよく知られている。

四九年からの目黒第八中学校における、単元「新聞」のもたらした成果として、二〇〇〇年に横浜に誕生した日本新聞博物館に、わが国最初の新聞をはじめ一〇万点以上の新聞を寄贈し、「私の新聞研究の原点は、中学一年の時の新聞学習にある」と折あるごとに語っている羽島知之氏の活動が注目されてきた。羽島氏は、「教室における新聞学習の後、六月には同期の仲間とガリ版刷りの学校新聞を創刊した。用紙不足の時代、貴重な新聞用紙のわら半紙を工面して下さったのも大村先生であった。云々」（「新聞資料」二〇〇〇・七）と述べている。大村教室での「新聞」学習を契機に情報発信力とその意義を体得した羽島少年は、毎週新聞を発行したうえ、手刷り謄写版の時代に、大村はま先生の談話によると体育祭の日には一日に八回、ガリ版の原紙を切って、号外を発行したとのことである。

その方向は、次回（五一年度）の委員として改訂のための実践を試みておられた、四七（昭和22）年の「学習指導要領国語科編」試案による。その「第六節　学校新聞について」には、次のように記されていた。

「―学校新聞の作成―

学校新聞とか、学級新聞をつくるのは、小学校中学年からはじめるのがよい。新聞の作成は、国語の学習、とくに作文の学習にとっては、すぐれた方法の一つであって、児童や生徒の社会意識をそだて、さらに編集・報道・広告・家庭・社会・絵画・写真などについて、いろいろのことを学ばせることができる。また、学友の作文や創作・詩歌・俳句・ニュース・研究発表などが新聞にのれば、興味をもってそれを読むだろうし、読むことによって自分でもつくりたいとか、研究したいという気持ちを高めることができる。

したがって新聞をつくることは、国語の学習だけにかぎらず、他教科とも結んで総合的な学習を営ませる点に、そのねうちがみとめられる。なお、学校新聞を家庭にくばることによって、児童の学習のようすや、学校のようすを父兄に知らせ、学校と家庭との連絡をいっそう深くすることができる。」（87～88ぺ）

ところが、一九五〇年代後半のいわゆる「学力低下　学習の系統化」論の台頭によって、一部の熱心な方の教室をのぞいて、この方向は衰退し忘れられてきた。

先日も情報学系の方の「新しいメディア・リテラシーのとらえかた」のレジメに、「これまで『マスメディアの内容を注意深く吟味し、批判的に読み解く能力』とされてきたメディア・リテラシーは、二一世紀に入り、社会情勢やメディア環境の変化のなかで、マスメディア以外のメディアも含め、さらに読み解くだけではなく表現することまでを含めた、より全体的で循環的な営みとしてとらえなおされつつある。」（水越伸　NIE全国大会高知大会講演資料　08・8・1）と記されていた。

二

戦後の大村教室における新聞・ラジオを媒材とした学習は、深川一中以後「ひとつの社会が社会として成り立っていくためには、その社会に通じ合いが行われ、何事についても社会としての世論が形成されていなくてはならない。そのために欠くことができないのが新聞・メディアである。」との考えを基底にして営まれてきた。

この視点からの「新聞」単元の典型を、五六（昭和31）年版の「国語　中学校用」（西尾実編　筑摩書房）の「わたしたちの新聞」に見いだすことができる。そこでは、新聞の意義と特色を学び、その編集・制作の作業を通じて、学校生活の生きた問題を取りあげて自己の学習生活をいかに高めさせるか、また情報発信力を向上させることによって真実を伝え、社会的責任を自覚させ、ひいては自己学習力を発動させていくように図られていた。この教材を書き下ろしたのが大村はま先生である。

ここでは、西尾「国語」による「新聞」単元完成への過程で、重要な位置を占める紅葉川中学校における五三（昭和28）年度の大村実践について考察していく。

鳴門教育大学図書館の「大村はま文庫」に寄せられた、二〇六〇冊の「学習記録」を繙いていくと、紅葉川中学校の五三年度三年一組S・Mさんの四月九日の記録に「三年生になって、はじめにする勉強『新聞について』

学校新聞の編集／新聞の読み方」とあり、「新聞の読み方」から入る　とメモされている。

一三日の月曜日に、「新聞の読み方」の目標として、次の項目があげられている。

一　新聞に親しむようになる。
二　新聞の社会的な意義を理解する。
三　新聞の効果的な読み方を身につける。
四　新聞の利用のし方を知り、利用できるようになる。
五　特に次のようなことがよくできるようになる。
　1　説明の書き方
　2　見出しのつけ方
　3　索引のつくり方
　4　大意・要点のまとめ方
　5　一般的な言葉の意味と使い方

学習目標に続けて、［仕事］として、「1自分の読み方の反省、2新聞の性質を知り理解する、3新聞を実際に読む」と記されている。

さらに、「次の時間には、新聞についての質問がある。社説と論説の違い、短評と社説はどう違うか　など」と記し、

「さあ大変、そのようなことに気をつけて読んだことがない」とメモされている。

三

学習活動の1において、先生は「今まで新聞をどんな順序で、どんなふうに読んできたか」と、一人ひとりに新聞の読み方を自覚させていかれる。Sさんは「私は、新聞の一面を広げて見出しを読む。おもしろい見出しのものがあれば読む。社説を読むときは、次に短評を読む。経済はあまり好まない。三面・四面・五面と目につくものごとに読む。広告を見るのも楽しみなものである。マンガはもちろん読む。」と記している。

同じクラスで、学習記録に「新聞教室　新聞のじょうずな読みかた」と題をつけているT・Tさんは、「新聞の読みかた　といっても別に意識して読んでいるのではない。それで順序など別にない。1　三面記事　社会記事　2　四面　演芸・ラジオ　3　一面のニュース・社説　ニュース・社説はわかりやすい時だけ読む。その他、興味をひくものを。　科学・少年少女・都民版など読む。」と記している。

学習活動の2について、Tさんは「この前の時間に言われた通り、三人のひとが質問に答え、他の三人の人が批評をすることになった。本（教科書?――筆者注）は読んだことは読んだが全部は覚えていない。びくびくしていると……」と書いている。

先生からの問いは、「ニュースの種類にかたいニュースと、やわらかいニュースとがありますね。その説明をしてください。」「社説と論説はどう違うか」「短評と社説はどう違うか」というものであった。――初めてのことでもあり、説明・評を含め適切な発言ができないようであった――Sさんは「社説と論説は似ていて説明しにくい。」とメモしている。のち、全体に発言が求められると、「もっと具体的に」との意見が出されている。

大村はま先生は、西尾実先生の提案された「教室での先生と生徒の『対話』の場をもつ工夫に一番苦労をした」と話されたことがある。「問答」ではなく、教室における一対一の「対話」の場を設定する工夫は、紅葉川中学校からはじまっている。西尾実先生の提唱を承け、内容の難しさの克服と、学年はじめの雰囲気の堅さを和らげるため、「対話」による説明法がとられ、それを他の学習者が聞く形態が選ばれている。

学習者の説明・批評について先生は、１「かたいニュースとは……。社説とは……」とはじめたため、あとが言いにくくなった。そのような時　ア　実例を挙げると効果的でよい。イ　ホットなニュースを拾ってくるとなおよい。２　似ているものどうし（社説・論説）は、どのように説明すればよいとおもいますか？＝似ている点を挙げ、あとで違っているところを説明すれば話しやすい、と説いていられる。

ここには、学習者の説明のしかたの実態に即して、聞き手に考えさせ［相互評価］、解決法を探らせたうえ、適切な説明法を身につけさせていく意図がうかがえる。

ついで「新聞の役割」、及び、「次のもの　社説・論説・解説・短評・青鉛筆の違い」を説明する学習が行われている。二人の学習記録には、「もっと要点をつかんで話したらよい。」「例をあげて話したのがよかった。」、「Mさんの説明は、要点をはっきりと浮かび上がらせて語ったのがよかった。」と、学習に積極的に参加して得た収穫、及び級友の説明法について　評価力が育ってきている様子が現れている。

先生は、そこで１　数を挙げて説明する。２　短く切って話すことは　早く、正確にという二つの面からとてもよいことと補われ、また、３　例をあげて説明することは効果的であるが、例の良し悪し、入れる場所によって違ってくるので、よく考えて！と留意点をあげておられる。

3つ目の学習活動は、「各新聞の　ニュースの取り扱いかたを調べる」個人作業と、「同じニュースをいろいろな新聞がどう扱っているかを調べる」グループ学習である。後者はグループごとにニュースを決め、各新聞の比較研究をするものである。

班ごとの、三紙を比較する作業に先立って、Tさんは、一つの新聞の一面から十二面にどのような記事があるかを調べる個人研究に、一週間意欲的に取り組んでいる。新聞ごとに表を作り（縦軸に紙面1から12をとり、横軸に政治・経済・国際問題・社会・文化・スポーツ等のニュース、それに社説・論説・解説等を挙げ）それぞれの面に載っている記事を調べている。作業を通じて体験的に新聞への理解が深められている。表を見ていくと、全紙面に広告があること、各紙を比較した226ページの表から、この時期、読売新聞に、文化・家庭・相談欄が多いことが現れている。その間に、先生から広告の役割と品位についてとか、比べることで新聞社の考えや方向がわかるといった講話がなされ、教科書の文章にはないメディアへの基本姿勢が育てられていく。［表は次ページ］

並行して行われているグループ学習では、ア「有名　スケート選手の来日」と、イ「大宮の競輪」が選ばれ、同じニュースについての各新聞の扱いかたを比較している。

Sさんのグループは「日本の総選挙が各国にどのような影響をおよぼしたか」について、227ページのような表をつくり、次の1・2の視点から研究をしている。

1　見だしによって　ア　大きさ（何段ぬき　何号活字）　イ　どういうことを強調しているか　ウ　使用されていることば　2　記事の文章について

4／19(日)（読売）

広告	いずみ	家庭	文化	相談	投書	短評	論説	解説	社説	ニュース							
										地方	運動	文化	社会	国際	経済	政治	
○						○			○					○		○	1
○					○									○			2
○															○		3
○		○									○						4
○			○		○												5
○																○	6
○													○				7
○												○					8
○						○			○					○		○	9
○														○			10
○	○																11
○		○	○									○					12

［4／18～4／25㈮の個人研究］の一部

4／20(月)

広告	いずみ	家庭	文化	相談	投書	短評	論説	解説	社説	ニュース							
										地方	運動	文化	社会	国際	経済	政治	
○						○			○							○	1
○														○			2
○		○	○		○						○			○	○		3
○		○									○						4
○		○		○	○												5
○																	6
○	○												○				7
○			○														8
○									○							○	9
○														○			10
○	○										○		○				11
○		○	○												○		12

いろいろの新聞について比較する（一日）

広告	青鉛筆	家庭	文化	相談	投書	短評	論説	解説	社説	ニュース								四月十八日
										地方	運動	文化	社会	国際	経済	政治		
○						○	○	○						○		○	1	朝日新聞
○									○				○	○			2	
○	○										○	○	○	○		○	3	
○											○					○	4	
○														○	○	○	5	
○											○	○					6	
○								○				○					7	
○												○					8	
○						○						○		○		○	9	
○								○					○		○		10	
○						○		○				○	○			○	11	
○											○	○					12	
○						○			○							○	1	読売新聞
○					○								○	○			2	
○			○					○							○		3	
○		○									○	○					4	
○		○	○	○	○												5	
○										○		○	○			○	6	
○	○											○					7	
○							○					○	○				8	
○			○			○		○						○		○	9	
○															○		10	
○	○			○							○						11	
○		○	○									○					12	
○						○	○	○	○					○		○	1	毎日新聞
○													○	○			2	
○	○											○	○				3	
○							○					○					4	
○					○										○		5	
○												○					6	
○											○		○				7	
○						○										○	8	
○												○		○		○	9	
○													○		○		10	
○												○	○				11	
○												○					12	

◉ 読売新聞
見出し

（3段ぬき・4段ぬき）

総選挙各国の反響　（一号）
日米友好変らず　（初号）
ダレス長官満足の意を表明　（3号G）（5号G）

◉ 朝日新聞
見出し

（3段ぬき・4段ぬき）

総選挙結果に海外の反響　（一号）
日本の友好続く　（一号）
ダレス国務長官言明

はじめの見出し
結果に海外の反響と、総選挙結果に海外の（日本以外の）反響と強く
いっている

◉ 毎日新聞

（4段ぬき）

日本総選挙に好感　初号
親米的政策の続行を意味　三号
ダレス長官、見解を表明　二号

1953（S.28）4.

毎日新聞では、朝日、読売にくらべて重くみていない。
ダレス長官の見解として、朝鮮問題と日本の選挙とが書いてある。
見出し
（初号であるから大きい。
前の二大新聞に対して、各国ではなくアメリカを単位としているので、
反響が出ず、
総選挙の結果に好感している（親米的政策の続行を意味している。）

［5／2発表］

これらの視点からみて、指導の力点が、「ことば・文章」にあったことが明らかである。

四月二四・二五日には、三つの新聞について、同じニュースの取り扱い方の違いについて、班ごとに調べ発表する準備がなされている。この時、発表に関して○［司会者のはじめのあいさつ……見だしについて……見だし・内容の書き方について……まとめ……よかったと思う新聞をあげる］など、発表の進め方をはじめとした留意点が念入りに手びきされている。のちの石川台中における「台本による　話し合いの手びき」の原型がうかがえる。

ついで、次の作業のための準備について話しておかれる。1　よいと思った広告を集め、意見を添えておく。2　投書欄を読み、共鳴するものを探す。（どういう点が自分とあっているか、どう違うか）3　いろいろな新聞を比べることによって、その新聞社としての考えや方向などがわかる、などである。加えて、「広告はどの面にもでている。どうしてだろうか？　ただ、経済的な点だけから載せているのではない。広告の重要性はひとまずあとにして、自分がよいと思った広告を集めておく。広告の中にも下品なものや、いかにも品が良くうまい広告がある。どういう点がうまいと思ったか、意見を書き、その広告を横につけておくように。」と言語感覚を磨き、読書生活人としての資質の向上を意図した話がなされている。

Tさんは、二七日の発表後（この班は「皇太子のナイヤガラ瀑布見学」について）、反省を次のように残している。「準備不足が残念。文章について比較してみればよかった。共通点・違う点について記事を読んで説明すればよかった。そして数をいくつと発表すればわかりやすく、正確となりよかったのに。また見出しの活字を2号ですとしないで、12ポイントはこの大きさですというように説明し、また新聞社による見出しの大きな違いと、新聞社の傾向について話せばよかった。記録に残して次の発表の参考にしよう。」と記している。

Sさんの二七日の記録には「今日のMさんたちの発表から文章についての勉強ができた。明瞭であること。あやふやに書かず考えをはっきりすることがわかりやすい文章の元である」とあげており、いずれも単元の目標の大意・要点のまとめかた、見出しのつけかた、説明の書きかた、等に加え発表・説明のしかたなどの社会生活における言語力、さらに明晰な思考に培う態度、及び自己評価力が育ったことを示している。

先生からの感想も簡明に記されている。「大変よい単元だった。私が考えていた以上に効果があった。発表の全体というのでなく、個人としてどの人も大変伸びてきた。この調子で行くと、次の発表はどのように楽しいものになるかしれない。うれしい。この単元は終わればやめるのではなく、そのまま続けていってもらいたい。」とメディアへの眼を育てていかれる。「関心をもつべきものに、関心をもたせる」願いがここにも現れている。

4の学習活動は、「近ごろの投書・広告について」スクラップにしていく個人研究である。四月二五日の予告をうけて各自で取りかかっており、五月六日に発表が始まっている。作業に取りかかったとき「先生が『Iさんが取り上げるテーマについて聞きに来ました。どんなニュースでもよいのです。それを読んで自分の考えというものが生まれたら書けばいいんです。その問題について論説とか社説にのっていたら自分の意見と比較してみればよいのです。』といわれ、五日のニュースを例にとって説明してくださった。そのあと給食について、実例を読んでくださった。二・三のヒントで、とてもやりやすくなった」とTさんは記録している。口話による適切な「手びき」と申せる。

一四人の発表の後、先生は、「投書の発表の時、読んだ方がよいものと、内容を簡単に話した方がよいものとがある。できるだけ読まずに発表した方が良い。読むととしたら　読んだだけの効果をあげ、読み方にも注意しなければならない」と安易に流れたり、前の発表者に引きずられたりすることがないよう、何よりも学習の意図が、要点を捉えさせ、発表力を練る点にあることを示していられる。機会をのがさず指導していく例となっており、至れり尽くせりの精緻な指導が記録に残されている。

Sさんは、「赤い羽根募金について」トップに発表し、「実のはいっていない発表だった」と反省を記している。Tさんは、「みんなの発表を聞いていて、明るく話すことを練習しなければと考えた」とメモしている。自分の意見と同じ意見の人のがよいと考えたTさんは、三日後「文化映画に思う」と「文化映画を見たい」を取り上げて発表している。記録には、八番目に私の発表となった。べつに胸がドキドキしたわけでもない。でも前に出たら私は「投書」を「広告」とまちがえてしまった。「私は広告を選びました。（どっと笑い声）と始めたら後が続かなくなってしまった。しまった。考えてきたことはすっかり言えなくなってしまった。しかたがなくすぐ本文にはいった。あとは考えてきたように言った。先生の批判にあるように、私自身もっと文化映画の知識をもちたい」とある。

先生は、カードに細い美しい文字で、「安心して聞いていられました。それだけ内容としても話し方としても重さがあったわけです。あなたが「文化映画」の知識をもっと持ち、いろいろ見れば、もっと力強い話しができるでしょう。」と書いて渡しておられる。全員の発表が終わった後、先生は「みんな話せるようになった。雑音も少なくなった。題材の選び方について　1大き過ぎず自分に合った題がよい。2興味のもてるものを。3ちんぷ（陳腐　あたりまえのこと）な題材にすると損。」と目の向け所を強調しておられる。

四

5の学習活動である新聞制作にあたってはグループ編成のために、編集・割付・新聞への知識等にわたってのていねいな予備調査（244～248ペ）が行われている。目的に応じてグループが組まれる典型的な例とみることができる。

班員が決まった後、Sさんは、次のように記録している。

五月　一三日　水曜日

学校新聞発行のための仕事がはじまる。

仕事

一、編集長決定

二、新聞の種類をきめる

1　学校か学級か

2　型式と面の使い方

三、日程をきめる

1　資料研究

2　記事の種類とその分担分量

3　社説の論旨
4　原稿執筆
5　わりつけ
6　校正
7　印刷
二十日の四時半締切り
日付　二十一日

六班のSさんは、編集長に互選されている。二1の新聞の種類は、学校新聞に決め、2の型式は、わら半紙をたてに使い、一面・二面にすること。次に締め切りから逆算して日程表がつくられていく。三1の資料研究として、本や他校の学校新聞が検討されている。2の記事の種類として、ア　校内のニュース　かたいニュース・やわらかいニュース　イ　社説　ウ　投書　エ　文化（読書　ゴッホ展）　オ　短評　カ　いずみ（のようなもの）キ　娯楽（マンガ）　ク　スポーツがあげられ、分担が決められている。

五月一五日には、学校新聞の制作・発行の作業として、紙面を七段に決めたこと、「校長先生が我慢我慢とよく言われる。がまんについて主張を書くことにした。」と論説の向きをメモしている。

このように新聞の編集計画についての「実の場」での話し合いを通じて、一人ひとりに応じた役割があり、同時にさまざまな文章を書く機会が設けられている。語彙への眼も常に配られている。加えて、大村教室では、常にことばを見つめさせ、ことばへの自覚を育てることで学習者の心が育ち、個性を伸ばす営みがなされてきた。

一六日から二〇日にかけて、各自がニュース・記事を書き、割付をし、原紙を切り、校正をし、印刷を仕上げて、二一日に配布されている。二二日の学習について、Sさんは評価の記録を残している。

五月　二二日　金曜日

自分たちの新聞を見て、どんなところがよくてどんなところが悪いかを調べる。

まずはじめに、よく見ないでだいたいすぐにわかることをあげてみた

・印刷がよくない
・筆者がみんなで書いたので、字はさまざまなので読みにくい
・読書のところが空白である
・見出しと本文の間があきすぎる
・写生大会と本文の間があきすぎる
・もう少し見出しに変化をつけたらよかった
・ＭＥＭＯなどは変っていておもしろい
・内容がよい
・表記のあやまりがあった

だいたい以上のようなことが目についた

その他、くわしく新聞を読み、横から見たり正面から見たりして、細かいことを調べ、発表するときの資料としたい。

記録を観ていくと、自分たちの新聞について確かな評価がなされているといえる。「読書のところが空白」とある。――読書欄については、先生の前任校である目黒八中のクラス雑誌の編集作業のなかで原（喜納）倭子さんは、少年を描いた七つの作品から、それぞれの少年の「性格」を取りあげて研究を進めている。新聞・雑誌の編集の作業を通じて、さまざまな国語力が養われる事例の一つである。――さらに、「見出しに変化をつけたら

よかった」などの反省点をあげ、「メモ欄などはおもしろい」、「内容がよい」と自信をみせている。最後のメモの「横から見たり、正面から見たりして」といったことばに大村先生のカゲ（影響）がほの見えて興味深い。

先生からの評価も、次のように記されている。新聞の現物が残されていないのは、残念であるが、二〇〇点満点で高い評価をうけ、学習力の育ったことが現れている。

新聞の評価

1	発行したか		50
2	必要項目	A	5
		B	10
		C	5
3	わりつけ		10
4	見出し	ことば	10
		形	10
5	記事	ゆたか	10
		ふさわしい	10
		変化	10
6	社説	論旨	10
		文	10
7	ニュース	バリュー	10
		取りあげかた	10
		文	10

8　表記　9
9　プリント　7

「先生の評価を見ても、一目でプリントがぐっと悪いということがわかる」と終りにメモしている。

大村先生の評価の1は「発行したか」であり、4の「見出し」として、「ことば」と「形」。5に「記事が　ゆたか」か、学校新聞として「ふさわしいか」、「変化があるか」といった項目によって、今後の新聞作成へのヒントが与えられている。先にあげた社説「がまんについて」は、「論旨」、「文」とも高い評価を受けている。

五月二五日からの班ごとの発表に際して、二三日には、「誰がどういうことを発表するかを決めた。」とSさんは記し、次の項目をあげている。適切・的確な話し合いの項目があがっており、一九五六年の西尾実編「国語中学校用」の「わたしたちの新聞」（大村はま執筆）への布石となっている。

五月　二三　土曜日
細かいところも少しあげ、誰がどういうことを発表するかをきめた。
◎見出し　形式（装飾）
　言葉（装飾がふさわしいか）
◎内容
　学校新聞としてふさわしいか
　文の魅力（ニュースバリュー）があるか
　新聞の文として
　　六要素がふくまれているか

句・読点について
◎わたくしたちの新聞で一番悪かったところ
※表記の誤り
※プリントについて
◎社説
見出しのつけ方
論旨
◎割つけ
一面　二面（その記事がその面にあっているかなどはい置）
◎一見してすぐ目につくところ
見出しの魅力　装飾などがどうか
見やすい　空白など

二五日から六月一〇日まで、1　ばいう新聞　2　校友新聞　3　さざなみ新聞　4　渦新聞　5　ピカドン新聞　6　うもれ日新聞　7　渋茶新聞　8　流星新聞　の順で発表がなされていく。（Sさん・Tさんのグループは「うもれ日新聞」）その間の三〇日に、大村はま先生は、出張された研究会での気づきについて、話をしておられる。

Sさんの学習記録を引いて講話の内容を示すと次のようである。

一　(1)　荒川区の中学校に授業参観に行って

活ぱつで先生がおされるぐらいであった。
何しろ活ぱつに意見をいい、上手な話し方、発音の美しさなどには感心した。
行ったとき
○芥川龍之介作『くもの糸』を読んで、そのことについて話し合いをしていた。
そうして、生徒と先生がその中に出てくる、ひとりの人間はまぬけだ、まぬけではない、といっていて、生徒の中からそんなことをきめる場合ではないのではありませんか?といっても先生がきりをつけなくては、と話していたそうです。
○わたしは、まぬけさを表わしている本ではないと思う。
後、先生方の話し合いのとき
（高い）文学はよしあしをきめられるものではない。
ただ読んで味わい、心に願ね（委ね）るものである。
文学とは日常から遠くはなれてしまっているものではない。
と話し合ったそうである。

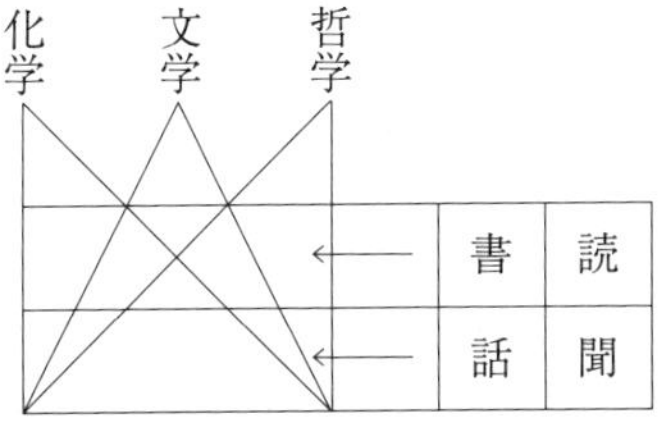

(2)
○最後にひとりの国語関係（知識を持っている人）者の話
国語の中に　書く　読む　話す　聞く　がある
話す聞くは一番下の段階（だれでもができる）にあり、一段高いところに書くことと読むことがある。

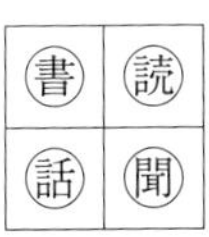

そして、この「書く」ことも「読む」ことも「話す」ことも「聞く」ことも立派にできて、じゅうじつし、その書く読むよりも一段と高いところに科学・文学・哲学というものが違った方向からでてくる。

その三つのものの基礎となるものは書く、読む、話す、聞くである。　とおっしゃられたそうです。

先生は、荒川区の研究会に行かれたこと。「活発に意見を言い、上手な話し方、発音の美しさなどに感心した。」と、まず、ことば自覚を誘っていられる。その時間は、芥川の「くもの糸」について話し合いをしていたが「文学を味わう」ねらいからずれた話し合いがなされていたことが語られ、あとで、先生方の話し合いの時、文学は善し悪しを決められるものではない。読んで味わい、心にゆだねるものであると、学習者の眼を拓く講話をしておられる。

この日の研究会には、西尾実先生が講師でいらしたと思われる。著書である「ことばとその文化」の図を示され、「言語文化の基礎に　聞き・話し・読み・書く　言語生活がある」ことを話され、学習者に、一人の言語生活者としての見識を養っていられる。

さらに、学習記録の(3)においては、三年生一学期後半からの今後の予定を、(4)では、のちの石川台中学校における「テストについて　テストをみて」といったプリントによる丁寧な指導、また「国語教室通信」の元になる話がなされている。

(3)

二　勉強の進め方

新聞の単元が終ると

創作の楽しみ

文法の単元

（ことばのきまり）

二学期
国語こくじ問題
読書の技術（アチーブメントテストにたいせつである）
古典
三学期（一月）
アチーブメントテストはどうすれば良い点がとれるか？

三（4）
このように進め方を話され、アチーブメントテストについて
次のように話された。
何点何点とお点にばかりこだわらないこと
試験のために、やまをかけたりしないで、すみから、すみまで勉強する。
勉強していないのに、試験ができなかったできたというよりも、結果をたいせつにし、自分の欠点を見い出し、最後に満点をとれるようにすればよい。
○　あまり、試験、試験と、試験病にならぬようにしよう。
学習グループ
効果がないようであるから止す
今度は、個人個人で計画をたてて、個人で毎週土曜日に出してもらう。

紅葉川中学校における大村教室の「学習記録」からは、先生の新聞・メディアリテラシー教育が、社会及び学校生活をみつめさせることで自己を見つめさせ、個々人の、自己の課題を克服しようとする意欲を「自己学習力」

へと導いていかれた実践の内実がみえてくるとともに、折々の講話が、本格的な学習と人間としての生き方を考えさせていかれたことをうかがわせる。

六〇年以後の石川台中学校でのメディアリテラシー教育は、学習者を優れたことばの使い手に育てつつ、「時のニュース、世の動きに関心をもち、時事性をもった現代に触れている国語教室にする」との大村提案（直接には七九年の「知ろう世界の子どもたちを」の実践による提案）と結んで進められてきた。

○紅葉川中学校における「新聞学習」の特色とその意義

紅葉川中学校における「新聞学習」をたどってみると、学習者に学習目標を達成させながら、指導者の意図が、広く深く国語学力及び国語学習力を見通し、それらを関連づけながら、指導の目標・指導内容・評価の実際が重層的に構築されていることがうかがえる。

学習活動の1乃至3を通じて、学習者一人ひとりに自己の新聞の読み方の実態を自覚させ、自己評価の眼を育て、話し合いの基礎である　対話力を伸ばし、説明話法に目を向けさせるとともに、グループで協力して調べさせ、調べたことを共有のものとし、自発的に活動していく態度が育つよう導いていられる。そうした話し合い、報告・発表するプロセスにおいて、特に文章の明晰さに目が向くように導かれている。その結果、学習者の説明が明確になり、聞き手が話し手の強調点を捉えて納得する話や文章を体得させていかれる。

広告・投書をスクラップさせる学習では、意見を育て、言語感覚を鋭くさせていかれる。特に中学三年生に広告の社会的役割について考えさせられるのは、義務教育の最終学年でおもしろさを見つめ直し、批判力を育て、関心をもつべきものに目を向けさせるとともに、必要なものは探して読む＝読書の世界への眼・姿勢を育て導いておられると観ることができる。

そうした新聞の効果的な読み方の学習を通じて、ア　情報にはいろいろな読み方があること、イ　その処理のしかたに眼を向けさせ、ウ　新聞の社会的な効用を考えさせ、エ　読み比べることで、資料を分析していく一つの方法を得させ、オ　調べたことを共有し、活用し、語彙を豊かにしていく態度を育て、カ　一人ひとりの学習力を向上させるためにグループでの学習が活用されている。

報告・発表のプロセスにおいて、キ　要点を捉え、強調点を明確にした説得力のある話し方、ク　聞き手として流れを大切にする態度、ケ　わかりやすい文章は明晰な思考が基底になっていること　コ　一つの学習のあと、次の人の説明のしかたが進歩していなければならないこと、サ　積極的な学習のために、次々に予告をして自主的な学習への布石をうっておくこと、その時適切なヒント［手びき］が示されていなければならないこと、などが提案されている。さらに大村はま先生がすべての学力の基礎と強調してこられた、「聞く力」を育てるための、「聞かせる話」への配意がこのような学習記録の充実ぶりにうかがえる。

学校新聞の制作・発行、発表、評価を通じて、学校生活の中の問題を捉え、それらを解決していく方向を探らせ、取材をしていく態度が身につけられていくとともに将来、協同で仕事をするための技術も身につけていかれる。さらに、調べていくと、さきざき、調べるべきことが見えてくることを体得させ、文字化のコツを得させておられる。出来上がった新聞そのもの（も大事であるが）より学習のプロセスそのものが将来への学習力となっている。画一的なつめこみ教育とは遠くはなれた、一人ひとりに学習への意欲を喚起させ、「学び方を学ばせ」、個性を発揮させていく大村教室の極北が、この学習指導のなかにもうかがえる。

○大村はま「国語教室」の学力の構造と教育者としての系譜

大村単元学習は、単なる方法ではない。大村はまの実践は、「人はひとりでは育たない。お互いを育て・自分を育てながら生きている」との人間観にたち、「国語教室」を言語生活を営む場とし、ひとりの日本人として民主社会を生きていく基本の力を　主体的な学習を通じて、学習者一人ひとりの身に付けていこうとする「理念」のもとに営まれてきた。「理念」故に、いつの時代・いかなる学習者に対しても、それぞれの学力の実態に即して　創意・工夫のこらされた「学習の実の場」が創り出されてきた。

そのために大村先生は、社会生活のなかにおける言語能力の分析をすすめ、それらを獲得するための自己の方法をあみ出し、叡智を集めて教室での実践にうつしてこられた。大村はま先生にとっては、学習の手だてがそのまま教室における実践の方法として生かされてきた。

ひとりの日本人として社会生活を営んでいくためには、読むべきものは探して読むことができ、書くべき時には、相手・内容を考えて明確に書かねばならない。それにもまして、社会生活に必要な言葉の力は、学力の基本でもある「聞く力」であり、「話し合う力」である。この考えを基底に、大村教室では、生徒と指導者との「対話」が重視された。新聞を資料とする学習は、未知の情報の内容や背景を指導者も共に考え合う自然な「対話」の場であった。その対話の中に「優劣を意識させず・学びひたらせ」ようとする　大村はま先生の人間教育を学習者一人ひとりが受け止めてきたと申すことができる。

戦後の大村実践は、四七（昭和22）年の教員再教育指導者養成協議会の記録者として、民主社会に必須の力は、明晰に考える力と話し合う力にあると考えられたところに始まる。それを基底に、考えを明晰にし、対話・会話・話し合いができ、言語文化の基礎に培い、人生を拓く窓である語彙を豊かにし、言葉の響きに人の心を識る言語感覚を育て、発見・創造を志向する読書生活を拓き、学習のすべてを学習記録に収斂させることによって、自己学習力のもととなる「自己評価力」を育ててこられた。大村教室では、こうした学力・学習力が重層的に構造化され、螺旋状に高められてきた。あわせて、教育者の基本姿勢について、山形・東村山地区協議会において、「私は、教室へ出ると教師は自分の教わった先生のなさったことを、何らかの形でまねるものだと聞いたことがあります。私も、長野県の諏訪高等女学校に赴任しまして、しらずしらず、川島治子先生のなさっていたことに似た形の授業で教師生活を始めたのです。」と語っておられる。その川島治子先生の授業について、捜真女学校の教え子の軽部作代さんは、「川島先生の国語は、自己の心をよむ、自己を知る、自己を育てる、という教授法でした……」と回想している。後年（八二年）の諏訪市での大村講演、「人は、おたがい　だれかを育てながら生きているものです。何より自分を育てながら生きているものです。」と符合する。

時代を超えた不易の「自己を育てる」教育は、芦田恵之助・川島治子・大村はまへと受け継がれてきた。加えて、西尾実の「真実のことば」による、「真実の国語教室」への希求が大村はま「国語教室」の系譜として浮びあがってくる。

いま、学力の質が問われている。学力の質を向上させるには、他と競争させるのではなく、常にすべての学習を通じて自己をみつめさせ、自己評価力を育て、自己の課題を克服しようとする「自己学習力」を発動させる「学室」を創りだすことが欠かせない。

〈新聞作成グループ編成のための予備調査〉紅葉川中三年（53・5・6）

一組　⒀　M・S

一、次の文を正しいとして、あとに言われている八項目の内容は正しいかどうか、正しいものに○、正しくないものに×をつけなさい。

新聞の社説は、その新聞の主義や主張を表わすものであるから、これに注意しておれば、その新聞の性質なり考えなりがわかるものである。これが日々の記事の取り扱いの態度に反映するのであるから、多くの新聞を比較研究してみる必要がある。またニュースについては、それが、

1　正確な報道であること

2　偏見（一方にかたよった意見）にとらわれないものであること

3　記事として報道価値のあるものであること

がたいせつであるし、解説や論説については、

1　一党一派に偏した見方をしないこと

2　感情にとらわれず理性的に考えること

3　ことがらを落ち度のないように、いろいろの方面から見ること

などができるのを、よい新聞と考えるべきだろう。

×1　ニュースは、新聞の考えや主張を表わすように書かれるものである。

○2　ニュースには、絶対に記者個人の意見を入れてはならない。

×3　飼っている三毛猫はよくねずみをとるからニュースになる。
×4　社説で一番たいせつなことは民主主義を宣伝することである。
○5　解説は他人を攻撃することになってはいけない。
○6　世の中の多くの人が言いたいことで、しかも述べる方法を持たないことを、代わって世にうったえるのも新聞の任務である。
○7　事件の真相を正確忠実に伝えるのが報道の原則である。
×8　新聞は特定の立場に立って他人の攻撃をやる方がよい。

二、次の短文の中から六つを選んで組み合わせ、日刊新聞のニュース記事として最も適当な文章にしなさい。その順序を番号で上の（　）の中に書きなさい。

2（3）○市×踏切りで、下り第五六七通勤列車と×行バス――運転手A（三七）、車掌B（二四）――が衝突し、
（　）霧は深く立ちこめ、カーブになった踏切りのあたりは濃い乳色に包まれていた。
（　）十一月八日、午前七時ごろ
5（6）当日は霧が深く、踏切りが曲り角になっていて視野がきかなかった。
（　）×踏切りで第五六七通勤列車と×行バスが衝突した。
1（1）八日午前七時ごろ
4（5）負傷者は直ちに付近の△病院に収容し　手当中
3（4）バス車掌は即死、運転手及び乗客CDEFGの五名は重傷を負った。
（2）深い霧の中、×踏切りで、いたましい事件がおこった。
6（　）バスは大破し、このために同列車は約十五分の遅延になった。

三、次の新聞のニュースの見出しとしては、どれが一番適当ですか。

> (ロンドン十二日発ロイター共同) 十二日信頼すべき筋の情報によれば、英外務省は目下英国独自の新対日草案を準備中といわれ、この英国案は近く米国務省の検討を求めるためワシントンに送られるはず。なお英国案は最近関係各国に配布された米国案より、詳細にわたったもののようである。外交界筋によれば、この英国案起草は英米両案をつき合わせて考慮した上、両国の一致を見た一草案を作り、これを極東委員会諸国に提出するためといわれる。

1 英、独自の対日講和草案準備中
　近くワシントンに送る

2 英国講和草案成る
　米国案より詳細

③ 英、独自の講和案準備
　近く米の検討求めん

4 対日講和草案成る
　米英の意見一致

四、次の学級新聞の紙面の組み立てはどちらの方がすぐれていますか。理由をも書きなさい。

〇がよい。

理由(箇条書き)

一、変化があって、見出しがピンと目に入る

二、記事が重なっていないので、見やすい

三、わりつけによって、どの記事を重くおいているかが一目でわかる

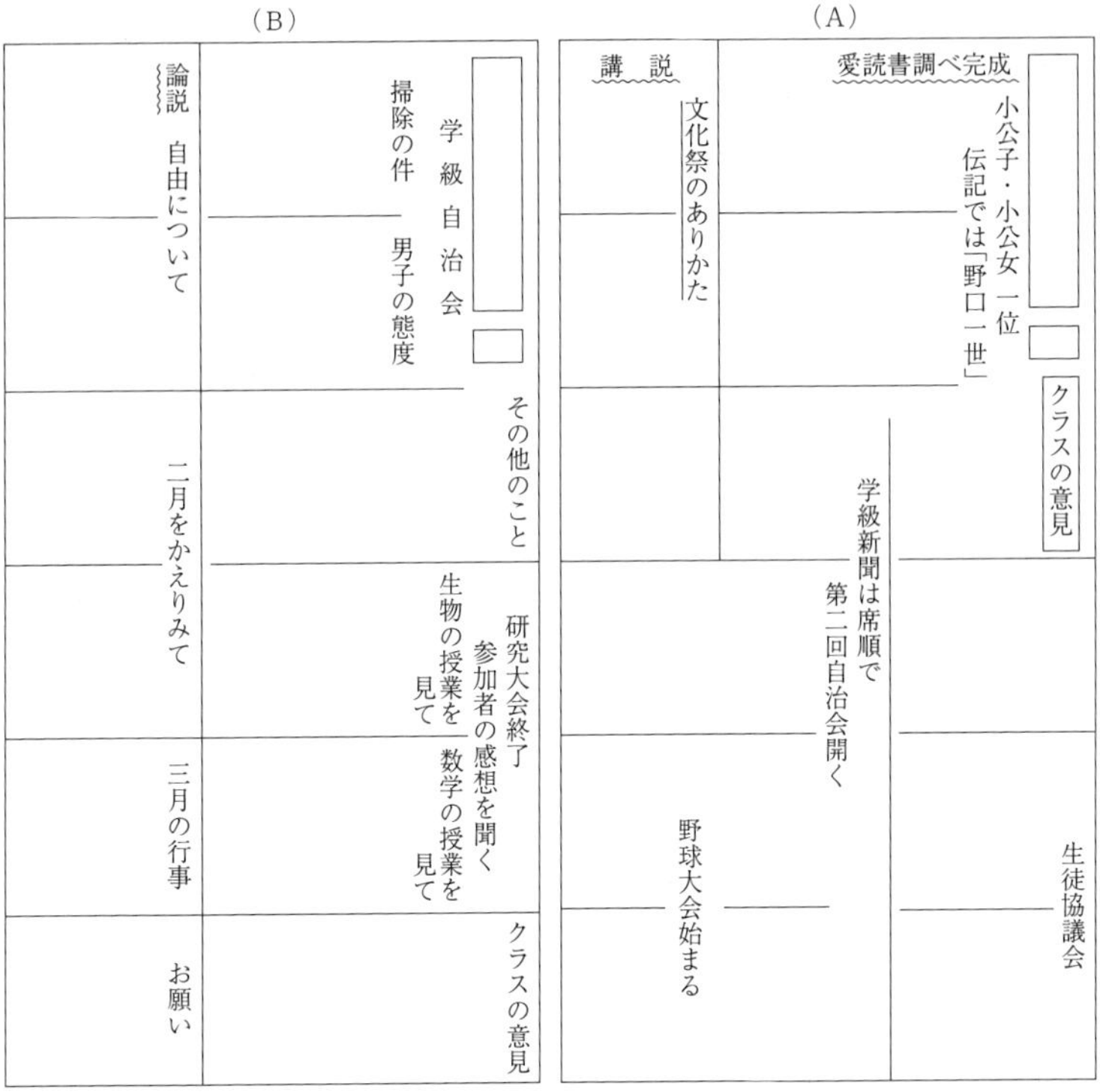
(A)
愛読書調べ完成
小公子・小公女 一位
伝記では「野口一世」
クラスの意見
講　説
文化祭のありかた
学級新聞は席順で
第二回自治会開く
生徒協議会
野球大会始まる
(B)
学級自治会
掃除の件　男子の態度
その他のこと
論説
自由について
二月をかえりみて
研究大会終了
参加者の感想を聞く
生物の授業を見て
数学の授業を見て
三月の行事
クラスの意見
お願い

五、A新聞のニュース記事のはじめに「サンフランシスコ七日発UP共同」と書いてありました。これはどういう意味か、次の中の正しいのに○をつけなさい。

1　サンフランシスコから七日に発せられ、UP共同通信社が受け取って、A新聞に供給されたニュース。

2　サンフランシスコから七日にUP通信社が送ったものをどの新聞社にも共同でのせたニュース

③　七日に、サンフランシスコからUP通信社によって送られ、共同通信社の手を経て、A新聞社に供給されたニュース。

4　A新聞社がUPと特約していて、UPのニュースをサンフランシスコに行っていた特派員が七日に送ってきたニュース

3　ＮＩＥの先駆者大村はま

――単元「新聞」による「自己学習力」の育成――

一　はじめに

日本におけるＮＩＥ学習の現代的課題の一つとして実践からの理論化が求められている。実践の理論化を図るためには、新聞学・教育学・心理学・教科教育学など関係諸科学との関連を明らかにしていくとともに、ＮＩＥ学習の実践の歴史をふまえた学習理論の構築が必要となる。

そのためには、まず、すぐれたＮＩＥ実践について、その目的及び、目標・内容・方法・評価に亘っての分析・考察が試みられ、実践の学としての組織化が図られねばならない。

本稿では、百年に一人と言われる大村はまの国語教室における「新聞」を資料とする卓越した実践について考察し、その内実を明らかにするとともにその成果に学び、今後のＮＩＥ学習の発展のための提案を試みたい。

二　「新聞」による学習の創造

大村教室における「新聞」を資料とする学習は、一九四七（昭和22）年に発足した新制　深川一中の、窓ガラスや黒板はおろか、机も椅子もガリ版もなく、教科書もノートも鉛筆もない中から出発した。大村はまは、東京が空襲で焼ける前にいくらか疎開してあった荷物を包んでいた新聞紙に目をつけ、それで教材を作ることを思いついた。新聞や雑誌のいろいろなところを切り分けて、一つ一つ教材を作り、その数が百くらいになったところで、それらに考える向きを示す「学習の手びき」を用意していった。

これらの資料を広い講堂のような部屋を走り回っている生徒を捉え、あたりに立っている生徒一人ひとりに渡していった。ひとたび、学習の資料が与えられ、学習の方法が手びきされると、生徒たちは、食い入るように学習にはいっていったと語られている。（『国語教室の実際』共文社）

大村はま実践の特色は、国語教室を言語生活を営む場とし、一人の日本人として生きていく基本の力を　主体的な学習を通じて、中学生一人ひとりの身につけていった点に見出すことができる。

そのために大村は、社会生活のなかにおける言語能力の分析をすすめ、それらを実践にうつしてきた。新聞を媒材とする実践もその工夫の一つである。

一人前の社会生活を営んでいくためには、読むべきものがあれば探して読むことができ、書くべき時に内容・相手を考えて明晰に書けねばならない。それにもまして、社会生活に必要な言葉の力は、学力の基本でもある「聞く力」であり、「話し合う力」である。この考えを基底に、大村教室では生徒と指導者の「対話」が重視された。先生から問いかける「問答」だけでは「話す力」は育たないからである。新聞を資料とする学習は、未知の情報の内容や背景を指導者も共に考え合う自然な「対話」の場であった。

そうした実践の記録について、波多野完治博士は、「世界の母国語教育に類例のない実践の記録」と語っている。（『大村はま　22年目の返信』小学館）

優劣を意識させず、学びひたらせるためには、同一教材で、一斉に授業を進めるやり方は向かない。しかも、関心を持つべきものに関心をもたせ、自ら進んで学習する態度　即ち「自己学習力」を育てるためには、常に新しい教材が必要となる。大村はまは、自らの、広い読書生活のなかから、学習者一人ひとりに適した教材を創り出すようになっていく。それらの資料のなかには、購読していた新聞四紙が常に含まれていた。

大村の希っていた民主的で戦争のない平和な世界を築くためには、次の社会を担う、現在の世界の子どもたちが、お互いに知り合うこと、理解し合うことが最も大切であり、また、民主社会成立のための世論形成に新聞は欠くことができないとの考えにたって、アメリカにおいてNIE運動が提唱される以前から、大村は新聞の意義・役割を体得させ、それを活用させるための研究、さらに「学校新聞・学級新聞」の制作・交流を重視してきた。そこには、新聞の編集計画についての話し合いと、発行に至る「実の場」を通じて、協力し合う作業の中に、一人ひとりに応じた役割があること、同時にさまざまな種類の文章を書く機会があり、それらが学習者一人ひとりにことばに関心を向けさせ、ことばへの自覚をもたせ、ひいては教育本来の目的である「自己を確立させる＝即ち　個性を伸ばす」営みとなっていくことが見通されていた。

さて、二〇〇〇年一〇月に　横浜に「日本新聞博物館」が誕生した。この博物館は、大村はま国語教室における「新聞」単元の学習が契機となって、その後の五〇年間に「かわら版」の原初や、わが国最初の邦字新聞をはじめとして、十万点以上の新聞を蒐集した羽島知之氏のコレクションがあってはじめて可能となったものである。

その羽島氏は、折りあるごとに「私の新聞研究の原点は中学一年の時の新聞学習にある。」と語り、次のように述べている。（「新聞資料」00・7）

「国語の授業は、グループごとに分かれ、いろいろなテーマについての調査・研究、その発表という形の学習が行われた。新聞・雑誌・ラジオ・読書など、ごく身近かな課題の中で、たとえば新聞の論説やコラムを読み、中学一年生としてわからないことばを書き出したり、新聞記事の書き方を学んだり、学級新聞や文芸雑誌をつくり、放送劇を制作するなど、楽しい授業の連続であった。」と記し、「私自身この単元学習で新聞の種類を調べ、全国の新聞の題字を集めたのがきっかけで、古い時代の新聞蒐集がはじまり、半世紀におよぶライフワークにまでなった。」云々と書いている。

大村教室の　生活と結んだ単元「新聞」の学習に呼びかけられて　当時の羽島少年は学校新聞の制作にうちこみ、毎週新聞を発行したうえ、大村の話によると、体育祭の日には、一日に八回の号外を発行したとのことである。これらの活動を通じて、「集めておく、記録しておく、保存しておく」ことの大切さを体得した羽島知之氏は、生来の誠実さを発揮して、今に至るまで、日曜日ごとに朝四時に起きて古書・骨董市に通い続け、文化遺産の蒐集に打ち込んでいる。

三　「私たちの新聞」にみられる「個別化」の理念

昭和二〇年代の深川一中・目黒八中・紅葉川中における大村教室の新聞学習の成果及び、その典型を一九五六年版の西尾実編「国語　中学校用」に見いだすことがでる。西尾実編「国語　一下」の第六単元「新聞」は、次のように構成されていた。

（一）ほしくなった学校新聞　　加藤地三
（二）新聞の文章　　扇谷正造
（三）わたしたちの新聞　　（大村はま）

内容としては、(一)に「学校新聞を作る目的とその心がまえ」を説いた文章が、(二)に著名な新聞人　扇谷正造の「新聞の文章の特色」を述べた文章が据えられている。(三)の「わたしたちの新聞」の一六ページに亘る教材のすべては編集者の一人である大村はまによって書き下されている。

教材は、モデルとして制作された「いずみ中学新聞」の第一面(注2　262ぺ)第二面と、この新聞の批評会によって構成されている。内容は学校新聞の意義や編集の技術面をはじめ、学習環境の問題、論説・昼休みの意義、いじめの問題、下級生からの意見など、学習者の生きた問題が的確に取り上げられており、学校新聞を身をもって制作してみせることによって、学校生活にどう目配りをし、学習生活をどのように向上させていけばよいか、学習への態度や学習意欲の喚起がはかられている。

この単元の『学習指導の研究』に大村は「一つの社会が社会として成り立っていくためには、その社会に通じ合いが行われ、何事についても社会としての世論が形成されていなくてはならない。そのために欠くことのできないのが新聞である。」と述べ、中学校なども、これから新聞部を設けて、学校新聞を発行しなくてはならなくなること、そのため、学校新聞の必要や任務を考えさせ、記事の選び方や文章の書き方の基本的な条件を分析してみせることによって、学校新聞の意義とその読み方を理解させることの大切さを説いている。

教科書教材としては、注3・4の紙面(263・264ぺ)のように批評会を上の段に、新聞記事を下の段に配し、対照して読むことができるようにしてある。

まず、「いずみ新聞」第八号を読んで、今井さんが、第一面の二つの記事が「学校新聞としては、扱いが反対ではないか」と発言をする。

このように話し合いの内容が具体的に述べられていくのは、この批評会が「話し合いの方法」を身につけさせるための「手びき」となっているからである。大村はまは「話し合ってごらん」と指示をするだけでは、普通の中学生は、話し合うことはできない。具体的に「話し合いの仕方」を教え、（はじめの言葉・賛成すべき意見に賛成する発言をうながすなど）身につけさせてはじめて価値のある話し合いが可能になると考えてきた。また、話し合いの場に誰かが参加しなかったり、疎外される生徒が一人でもいると真の話し合いは成立しないとの考えに立ち、一人ひとりに独自の発言内容をもつように手を引き、話し合いに参加させることによって、民主社会を支える「話し合うことのできる人」を育成してきた。大村教室における学習者がお互いを尊重する態度は、指導者のこうした姿勢・理念からうまれてきている。

今井さんの提起した話題は、注4（264ぺ）の中程で、平井さんが　生徒の暗い面よりも明るい面がトップに出ている方がいいと発言をして落着いていく。

暗い面の出た「悪い風習をなくそう」の記事（262ぺ）は、「いじめの問題」をとりあげて、終わり近くの発言にあるように、「真相をはっきりさせて、積極的に学校をよくしていこう」とした記事である。

注の2に示した紙面の左上段の論説「昼休みの意義」は、冒頭から読む人を引きつける。そこには、「親が死んでも食休み」という諺があるように、食事をしたあとは暫く身体を休めることが大切であるに始まり「昼休みの利用のしかたは、静かに休むことにある」との主張が述べられている。現在の学校生活においても、深く考えさせられる生きた問題と申すことができる。

「いずみ新聞」の第二面（注5　265ぺ）にはほ「ホームルームだより」が上げられており、そこには、いじめられやすい転入生にも日頃から細やかな心配りがなされていたことがうかがえる。関連させて、「声」の欄（本稿では省略した）において、学校生活を高める要件の一つで現代の学校教育に欠けている「正義感」に眼が向くように工夫がなされている。しかも一・二年生からの批判精神を尊重しながら、投書「三年生と石」に関して、批評会では生きて働くことばへの心配り、即ち「言語感覚を育てる」配意がなされている。

このように教材として編成された「いずみ中学新聞」を通して、「学校新聞はいかにあるべきか」を創出するとともに、話し合うことを目あてとして、でき上がった新聞を読み直し、検討する場を設け、学習の成果と課題を見通していく力、即ち、自己評価力を育てる機会にしている。

「手びき」（ここでは省略）の一で「新聞」学習のねらいを確認し、二の三では、新聞の文章の特色を学び、「手もとにある新聞について、調べてみよう」と学習の場が個別に設定されている。大村教室では、文字化された教材も、読んでまとめる知識教育に終ることなく、常に人生・社会と結んだ学習として計画され、手びきされていくところに、教室の作業でありながら、学習が生活的で現実のものになっていくのである。

このように学校新聞発行の「実の場」を通じて、学習者の腰をたたせ、優劣を意識させず一人ひとりに応じた役割を担わせ、さまざまな文章を書く機会を生かしていくとともに、鳴門教育大学に遺された二〇六〇冊の「学習記録」を観ていくと、常に自己の学習の成果と課題に気づかせ、「自己学習力」を育成する営みになっていることがうかがえる。

大村教室における新聞学習は、日常の学習と同じく「教育は結局、一人ひとりのもの一人ひとりを伸ばす営み」との考えに立ち、ことばへの自覚をもたせることで自己を確立させていく教育になっていることが、明確となってくる。

数多い大村教室における新聞を資料とする学習を取り出してみると、たとえば「私の履歴書」（日本経済新聞連載、後に単行本によって一人の生徒がひとりの人を受持って、その人の生き方を紹介する学習）では、時代に先駆けた思想家神近市子を推められ、担当した学習者がみられるし、「知ろう　世界の子どもたちを」では、世界には貧しい子どもが多く、日本の自分たちに出来ることは何かを考える生徒が出るなど、生活と結んだ学習によって新聞への必要感をもたせ、自己を確立させ、自己学習力を高める営みがなされている。

四　「表現くらべ」にみる「自己評価力」の育成

「表現くらべ」は、七九年の石川台中学校一年生における実践である。（『大村はま国語教室9』参照）はじめに大村は、新聞は読み比べていると、取り上げ方、見方、そして表現についても学ぶことが多いことをあげ、これを学習の資料としたく、長年四つの新聞を購読していたと述べている。大村は、石川台中での一九六〇年からの二〇年間に十の学年を担当したが、七〇年代後半の中学一年生について、「語句を主とした表現」を取り上げるのが適切とも記している。

この年の七月二九日の復活した隅田川の花火大会の記事が、教材としてふさわしいと判断し、学習の目標を「ことばへの感覚を鋭くする」において指導を進めている。

指導に当って、まず指導者が四紙の紙面に即して研究した詳しいメモが提示されている。その項目として、花火大会について、以下、空模様、人出、打ち上げの様子、美しい花火の形、花火を見る人々の描写等があげられている。

学習の手びきとして、目のつけどころ、考える方向、グループ・協同学習の基礎資料の作り方などがあげられている。さらには「話し合いの方法」を身につけさせる手びきと、「まとめ」を書く際すぐに書き出せない生徒が出ないよう「書き出し」の例が示されている。

このように手びきされた　西本浩明くんの学習の例をみていくこととする。

新聞四紙の「花火を見ている人の様子」について、西本くんは、グループでの発言を詳しく書き留めている。

それらをまとめて毎日新聞、読売新聞、東京新聞に用いられている「にぎわった」と読売新聞の「ゆったり」について、「真反対のように感じる」。「にぎわった」は盛り上がっている感じで、「ゆったり」は「落ち着いているおだやか」という感じがすると記し、次いで「にぎわった」「歓声」「声をはずます」と東京新聞の「どよめき」について、どれも声に関係し、表し方が少しずつ違っている。うれしさが出ているのは「にぎわった」とか「声をはずます」であり、「どよめき」は　声のなかでも、ひと味違った言い方で、初めて出会ったことばのような気がすると記している。

「花火を見ている人の気持ち」の表現については、「歓声」と「ため息がもれる」について、「どこか似ているよう」に思われるが、「だいぶ違うところもある」と素直に記し、「声」と「息」両方とも心の中で感じていることだが、表面に出し方が違う、と意味づけている。

「花火が上がった空の様子」の表現については、「パノラマ」は、この場面に適しているのではないか　と記し、「光の絵巻」は、古い感じはするが、工夫してあり、いい表現と述べ、「光と音のページェント」は、辞典を引かなくては分からなかったが、若い人が好むようなことばであり、「ページェントに　光と音を加えて強くしたのだ」と推し量り、そして、ぼくは「光の絵巻」が好きですと結んでいる。

「あとがき」において、これらの表現と解釈力の「全部が身に付けば大収穫」と記したうえ、発表の時は、罫紙二枚を覚えるのに大変だったが表現力が増したと成果を確認し、場面に適したことばの使い方や、それらにこめられている感情が理解出来たと　認めている。（こうした記録を読む機会をもてば、新聞記者の方にも参考になったであろうと考えられる「中学生の研究」である。）

この「表現比べ」の学習によって、西本浩明くんは、ことばへの関心をたかめ、語彙を豊かにし、ことばの感覚を磨き、自己の学習の成果と課題を自覚していっている。

この記録にうかがえるように「自己評価力」が育てられた学習者は、自己の課題を克服するため、「自己学習力」を発動して、次の学習に取り組んでいく。

大村はま教室では、このように、ことばを見つめさせ、ことばへの眼　即ち、ことば自覚を育てることによって、学習者の心が育ち、教育本来の目的である個性を伸ばす営みがなされてきた。

以上のように大村教室に学んできたことをふまえ、ＮＩＥの学習が一層発展するよう私なりの提案を試みたい。

五　日本的ＮＩＥ学習についての提案

ＮＩＥの活動についても（学校現場における多くの授業実践に見られるのと同じく）「方法」を求める実践者が多いと私には見受けられる。しかし、より重要なことは、教育活動としてのＮＩＥ学習の目的と目標の確立である。学習の「目的」は、教育の一環として「社会的存在としての自己の確立をはかる」即ち「個性を伸ばす　人格の完成」にあることは動かない。その具体的目標として、四つをあげてみた。（260～261ペ　注1参照）まず、1に「新聞に対する関心・必要感を高めること」をあげている。その場合、学習者に自己の興味・関心のありようを確認させることが出発点となる。但し指導者は、移ろい易い子どもの興味を追わないことが大切と考える。興味から出発はするが「関心をもつべきものに関心をもたせる」のが、教育の本来の仕事であるから。

2にあげた目標は、読書＝イコール書物を読むことだけでなく、生涯、活字・新聞はもとより図表・グラフ等「よむこと」から離れない読書生活人としての基礎に培うためであることを確認しておきたい。

三つ目に、思考力育成のため「新聞を深く読む能力を伸ばす」を掲げ、六つの項目をあげている。なかでも、日本的ＮＩＥ学習の重点として私は3の五番目・六番目、及び4を上げたいと考える。

3の五番目のオのねらう「語彙が身につくことは　心が拓かれること」である。将来の社会人として語彙を豊かにしていくことを目標としての学習が大切で、義務教育の段階においても教科書だけを教わっていては、語彙が限られてしまう。一人ひとりの学び手に各自の思索を深め、自己の考えを表す言葉を獲得させるように手びきしなければ、学習者は将来不幸である。〔貧しい言葉しか持たぬ政治家は、パフォーマンスと同じ言葉の繰り返しに終ることを私どもは見てきている。〕

六番目のカについては、「自己評価力」を育てる「場」が、教育の営みの中に少ないため現在まで「自己学習力」が育っていないのである。ＮＩＥの活動の中に、日常の学習の中におけると同じく「自己評価力」を育てる場の設定を心がけたい。

目標の4に壁新聞や掲示を含め、新聞の制作をあげている。児童の興味を引くための「恐竜新聞」なども出発としては結構だが、学校生活・学級生活の生きた問題を捉え、一人ひとりの学習生活を向上させることを目標として、グループ・学級・学校新聞等各種の「新聞」を制作していきたい。この場合、社会における一般の新聞と「学校新聞」とは、本来性格・目標が異なることを考えにいれておきたい。

このように考えてくると、更に一言付け加えたい。ＮＩＥ学習においては、「新聞から学ぶ」「新聞で学ぶ」ことも多いが、「新聞に学ぶ」〔1　新聞の文章の明晰さに学び、民主社会の一員として「明晰に考える」、2　常に「批判精神」を備え世界の平和に貢献する、3　主体的に考え、自ら進んで行動する〕学習者の育成をめざしていくことが必要となる　と。

（06・12・5）

資料　参考文献

1　大村はま『国語教室の実際』　共文社　一九七〇
2　西尾実編『国語　中学校用一下』
　　同　『学習指導の研究』　筑摩書房　一九五六
3　野地潤家・橋本暢夫編『22年目の返信』　小学館　二〇〇四
4　大村はま『大村はま国語教室　9』　筑摩書房　一九八三
5　橋本暢夫『大村はま国語教室に学ぶ――新しい創造のために――』　溪水社　二〇〇一

（注1）

まとめ＝NIE学習への提案

志向していく方向　「新聞から学ぶ」「新聞で学ぶ」とともに「新聞に学ぶ」へ
新聞は民主社会の「世論形成」に欠くことのできぬもの、との前提にたつ。

○　NIE学習の目的と目標

・目的＝教育活動の一環として、自己をみつめさせ、社会的存在としての自己の確立をはかる。即ち人生・社会と結び、個性を伸ばす教育である。

・目標

1　新聞に対する関心・必要感を高める。（まず自己の興味のありようを確認させる。但し、移ろいやすい子ども

の興味を追わない。関心をもつべきものに関心をもたせるのが指導者の仕事）

2　自ら新聞を読もうとする意欲をたかめ、新聞を読む習慣・態度を身につけさせる（生涯、活字を読むことはもとより、図表・グラフ等をも「よむこと」から離れることのない　読書生活人としての基礎に培う。）

3　新聞に関する理解を深め、新聞を深く読む能力を伸ばす（日本語によって考える）

ア　ひとつの事象には、さまざまな捉え方・考え方があることに気づかせる。

イ　新聞を比べ読むことで判断力を育て、メディアリテラシーを身につけさせる。

ウ　さまざまな事象について自分の意見をもち、それを発信していく態度を育てる。

エ　協同学習で身につく、社会的言語技能（コミュニケーション力）を育成する。

オ　将来の社会人としての語彙を豊かにしていく。

［語彙が身につくことは、心が拓かれていくこと］である。

カ　自己評価力を育て、自己の課題に気づかせて自己学習力を発動していく態度を養う。

4　学校生活・学習生活を向上させるため、学校新聞・学級（グループ）新聞、また、壁新聞・掲示などを制作する。

ＮＩＥの学習は指導者にとっても、未知の情報の内容や背景を考え、生活的に学び、自己を確立していく「実の場」である。

（注2）

（一）　1956. 1. 25　水曜日　　いずみ新聞　　No. 8

いずみ新聞

No. 8
泉中学校新聞部
〔非売品〕

努力のたまもの　輝いた実力

△△△国語科研究協議会▽▽▽

本学年四月以来、県から国語教育研究校の指定を受けて研究を続けてきた本校は、一月二十日県教育委員会主催で研究発表会を開いた。研究主題「文学の鑑賞について」。県外からも参加し、総数三〇〇、盛会だった。

県教育委員会主催の国語科研究協議会が一月二十日本校で開かれた。研究授業は一年A組・三年A組によって行われた。研究主題は・文学の鑑賞について・であった。午前中研究授業、午後は国語科の先生がたの研究発表、そのあと研究協議が行われた。研究協議には三年の生徒数名が参加させられた。この日の感想を三年の今井さんその他にきいてみた。

今井長子さん談　あの日の感想といわれると思わず胸に手を当ててしまう。ほんとうに熱かった。三百人あまりの先生がたに囲まれて全く気が遠くなりそうだった。しかしグループの人は頼もしくなるくらいしっかりしていて次々とよい問題を出し思う存分話しあうことができた。午後の研究協議会には「生徒も出席しては」ということで残った。講堂ではいくら心臓のわたしでも、先生さんに質問、といわれるとさすがにぎくりとした。残ったのはわたしのほかに山下さん・桜井さん・川口さん・北原さんだった。ふだんの学習についての質問も出た。みんなきびきびと答えた。ふしぎなほど力が出た。中学校時代最大の思い出になるだろうと思う。

一年生徒　こわいような楽しみなような気持で研究会を持った。会場へいくと講堂いっぱいの先生がたである。思わず身ぶるいして席についた。みんな緊張している。「きっとこの何百人という中にわたしの小学校のときの先生が来ていらっしゃるだろう」と思った。夢中で一時間を過した。お答えもしたが、何と答えたのか忘れてしまった。なんだか誇らしい気持だ。

金子先生、日展に入選

〃いや苦心しましたよ〃とにっこり

むぎぶえ

金子先生の入選で展覧会見学もどんなに心がはずんだかしれない。美術館というものもずっと身近なものに感じられた。やわらかな色調、平和なふんいき、絵をながめ先生の平生を思い長い間この絵の前に立っていた。

金子先生談　おかげさまです。ことしの作品も何回もかいては消しかいては消してどうやらできあがりました。よくがんばれたと思います。少年の姿、動き、安定したポーズ、構図にも苦心しましたが、最も苦心したのは色彩です。ずいぶんいきいきした色のつもりでしたが会場で他の作品と比べるとずっと弱く感じました。なにか迫力のないことをしみじみと感じました。これはぼくという人間の足りなさです。構図よりも色彩よりももっと元にあるぼくという人間の弱さです。

論説　昼休みの意義

「親が死んでも食休み」ということわざがあるが、このことわざどおり食事をしたあとはしばらくからだを休めることがたいせつである。このために昼休みがあるわけであるが、これが本校ではどのように過されているか。

一般に本校では外に出て運動するとか、内にいて読書するとか、手芸などをするとかいろいろである。めいめいに適したことを自由にするのがよいことはもちろんだが、ほんとうに食休みとしての昼休みの意義を生かしている人は少ない。

ことにその意義を考えていないと思われるのは、食事がすむとすぐ飛び出して激しい運動をする人である。めいめいがそうであるだけではない。このごろは週番や保健委員が図って来てみんなを運動場へとかり出す。実に昼休みの意義を考えないものであると思う。

昼休みの真の利用のしかたはどうあるべきか。それは現在とは反対に静かに休むことである。それは健康な人についてももちろんたいせつであるが、ことに少し弱い人にとっては絶対に必要なことである。それを、ひとりひとりの健康の状態も考えずに一律に全員を運動場へとしいることは、みんなの健康を守ることとは反対である。運動場へかり出すどころか、出ている人を呼び入れることこそたいせつである。

生徒会としても昼休みの利用のためには運動部よりも音楽班などに働いてもらうほうがよいと思う。屋上や校庭の木かげなどにベンチがあって、よい音楽でも聞けたらと思う。

二つの学級新聞誕生

一A学級新聞　一月十日創刊　ザラ紙一枚　編集長　原よし子

しぶ茶（三C）　一月二十日　創刊　ザラ紙二枚・三円　編集長　関　静夫

事件を反省して

悪い風習をなくそう

二学期の事件を追及する

二学期の終りに一年生内である事件が起った。それは一年生がおとなの社会にめざめようとする移り変りの時期に善悪の判断を誤った行為といわれる。新聞部では、その原因・経過・措置を追及した。

発端は弁当

十二月初めのホームルームのときに一年A組のAが次のような発言をした。それは一年B組のBが弁当の時間にはいってきて自分の弁当にいたずらをしたというのである。ところが一年A組にはEという日の子分格の生徒がいて、それをBに告げ口した。そこでBは自分の仲間のCやDを連れ、Aを帰り道に待ちうけて諏訪神社の境内にひっぱりこみ、いやがらせをしていた。すると、通りかかったあるおとなの人が止めようとした。Cは「自分たちのけんかにおとなは口を出さないでほしい」といって、Aをいじめることをやめなかった。そのおとなの人は、あとで学校へ来て先生にこのことを伝えた。学校側では、すぐに事実を調査して、Bとその仲間に厳重な注意を与えた。

経過はこれだけであるが、その裏には重大なものがひそんでいる。BやDは組でなにかと勢力のあるほうだから、その勢力に引きずりこまれてCやEはBに味方してしまう。BやDはなおずにのって、よい悪いの判断も世中に物事を行うようになる。だがこれでよいものだろうか。

誤った自由

われわれが大きくなるに従い先生がたは一人前の人間として扱うようになる。小学校では年が小さいので先生は手を取って教えてくださるが、中学校ではいわば放任主義になっている。ところで今度のような事件は、このような変化のためにまちがった自由の考え方をしたために起ったのだと思われる。小学校ではたとえばこづかいを持つにしても五十円以下とか、運動会や遠足のお菓子類は全部学校でまとめて買ってくばり、めいめいには買わせないとかした。それは幼い子供たちに貧富の差を感じさせないための先生がたの心づかいであった。一年、二年のころはそれでよいが五年・六年となると自分で自由に買ってみたいという気持になるものも出てくる。それが中学へくるとがらりと変り、こづかいに制限はないし運動会や遠足のお菓子も自由に買うことができる。多くて百円くらい持つなとかにせよとかいわれるがいわれるだけである。こうなるとなにか急になんでもしていいような気持になり、おとなにはなんにもせわをやかれなくてもいい。われわれは自由なんだと考える。先生の注意も手きびしくないために誤った自由、わがままとまちがえた自由の考え方が生まれてくる。

よりよい学校生活を

それでは真の自由とはどんなことをさすのであろうか。人間がたったひとりで暮らしているなら別だが、学校という共同生活の中での自由とは、あるわくにはまった自由をさすので野放しの自由をさすのではない。自己の自由ばかりを主張して個人の自由を尊重しないことはまちがいである。たとえば今かりに故意に個人をなぐったとする。それはなぐった者にとっては自由であるが、なぐられた人の自由を尊重していないことになり真の自由ではない。今度の事件はこのような自由についての考えのあやまっていないところに原因がある。これには上級生が自分かってな行動をして、やるべきことをやらないことも下級生によくない影響を与えていると思われる。すなわち上級生が下級生に小さいながらたびたび見せている自由のはきちがえの見本である。ここで上級生も下級生もともに反省して、よりよい学校生活を築きあげようではないか。

私の主張　よい少女雑誌がほしい

姫路あつ子

少女雑誌のいちばんの内容は流行歌手や映画スターである。そういう人たちを一段高いもののように、おおげさにいえば神様のように扱い、表紙にも一ページ大の写真にもそういう人を大写しにし、中身にはまたそういう人たちのおいたちの記や裡話の記事を並べている。付録にはまたスターのサイン入りブロマイドをつけて読者を引こうとしている。スターのおいたちの記とキューリー夫人やヘレンケラーなどの伝記とが並んでいるとき、なんだか胸がいっぱいになってしまう。

今の少女雑誌は――といって非難すると出す。それを言う人がおおぜいあるのはどういうことか、質の(?)なければ作られなくなるといわれる。しかしこれは真に少年少女を思う人の誇張あることばとは思えない。もちろんよい雑誌のないことの責任の半分は読者にあるけれども、まだ子供である私たちに対して同様の責任を負わせ、おとなとして当然とるべき責任をのがれようとする態度には、いやな気がする。

ただ私たちももっと批判する努力と自分の考えを発行していく力とを養い、つまらない目のに引きずられないようにしなければならないと思う。よい少女雑誌がほしい。もしあったら力を合せて支持したいものである。

放送（2月）	行事
月…次郎の日記	23　1年　新聞社見学
火…放送劇　1週より1年、2年、3年　4週　文芸班	25　3年　美術館見学
水…音楽	29　文芸班　作品批評会
木…音楽　1週 2年、2週 3年、3週 1年、4週 音楽班	2.15　校内マラソン
金…ニュース	2.25　映写会　〃国富の歴史〃

[illegible]

◇一般の中学校には制服はない。私たちの学校でもいろいろな服装をしている人がある。このごろ女子に多いセーターもさまざまな色とさまざまなデザインで、なかなかその人らしさを出している。◇ところが制服を勧める人がある。その理由の一つは制服を着ているとそれに恥じるようなことはしなくなるという意見である。◇制服を着ること自体はどちらでもそれほど大した問題ではない。しかし制服を着ればその人間が改まっていくという考え方はどうだろうか。◇制服に恥じたりせず人間として恥を知っていきたい。それは制服を着ていてもいなくてもいい。制服に関係のないことだ。◇記章に恥じ校帽に恥じ校名に恥じる。そういうあいまいな言い方をやめて、もっとはっきり自分の良心への恥を知るべきだ。

（注3）

出席者　三年　○松　川　慶　浩　　今　井　久　子
　　　　二年　　折　井　義　正　　○鈴　木　道　子
　　　　一年　　関　　　福　夫　　平　井　ふ　み
（○印は新聞部員）

(三)　わたしたちの新聞

『いずみ新聞』第八号ができた。去年の六月、創刊号を出してから、ともかくも毎月一回ずつ、きちんきちんと出してきた。考えると夢のようである。でも、ずいぶんいろいろな勉強になったと思う。この第八号は、前号までのにくらべると、かなりの進歩が見えると新聞部員の間では喜びあったが、今度、新聞部以外の人もまじえて、本号の批評会を開いた。

そのときの記録からおもなところをぬいて、次にかゝげる。

第一面	行事・放送（お知らせ）	約三時間
努力のたまもの　輝いた実力	パネ（短評）	おも茂と初七日
悪い風習をなくそう	第二面	職員室訪問
金子先生、日展に入選	中学生の服装について（座談会）	問題部より
夏休みの宿題（論説）	聞く楽しみ（意見）	図書館だより
私の主張（投書欄）	詩	転入（お知らせ）
		パズル

○『いずみ新聞』第八号を読んで

今井　第一面ですが、この国語研究会の記事と、「悪い風習をなくそう」という記事とは、学校新聞としては扱いが反対ではないかと思います。

関　どうしてですか。研究会のほうが、おゝやけのことというか、とにかく大きいことでしょう。

今井　大きい小さいは、考え方でちがいますね。考えようによっては、「悪い風習をなくそう」のほうが大きいともいえます。みんなに配ったら、このほうを先に読んでいたようですよ。

折井　そうですか。しかし、先に読まれるということだけで、先にしてもいいものでしょうか。

今井　学校新聞だから、それでいいと思います。わたしはたゞ、先に読むからというのではなく、学校新聞というものの性質から考えて、反対のほうがよかったと思うのです。学校に正しい世論を作っていくというところに重点をおいて考えると、国語研究会のことなどは、軽いと思います。

松川　これをどちらにするかで、実は、編集部でもとても迷ったのです。さんざん迷った末、とうとう研究会のほうをトップにおくことにしたのですけれど、平井さんなどはどう思いますか。

平井　わたしは、国語研究会も、研究指定校としての大きな発表会だったのですから、やっぱり先に出したほうがいいという気がします。

記事1

努力のたまもの　輝いた実力

—国語科研究協議会—

今学年四月以来、県から国語教育研究校の指定を受けて研究を続けてきた本校は、一月二十日県教育委員会主催で研究発表会を開いた。研究主題「文学の鑑賞について」。県外からも参加し、総数三〇〇。盛会だった。

県教育委員会主催の国語科研究協議会が一月二十日本校で開かれた。研究授業は一年Ａ組・三年Ａ組によって行われた。研究主題は〃文学の鑑賞について〃であった。午前中研究授業、午後は国語科の先生がたの研究発表、そのあと研究協議が行われた。研究協議には三年の生徒数名がるくらいしっかりしていて、次々とよい問題を出し思うさま話しあうことができた。午後の研究協議会には「生徒も出席してほしい」ということで残った。講堂ではいくらか心臓のわたしでも「生徒さんに質問」といわれるときすがにぎくりとした。残ったのはわたしのほかに山下さん・桜井さん・川口さん・北原さんだった。ふだんの学習についての質問も出た。みんなきびきびと答えた。ふしぎなほど力が出た。中学校時代最大の思い出になるだろうと思う。

参加させられた。この日の感想を三年の今井さんその他にきいてみた。

今井貞子さん談　あの日の感想といわれると思わず頭に手を当ててしまう。ほんとうに暑かった。三百人あまりの先生がたに囲まれて全く気が遠くなりそうだった。しかしグループの人は頼もしくな

一年生談　こわいような楽しみなような気持で研究会を待った。会場へいくと講堂いっぱいの先生がたである。思わず身ぶるいして席についた。みんな緊張している。「きっとこの何百人という中にわたしの小学校のときの先生も来ていらっしゃるだろう」と思った。夢中で一時間を過ごした。お答えもしたが、なんと答えたのか忘れてしまった。なんだか誇らしい気持だ。

（注4）

今井　それはやっぱり、研究指定校というふうな、ちょっといかめしい名まえにとらわれているのではないでしょうか。おゝやけということをひどく尊ぶならわしからではないでしょうか。

鈴木　そういわれると一言もなくなりそうですが、おゝやけということは、広くみんなに関係していることでしょう。それに内容としても、かたいわけでなく、生徒の感想が主になっていますから。

松川　そうですね。それから、会を知らせるのではなく、見出しでもわかるように、生徒の学力・努力をとりあげているのですから、たゞ学校で開かれた会というわけではないのです。一年のかたたち、いいですか。

平井　わたしはこんなことも考えます。この二つの記事をくらべると、国語研究会のほうには、生徒のいい面が出ていますし、「悪い風習をなくそう」のほうには、暗い面が出ていると思います。そういえるのだったら、やはり明かるい面がトップに出ているほうがいいように思います。

（賛成すべき発言に賛成をする）

関　ほんとにそうです。この「悪い風習をなくそう」が先に出ていたら、新聞全体がちょっと暗くなったかもしれませんね。

松川　わたしたちもそういう気がして、このように決めたわけです。しかし、とびついて読まれるのはどっちか、という点からは、確かに今井さんたちのご意見どおりですが、むずかしいところですね。

○

折井　前にもちょっと出たことですが、この研究会の記事、あまり研究の内容にはいらずに、生徒の感想などを入れたのはよかったと思います。

今井　「悪い風習をなくそう」も、真相をはっきりさせて、積極的に学校をよくしていこうとしている気持がよく見えていていいですね。

関　そういう気持が、大見出しに出ているわけですね。あと、「誤った自由」「よりよい学校生活を」と続いている

記事2

悪い風習をなくそう

―二学期の事件を追及する―

事件を反省して

二学期の終わりに一年生内である事件が起こった。それは一年生がおとなの社会にめざめようとする移り変わりの時期に善悪の判断を誤った行為といわれる。新聞部では、その原因・経過・結果を追及した。

発端は弁当

十二月初めのホームルームのときに一年A組のAが次のような発言をした。それは一年B組のBが弁当の時間にはいってきて自分の弁当にいたずらをしたというのである。ところが一年A組にはEというBの子分格の生徒がいて、それをBに告げ口した。そこでBは自分の仲間のCやDを連れ、Aを帰り道に待ちうけて諏訪神社の境内にひっぱりこみ、いやがらせをしていた。すると、通りかかったあるおとなの人が止めようとした。Cは「自分たちのけんかにおとなは口を出さないでほしい」といって、Aをいじめることをやめなかった。そのおとなの人は、あとで学校へ来て先生にこのことを伝えた。学校側では、すぐに事実を調査して、Bとその仲間に厳重な注意をあたえた。経過はこれだけであるが、その裏には重大なものがひそんでいる。BやDは組でなにかと勢力のあるほうだから、その勢力に引きずりこまれてCやEはBに味方してしまう。BやDはなおずにのって、よい悪いの判断もせずに物事を行うようになる。だがこれでよいものだろうか。

誤った自由

われわれが大きくなるに従い先生がたは一人前の人間として扱うようになる。小学校では年が小さいので先生は手を取って教えてくださるが、中学校ではいわば放任主義になっている。ところで今度のような事件は、この急な変化のためにまちがった自由の考え方をしたために起こったのだと思われる。小学校ではたとえばこづかいを持つにしても五十円以下とか、運動会や遠足のお菓子類は全部学

（注5）

No. 8　いずみ新聞　1956. 1. 25　水曜日　（二）

座談会　中学生の読物について

3年―神田・須尾・大塚・須田・中島
司会―山下

司会者―皆さんこれまでずいぶん本を読んできたと思います。そこできょうはぼくたちの読書について話しあってみたいと思います。
X―私は、「次郎物語」を読んだのですが、とてもおもしろかったわ。なぜかといえば、私なんかもう反抗期もすぎてしまったけれど主人公次郎の気持が私にぴったりくるんです。
X―ぼくも読んだけれど主人公次郎がぼくのような気までしてくるんだ。あの反抗するところが。
X―ほんとうにあの本は自分たちをよく理解してくれていると思う。
X―ぼくはその本を読んでいないのだが、おもしろそうだね。でも自分としては、スピリの「アルプスの山の少女」がよかった。
X―うんあれもいい、でも少しセンチだな。
X―でも通俗の少女小説とは違うぜ。あんな筋書きのわかった感動の少ないのとはな。
X―通俗ということが出たけど、いま一般に出ている少女雑誌や少年雑誌はどうなんだ。
X―やはり内容的深さがたりないせいか、話が終る前にわかってしまうようなのが多いのではないかなあ。
X―ぼくはあきっぽくていけないのだがこういう雑誌類は、写真を見るくらいかな。
X―ぼくはマンガだけ。
X―私は夢中で読みましたが、いまは妹が借りてきても写真くらいしか見る気がしません。
X―雑誌のことはこのくらいで、少女小説や冒険小説のことを話そう。
X―少女小説は小学校六年ごろ読みましたが、いまは読みたいとは思いません。
X―私もそうなんです。少女小説全部をけなすわけではないのですが、おもしろくないわ。
X―冒険小説もそれと同じさ。だめだね。
X―やはりぼくたちの目がこえたんだな。だって小学生のときは、ばかばかしいほど読んだんだからな。
X―ぼくはまだ読むよ。
X―ぼくもときどき。
X―じつをいえば、ぼくもたまには読むんだ。
X―ぼくも読むことがあるとすると、みんな偽ってたわけか。
X―ところで外国の作品と日本の作品を比べてみてはどうですか。
X―ぼくは外国物と日本物と比べて外国の方が好きなんだけど、どうしてかわからない。
X―なんとなく視野が広いように思える。
X―そうは思わないけれど外国物の方が親しみやすいのではないか。
X―私も日本の物と外国の物を比べてみますと外国の物の方が感動させられるものがあるような気がするわ。
X―日本は明治までの封建的な生活のために、外国に比べてのびのびとした自由な明かるい文学が出てこなかったのではないか。
X―私もそう思うわ。
X―神田君は日本物がいいのじゃないか。
X―よい作品ならどっちでもいいんだ。
X―それはずるいな。（笑声）
―以下次号―

聞く楽しみ

桜井常弘

一年生の時はあまり人と話をしなかった。いまから考えると、人と話をしないでいて、その時間を何に費やしたかと不思議である。

いまは学校でしょっちゅう話をしている。

一年生の当時の方がいまよりは時間中まじめであったかもしれない。少なくとも自習時間の四分の一は教科書を読んでいた。現在の自習時間は、一時間じゅう話でつぶしてしまう。よく話があると感心するかもしれない。自分でも一年生の時はよく話すことがあるなあと思ったほどである。でも自然と社交性が出てきて、いまでは人のことを、よく黙っているなあと思うくらいである。

さて、一年生の時話をしないでいて何をしていたかというと、これを自分で分析してみると、まずぼかんとしていた時と、勉強していた時とにわけられる。勉強していたのが全体の四分の一であるから、ぼかんとしていたのは四分の三になる。

ぼかんとしていた時というのをこまかくわけると、考えていた時、見ていた時、聞いていた時の三つにわけられる。

話をしなければ、自然と孤独になるが、このひとりでいる時に、聞く楽しみというのがあったのである。

たいくつしている時に、そばで話をしているのをぼんやり聞いていて、その話をいまでも覚えているようなものもある。

ところでもう一つ聞く楽しみというのがある。これは楽しみ聞く方法である。これが一番たのしい。これをいうと、変な気持をいだく人がいるかもしれない。それは自分を第三者にすることである。しらん顔をして、自分を目だたせないのである。静かにしていれば近くで話しているのがよく聞える。これを黙って聞いているのがおもしろい。ちょっとどろぼうのようであるが、おもしろいので、しょっちゅうやっていた。これを黙ってやっていられれば一番よい。

一年生の時はそれができた。いまはそれがついできなくなってしまうのである。ちょっとおもしろい話や、自分に関する話が出ると、話をしている人の方を見てしまう。顔を向けてしまえば、それで終りである。要するに聞く楽しみをじゅうぶんに味わうためには、話をしないことである。

詩を作ろうと思っていたら

私は詩をつくろうと思った
秋の詩を
秋の色をうたってみたいと思った
秋を迎えるすべてのものを見た
空を見た
ひきずりこまれるような　青い色
路上の木の葉
そう――こげ茶の色
町をゆく人々
グレーやイエロー、セピア　など
まるで色の波のようだ
ふと目をそらした
デパートのショウウィンドウ
なんという花やかにさびしい色
秋をかざる色が
私の目の中にとびこんできた。
私は一つ一つ
秋の色を心におさめた
気がつくと
詩は
いつかここにあった。　（飯島千代子）

転入・転出

転入
二A　中野栄子（広島）
三B　伊福八重（岩手）
三B　栗田き子（埼玉）

転出
三B　岩井かほ子（京都）
三C　三井輝雄（大阪）

ホームルームだより

一年A組　一年A組ではみんなでお金を出しあいボールを買いました。ホームルームの時間にはそのボールを使って楽しくゆかいに遊んでいます。

ホームルームでボールを使うようになってからクラスが明かるくなったようです。

それから中学生新聞を共同でとりはじめました。新聞はクラスで三つ出ています。三つの新聞が競争でいいものを出そうとしています。今「これからのよい人とはどんな人か」という問題でどの新聞も論じています。

一年B組　わたしたちのクラスはとてもいいクラスです。その証拠には、たとえばこの間クラスで国語の時間に朗読会をしました。外がやかましかったり声が小さかったりすると、わたしたちは息をひそめるほど静かにしていっしょうけんめいに聞きました。そして先生に「あたたかい態度だ」とほめられました。

一年C組　わたしたちは毎週金曜日の朝のホームルームの時間に校歌をうたうことにしています。そのうち校歌を作ってみんなでうたいたいと思っています。

二年A組　わたしたちのクラスをいちばん明かるくしたニュースは、こんどすばらしい転入生を迎えたことです。中野さんが来てからクラスはぐんぐん力を増しています。自力で学び積極的に活動し学校全体のために奉仕する、そういういきいきした気持があふれて楽しくてなりません。ばんざい、2A！

二年B組　月曜日は自治会。クラスの問題を考える。火曜日は自習。水曜日は各部から状況発表。木曜日は全校集会でなし。金曜日は音楽を聞く。土曜日は交代で問題を出して学力テスト。

二年C組　2Cの特色――まず第一に運動の盛んなことです。運動会・マラソン・校内試合のバレー・ピンポンなどみな優勝しました。こうなるためにはクラスじゅうがそれこそ心を合わせてやっています。みんなスポーツが好きなんです。だからゆうふんいきができているんです。優勝はそのふんいきから咲き出た花です。

三年A組　われわれのクラスは学校内でいちばん明らかな、またしかられるクラスである。学校で何かが破損するとまずわれわれのクラスに目が向けられる。実際モサ達がいるが、いたって純真である。ホームルームになると先生もいっしょに笑いころげる。これこそほんとうのホームルームである。

三年B組　普通なら猛烈に勉強するはずの三年生なのに、ぼくたちのクラスはどうもそういう人が見あたらない。先生から受験の話が出るとちょっと深刻な顔つきになるがすぐ忘れてふざけまわる。案外だいじょうぶだよ。そのときになれば、とのんきなことをいったり、案外だめだったらどうする、などと心細がったり、けっきょくすべて楽しい。

家庭学習の時間は平均約三時間

―生活調査の結果まとまる―

さる十二月の生活調査の結果が、このほどまとまった。次に示すのがその統計である。

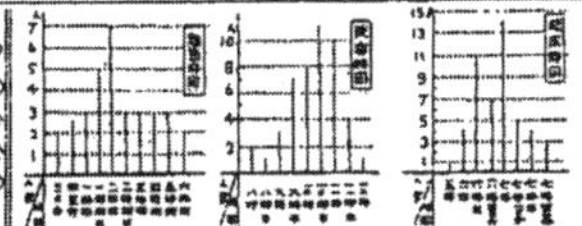

図書館だより

◆第三十一回読書会
一、とき　一月二十四日（火）三時
二、ところ　図書館会議室
三、題目　[illegible]
司会　伊藤信夫

◆第六回座談会
一、とき　[illegible]
二、ところ　図書館会議室
三、題目　どうしたら図書館を充実させることができるか
司会　[illegible]

◆新着入図書より
[illegible]
ベートーベン（[illegible]）
[illegible]
[illegible]と日本（[illegible]）

転任先生を訪ねて

白井先生を訪ねて

―先生はいつごろから国史をおやりになりましたか。
―そう、昭和六年、専門的にやりだしたのは八年だな。
―先生になられたのは何年ですか。
―六年だよ。
―失礼なことを伺うようですが、先生になりたくておなりになったんですか。
―そりゃ、もちろんそうさ。
―先生は囲碁がご趣味だそうですね。
―うん。趣味というよりは、もう少し好きだな。最近またばかに[illegible]たくってね。
―いま何をおかきになってますか。
―町かどの風俗ということ[illegible]たらまた社会科教室にかけるよ。

お七夜と初七日

私は社会科の試験にお七夜を初七日としてまちがえてしまった。こんなことをまちがえてずいぶんばかだとみんな思うかもしれない。いくら私でもお七夜と初七日ぐらいは知っている。けれどもそのときに忘れたというよりも、迷ったのである。私は初七日といえば生まれて七日めというようで感じがいい。お七夜と夜がつけば、暗い感じが出る。だから私はお七夜を初七日にしてしまった。

ほんとにやっかいなことばだ。私だったらお七夜を初七日に、初七日をお七夜にしたものを。（二A・藤井英子）

購売部より

ノート	A	50円
	B	30
	C	20
レポート用紙		30
便箋		70
封筒	A	25
	B	15
原稿用紙	A	20
	B	30
半紙	A	50円
	B	20
けい紙		20
ナイフ		25
けしゴム		10
とじこみ表紙		45
ハンカチ		30
粉せっけん		10

パズル

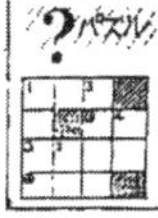

たてのかぎ
1 [illegible]
2 [illegible]
3 [illegible]
4 [illegible]

よこのかぎ
① [illegible]
② [illegible]
③ "[illegible]"の英語
④ "[illegible]"の英語

4　対話力の育成
――優劣を意識させない授業――

新制中学校が発足して間もない一九四七年、大村はま先生が赴任された東京・深川一中の教室には、窓ガラスや黒板はおろか、机もいすもなく、広い講堂のような部屋に生徒が百人ほど集まってわんわん騒いでいたという。教科書もノートも鉛筆もなく、ガリ版もないのでプリントを作ることもできない。

先生はその時、東京が空襲で焼ける前に、いくらか疎開させてあった荷物を包んでいる新聞紙で教材を作ることを思いつかれる。新聞や雑誌のいろいろなところを切り分け、その数が百くらいになったところで、それらに「学習の手びき」を添えて教材にされた。

これらの資料を走り回っている生徒たち一人ひとりに渡していかれた。ひとたび学習の資料が与えられ、学習の方法が手びきされると、生徒たちは食い入るように学習に入っていったと語られている。新聞による学習の創造である。

先生の実践の特色は、国語教室を言語生活を営む場とし、一人の日本人として生きていく基本の力を、主体的な学習を通じて中学生一人ひとりの身につけていかれた点に見いだすことができる。そのために先生は、社会生活に必要な国語の能力の分析を進め、それらを実践の中にうつしてこられた。

一人前の社会生活を営んでいくためには、読むべきものがあれば探して読むことができ、書くべき時に対象・

相手を考えて明晰（めいせき）に書けねばならない。それにもまして、社会に必要な言葉の力は、学力の基本でもある「聞く力」であり「話し合う力」である。この考えを基底に、先生は教室での生徒と先生の「対話」を重視された。先生から問いかける「問答」だけでは「話す力」が育たないからである。

新聞を資料とする学習は、未知の情報の内容や背景を指導者も共に考え合う自然な「対話」の場であった。加えて、新聞による学習により、先生の願っておられた民主的で戦争のない平和な社会を築くために必要な、「世界の子どもたちが互いに理解し合うこと」も深まっていく。また、民主社会成立のための世論形成に新聞は欠くことができないとの考えから、「学校新聞」「学級新聞」の制作・交流を重視してこられた。

そこでは、新聞づくりを通じて話し合い、協力し合うという優劣を意識させない一人ひとりに応じた役割がある。さらに、意見、説明、報告、文芸などさまざまな種類の文章を書く機会があり、そのことが児童・生徒に言葉への自覚を促し、自己を見つめさせ、教育の本来の目的である個性を伸ばすことにつながることを見据えておられた。

五年前、横浜に「日本新聞博物館」が誕生した。この博物館は、大村教室の「新聞」学習が契機となって、その後の五〇年間に「かわら版」や、わが国最初の邦字新聞をはじめ、一〇万点以上の新聞を集めた羽島知之氏（東京都在住）のコレクションがあって初めて可能となった。その羽島氏は折に触れ、「私の新聞研究の原点は中学一年の時の新聞学習にある」と語り、次のように記している。

「国語の授業は、グループごとにいろいろなテーマについての調査・研究・発表という形の効果的な学習が行われた。新聞・雑誌・ラジオ・読書など身近な課題の中で、中学一年生としてわからないことばを書き出したり、新聞記事の書き方を学んだり、学級新聞や文芸雑誌をつくり、放送劇を制作するなど、楽しい授業であった。これらの学習の場で、口の開かない仲間が人前で堂々と意見を述べられるようになったり、現代でいう登校拒否や

校内暴力などの問題をかかえる生徒が立ち直ったりした」（「新聞資料」00・7）

ここには、人前での発言・発表に際しては、決して失敗をさせてはならないと全力を傾注された先生の姿が浮かんでくる。また、話し合いの場に誰かが参加しなかったり、疎外される生徒が一人でもいると真の話し合いは成立しないとの考えから、一人ひとりに独自の発言内容をもたせ、価値のある「話し合い」をさせていかれた実践が思い起こされる。あわせて「能力の差は個人差の一部」ととらえ、優劣を意識させずに学ばせる工夫をし、一人ひとりを大事にされる先生の姿勢が、クラス内にお互いを尊重する姿勢を育てたといえる。先生のこうした理念と実践に学んでいきたい。

（「徳島新聞」06・11・3）

Ⅲ

1　個に応じ　みずから学ぶ意欲に培う教育を求めて

徳島県小学校教育研究会（95・2・6）

徳島県小学校教育研究会主題研究大会がもたれるようになり、すでに二二回を数えるとお聞きしました。県小教研の成果には、実践研究に携わるものとして、毎年、深い関心を寄せてきております。

私自身は、現場人として教育実践に携わる一面、明治以降の先達の豊かな遺産に学ばねば、自己の実践は深まらないと考え、実践史の研究に取り組んでまいりました。

先達、西尾実氏の「実践即研究、研究即実践」の姿勢に学んでおりますと、揺れ動く社会の中で、小・中・高等学校教育の先人が、あるべき方向をめざして努力を続けてこられた点が浮かび上ってまいります。

本日は、設定されました研究主題に即しまして、現代教育の課題に迫ってみたいと考えております。

まず、「個」が生かされてきた教育の姿をいとぐちとし、三つのことを申しあげたいと考えております。一つ目に「個性豊か」とテーマにございます。その「個（一人ひとり）」をどう捉え、どのように応じていくか、について。二つ目に、みずから学ぶ意欲に培うという、その工夫のいくつかを。三つ目に、国際化教育が言われております、その基底について　申しあげたいと予定しております。

(ア)　私どもの大学では、先日、数学者の藤原正彦氏をお招きして講演をしていただきました。内容は、情緒の面からの教育改革を！というお話で、心に沁みるものでございました。今まで主張なさっていることとともに、私には個人的に関心を寄せている方でございました。それは、藤原ていさんの『流れる星は生きている』の中の人物であるからでありました。お母さんのていさんが、中国の東北部（現在の長春）から、敗戦直後、三人の子どもさんを連れて歩いて国境を越え、引きあげてこられた話は、昭和24年に出版され、大ベストセラーになって有名であります。その時、お嬢さんを背おい、二人の幼な子の手をひいて、飢えと混乱のなかを歩き続けたという、その子どもさんであったからであります。その時、「死んでたまるか」という気持にていさんをかりたてたのは、大村はま先生の教育であったと、のちの作品、『絆』に書かれています。

敗戦・飢餓、貧困、引きあげ、病気などをのり越え、「生きる」ことを切望してきた記録を残した藤原ていさんは、七〇年（当時）の人生を振り返ってみると、「切なく苦しかったことのみが大きくうかんできて、楽しい日々は少なかったように思う」とも書いていますが、「誰にも頼らず自分の力で生きよう」という意欲を与えてもらったのは、女学校の時の恩師　大村はま先生だったと書いています。

昨年の夏に、この話をしますと、大村はま先生は、「それは、ていさんがえらいのよ。」とさらりとおっしゃいましたけれども、先生の教育――人はおたがいに誰かを育てながら生きている、何より自分自身を育てながら生きている」を基底においた教育――は、そうした極限状況のなかで生きてきたということであります。

(イ)　大村教室で「個＝一人ひとり」が生かされてきたことは、藤原ていさんのほかの方のことばの中に、何度も出てまいります。諏訪高女の卒業生で、東京女高師を卒業後、病院に嫁ぎ、患者さん一人ひとりに毎回食事について手紙を書いた茅野和さんは、「体が弱く、学校を休みがちだった私は、生きる力を大村先生から与えていただきました。」と記している。

(ウ)　また、諏訪高女の卒業生の「クラス会での話し合い」の記録をみていくと、ある人が「心に沁みていることは、大村先生がほんとうに一人ひとりを大事にして下さったこと」と話すと、別の人が「自分がいちばん先生に大事にされている気がしていました。」と語る。と、「わたしも」、「わたしも」と発言が続き、「それが、国語ができる　何ができるというのでなしに、戦中、戦後の私たちを支えてくれたと思います。」と続けられ、「その、人を大切にするという心がずっと通っていると思う」と記されています。〔本書Ⅳ－3　451ぺ～教え子のことば参照〕

(エ)　今、福島県に住まっている笠原美称さんは、「私たちは、大村はま先生の教育のあかしだとよく想います。学ぶ喜び、生きる張り合いを感じとらせていただいた。」と書き記しております。(456～457ぺ)

個が生かされてきた教育の例を　いとぐちとして取りあげました。

一　本日の演題の前半に「個に応じ」とあります。教育が一人ひとりの学習者に、社会的存在としての自己をみつめさせ、自己確立をはかるように育てる営みと考えるとき、個を生かすことは、その原点と申せます。

学校においては、クラス集団で、また、グループで、あるいは、個別で学習する形をとるにしても、教育は結局、個に応じ、個を生かし、個を伸すために行われる、と考えますと、その基底に「個を捉える」視点が働いていなくてはなりません。

この「個を捉える」視点が、これまで、成績に重点がおかれすぎていたと申すことができます。たとえば、上位の児童は……、とか、中位の児童は……と発表資料や指導案に書かれてきているのは、知識・技能に中心がおかれた、学習者把握の現れであると考えます。――私自身は、知識・技能や、要素的な力は、これからも目標に掲げ、身につけさせていかなければならないと考えておりますけれども。その視点だけでは問題です。

今、新学力といわれている　興味・関心、意欲、態度は、学習力の要素として、当然、指導者の視野にはいっていなければならないものであります。それらは、明治20年代から、先人たちによって重視されて参りました。関心をもたせ、意欲をわかせなくては、真の学習は成立しないからであります。それらが　昭和33年以来、知識・技能の系統が声高になるに伴い、影をひそめていたのではないでしょうか。今回の提言で学力観の変革のように言われるのは、考え違いであります。

1、「個を生かす」ためには、どのように「個を捉える」かが重要となります。広く行われている　日記指導の面から申してみたい。

日記指導によって個を捉え、一人ひとりを生かす人間教育を目ざしてこられた方に亀村五郎先生がいられる。

(ア)　一年生の一二月に、中村尚子さんが、次の日記を書いています。

きょう一かいもやすんだことのないほりちくんがやすみました。あたしは、いつもはうるさいほりちくんだけど、ほりちくんがいなくなると、さびしくって、いやなかんじがしました。

あたしが、はしかでやすんだときも　ぶんかさいのまえにやすんだときも、ほりちくんは、あたしとおなじきもちだったんだろうなとおもいました。

あたしは、ほりちくんのことだから、ちこくしてくるかな、とおもってたけれど、朝のテレビがはじまってもきませんでした。

あたしは、ほりちくんのつくえのほうをみながら、

「ほりちくんのばか。」

とか

「やだなあ、ほりちくん。」

といいました。
さんすうのじかんもすぎて、こくごの、ストップよみのとき、ほりちくんのばんがきたから、ちょっとせきをひいていれました。

というものであります。これに対して、亀村先生は次のように書いていられます。

きのう、堀地直也が休んだ時、尚子は、こんな心の動きをしたのである。尚子は、自分のとなりの席の堀地の欠席に、小さな胸を痛めていた。そして、自分の休んだ時も、堀地はこんな思いをしたかな、と思い、堀地のくるのをジリジリと待ち、国語の時間の、順番に読む番がまわってきた時には、堀地が読んだように、ちょっといすをひいて入れているのであった。

中村尚子は、心のやさしい子である。一年生にしてみれば、おませのように見えるが、このくらいのことはする子だ。わたしは、日記から目をはなして、彼女の席を見る、そして、私の知らなかった昨日の彼女を思い出そうとする。そして、尚子に、となりの堀地くんと、もっと仲よくするのだよ。学校というところは、そういうところだ。友だちのことを思うところだよ。このやさしい気持ちが、尚子のいいところなのだから、これを伸ばしていこうな、と話しかける。

と書き記していられる。

(イ)　ついで武居恵子さんは、一年生の一一月に、次のような日記を書いている。

きょうがっこうで、こくごのかきとりをしているとき、たんがでたくなりました。でもだしにいくとき、くちがきけません。わたしは、かみに、「せんせいたんをだしてきます」とかいて、せんせいにみせたら、「わっははは。」と、せんせいがわらいました。わたしは、「せんせいってひどいなあ。」とおもいました。人が、くちがきけないから、かみにかいているのに、せんせいはほんとうにひどいわ。「ごほごほじゃぶじゃぶ」とうがいをして、きょうしつにはいりました。わたしは、きょうしつにはいると、はずかしくてたまりません。

みんなせんせいのわらっているのをみて、わたしのことだとおもったのかもしれません。わたしは、せんせいをひどいとなんかいもおもいました。せんせいはいつでも、

「みんなかわいい。」

なんていったけど、わたしには、ばかにしているようにみえました。わたしは、せんせいをきらいでもすきでもなくて、ふつうだけど、こういうときは大きらいになる。

という日記であります。

亀村先生は、こう説明していられる。

武居は、からだの小さい女の子であった。小さいけどきりっとして、頭がよく働く子であった。国語の書きとりの時、すくっと立って出て来た。手に小さい紙切れを持って、だまってわたしの前に立った。わたしは、

「どうしたの。」

と聞いたのだが、それには答えず、ノートのはしを破った紙切れを出した。そこに「せんせいたんをだしてきます。」と書いてあった。けれどもわたしには、クシャクシャと書いてあるその字の意味が読みとれず、あっけにとられて、彼女の顔を見たら、指で口をさしたのでやっとわかったのである。そのすがたや顔つきがあまりおかしかったので、わたしは思わずふき出したのである。彼女は、わたしの笑ったのがあまりにしゃくなので、こんなに長く書いてきた。「せんせいたんをだしてきます。」という文は、まことにみじかいが、彼女にとっては、おそらく、文を実用に使ったはじめてのものだろうし、よく考えた末の行ないであった。笑ったわたしは叱られてもしかたがない。わたしは、

赤いペンで次のように書いた。

「けいこちゃん、ボクは、あのとき、わからなかったから、ちょっとくびをかしげたら、けいこちゃんが、ゆびで口をさしたでしょう。そのかおがあんまりおかしかったので、ついわらったのです。けっしてバカにしたわけではありませんから、かんべんしてね。きらわれてもしょうがない。ボクはこれからきをつけます。こんどだけは、かんべんして。」と。

「そしてわたしが、こうしてあやまることは、人間としてである。一年生の子どもも、人間である。しゃくにさわったことをした人に対して、謝罪を要求していることに「うけこたえ」をしなければならない。」と書いていられる。ここには、武居さんの個性及び、亀村氏の人がらと考え方がよく表れている。続けて、

「日記のあと書きは、こうして、まずありのままに、すなおに、肩をはらないで書くべきだと思う。何かいいことを書いてやろうとか、役立つようにしてやろうとかいう気持ちが全面に出ると、説教くさくなり、固苦しくなって、すなおに子どもの心にはいっていかなくなる。」と記されている。

日記の指導は何のためかを問うと、

○よい題材をみつけるようになるであろう
○文章が上達するであろう
○生活指導のため　等の答が返ってくる。

しかし「生活指導のため」の日記指導を行なっていると、タテマエだけしか書かなくなる。日記指導は、心を通じ合うため、個をとらえ、その子を育てるために行なうと考えたい。

日記のあと書きが、「もっとくわしく書いてほしかった」と評を下すだけ、ハンを押して返すだけでは、日記による教育・指導になっていかない。書くことは考えること、ゆえに「考えるために書く。」「心の中をはっきり

させるために書く」「個を生かすために書く」意義が加えられねばならない。

2、次に作文の例をとりあげてみる。

芦田恵之助先生は、教室における作文の実践によって、八〇年前に、児童一人ひとりを捉えた教育を営まれた方で、徳島へも何度か来られた方であります。

児童一人ひとりに内省がはじまる尋四の実態を次のように記していられます。

「尋常四学年は、全く変化する時である。……事実を事実のままに書くことには満足しないで、事実の中心をとらへようとする傾向を生じる。遠足や運動会の記事を前夜から書きはじめることはすたれて、自分に最も気に入つた一節をまとめて書くやうになる。その要領を会得した児童は、……綴ることに深い興味を持つて来る。そのかはり文章は短くなる。」と。これが四年生の特質でございます。短くなるのは、「分量の上のことで質は尋三頃に較べてきはだつてちがつて来る。」とも記されています。

指導者は、児童のこうした発達段階に即して、一人ひとりを把える必要があります。

また、芦田先生は、四年生の作文を例に、次のように書いていられる。児童の作文は、「僕のすきな遊び場」との題で、

僕のすきな遊び場は占春園の笹藪の所である。中でも一番い、所は、右側の平たい所の上の方である。あそこは笹が三尺ぐらゐあつて、人の目に立たない所である。そこの上にねころがつて、ころころ笹の中をころがつて行く時に、何ともいはれない面白さがある。ちようどころがつてしまつた所に、一つの手洗ひ鉢があつて、それが木内君と永野君と僕の秘密である。その名前は谷中の基地といふ。そこはころがつて手のきたなくなつた時あらふ所だ。占春園は

見晴しがよく、木がたくさんあるから空氣がよくて遊び場所には實によい所だ。

芦田先生は、この作品について、「占春園は遊ぶことの禁ぜられてをる所である。そこをすきな遊び場として選題したこの児の無邪気さが思はれる。」と記し、「私はひそかにこの表裏なき態度が、文の上に尊いことだと思ふ。」と書いておられる。さらに、「私はいまだかつて文の上から児童の罪状を摘発したことはない。人はとやかくいふが、ここに至るまでの赤心を児童の腹中におくことは、二三年はたしかにかかる。」とも記していられる。綴り方に自己の生活を書いて咎められることがない、こだわりのない相互信頼の念ができるのに、二三年はかかると述べておられる。しかも、「人はとやかくいふが」とあるなかで、安心感をもたせる大切さ、人間関係に心したい。

亀村先生、芦田先生の教室からは、いわゆる「いじめ」はでてこないと申すことができる。

本日は、特には取りあげませんが、二十数年来問題とされながら、あとをたたないばかりでなく、昨年来いたましいできごとが顕在化している「いじめ」の問題は、知識・技能を学校教育の中心に据えてきたため、相互信頼の念を失なったり、正義感を育てていなかったり、一人ひとりをだいじにすることを失った教育のひずみからくると私は考えております。「いじめ」によるいたましい問題は、いま中学校の例として多く伝えられておりますが、その根は、小学校における教育にもあるのではないでしょうか。それは、先生に大事にされていない児童・生徒がいじめられているからであります。昭和30年代以降、教育界が片寄った能率主義＝知識・技能の系統化の面にのみ、目を向けた結果、反応の早い、ペーパーテストに強い学習者に目がかけられ、じっくり型の、いわゆる成績のふるわない児童・生徒が先生に大事にされない一面を生みだしてきた、それが中学校で表れてくるとみることができるのであります。

亀村五郎先生、芦田恵之助先生、大村はま先生が捉えられた「個」の姿は、心のやさしさであったり、言うべきことは先生にもきっぱりと主張する姿勢であったり、自らをみつめる態度であったり、正義感であったり、また、人を信頼し互いに育てあう人間観として表わされていた。

「個に応じる」とは、「個性に即応する」ということで、「能力差に応じる」だけではないのであります。

そうした個人差に応じるため、一人ひとりの「個」を捉えるためには、こうした①日記、②作文に目を向けるほか、③指導者との対話のなかで、耳を傾けて聴いたり、話のなかに相手の心を識ったり、④学習時の関心の向け方や、学習後の、自己の課題を克服しようとする態度によって、⑤また、意図をもって指導する「学習記録」のなかから、ねばり強いとか、こういう面に集中力があるとか、継続性がみられるとか、公正さ、正義感に富むなど、個性を見抜き、⑥学力をみる面からは、評価に工夫をこらして、ア部分反応をする、イめずらしいことばだけに目がむき、全体の把握ができない、ウ拡大解釈をする、エ強弱軽重がみわけられない、などなど、克服させねばならぬ問題点を捉えていくことがだいじとなる。そのように目配りをすることによって、どの教科においても、この学習者には、こういう課題を克服させるとの指導が可能となり、生き生きとした教室が創りだされていくと考えられる。

二　みずから学ぶ意欲に培う　について

みずから学ぶ意欲の根基として、学ぶ喜び・学ぶ楽しさ——成就感——を体感させる学習のなかに、学習者が社会人として生きぬいていく学力をつける営みが行われていなければならない。

1　昭和戦前期、鳥取県で児童の生活を拡げ、郷土に生きる人間を育てようと力を尽された方に、峰地光重先生がおられる。

戦後は、特に招かれ、岐阜県多治見市の廿原（つづはら）分校で独自な教育に携わられた記録、「はらっぱ教室」が「著作集（全15巻）」のなかにございます。峰地先生の実践は、現在の「生活科」そのものから出発し、それを拡大した営みであります。先生は、動・植物、砿物、社会、および人間生活のすべてを対象として学ぶ楽しさを教えていかれました。ことば（国語）・算数をも含んでいますので、より本格的な「生活科」と申すことができます。

この教室の姿を一年生の山田美代子さんが、次のように書いています。

ゆびものさし

（一年　山田美代子（やまだみよこ））

せんせいに、つめを　きってもらったとき、ものさしで、中ゆびのつめのながさをはかってもらったら、ちょっきり一センチありました。

それから、ある日のこと、せんせいに、メートルのことを、ならいました。せんせいは、こくばんに、一メートルのながさをはかって、しるしをつけて　くださいました。それに、わたしの手を、あわせてみたら、みぎの中ゆびのさきから、ひだりの手くびまでが、一メートルでした。それでひだりの手くびに、インキで　赤いせんを　つけてもらいました。それから、十センチのながさは、中ゆびのさきから、手のひらの中ほどでした。それで、そこにも赤いせんを　ひいてもらいました。

そうして、わたしの手に、一センチと、十センチと、一メートルのしるしが、つきました。

七月五日のばんかた、わたしは、はたけで、きうりのながさを、はかってみました。十五センチと、十三センチのが　一つずつありました。

峰地先生は、この作品の解説に「わたしが、ここ　つづ原分校の先生になったのは、子どもたちの爪切りから、はじまったようなものでした。」と書いておられる。

ものをはかる方法を知ることは、即ち学習の方法を身につけていく第一歩であります。

先生は

「ゆかりさんの、お家はどっち？」

「お兄さんは、ある？」

「あの山の名はなんというの？」と対話をしていかれる。

「爪を切りながら、わたしははじめての土地のいろいろなことを、子どもたちに教えてもらい、子どもの仲間にいれてもらえたのでした。この時、ふと爪の長さをはかってみる気になって、ものさしではかってみると、ちょうど一センチでした。

そののち、さんすうの本に、センチやメートルのことが、でてきました。そこで以前爪をはかったときのことを思いだして、はかってみると、一年二年くらいの子どもの爪の長さは、だいたい一センチです。そこで、一センチ、十センチ、一メートルと、みんなに赤インキでしるしをつけました。からだが、ものさしになっていますから、どこへ行っても、何でもはかれます。そしてしるしが消えても、だいたいの長さは、おぼえていて、はかれるようになったのでした。

ものかっこうを知るためには、長さというものをはかって、それからしったり、しなくてはならないのです。」

と書いておられる。

子どもの興味・関心は、育てていくものであると教えられます。また、先生に教わりはじめて三年目になる山田勝年くんは、次の作文を綴っています。

ひだりまきまいまい　　六年　山田勝利

五月三十日（日）朝早くから、東山に行った。いく道で、ひとりしずかと、ふたりしずかをとった。それから、ちょっとさがった所で、きいろな花を見つけた。くきも、花も山あざみによく　にているが、花の色が、この花はきいろです。

それから、川をこして、はんたいの方へいった。大きなすぎの木が、いっぱいある石のがらがらの所をのぼりかけた。その時、石のへりに、ひだりまきまいまいが、ころがっているのを見つけた。ぼくは、さっそくとって、よく見た。みぎまきまいまいは、ひらがなの「の」の字ですが、ひだりまきまいまいは「の」の字のはんたいです。このまいまいは死んでいました。そして、まいまいの　からの中には土が、いっぱいはいっていた。またひだりまきまいまいを　とった。これも死んだのである。またとった。これも死んでいる。少し上の方へ行くと、さくらの割る木が、あった。それを父と、家にもって来た。

ひだりまきまいまいは、ぼくらの四年生の時から、峰地先生が、「岐阜県には、ひだりまきまいまいがいるはずだから、見つけておくれ。」と、いっていなさった。それを、今日は、見つけたのだから、うれしかった。

と表現している。学習の成果、成就感の表れとみることができます。学習を生き生きとさせるために書く作業が行われたとも申せる。

それから、二三日たって、峰地先生のところへいった。そして

「先生。」

と、呼ぶと先生は、でてきなさった。ぼくは、

「先生、東山にでんでんむしのひだりまきが、いましたよ。」というと、先生は、

「またじょうだんを　いいに来た。」と、いいなさった。

「ほんなら(それなら)、持って来て、あげらあ(あげるよ)。」

と、ぼくはいった。

家へ来て、ひだりまきまいまいを　持って、先生のところへいった。すると、先生は、ゆびで、ひだりまきまいまいの上に、ひらがなの「の」の字をかいてみて、

「ほう。ひだりまきまいまいだ。」

と、いいなさった。

先生のはなしによると、このまいまいは、寒いところがすきで、岐阜県を、さかいに、滋賀県から、西にはすんでいないのだそうです。そこへ、たんぼではたらいていた為男君が、きて、

「三年目に、やっと勝年君が、見つけてくれました。」と、先生はいいなさった。

このまいまいは、六階（六層）になっていて、口はそとにそりかえって開いている。うらには深さ一センチのへソ穴がある。まいまいのさしわたしは、三十五ミリ。

からだぜんたいは、うすむらさき色、その上に、一本のこいいむらさきの線がある。


六年生らしく、形、色、大きさ、形状などきちんと記録されております。解説については、省かせていただきますが、七月四日に愛知県との境にある東山へ児童と採集に出かけ、六人でめずらしい陸生の貝五種類を三五個見つけたと記録されている。

そのほか、先生が拾ってこられた「かしらだか」を二年生のみんなで観察し、共同作文にまとめる作業、フズリナの化石を拾ったこと。四年生が　へくそかずらを観察した記録など、生き生きと語られている。学習を生き

生きとさせるための書くことの役割を改めて考えさせられます。

小学校における教育は、学習者の可能性を拓く営みですので、発達していくべきものの芽を育て、土台を築いていかねばなりません。程度においてはやさしくても、後の発展の萌芽となるように、知的な広がり、技能の向上を求める意欲・態度を育成していくこと。また、もつべきものへの興味・関心の芽が伸ばされねばならないと考えます。

峰地光重先生の実践においては、知識・技能、態度・習慣の育成に際して、調べたり、観察したり、栽培したり、飼育したり、実験したり、製作したりする活動が、即ち、学習の手だてが身につけられていく。しかも、考えることと結ぶために書く作業にしていかれるところに特色が見出せます。

新しいスローガンとして、関心・意欲・態度が声高かに叫ばれておりますが、学力の基底となる「関心・意欲」は、児童のもち合わせているものをさしているのではなく、自主的に学習させる指導者の工夫のなかから生まれてくるもの、「育てるもの」と申さねばなりません。

2　また、みずから学ぶ意欲に培うためには、学習の成果を自ら確認しながら進める作業となっていなければならないと考えます。

もう一つ事例をあげてみます。附属小学校の片岡弘治先生は、担当している六年生を自己をみつめるように導いてこられた。自己の存在を真剣に考えるようになってきている六年生の秋が、自らの将来の生き方を考えさせる時期と判断され、大村はま先生に学んで、一つのことに自分の一生をささげた人物の伝記を読み、自己について考えを深めるため、「もう一つの生き方をさぐる」という単元を昨年（94年）構想された。

国語科にかかわる目標は、ここでは省略に従うが、学習活動としては、「その人物の行動や考え方について、自己と比べたり、共感したり、批判したりしながら読む」というものであります。今回選ばれた伝記は、田中正造、手塚治虫、ガリレオ・ガリレイ、マザー・テレサ、宮沢賢治の五人で、一人もしくはグループで伝記を読み、劇にしたり、紙芝居にしたり、壁新聞にしたり、年表を作ったりして、「発表会」をする授業であった。

学習のプロセスにおいて、手びきに従って詳しく読んだり、心情を考えたり、意見をメモしたり、話し合ったり、台本を作ったりする活動のなかで、学力を育てる機会がさまざまに設けられていた。

ここでは、学習記録の最後の部分の要点を紹介したい。

ア　K・Hさんは、「私は、田中正造のことを紙芝居で表わして、よりいっそう　その人の生き方を知った。『人のためにつくす……』このことばが強く心に残った。相手のためということは、今まで私にはあまりできなかった。……紙芝居の最後で主人公が言った『自分のことだけでなく、相手のことも考え……』のことばは、みんなに訴えたかったし、私の気持でもあった。とてもよい機会にめぐりあえた。」と記している。

イ　M・Aさんは、「私は、手塚治虫さんについて調べ、劇にした。手塚さんが、医者の資格をもっていたのになぜ漫画家になったのか。なぜ私たち子どもを『未来人』と呼んだのか、など、劇を作ったことにより、いろいろなことを知った。劇にしたことにより、未来人として命を大切にしていかなければならないという思いをもった。」と記している。

劇は、人間の生き方を生活的に表わしている点ですぐれた教材であるとの大村はま先生のことばが思い起される。

ウ　N・Iさんは、「今までの勉強と少しちがうこの単元は、資料にいろいろ自分の考えを書き込めて、自分の考えや気持ちを深めることできた。……私には、マザーテレサのような生き方は、なかなかむずかしいことです。

でもその人の考え方・生き方を学ぶことはできます。この単元では、自分のこととして学ぶことができ、発表することによって深められたと思います。」とまとめを書いている。

エ　E・Hさんは、「わたしは、田中正造の考え方をこれからの社会にどう活かすべきかを表わそうとした。……この単元を終えた今、正造の生き方がわたしの心に深く刻みこまれた。そして新たに正造のような考えを多くの人に理解してほしいという願いも生まれた。それなら正造の考えを未来へ生かす役目にならなければならないのは、私たちなのだと思う。がんばりたい。」と書き記している。

これらの「学習の記録」に、単元の成果がよく現れていると申すことができます。とくに、指導者が意図された「自分が正造の立場だとすると」と、伝記中の人物の立場にたって考えるところや、最後の決意など、ねらいが生きているとみることができる。

研究会などにおいて、子どもがどう変ったかとの質問や批評を耳にすることがございます。私は、一時間で変ることもあるし、目に見えるように変らないこともある。むしろ、どのようなねらいをもって学習が進められ、本気でとり組む学習になっているかどうかを考えるようにしております。長い目で観察をしていくと、この学習者たちは、きっと変っていく、なんとなれば、もつべきものに関心・意欲をもち、意欲的に読み、考え、問題を解決する態度が育っているからであります。

また、生きた人間像の確立は、徳目による人間像でなく、生活と切り結んだ場において、自主的自律的で個性的な像として結ばれていかねばならないと考えております。

わたしどもは、よく、教育によって人間を育てると申しますが、どのような人間を育てようとしているのか、人間像の共通理解ができていないと考えます。他人の不幸を見のがさない鋭敏な心、勇気、正義感、真のやさし

さ　などを育てていないのではないでしょうか。そこに、たとえば「いじめ」の要因があると考えます。

小学校三年生に、新美南吉の「手ぶくろを買いに」が採録されています。この作品のなかで、かあさんぎつねは、「人間はね、あいてがきつねだとわかると、手ぶくろを売ってくれないんだよ。それどころか、つかまえて、おりの中に入れてしまうだよ。人間って、ほんとうにおそろしいものなんだよ。」と言ってきかせる。「人間って、ほんとうにおそろしいものなんだよ。」という、かあさんぎつねのことばは、現代社会の人間のありかたを深く考えさせる。しかし、人間の真のおそろしさは、みずから人間性を見失ってしまうところにある。戦争、地震、事故といった極限状境の中で、自己を見失う人が多いことは、歴史がもの語っている。「人間って、ほんとうにおそろしいもの」との人間観の一方、子ぎつねは、「おかあさんは、人間はおそろしいものだと言ったけれども、ちっともおそろしくないや。」と思ったりする。子ぎつねの楽観的な人間信頼に対して、かあさんぎつねは、「ほんとうに人間は、いいものかしら。」とつぶやく。野地潤家先生が示されたこのつぶやきには、にがく重いものがある。人間のありかたへの懐疑と恐怖と不信、さらに人間存在への信頼と親愛、そうした葛藤のうえに人間像を作りあげねばならない。

学習者一人ひとりをとらえ、個に応じみずから学ぶ意欲に培うためには、このように、目ざす人間像と学習生活が結ぶように営まれる必要があると考えます。指導者が主導する授業は、なかなか自主的な学習につながっていきません。その面から申せば、改善すべきは、教材から出発し、教科書によりかかる指導者の態度からと申せる。指導者自身の自己確立、みずから学ぶ姿勢のもとに、自主的な学習が成立すると考えて研鑽していきたい。

阪神大震災のあと、ある研究会で、わが身のこととして考えられない児童をどう指導していくかとの素朴な声が出た。論田小の上田正純先生は、毎日書かせている日記・作文の赤ペンとして入れるようにしていると話されました。私は、災害の時は、まず身を守ることを教えること。次に、悲惨なニュースが続くが、その中での明るいニュースを見つけさせ、書き留めさせてはどうかと申しました。その意図は、暗いニュースの中での人間の善意や心づかい、やさしさ、また人間のたくましさについて考えた経験は、極限状況に身をおいたとき、自分は何を為すべきかを考える契機になると考えるからでございます。たくましく生きる庶民の姿に対して、命令がないと動けない職業軍人の姿は、井伏鱒二の「黒い雨」をはじめ、多くの戦争文学に記されてきております。極限状況は戦争の時だけでなく、災害などの際にみられると私はたえず学生にも説いてきております。その時、人間として何を為すべきかは、日常の教育＝指導者の姿勢の中に現れていると考えるのでございます。

三　三つ目として、国際化の問題について申しあげたい。

国際社会に通用し、貢献する人材の育成ということで国際化の教育が叫ばれている。本来、国際化とは、ある国の国民・国家を国際社会のなかにどう位置づけるかの問題です。それは、各国の国民が考える問題であり、政府・文部省が主導する問題ではないのであります。

日本及び日本人を国際社会にどう位置づけるかを考えるとき、まず頭に浮かぶのは、遣随使の昔から、わが国は文明導入型の国際化を行なってきたということであります。従いまして私どもの精神構造は慣習社会のなかで閉ざされていることが多いことに気がつきます。その自覚にたって、一人ひとりが世界に通じる視野をもち得ているかどうかを自己に問うことからはじめねばなりません。

経済や文化、又科学技術面における摩擦を契機とする、外からの圧力に強いられた受け身の国際化であってはならないと考えます。

文明受容型の国際化ではなく、これからの相互受容型の国際化のためには、指導者・学習者の一人ひとりの意識、及び、思考の方向、感性による把握がたえず拓かれ続けていく必要があると考えます。

身近かな例で申しますと、災害救援のボランティアの方々の例に見られますように、ひとは、一人で存在するのではない、外の力、社会の力に支えられて存在しているとの考えを、国際的な問題に拡げ考えていくことのできる識見をもち続けることができるよう、自己を拓いていかねばならないということでございます。

私は、天安門事件の前の一年間、八七年から八八年まで中国・天津で日本語教育に携わって参りました。短期の旅行者としてではなく、多くの人と接し、休みごとに各地の大学を訪ね、日本語教育の状況をも視察してみますと、中国の人々の日本人に対する考えが次第にわかって参ります。

私ども（妻も）は一五年戦争が始まった頃に生まれ、戦争の時代に少年期を過ごしました。戦後、中国・東南アジアへの侵略の実態を知るにつけ、恥ずかしさと日本人としてのありようを考えさせられて参りました。そして、日本の侵略のために近代化の遅れた国々で、日本語を学ぶ人人がいて、私で役だつことがあればと思い、中国へ出かけました。その考えにたって申しますと、日中国交回復から二〇年、平和友好条約から一五年、年間二〇万人（当時）の日本人が往き来しておりますけれども、国際関係の中で、日本は中国を軽視しているとの声がよく聞えます。その原因の一つは、国情に応じた接し方をしていないことがあげられます。

東北地方、旧満州を旅行しました時に、「シャオリーベン、小日本人」ということばが聞えて参ります。同行してくれました大学院生がこの先生方は、そうではないんだとさかんに弁護してくれるのです。充分にはわからないのですけれども、あまりいいことではないらしい。「シャオリーベンと言っていたけれど、あれはどういうことば？」と聞きますと、何回目かに言いにくそうに教えてくれました。背が低いということだけではなく、日本人は心が非常に小さいということだと。それを旧満州の人々は言うようでした。その現れとして、役人にすぐに賄賂を贈る、それから会社を作って儲ける話になりますと利益を独り占めにする、儲けが少なくなるとすぐに撤退をしてしまう、そういうことを含めて、小日本人と言うことばが使われるのでした。

長春の、昔の満州国の皇帝が住んでおりました所は、「偽皇宮」と呼び博物館になっておりますが、そこには蝋細工で日本の憲兵が民衆を拷問している人形があり、中国の人々と一緒に見るのはためらわれる思いがしました。

度々、他国からの侵略を受けた中国では、侵略の事実を忘れないように教育をしており、当時は、夜七時からニュースが伝えられていましたが、その終り近くに、「歴史的今日」という小テーマで、歴史上のその日のできごとを伝える番組がありました。統計をとっていませんが四日に一度くらいは、日本軍が今日は中国のどこどこを攻めた日であるとか、どこで民衆を虐殺をした日であるとテレビで流されておりました。武漢へ参りました時にも、他国に占領されていた租界の地図やパネルがあり、ここがドイツ租界、ここはイギリス租界、ここは日本租界といったことがすぐ判るようになっておりました。当然のことながら歴史の事実を忘れないように教育がなされておりました。

対しまして、日本では、中曽根氏の「不沈空母」発言以降も、藤尾・石原慎太郎、奥野発言など、侵略の事実や南京虐殺に関わる問題発言が続き、たいへん恥ずかしい思いをしました。また、日本からの旅行者や若者などが、日本のものさしを当てはめて、結果として中国を誹る面々が出てきたりします。思い通りに運ばないとき、切符が買えないといった些細なことにでも、「バカヤロー」と言ったりしておりました。あの「バカヤロー」ということばは、映画の中などに見るからに悪い日本兵が出てきまして、決って使うので、中国ではどこへ行っても判ることばなのです。歴史観をもたぬ、外国事情を知らぬ若者が育ったことは、教育と日本社会の責任と考えます。

一年間、またその後も何度か出かけておりますと、国レベルでなく人々の実情がわかって参ります。人間関係ができて参りますと、「先生方はそうではないが……」といろいろ聞く機会がありました。私たちの世話をして下さった庶務課（外事処といいますが）の副所長さんは、八八年当時、「中国においては、五十歳以上の人は、日本人と話をするのも嫌なのだ。私もおじさんが天津で虐殺された」と帰国前に聞かされました。知り合い、心が通い合ってきますと、いろいろなことがわかって参ります。知己として、今もつき合っておりますが、中国の知識人の礼儀正しさ、義理がたさ、心の広さ、には、折々感動することがございます。

戦後五十年、反省も聞かれますが、日本では侵略を風化させようとの動きが絶えず出て参ります。そのようななかで、中国を含めまして、東南アジア（朝鮮半島には、「日帝（日本帝国主義の）三六年」ということばもある）の近代化が遅れていった、その原因を日本がつくったという歴史的事実を私どもは忘れてはならないと考えます。

国際化教育の本質に即して、指導者自身が自己の心を拓いていかねばならぬと申して参りました。が、国際化教育の主体は、あくまでも、児童・学習者であることに思いを致しておきたい。学習者に視点をおいた国際化は、児童の人権に基盤をおいたものでなくてはなりません。それは、「児童の権利条約」や「児童憲章」にうたわれた、人類の平和と文化に貢献する心を原点としていかなくてはなりません。そのためには、知り合うことが肝要となります。世界の子どもの、生活・遊び・夢・恥としていること、将来についての考えなどを、日常的な活動の中で調べる学習構想をたてることも必要と考えます。

また、国際化のにない手としての児童を考えるとき、一つには、一人ひとりの児童に、自己をみつめさせ、自己を確立させていくことが責務となります。次いで、日本文化の継承・創造にかかわる学習を文化的アイデンティティの確立のためと位置づけて進めていくことが必要となります。そのことは、異文化を相互に受容していく精神とつながっていると考えるからでございます。それらは時折行われるのではなく、毎日の学習の中で意図的・計画的に行われてはじめて身についていくと考えます。

以上、一人ひとりが生かされてきた大村はま先生の教育の成果をいとぐちに、一つには、個に応じるということき、どのように個を捉え、どう応じていくかの事例をあげ、二つには、みずから学ぶ意欲に培う工夫について、三つめには、国際化の荷い手を育てる教育者の姿勢について、事例を中心に申しあげて参りました。

貴重な時間をさいて、よい聴きてになっていただきましたことに感謝申しあげたい。

2　これからの単元学習のために

徳島市小学校教育研究会国語部会（94・6・16）

今、なぜ単元学習の考え方が広く求められるようになったのかということにつきましては、九〇年代の指導要領の改訂で、関心・意欲・態度が新学力として、キャッチフレーズにあげられたこと、また、テストに応じる力だけでなく、学習力が重視されてきたこと、さらに日本国語教育学会から、「国語単元学習の新展開」というシリーズが出たことなどもあげられます。一九五八（昭和33）年の指導要領の改訂以降も国語科単元学習の重要性は、見失われたことはありません。単元学習の実践者にとっては、今言われる関心・意欲・態度という学習力は、新学力でもなんでもない、あたりまえのことといえます。それが、強調されるようになったのは、昭和33年以降の知識・技能に力点を置いた教育が競争・効率を求め過ぎたからであります。学ぶ力、人間の生きる力を育ててこなかったという反省から出てきたのではないでしょうか。言葉を変えて申しますと、本物の学習が求められるようになってきたと考えます。本物の学習はいつも求められていますが、特に知識・技能に片寄り過ぎていたという反省のもとに今大きく正面に出てきたと申すことができます。

単元学習は、ひとまとまりの単元の目標を追求しながら、いろいろな国語能力を生活的につけていく学習であると言えます。例えば、話す時にはこういう注意と心がまえがいると知識で教わっても、子どもたちには力として転化ができない。それに対して実際の場で話す能力をつけていこうというのが、単元学習の基本的な考え方になります。資料（省略）の昭和22年以降の単元学習の考え方と現代考えられているところを対比しながら、変わる面と変わらない面の基本的な面を述べてみることにします。

資料のア（省略）に「社会に置いてわれわれはどんな言語生活を営むかを考え、その必要に応じることができるような能力、国語力を発達段階に応じてつけていく」と昭和26年の指導要領に書かれております。

生涯学習力ということが今、求められていますが、社会において求められる生涯学習にはどのような力がいるのかを分析し、小学校、中学校・高等学校で具体的生活的に力をつけていくのが単元学習と言えます。続いて、そのために「国語の教育課程は、国語についての知識を授けるよりも、まず、豊かな言語経験を与えることを目標としている。」と書かれています。「なぜなら、知識は必ずしも行動や使用とは一致しない。」すなわち、「人前で話す時には、主題をはっきりさせ、構成を考え、語尾を明確にして話すように！」というのは知識です。そういう知識を持っていても人前できちんと話せるかというとそうはいきません。知識は必ずしも行動とは結びつかない。そこで、児童に正しい言語習慣を確立させるには、「言語生活の向上」と当時言われましたが、話す力は、話す活動によって身につく。書く力は、書くことによって伸びる。（いくら本を読んでも読むだけでは書く力は伸びない。）と考えられてきたのであります。

現在、生涯学習力の基礎に培うことを考えましたとき、課題を解決したり、情報を処理したり、という考え方で学習を組織していくことになると考えます。「これからの国語の教育課程は、知識を与えるばかりではなく、児童の興味と必要を中心にして――そのことで意欲が湧いてくるのでありますが――そのことを中心にして価値のある必要な言語経験を展開していく」と書かれています。このことは国語に限らず、全部の教科の基本になるわけであります。しかし、一九五八年以降、国語の学力が低下したと効率を求める人から声高に言われるようになり、知識・技能に片寄りすぎたところから問題が起ってきたといえます。

当時の「要領」には、「国語の教育課程は、めいめいの児童の個人的必要に応じうるように用意されなければならない。国語学習に関する諸能力は、児童の個人個人で非常に違っている。……これからの国語の教育課程はこうした個人差から起こる必要に応じる用意を持っていなければならない。」と書かれています。このように四〇何年前に言われたことは、今読みかえしても当然のことであります。基本的にはそこのところにもう一度立ちかえってみようと考えられる時代になってきた。個人差に応じた能力・態度・習慣、――個人差に応じて、個人を見つめて学習を組織していこうと、いうことであります。

学習者の中には、飽きっぽいけれどもひらめきはあるとか、作業は遅い、が粘り強いとか、経済人からみればいい点と悪い点を持ち合わせている学習者がいます。その一人ひとりに即して力をつけていこうとするとなかなか難しい面がある。そこで、一斉授業で知識・技能を身につける指導をすると割合効果が上がる。ですからついそちらの方に目がいってしまった。ただし、戦後の教育は個人を伸ばすものであると私たちは考えて参りました。一斉学習、グループ学習をしていても、それは個人を伸ばすためにあるのであって、個人が伸びなければ、社会は進んでいかないといえます。個に応じ、個を育てるところに目を向ける。その必要性が当時から言われていましたが、時代社会の流れ、いきさつがあり、現在まで効率を求める方向できたということであります。従いまして、「国語単元学習の新展開」に私は書きました、「小学校における学習は特に単元的な展開が望まれる。なぜなら、児童一人ひとりの能力・性質・言語環境などに大きな違いが見られるからである。そうした違いに応ずる、すなわち個人差に応ずるためには、なんとしても単元学習でなければ児童を伸ばすことができない。」と。単元学習とは、児童を見つめ、個人差を見つめ、個を把握して、児童の関心・興味のあるところを中心にして国語力をつけていく進め方ということができます。興味を中心にと申しましたが、興味を持つべきものに興味を持たせることが学習の出発点であります。興味を持たせることが指導者の役割なのであります。

峰地光重先生の実践で申しますと、名前のわからない「ぐんばいなずな」という草を持って来た一人の女児に対して、名前を教え、それを観察させ、クラスのみんなに関心を広げていく、そういうことを私たちの先輩の先生方はずっとやってこられました。そのことは単元学習の考え方と同じであります。児童の興味・関心がそこにあって、学習すべき事柄に向いていて、もし、なければ、興味・関心を持つように誘い、「おもしろそう」「読んでみよう」というふうに必要感を持ってそれに立ち向かう関心をもたせる。その時つけていくべき能力・国語学力というものが指導者によって見据えられていること、これが学習の基本ということであります。何よりも目標が見据えられていることが大事なことと申せます。

指導要領では、例えば六年生で要約をするということが求められている。要約をするためにはどうしても三つの力がいります。すなわち、三年生から「要点」がいわれ、四年生から特に「正確に読む」ということが求められる。それから、六年生で「再構成する力」が求められている。そういう力が備わっていないと六年生の要約する力にはつながってきません。しかし、それがバラバラで三年生では要点ですよ、四年生では正確に読むのですよ、というふうにつながりなしに力をつけようとすると、指導者の中で納得のいかない面がでてくる。三つの要素的な力が統合されて要約ができるのであります。

国語科教育はだんだんと進んできております。この力のためにはこういう基礎力がいると考えられるようになってきております。本来、一年間を通じて、また一年生からの六年間を通じて、どのような力をつけていくのか、それは何のためなのか、社会へ出て、どういう生涯学習力を持っていなければいけないのか、そこを見据えて学力を考えていかなければいけない。それが媒材ごとに分断されていたのではうまくいかないと言えます。

日本の指導要領は〝course of study〟になっていません。study の course すなわち、指導要領どおりにやっていくと国語学力がつくというようになっていなければなりません。今までの「要領」は本来の意味の「指導要領」

にはなっていないのであります。私は何度も文部省に意見を出しましたが、やはりスタディのコースにはなりません。前に書かれた大事なことも次の指導要領で消えていく。歴史的に「指導事項」を研究し、再構成し、六年間をどのように見通して国語学力をつけていくかを自分で、またグループで研修していきませんと見えてきません。「試案」の時期の小学校の学習指導要領はページ数も多く参考になる。聞く力・読む力・話す力・書く力としてどんな力をつけなければいけないか、それはどのようにしてつければいいのか具体的に書かれています。校内で研修をしてごらんになるとよくおわかりになると思います。一九五〇年代には生きた国語の学習指導の目標をどのように考えたらいいのかが具体的に書かれていたのです。基礎力に関する分析が不足していたという問題がありましたけれど。

一九五一年の「要領」には、言葉はどんな役割を持っているかについて、三つあげられています。コミュニケーションの力、言葉による活動が思考力・認識力とつながっていると書かれている。すなわち、言葉とはコミュニケーションの働きをするだけでなく、言葉を使うということは、そのことで思考力が伸びる、認識力が深くなることとつながっていると書かれている。だらだらとした話をすると児童の頭が悪くなると私は学生によく申しますが、だらだらとした話は頭を散漫にしてしまう。先生が三つのことを話しますといって話をすると、先生の話は三つと頭に残る。初めから三つと言わないで、だらだらと話が続くと、どこをとらえていいのかよくわからない子どもが出てきます。特に中学年までの子どもたちの頭は、散漫になってしまう。したがって言葉の役割は非常に大きい。資料には、「言葉を効果的に使用するための習慣と態度を養い、技能と能力を磨き、知識を深め、理解と鑑賞の力とを増し、国語に対する理想を高める」ことが、国語学習指導の目標である」とある。学習の過程に関心・興味がなければ授業にならないので、そのことを考えると変わらぬ国語科の目標が抽象的ではあるが出されています。すなわち、習慣・態度を養う。今まで重視されてきた技能と能力もまた大事なことであります。

理解力・鑑賞力に、国語に対する理想を高める、識見を高めるということであります。言葉の知識は割合短い時間でつくが、言葉に対する感覚、すなわち、言語感覚は、毎日毎日指導者が意識して高めていかなければ高まりません。そういう考え方で国語を見ていく時に、習慣と態度は今、特に強調されてきているのでそこへすぐ目がいくが、技能と能力もまた大事であると確認も必要です。技能と能力が軽くなりますと、また、学力低下といわれ、歴史がくり返すことになります。今までやってきたことはすべて大事なことであります。ただ態度とか関心とか興味がやや軽く見られて、基本を無視した強引な学習へのはいり方、知識重視になっていたというところに問題が見いだされます。

読むことに関しては、読むことの目標が今まであまりにも狭すぎたと書かれています。まず過去の読むことのねらいが三つあげられています。それは文学の鑑賞とか、知識を求めることとか、あるいは、人格の修養であった。これからの読むこととして、狭すぎた目標を拡げ、自分たちに必要な情報をうるためのよみが加えられてきます。さらに現在は、新しいものを生みだす読みがもう一つつけ加えられましょう。それは昭和40年代以降、創造性ということがいわれてきました。即ちクリエイトすることが言われた時代からであります。それは理科から始まりました。その前にアメリカには、スプートニクショックが起った。科学戦争といわれ、宇宙開発の技術でアメリカはソビエトに対して遅れをとった。そこで、アメリカではこれは大変だということになり、カリキュラムを変える動きが出た。そのことが日本にもすぐ影響して、日本の理科教育ががらっと変わりました。近代化・現代化が言われるようになり、国語科の方でも新しいものを生みだす力が言われ、資料にある三つのことに加えて、今までの学習の上に求められるようになってきております。これは社会が求めたものです。鑑賞・知識・人格の修養の三つの目標は大切であるが、これからの読むことでは、知識というものでなく、情報をうるための読みということも考えられていなければならないのであります。教室で学んだ内容を覚えているかどうかをテストで調べる時代ではありません。

「手ぶくろを買いに」「大造じいさんとガン」「ごんぎつね」など、物語を読むことも大事なことであります。いくつかの材料を詳しく読むことも必要であるが、大村はま先生が読書生活の指導として実験的に開拓してこられたような広く読んだり、たくさんの書物の中から、自分に必要な情報を早く見いだしたり、また、書物の中から、自分に必要な項目を早く捜しだしたりするような技術が必要とされている時代であります。それは、物語を読んでいるだけではつかない。文学作品などでかなりの時間を費やしていますがそういう読みだけでは足りないということがすでにこの時期に言われている。自分に必要な項目を捜しだす能力がいるということは、例えば、ミツバチのことを調べるとき、先ず、本を手に取ったとき、図書館で目次を読み、そして、前書きを読む。この本は、何をねらって書かれているか。そして、後書きを読むと、どこまで明らかになったかということが書かれています。目次・前書き・後書きを読むことが先ず、本を手に取ったときの最初にすべきことであります。これは、研究文献を読むときも同じことであります。今の時代はすべての本を一ページから全部読むわけにはいきません。情報を処理し、また課題を解決していく力をつけようとすると、今申しましたような本の読み方も教室で指導する必要があるということになります。ですから説明文教材を扱った後で、関連して疑問あるいは調べたいことが学習者からでてくるように学習を進め、そして、図書館で調べてみようという態度を育てる。もちろん手びきを作って指導者が手助けをしてということになりますが、そういうふうにしていくことを社会が生涯学習力として求めているのだと申せます。このように広く読んだり、必要な項目を早く捜しだす力をつけていかなければならないということになってきております。

これからの新しい単元学習のことで具体的にもう少し申しあげたい。学習活動を広く展開しなければならず大変だという人がいられる。しかし、私はそういうふうには考えていないのです。教科書を中心とした学習から出発してもできる例があります。これは、単元学習指導の一つの典型と見ることができる。313ページからの資料は三一年度の筑摩書房の中学校一年の教科書です。小学校の高学年にも当てはまります。「詩の誕生」の一行目に、詩は、その一語一語が詩人の実感に貫かれているものが少なくないとある。幼な子の言葉には、なんでもない一言（ひとこと）が、過不足のない実感に貫かれているものが少なくない。幼な子は詩などという自覚なしに、実感を実感として、巧みもせず、力も入れず、自然のままに言い放っている。詩人の詩、すなわち自覚的な詩作においても、その根底に、こういう幼な子の言葉のような、言葉の真実を生かしたものがあって、詩を成り立たせている。そういう意味で、詩は文学の初めであり、また終わりである、という考えが述べられています。詩は、文学の出発点であり、また終着点であると。こういう考え方に立ちますと、詩に対してどれほど目を向けなければならないかということがよくわかります。そして、この「詩の誕生」という単元の目標は「詩に親しみを持たせる」に置かれています。一つ一つの詩を理解させ、鑑賞させるという形でなくて、詩というものに親しみを持たせるということが目標であります。光村図書の五年生の上に「詩の世界」というのがあります。その目標もまた、詩に親しみを持たせるである。詩にあまり親しんでこなかった児童に詩に親しみを持たせる。そして、詩に親しみを持たせることをどう評価するのかと言いますと、評価は学習目標に応じて評価するのですから、315ページの評価項目にありますように教室での一つ一つの学習への打ち込み方や、図書館で読まれる本の傾向を見守るほか、生徒の生活全体を不断に観察して、話題なり、自由な掲示物なりに、詩への目がどのくらい向けられているかを見ていくようになります。例えば、図書館で詩集が読まれるようになった。紙片に、詩人の名を書いて読み方を聞き、「この人、有名」と聞いたりする。新聞から詩を切り抜いてきて見せ、ノートにはりつけたりする。こういうふうに生活の中に詩が入ってくるということが大事なこととなる。それから放送部へ詩の朗読を放送してほしいなどという希望がでる。「ちょっと作ってみた。」といって、詩を見せる。兄や姉の教科書に載っている詩を写してくる。学級新聞に詩が載る。小学校の時の詩の文集を見せる。ラジオに詩の朗読はあるかと聞いてくる。「〇〇って北原白秋詩ね。」などという話が耳に入る。「うちの兄さんも〇〇っていう詩、習ったって！」などという話が耳に入る。「それ、詩に作ればいいのに。」などという声が耳に入る。幼い弟妹の言葉を書きつけてきて、それを友だちに見せる。「山のあなた《の》空遠く、山のあなた《に》空遠く、どっち？」などと聞きにきたり、話し合ったりしている。「童謡って詩」などと聞きにきたり、話し合ったりする。落ちているいたずら書きでも、いたずらがリズムのある言葉になっている。など。生活が変わってきたら、この単元は、成功したのです。これらの学習計画は全て、大村はま先生が書かれたものであります。これをどのように進めるのか学習の展開について、資料に書かれています。A案からD案まであり、A案は教科書を用いて、幼な子の言葉の教材を発表し合う。幼な子の言葉の中に詩は作られるよりも生まれるものだという言葉があるが、「それを中心に考える」「詩人の目を読んで詩の味わい方を学ぶ」「子どもの詩を読み、感じたことを話し合う」。このような形で、単元学習になっているのです。詩作品を題材と呼んで、一つずつ教えて、わからせるという形になっているのが今の扱い方です。しかし、そう考えないで、どれかの詩が好きになる。そのことによって、その詩人がまた好きになる。あるいは、それに関連して新聞・雑誌の短詩型文学等を読むようになる、そのように展開・発展させていけばいいのです。

D案では、幼児の言葉や、小学生、中学生の詩、わかりやすい大人の詩をたくさん与えると書かれています。与え方が大切なので、次から次へとただ読ませているといろんなことをし始める。好きなのを写してとじる。好きな詩について、何か鑑賞なり感想なりを書く。自分も作る。詩集に手を出すとか。それから、指導者に向かって、詩の味わい方は、詩の作り方は、詩人についての調べ方は、幼児の言葉と詩とのつながりは？というようにただ詩をたくさん読ませているだけでも詩に親しむということは、可能なのであります。「留意点」として、(5)に材料の与え方が大切である。なるべく有名でない詩に目を向けさせるようにするとあります。有名な詩は言葉の上でも洗練されすぎていて、よくわからない面が子どもにはある。そういうことを避けて、言語抵抗の少ないもの、そして、中味のあるものを選ぶ。子どもの詩の中にも十分それに耐えうるものがあります。

詩を作る生徒は、自然に出てくると思うが、全体を作らせるという方向に持っていきたくないと書かれている。自然に詩を作る児童はでてきてもよいが、小学生の詩を作るというのは言葉を自在に使うというところに意味がある。大人の詩を真似て作るということではないのであります。言葉を自在に使うということになると、小学生の詩は、だいたいが生活に目を向けていく。自己の生活を掘り下げるという点で大きな意味をもつ。そういう詩を作らせるということであります。（中略）

次のプリント（略）は、単元の最初の教材で西尾実先生が郷里へ帰られた時、裏山に登られた。その時、子どもが〝すすきが枯れた〟〝わらびが枯れた〟と言った。西尾氏は、思わず足元を見て〝野菊も枯れたね〟と言われた。そして、〝すすきが枯れた、わらびが枯れた、野菊も枯れた、夕日が光る〟と、小さな子どもに引き出されて、共同の詩のようなものができたことをおもしろく思った、と書かれています。私の経験でも中学校で産休の先生の代りに野地先生が言葉集めをさせられた。生徒が、きのう裏山へ蝉とりに行った情景を話しました。それを書くようにいわれると〝裏山へ蝉とりに行った、妹が、アイシュクリーム、アイシュクリームと鳴いてるね〟と言いました。こうなるともう詩ですね。幼い子どもの言葉には、そういうふうに光る言葉がある。その光る言葉を逃がさないように指導者が「いいこと言ったね。」「書きとめておこう」と補充をしていくと、言葉がどんどん増えていきます。「昨日裏山へせみ取りに行った。妹が言った。『アイシュクリーム・アイシュクリームと鳴いてるね』と。」そのようにして、言葉が自在に使えるようになっていく。これはそういう詩の誕生をねらった教材であります。そのことと関連して、寺田寅彦氏が植物園へいった時、〝大きいどんぐり、小ちゃいどんぐり、みんな利口などんぐりちゃん〟と言って幼い子どもが遊んでいたという随筆があり、西尾実氏は、幼な子のいるところにはどこにも言葉の芽生えがあることを改めて考えさせられたと書いておられる。教材として興味深いものです。

学習の手びきには、独創的な言葉の問題がついており〝私の耳にさえ〟のさえはどういう意味が表されていますか。さえにどんな気持ちがこめられていますかとか〝わたしには、その様子が目に見えるように思われて〟を〝見えるように思って〟としたら、ほかはどうかわりますか。と言葉の働きを考えさせています。このようにことばを身につけさせていけば、文法が生きて働きます。それを教科書の言葉に関する小単元の練習の部分だけを教えていると、ことばのきまり特に文法的事項に対して子どもたちは興味を失ってしまいます。

資料「詩人の目」に、丸山薫さんが、さすが丸山さんと思えるような鑑賞文を書いておられる。この「学習の手びき」を見ると〝つつじの花の詩の、どこが読者に明るい気分を感じさせるのでしょうか〟。〝優しいが鋭い詩人の目を感じさせる詩です。〟とあるのを〝優しいが鋭い詩人の目が、〟としたら、文はどのように変わりますか〟と問うてあります。それから〝優しいが鋭い詩人の目と優しくて鋭い詩人の目とを比べて、その違いについて話し合いましょう〟と考えさせています。このように言葉のきまりを考えさせることによって言語感覚を育てていく。助詞、助動詞一つがどのように意味を添えるか。あるいは違えるかということに絶えず細かく目を配ることが子どもたちの言葉の感覚を磨いていくことになっていきます。

資料の316ページの「詩三編」の学習の手びきを見ると「ひきうすの詩」で、〝お母さんと二人で働いている作者の喜びは、特にどのような言葉に表されていますか。〟とある。この手びきは、鑑賞文などを書くときにそのきっかけとなるいい「手びき」であります。また、〝詩「ひきうす」から、どんな音、におい、光が感じられますか、〟というのは受けとめ方のヒントになります。このように手びきがそのまま鑑賞文を書くときの手びき、あるいは言語感覚を磨いていくように作られています。また、「とっくん、とっくん」のように、じかに物の音や様子を表している言葉を三編の詩から抜き出してみよう。と擬声語・擬音語にも目を配るようにしております。教科書に三つの題材があり、その題材を通して、「詩の誕生」という単元が作られていて、そこで詩というものに対する興味・関心が湧き、親しみを持つ。そして、読んでみようと意欲を誘うように単元が計画されております。

教科書を中心とした学習から出発しても、単元学習は進められることを述べてきましたが、現在の教科書は一つの見出しに題材が一つということが多いようです。従って現在の教科書そのままでは無理がある。五七年の光村図書の教科書に「発明家の苦心」という伝記を集めた単元がございました。これは、明らかに単元組織の教科書であり豊田佐吉とかエジソンとか、その次に「地球」という題で科学的説明文が置かれています。六年生に「美に生きる」という美への認識力を高める題材があります。それは人間の認識力にもつながります。それから「輝く目標」というので平和へのまなこを育てる単元が作られている。このように三つあるいは二つとか四つとか、単元構成の教科書が作られていたのであります。五年生の「働く町」というので、生活問題意識を深めるための、町の音、鉄工場、道路工事をあげた教材もあり、「社会の進歩」という見出しで、農業と科学の進歩の二つのことが書かれている。また、「伝記」「言葉遣い」もある。日本書院の教科書では「六年生になって」というので、六年生の生活に目を向ける教材が集められている。また、「わたしたちの研究」で、琴づくりの苦心とか、糸の研究とか、幾つかに目を向けさせる題材がある。一つだけでは興味・関心が向かないかも知れませんけれども、幾つかあれば、そのどれかに興味・関心が向いていくということが子どもたちを見ているとよくわかります。このように以前の教科書は、単元編成になっていました。現在の中学校・高等学校の教科書もこのようになっています。小学校の教科書がずいぶん変わりまして、技能面が重視されるという時代になると、「要点をとらえて」ということが表面にでてくる。あるいは、「構成を考えて」という見出しになっている。構成を考えてという技能面を意識することは大事なことではありますが、技能というのは内容がなければなりたちません。内容があって技能が身につくのです。内容にどういうものを持ってくるのか、そこに教科書編集者の眼がうかがえます。単元学習は、学習者を見つめている学習ですから、学習者の興味・関心を湧きたたせるような教材を準備して、同じ学年の同種類の文章を一つに集めて学習することも考えられます。その教材を読んでいくのにどのような力がいるのか、その力はどのようにしてつけていくのか、と考えていく。ですから、一つの題材を読み、内容をわからせるという形では単元学習になりにくいのであります。

次のプリントの「童話を読む」は一九五〇年代のものですが単元的に展開していくのに参考にしたい。それは、この題材をとった理由が初めに書いてあります。単元を設定していく上で、動物を扱った童話は、三年生の児童にもっとも喜ばれると書いてありまして、そこで「おしゃれトンボ」を持ってきたのだ必然性が書いてある。読ませる必然性がそこにあるということです。長い文をつまずかずに、また、途中で飽きないで読み通すことができるというのが目標となっております。三年生の目標としてはきわめて適切と考えます。途中で飽きてしまう、読みが散漫になる、そういう子どもが必ずいるものですがその子をほおっておくことはできません。一人ひとりを伸ばすために、まず読み通すことができるという目標を立てているのです。それから他のいろいろな童話が読みたくなり、読書欲が高まっていく、そのためにこの単元があると。これもまた大事なことであります。童話を読んで考えついたことや、思ったことなどがまとめて言えるようになるともある。

当時は、何でも発表させて言えるようにと書いてある。今ですと、考えついたこと、思ったことをメモに書く、メモ風に書くということは大事なことで、まとめて言えなければいけないということはありません。話の筋、内容、感想について、できるだけ多くの子どもに言わせるという必要はない。「手びき」を作って書きこむ作業をさせるのもよいと思います。それは個別作業ですが、その個別作業をグループとか全体学習に広げ、そして、全体で書いたもの、あるいは話し合ったことが一人ひとりに返されて、考えが深まる。鑑賞が深まっていきます。これが昨年度の研究テーマでした。

次のプリントの四年生の学習では自分の意見を育てる必要を求めています。感想・感動・疑問から意見が育っていくこともあります。例えば「たんぽぽの知恵」では、「たんぽぽというのは、このようにしてたねをふやしていくのか。」ここに大きな驚きと同時に「自分の考えた他の植物はどうだろう。」「どのようにたねを飛ばすのだろう。」「物にくっついていくのだろう。」「他の物はどうだろうか。」とだれもが書きこめるような「手びき」で感想・疑問を持たせてて調べさせる。高学年になっての学習にふさわしい。そして、その向きで手びきをするとき、指導者の感想も書いておく、クラスの三〇人のと一緒にして入れておくと学習者は目を拓かれることになる。一時間目の手びきの書き込みを見ると二時間に押えるべき点がみえてくる。こういうふうに読む教材のときに「書く手びき」を折りこんでいきたいのであります。

学年ごとの発達の特色……（中略）「作文・書くこと」の学習指導をしていくとき、教科書以外の練習単元として、書き出しを練習してみようというとき、書き出しの指導を受けていない三年生の児童は、「わたしは……」という書きだしで作文を書くことが多い。あるいは「きのう……。」と書く。それが混ざって「わたしは、きのう……」となる。そういう「わたしは型」か、「日時型」というのは、指導を受けない子どもの作文の典型と青木幹勇先生の言であります。そういうふうにならないために会話から始めているだれかの作文をコピーし、「この人こんな言葉から書いている。」「諺から書いてる」と先生自身が驚いてみせると、あのような書き方があるんだと悟ります。教えたことは身につきにくいが、仲間がしたことには目を見開くことが多い。それが学習者心理であります。そのように書き出し文を指導するとか、あるいは、発展的学習で題材集め、言葉集めをしていくということもありましょう。書くことの指導でおおもとになるのは何でしょうか。大村はま先生の国語教室の中にさまざまの工夫というのがあります。書く生活を身につけさせるためには、書く内容を豊かに持たせることが一番で、内容があれば書けると説かれています。昔から子どもたちが、あずり方といってきたのは、中味がないから書けない、中味がないから苦しむのであります。そういう苦しみを味わわせない。学校へ書くことができるようにしてほしいと親も送りだし、児童も来ている。従って、まず書く内容を持たせなくてはとある。大村はま先生は、材料を探しなさいというのではなく、与えることが大切だと書いておられます。書く内容が豊かであれば書くことができるということと、組み立てに関しては構想について絶えず意識を持たせていく実践をしておられます。また、大村先生は「花火」という題で三つの話をされる。第一話は、横浜にいた少女時代の話。第二話は、初めて教師になって、長野県の諏訪に赴任した時の話。そして、第三話は、隅田川の花火大会のこと、この三つの話をして、構成について関心を持たせたという話が「大村はまの国語教室」に書かれています。構成について関心を持ちましょう。構成を考えましょうと言っても、子どもは考えられないものです。先生が三つの話をして、この順序を入れ変えると、話を聞いているのですから構成・組み立てがすぐにわかります。構成に関心を向けさせることから、構成の指導ははじまります。

次のプリントで単元として展開する試案を四つあげています。これがいいというのではなく、提案であります。一つは一年生の上に「おむすびころりん」が出ています。目標としては、言葉の繰り返しのおもしろさを味わわせる。物語の楽しさを味わわせ、進んで物語を読むようにするというものであります。聞く・話すについては、役割に応じて、人前ではっきりとした言語活動ができるようにさせる。あるいは、言葉による応答ができるようにさせる。書くことでは、口頭作文ができるようにさせる。自分で書いた絵に簡単な説明ができるようにさせる。一年生の六月～七月といいますと夏休みの絵日記のもとになる。そういうねらいでこの教材は扱うことができると思います。また、劇にしてみるとどうでしょう。学習活動としては、全員で何度も繰り返して読み、自然に言葉が口をついて出るように慣れさせ、安心感を持たせて実際に演じることを役割をかえてやってみる。それから、こうした活動の整理、まとめの学習として、主語・述語の文脈を押さえた活動を試みるのも有効であります。文脈に即して、言葉の関係をとらえる力とか、口頭作文の基礎としての対話力を育てるということでもある。こういうまとめの段階というのは、一年生の言語活動として、ふさわしいものだと考えます。（中略）

次のプリントの教材五年生の「詩の世界」では、子どもたちに詩に親しみを持たせて、生活の中に詩が入ってくるようにしようということを考えます。資料の「馬でかければ」「われは草なり」「りんご」の三つの詩だけでは詩に親しませるところまではいかない。内省の芽生えはじめた、自己が自立しはじめた五年生にとって「はっ」と思わせる詩として、「山頂から」「わたしはわたし」「雑草」などは、十分にはわからなくても、今はわからなくても、心に残っていて、何年かたったとき「ああいう詩があった。」「あの詩はこういうことを言っていたんだ。」と思い出されてくると考えます。単元学習は、未来を見つめているので、その単元が終わった時、力はもちろんついていなければいけませんが、みえる力がついたというだけで安心はしない。今の学習者が、将来、どのように生きていかなければならないか。その社会生活の中でどういう力がいるかということを見すえて学習を進めなければなりません。そういうことを考えると三つの詩がわかっただけでは物足りない。詩が自分の生活の中に、心の中に入ってこなければならないと言えます。

次のプリント「木龍うるし」について何を教えるかと題を与えられて書いたことがございます。何を教えるかということは、知識・技能面に力をおいた考え方であります。劇は人間の生き方をもっともよく生活的に表現しているものですから、詩と並んで優れた教材の一つであります。「木龍うるし」を教材として読むねらいは、人間の生き方について、児童なりに考えさせるところにあると考えました。教材の価値は、人間の生き方をもっとも生活的に表現している劇である。全員で読解を済ませてからいろいろと活動をする進め方でなく、どこにどういう気持ちが表れているか、「手びき」をもとにメモさせ、グループ内でせりふを言わせる。そうすると「その解釈はおかしい。」「そのところはこういうふうに読んだ方がいい」といった意見が出てきます。そのようにすることにより、深く読むことになります。お互いに読んでいるうちに深まるよう学習が進められるといいのです。登場人物の性格や生き方について意見が出された場合は、二人の性格を類型的にとらえたり、テーマを生（なま）の形で指導したりしないようにしたい。というのは、木下氏によって再創造された民話は、現実の生活をよりよいものにしていこうという庶民の願望が作品化されているからであります。道徳の時間には、ある考え方によって指導することが多いので、いいとか、悪いとか、問題であるとか考えます。そのようなことを気にしながら読むと子どもたちは、文学作品を自由に読めません。文学教材は道徳の時間に扱わない方がいいと私は考えております。

もう一つのプリントは、指導の基本として、科学的説明文では、学習者にどのような力をつけるために文章を読ませるのかという目標と、必然性をどのように持たせるかということが大事と考えます。学習者研究を充分にし、関心をもたせ、教材文研究をし、この学年につける学力を見すえて、この文章を読ませる必然性を作り上げていかなければなりません。

目標としては、筆者の考えを表現に即して、正確に読み取らせるというのがねらいとなります。そのことがそのまま認識力を育てていくことにつながっていく。細かく申しますと説明をするのに筆者はどのような言葉を選び、どのように論理を展開し、どのような言葉で表現しているかを確認する。そして、筆者の工夫は読者にとって納得できるものであるかどうかを判断する。二番目に事物・事象・事柄に興味・関心、問題意識を持たせる、それに即して発展学習を組む。これが私の考える説明文教材の単元学習であります。表現に即して正確に読み取らせるのを目標とすると申しましたが、正確に読み取るというのを四年生から六年生にかけて大事に考えていきますが、その時に欠けている力として、どこかを読み落とすとか、強弱軽重が見分けられないとか、事実と意見を間違えるとか、自分の想像を加えるとか、自分の考えと他人の考えを混同するとか、拡大解釈をするとかができます。正確に読み取るにあたって、この子はここにつまずく、こういう点で問題を持っているという場合、その手当てをしないと六年生としては指導したことになりません。正確に読めない子どもたちには手持ちの説明文を用意してドリルをさせ、つまずきを克服させる必要があります。単元学習を考える時、説明文をわからせることがねらいではなく「貝の村での人口調査」をよんでの疑問をもとに発展学習を組むようにしたい。学習者に興味・関心を持たせ、発展的によむ態度を作り上げていくことが大事である。もう一つの活動としては、興味を感じた問題について科学読み物などを読んで報告する。発展学習として書くということもあります。その時、必然性をどのように持たせていくか、どのようにそうした活動に出会わせるか。疑問や関心が向くようにしていく。今、使用しておられる教科書をみてまいりますと学習者の将来を考えて、科学的な認識力を伸ばすためには、どういう手当てをしなければいけないかということを考え、先生方自身が工夫した教室を創り出していかれることが課題となってくると考えます。

加えまして、「学習の記録」に学習の成果をまとめさせる。それをまとめながら自己の課題を見いだすようヒントを与え、助言をし、工夫を重ねていただきたいと願っております。

〈別紙　資料　ウとカのほか略〉

ア　国語の教育課程はどんな方向に進んでいるか

イ　国語科学習指導の一般目標は何か

ウ　詩の誕生

エ　幼な子のことば

〔資料〕「詩の誕生」

（西尾実編「国語　中学校用」
「学習指導の研究1」大村はま担当）

なぜこの単元をおいたか

詩は、その一語一語が詩人の実感に貫かれている。そして、幼な子のことばには、なんでもないひと言が、過不足のない実感に貫かれているものが少なくない。普通は、ただ幼な子の愛らしさとして聞き捨てられてしまうが、記録してみると、そのなかには、いかにも幼な子らしい詩であると感じられるものが少なくない。幼な子は、詩などという自覚なしに、実感を実感として、たくみもせず、力も入れず、自然のままに言い放っている。

詩人の詩、すなわち自覚的な詩作においても、その根底に、こういう幼な子のことばのような、ことばの真実を生かしたものがあって、詩を成り立たせている。そういう意味で、詩は文学の初めであり、また終わりである。それればかりではない、詩は、ことばに対するあらゆる基本的な要求を含んでいる。

義務教育の完成としての中学校教育での国語学習は、日常のことばである朝のあいさつを問題にした次には、このような詩を、その成立の根本から学習させたい。この単元では、ことばの真実の現われ方の一つとしての詩を、根本的性質から理解させ、求めさせようとしている。

学習指導の目標を何におくか

㈠　詩に親しみを持たせる。
㈡　生活の中の詩の芽ばえに目を向けさせ、それを育てようとする気持を養う。

【指導事項】

（聞く・話す）
(1)　詩の味わい・リズムをくふうして、朗読に生かす。
(2)　朗読を味わって聞く。
（読む）
(1)　詩を読んで、その情景や心持を味わう。
(2)　解説の要旨を読み取る。
（書く）
(1)　詩を味わって感想を書く。

(2) 詩にしてみたいと思った情景を書く。

(ことば)

(1) 語感の違い。

(2) 助詞・助動詞の添えるいろいろな意味。

(3) 句読点による意味の変化。

学習指導をどう展開するか

【A案】

㈠ 幼な子のことば(幼い兄弟などのおりにふれてのことば——「参考資料」参照)を発表し合う。

㈡ 「幼な子のことば」の、三人の幼な子のことばを味わい、「詩は作られるよりも生まれるものだ。」ということばを中心に考える。

㈢ 「詩人の目」を読んで、詩の味わい方を学ぶ。

㈣ 「詩三編」を中心に、感じたことを話し合ったり、詩の味わいを文章にまとめたり、朗読し合ったりする。

【D案】

㈠ 幼児のことばや、小学生・中学生の詩、わかりやすいおとなの詩をたくさん与える。

㈡ 次から次へと、ただ読ませていると、たぶん、次のようないろいろなことを言い出してくるか、し始めるかするであろう。

○好きなのを写してとじる。○好きなのについて、何か鑑賞なり感想なりを書く。○自分も作る。○作者はどういう人か知ろうとする。○幼児のことばや、もっとほかの詩を集める。○詩集に手を出す。

㈢ それはさらに、次のような質問になって、指導者に向かってくるであろう。

○詩の味わい方は。○詩の作り方は。○詩人についての調べ方は。○幼児のことばと詩とのつながりは。

㈣ これらの疑問によって、グループになり、研究し合う。(教科書の資料をもとに、適当な資料を加えて。)一つの問題について、いくつかのグループになってもよい。

㈤ 発表し合う。

【留意点】

(1) 幼な子のことばは、少し前に話して、生徒に集めさせておくといい。その時、どういう場面でのことばであったかを、簡単に書いておかせる。また、

(2) 朗読会には、じゅうぶんな準備をしたい。詩を味わい、その味わいえたところを表現するために、細かな、突っ込んだ研究がどうしても必要である。朗読会そのものよりも、その前の用意のほうがほんとうに値うち

のある学習になるのが当然である。自覚してこのほうに主力を注がせたい。

グループにして、互いに聞き合って、気のついたことを話し合わせるといい。

(5)　「好きな詩」を自由に選んで発表するという学習の場合、その材料の与え方がたいせつである。なるべく、非常に有名な詩でないものにも目を向けさせるようにする。藤村の「小諸なる古城のほとり」、白秋の「落葉松」というふうに向けないで、中学生のために書かれている詩の本や、作文集などを多く与えるようにする。

(7)　詩を作る生徒は、自然に出てくると思うが、全体を作らせるという方向にもっていきたくないと思う。

この単元の目標からいって、作ることを目あてにしていないからでもあるが、小学校での「短い文」「児童詩」という考えとは違って、中学校では、「詩」を、芸術としてはっきり考えていこうとしている。詩をそのように考えると、「味わう」ことはみんなのものにしなければならないが、「作る」ことは、みんなのものにはできない、という考えである。なお、学習指導要領の精神も、このような考え方である。そして、これは、可能な指導者、可能な生徒によって「作る」ことが行なわれるのを、なにも妨げないわけである。

(8)　「詩にしてみたいと思ったけしき」としてあるのを、詩の形で書いてくる者もあるであろう。また、詩を書いてきてもいいかと聞く者もあるであろう。もちろん、どちらもいいと思う。ただ、全生徒に注文する時は、この程度の言い方にしたいということである。

評価をどのようにするか

(一)　教室での一つ一つの学習への打ち込み方や、図書館で読まれる本の傾向を見守るほか、生徒の生活全体を不断に観察して、話題なり、自由な掲示物なりに、詩への目がどのくらい向けられているか見たい。

次のようなことがみられたり、話されたりすれば、この単元の学習は成功したと言ってよいであろう。

○図書館で、詩集が読まれる。
○紙片に、詩人の名を書いて、読み方を聞き、「この人、有名？」などと聞かれたりする。
○新聞から詩を切り抜いてきて見せ、ノートにはりつけたりする。
○放送部へ、詩の朗読を放送してほしい、などという希望が出る。
○「ちょっと作ってみた。」といって、詩を見せてくれる。
○兄や姉の教科書に載っている詩を写してくる。
○学級新聞に詩が載る。
○小学校の時の文集の詩を見せてくれる。
○ラジオに詩の朗読はあるか、などと聞いてくる。
○「〇〇って、北原白秋の詩ね。」などという話が耳にはいる。
○「うちのにいさんも〇〇〇っていう詩、習ったって。」などという話が耳にはいる。
○「それ、詩に作ればいいのに。」などという声が耳にはいる。
○幼い弟妹のことばを書きつけてきて、それを友だちに見せて笑い合ったりしている。
○「『山のあなたの空遠く』『山のあなたに空遠く』、どっち？」などと聞きにきたり、話し合ったりしている。
○「童謡って詩？」などと聞きにきたり、話し合ったりしている。
○落ちているいたずら書きでも、いたずらがリズムのあることばになっている。

(二) 朗読をじゅうぶんに聞き取って、どこまで理解し、味わいえているかを考えたり、感想文と朗読とを考え合わせて、味わいえて朗読には表現できないもの、文章として書きえて、朗読としては表現できないものなどを考える。

(三) 朗読のくふうをしたり、鑑賞して、話し合ったり書いたりする時、語感について、どのくらい着眼しているか。助詞助・動詞の添えている意味に注意しているか。どういう助詞・助動詞が注目され、また、注目されないか。句読点に目をつけて意味をとったりしているか。そして、そういう発言なり、文句なりが、どのくらいあるか。

(四) 各指導事項については、その評価の機会の例を、それぞれの学習活動の間に示した。いわゆるテストの形では、評価しにくい点が多いが、あとにあげたような例によって、項目によってはテストをする。

〔資料〕

詩三編

トンネル　〔生徒作品〕

暗いトンネル。
みんなで歩く足音が
ガンガンれんがにぶっつかる。

なんだかトンネルは
あき家のようだ。
みんなで騒いだら、
その声が恐ろしくなって、
明るい口めがけて駆け出した。
あとからトンネルが
くずれかかるようだ。

ひきうす　〔生徒作品〕

うす暗い物置の中で
おかあさんとひきうすをひいていると、
世界じゅうに
おかあさんと
わたしとふたりきりのような気がする。
すげがさと草かじりと
ぬかみそのおけが
並んでいるへやいっぱいに、
ひきうすの音が響きわたる。
ごろごろごろごろ、
重い灰色の石のすれあう振動が
指先から腹までゆすぶって、
ぬかみそのあわがぶつぶつとつぶれる。

おかあさんが上をにぎり、
わたしが下をにぎって、
おかあさんが引けばわたしが押す。
わたしが引けばおかあさんが押す。
引き窓の下のしまの光線の中で
おかあさんとわたしの顔が追いかけっこをする。
天井からつるしたひきうすの柄竹が
円すい形を作って動くと、
重なった石の間から
柔らかい粉が
はらはらと流れるようにこぼれて、
薄茶色のこうせんの山が
丸いひきうすを取り巻いてよじのぼる。
ごろごろごろごろ。
焦げた麦のにおい。
おかあさんとわたしとふたりきり。

水　大関松三郎（おおぜきまつさぶろう）

大きなやかんを
空のまんなかまでもちあげて
とっくん　とっくん　水をのむ
とっくん　とっくん　とっくん　とっくん　とっくん

のどがなって
にょろ　にょろ　にょろ　つめたい水が
のどから　胸から　胃ぶくろへはいる
とっくん　とっくん　とっくん
にょろ　にょろ　にょろ
息をとめて　やかんにすいつく
自動車みたいに　水をつぎこんでいる
のんだ水は　すぐまた　汗になって
からだじゅうから　ぷちっとふきでてくる
もう一ぱい
もうひと息
とっくん　とっくん　とっくん　とっくん
どうして　こんなに　水はうまいもんかなあ
こんな水が　なんのたしになるもんかしらんが
水をのんだら　やっと　腰がしゃんとした
ああ　空も　たんぼも
すみから　すみまで　まっさおだ
お日さまは　たんぼのまんなかに
白い光をぶちまけたように　ひかっている
遠いたんぼでは　しろかきの馬が
ぱしゃっ　ぱしゃっと　水の光をけちらかしている
うえたばかりの苗の頭が　風にふかれて
もう　うれしがって　のびはじめてるようだ
さっき　とんでいったかっこうが
村の　あの木で　なきはじめた

【学習の手びき】

一　最初の詩の、「あとからトンネルが　くずれかかるようだ。」というところには、どういう感じが表わされていますか。
二　「ひきうす」の詩で、おかあさんとふたりで働いている作者の喜びは、特にどのようなことばに表わされていますか。
三　「ひきうす」から、どんな音・におい・光が感じられますか。
四　「水」の作者は、どんな生活をしている人だと思いますか。
五　この少年にとって、水はどうしてこんなにうまいのでしょうか。
六　「大きなやかんを　空のまんなかまでもちあげて」「自動車みたいに　水をつぎこんでいる」は、どういう様子や気持を表わしていますか。
七　三つの詩のなかで、いちばん好きな詩を選び、よく読んで感想を書いてみましょう。

【ことばの問題】

一　「もう　うれしがって　のびはじめてるようだ。」の「ようだ」には、どういう意味が表わされていますか。

二　「とっくん　とっくん」のように、じかに物の音や様子を表わしていることばを、三編の詩から抜き出してみましょう。

3　国語科教育の現状と課題

――大村はま「国語教室」に学んできたこと――

大分県中学校国語教育研究会
（04・10・22）

伝統と由緒のあるこの中国研の会に招かれまして、大変有り難く感じております。一九八六年に全国大会を開きました折りに、事務局としてご努力いただきました松崎英敏会長をはじめとして、当時大分大学で演習に参加してくださった方々の懐かしいお顔を拝見してお久しぶりというふうに申し上げたい気持ちでおります。用意しました資料に基づきまして、中国研の抱えておられます課題について、考えておりますことを申し上げてみたいと存じます。本日の中国研の資料を拝見しながら、事務局からの提案は国語科教育の本質にのっとったものであり、全国的に見ましても大変レベルの高いものであると考えております。ただ現場の国語科教育にはたくさんの課題がございます。それらの課題をどのように解決していけばいいのかをお一人おひとりと、ご一緒に考えてみたいと思っております。

初めに確認でございますけれども、言葉による教育の目的をもう一度考え直してみる必要があるのではないかというのが、最近の私の思いでございます。言葉による教育の目的は、言葉の学習を通じましてこれからの社会に生きて働く言葉の力を身につけさせると共に、「自己確立に導く」ことが到達点でございます。これは、国語科だけでなくて、外国語・英語学習においても同じことだと私は考えます。その時に、近代教育に普遍の、自己確立という点に向けて、どのような人間像を措定する、思い描いていくのかということが、一つ課題になってくると考えます。その点から申しますと、今は少しゆらいでいるという思いがいたします。例えば英語科で申しますと、コミュニケーション、通じ合いということが言われております。通じ合う中味を育てるのが国語科でありますし、発想の仕方を学ぶのが英語科と考えるのであります。このことにつきましてはちょうど百年程前に、岡倉天心の弟さんでありますす岡倉由三郎、研究社の英語辞典を作られた方であり、たくさんの英語人を育てられました、この方が、コミュニケーションは大事ではあるけれども、それは三番目だと書いておられます。何が大事かというと、その言葉による文化の違いを識ることだというのです。言葉による文化の違いを知らなければ、そのために外国語を学ぶのでなければ、日本語を、あるいは日本人を見つめることにならないではないかとおっしゃっているのであります。英語はご承知のように「私は、行く」という順で始まります。中国語も同じであります。「我去」（ウオーチイ）「去（チイ）」というのは「行く」という意味でありますが、「昨日、私は北京へ行った」というとき動詞が主語の次にくるのでありますが、そういうふうに結論がまずきます。日本語の場合はどうでしょうか。「おととい、私は東京へ行こうと思って、大分空港へ向かいましたけれども、台風のため、飛行機が飛ばないことがわかって杵築へ引き返して、そこから小倉経由で新幹線に乗ろうと思いましたが、……」と続きます。それを文末決定性をもつと言われます。文末にならなければはっきりしない言い方をそのままで使うのではなくて、明晰に考えて明確に文にするようにしようというのが戦後の国語科教育の原点であります。アメリカの教育使節団が来まして、私がちょうど中学生の時代であります。私は戦後教育をそのまま受けてきた証人であります。後で知りましたことですが、その時に教えられたことは明晰に考えるということが、国語科教育の第一のねらいとしてあるのです。明確に話をする。それがなぜ大事かと申しますと、民主主義社会を支える人間として、明晰に考えることが一番基本になるからと、教育使節団に教えられたのであります。今、私たちが、もう一度確認しておきたい言葉であります。

私はこういうことを経験したことがあります。鳴門へ移りましてから、大分大学時代の一九八七年から一九八八年に天津の南開大学で一年間教えました院生を日本へ招きました。そのあとその学生は、修士課程からドクターコースへ進みまして、今、北京の精華大学で活躍しておりますが、この人に学内で出会いまして「今日、午前中に留学生の会議があったけれども、小野先生は来ておられた?」と聞きますと、「小野先生はいらっしゃったようです。」と答えました。私はその人をもう何年も指導しておりますので「『いらっしゃったようです。』というのは、おかしいのではない。」と言いました。なぜそういう言い方をしたのでしょうか。私はその日の午後小野先生とお会いする約束があったのです。それで、小野先生が来ておられることを確認したかったので、そういう問いかけをしたのでありますが、「『ようです。』と言ったのはなぜ。」と聞きますと、「私は中学二年生から日本語を学んできて、曖昧に言うのが日本語らしい日本語であるということを教わってきました。それで今もそういうふうに言ったのです。」と答えます。「それは違うのではないか。私は小野先生と午後お会いしたいと思って尋ねた。それでは、来ておられるのか、来ておられないのか、わからない。」と注意いたしました。言葉を明確にはっきりと使わないまま、今の社会は動いている向きがあると考えるのであります。ことばの曖昧さから申しますと、構造改革という言葉を聞いたとき、「ああ、これは中央官僚を減らすことだな。」と私はまず考えました。紹介していただきましたように、私は、役人の端くれを一〇年ばかり勤めましたので承知しておりますが、中央官庁には三分の一いらない人がいるのです。例えば、昔の自治庁ですと、三分の一が地方へ行く。その三分の一が帰りますと、次の三分の一が地方へ行って、研修をする。前の知事の平松さんなどもそのお一人だったようですが、三分の二の人で中央官庁は動いておりますので、構造改革と言えば、「ああ、役人を減らすんだ、いいことだ。」と思いました。けれども、そうでなかったのです。弱いところからだんだん人減らしをしていく。世の中の、景気は今ちょっと良くなったと言っていますが、結局は人を減じただけその会社の景気が良くなっただけであり、反面、苦労している人がたくさん出る社会になってきております。

また、「生きる力」ということが言われます。その「生きる力」というのを聞かれました時に、先生方はどのようにお答えになりますでしょうか。「現代社会を生きていく力」というふうに考える人がいます。しかし、現代社会はどんどん変化していきます。湯川秀樹氏がおっしゃったように「現代の社会が今のままで変わらないと考えるのは間違っている。」という考え方にたちますと、社会は変化していきますのに、現代社会に適応する力が必要との面だけを考えて、地域の先輩を招きまして、いろいろ話をしていただく。それはそれで教育的な意義があることはあります。しかし、今のように時間数が減りまして、学校教育が時間に押し迫られている時に、今の、生活人としての生き方であるとか、あるいは、小学校でわらじの作り方とか、あるいは竹細工の作り方を、総合的な学習の時間ということでやっておりますと、保護者からクレームがつきはしませんか。学校にはもっと子どもたちを育てるためにやるべきことがあるのではないでしょうか。家・地域でできることは、やって欲しくはないというふうにクレームがつくかもしれません。私が保護者でしたら、ある場合にはそういうことも言いたくなることがあると考えます。この「生きる力」といった和語でのキャッチフレーズは、問題をはらんでおります。わざとぼかしてあるのではないかとさえ考えます。本日のテーマにも「言葉の学び手が育つ」というタイトルがついております。その場合も「学び手・生徒・学習者」など様々な言い方がございます。なぜ「学び手」という言い方をいたしますのか。あるいは「育つ」と言っても、ひとりでに育つわけではありません。育つというときに、「育てる」という言い方もあります。「育成する」という言い方もありますし、これにも様々な言い方がございます。そうした言葉を曖昧なまま使っている現状があります。さっきの留学生のような曖昧に表現しておくという一面をもっております。又、若い人が「何々とか」「何々みたい」と使っています。あるいは、「あそこにうどん屋ができたね。」「おいしかった?」「まあまあです。」「私だったら、その返事を聞くと行かないね。」というと、学生は「えっ。」という顔をします。「まあまあ。」というのは、学生には褒め言葉の一種かもしれませんけれども、そういう表現で、その場その場を過ごしている。ことばへの目を育てていないのではないか。

今教育上の問題になっております「伝え合い」という言葉もそうです。コミュニケーションという言葉は「通じ合う」という言葉が西尾実氏によって使われましてから国語科ではずっと「通じ合い」という言葉が使われてきたのです。「伝え合い」というと、手段・方法のように受けとられてきます。伝え合いの方法、手段を考えさせられ、昔ふうの、書き方とか、読み方を教えるという方法の方に目が行ってしまうのであります。

大事なことは、新しい言葉を使ったり、新しい方針を決める前に、もう一度歴史を振り返ってみなければならないということです。振り返ってみなければ、今の指導要領のどこに問題があり、それを改善するためにどういうふうにしなければならないか。といったことが考えられないはずです。一〇年たったから、ぼつぼつ変えよう。その時のスローガンは何にするか、という形で進んできております。私は一〇年程広島県の教育委員会におりましたので、三回指導要領の改訂のことにタッチしております。その度に、今の「要領」の全体のどこに問題があって、国語科のこうした面に問題がある。だからどう変えるということを、まず、はっきり説明してください。それでなければ、改めねばならぬ点を県下の先生方に伝えることはできないではないですか。」と文部省に言いました。が「いや、今回はこういう形でいくんだ。」ということで進んできました。そのようにみてきますと、この前の改訂時には、討論・ディベートが強調されました。今はディベートを言う人が少なくなって、「伝え合い」という言葉がやたら入っています。「伝え合い」とはなんぞや。そこのところでまた現場が困る。という形が多く見られます。又、机の上で作られた評価論。規準とか、基準とかですね。そういう評価論が一人歩きをしています。これはもともと、保護者から求められたときに、「お宅の子どもさんは、こういう面が優れていて、こういう面が問題ですよ。」と説明をするために机の上で作られたもののようですが、目標と直接関わりなく、評価だけが一人歩きをしますと、そのためのドリルをするという授業が行われるのではないでしょうか。事務局からの提案の中に苦衷の言葉が出ておりましたけれども、目標が一番大事であるのに、評価を一人歩きさせてしまいました。そこで現場が困るということになってきております。このようなことを考えて参りますと、私が学んで参りました大村はま先生の国語教室が現代の課題に一番よく応えておられると考えます。事務局からの提案の諸問題について具体的に考えていくために、以下に資料を用意いたしました。

前置きが長くなりました。資料をご覧いただきたいと存じます。大村全集の一五巻と別巻が出ました時、波多野完治先生は筑摩書房からその一冊、一冊を送られまして、それを読まれて、毎回礼状を兼ねた手紙を送ってこられたのであります。その手紙のことは一つ後にまわしまして、二枚目のプリントは、「月報11」に波多野先生がお書きになった「著者との一時間」という文章であります。二一世紀の国語科教育への指針を与えるものとして、大変重要な役割を持っておりますので、持って参りました。下の段のAというところがございます。「全集『大村はま国語教室』が刊行されるようになってからは、忠実な読者になって、現在までのところ、既刊八冊、全部通読している。」と書いておられます。横に書きましたように、全一六巻を精読されて、世界的見地に立って大村実践を位置づけた国語教育実践史上かけがえのない書簡一六通、便箋百枚を超える手紙であります。それらは大村先生の机の引き出しにずっと長く蔵されていたのであります。それが、鳴門へ送られて参りまして、私が発見いたしまして、小学館から今週、刊行されます。波多野書簡に対して『二十二年目の返信』（ママ）という、大村先生がそれについて語られた書物がここへ一冊だけ届いております。今日、ここへたくさん届くようにしておりましたが、台風のために届いておりません。この本であります。一六通の手紙と大村先生のお気持ちと解説が書かれております。Bの箇所に第一巻『国語単元学習の生成と進化』という本はすばらしい本で、日本の国語教育の古典の一つだと書いておられます。その古典の一つを読むことは、私たちの自己研修の一つとしてかけがえのない時間になってこようかと思います。その少し後のところで、「筆者ぐらいの頭で」と謙遜して書いておられますが、国語教育の初心者とすれば、第一三巻が大村国語教育学の入門として、一番向いているのではないかと記しておられます。一三巻と言いますと、「やさしい国語教室」「続やさしい国語教室」「国語教室おりおりの話」の三つの書物がそこに収められているのでありますが、その「やさしい国語教室」などから入っていくのが、大村国語教育学（と波多野先生は言っておられます）その大村国語教育学の入門として一番向いていると書いておられます。その時の対談は、二ページ目の下の段に「大村さんがいわれるには、中学生は、親と先生がおたがいに話し合うことを大変きらう。学校での生活は親にかくしておきたいし、家庭での生活は先生に知られたくないことがある。親との先生との話し合いは、この二つの『かくしておきたいこと』をつきあわせてしまうことになる。」ことであり、大村先生によりますと、「登校拒否や家庭内暴力は自分の秘密、すなわち先生に知られたくないこと、親に知られたくないことが、先生や親に知られてしまったということが、きっかけで起こることがあるというのである。」と書いておられまして、「これは『学校と家庭の連絡』を密にするという立場の人から見れば意外に思われようが、中学生の立場からすれば変でもなんでもない。自我ができ始めの時には、他人に知られない事情、つまり『かくしごと』が成立する。この『かくしごと』の世界と表面に出す社会的自我の世界とが二つあって、自我が出来ていくのだ。」と説明しておられます。そして、その段の最後の線を引きましたところですが、大村先生は、「国語教育に徹することによって、中学生のこういう心理的特性を見抜かれたといえるだろう。」と結論づけておられます。先生方もよく、ご承知のように発達心理学の日本的権威でありピアジェの紹介者、生涯学習の日本における提唱者であります波多野完治氏はこのように大村先生との対談について認（したた）めておられます。

続いて、「このように、大村先生の話は滋味があり、国語科以外の領域へまで、いくらでも巾ひろく、かつ奥行きを深くしていくことができる。したがって、大村さんの場合、著書もなるべくたくさん当たるのがよく、出来うべくんば、講演を一ぺんきいて、人柄に接しておくのがさらによい。」と書いておられます。今年も八回くらい全国で大村先生の講演会がございます。その講演をお聞きになれない方のために、また絶版になった本もございますので、先日筑摩の元の社長の人と相談いたしまして、『大村はま講演集上下』を風涛社という『大村はまの日本語教室』三冊を出しておられる会社でありますが、そこからこういう上下二冊の書物を出していただいております。別に、広島での講演をもとにしまして、「大村はま国語教室の実際」という講演集を来年春に出版していただくようにしております。これは、来週から校正刷りが出ることになっておりまして楽しみにしておりますが、初めての講演もたくさんそこには入っております。全集・講演集をお読みいただくとともに、このような波多野完治先生の記録を重ね読んでいただきますと、大村実践から学ぶべきところがたくさん出てくると私は考えています。

三枚目を見ていただきますと、その波多野完治博士からの大村先生への書簡が一六通ございますけれども、そのうちの七通ほどを抜粋して持って参りました。

Aの箇所、便箋一枚目の終わりのところに、「大きな版の本でしかも五〇〇ページ以上、こんな本を、今の国語教師は一体よんでくれるのか、とおもいながら手にいたしました。よみ出してみると全体が有機体のように構成されており、一冊の本であるばかりでなく、一つのドラマ、一つの作品でもありました。そうして、その中から得られる教育的洞察は無限です。」と波多野完治博士は書いておられます。この第一巻は国語単元学習が生成し、成熟し、進化していくさまが一冊にまとめられていて、後に波多野博士が国語教育の古典と呼んでおられる本でありますが、教材の整備と活用、学習活動の多面性・多彩さとその充実ぶり、学習指導の緻密さ、創意にあふれた展開、適切な目標に応じた評価活動等、現代の課題はまさに山積しておりますが、そういう課題を解決するのに、適した書物であります。波多野先生はBの箇所に「文章に書き、口に出してはいえないようなことを、シナリオにし、脚本化するなどということはなかなか考えつかなかったのだとおもいます。」と書いておられますが、これは「クラーク先生」の学習の後で、「寄宿舎の夜」という劇を作ったり、「安寿と厨子王」の場合には、そこの囲みのなかに書きましたように、グループによって朗読・絵本・放送劇・幻燈・創作・作品研究等々がなされております。この学習記録も鳴門教育大学の大村文庫に残されているのですが、その実践の元になりますのは、「味わうことと味わったことを表現することは別の力である。」という大村先生の基本の考え方であります。お聞きしてみますとそのとおりでありまして、味わえたけれどもそれをうまく表現できないことは多々ございます。「あの映画どうだった。」「うん、とっても素晴らしかった。」それ以上なかなかうまく説明できないという場合は私たちにもよくあるわけであります。そうしたことを生徒たちに求めるのは無理である。そうであれば、朗読をしたり、放送劇にしたりというふうにして、自分の得意なところに応じてそれを報告・発表するかたちで発表会がもたれているのであります。波多野先生は、「国語教師たちが一ページでも開けて見てくれるとすぐにひきつけられてあなたのすぐれた『空間』へ入ってしまうでしょう。」と書いておられます。しかし、第一巻は先ほどありましたように、少し解説がいるわけであります。大村単元学習の出発点から到達点まで一冊に入っておりますので、例えば一三巻から、あるいは作文指導の場合ですと五巻、六巻からご覧になるのがよろしいかと思います。

第二回配本の第九巻は「ことばの指導の実際」という巻でありますが、この巻は、言語感覚を育成する工夫のこもった巻でありまして、「ことば・語彙は人生・心を拓く窓である」という考えのもとに、機会をねらってどんどん身につけさせていかれた巻であります。「この巻はかねて興味をもっておりましたテーマであるだけに、大変懸命に読んでいる。」と波多野先生は書いておられ、国語教育に関してこのシリーズ（大村先生の全集のことであります。）が出来上がったら世界に類例のないシリーズが出来上がるだろうと予言をしておられます。

四枚目のプリントは、「場や状況に即した語彙の指導」の実例を語っておられるところで、野地潤家先生との対談を引用しております。「動詞には、いろいろ広い意味に使われているのがあります。」そのいろいろな表現のある言葉に目をつけてぴったりする場面を考えて、それを作文にする。そして、その言葉をぬいておいて、それをみんなで考えることで、言語感覚を育てる工夫のしてある巻であります。すなわち、「驚く」というのは、「びっくりする」「ぎょっとする」「たまげる」「息を呑む」いろいろな言い方がありますね。さらに、「目を丸くする」「目をみはる」あるいは「ぎょっとする」「開いた口がふさがらぬ」「胸をうたれる」等々あげてあります。二人一組でその場にふさわしい作文を作った子どもがいて、非常にきれいな星空を見まして、「目を見張った」にするか、「目を丸くする」にするかということで、みんなで話し合いをします。どちらがやや劣るかということで大変な話題になったようであります。「二人がその文章を作っていたとき、『目を見張る』というのは、何か優れたもの、美に打たれた、そういうときに使う。感動があるときの言葉である。『目を丸くする』は、そんなふうな深い味わいがなくても、びっくりしたときに使う。」というふうに、話をしておいたので、二人はその言葉できちっと答えることができたということであります。「ことばをその場面に合わせながら、細かく頭を働かせて考えていきます。そういうときに、その人のことばの感覚というようなものが磨かれていく。」中学校三年生に「君は、高校へ行くのか、高校に行くのか。」そのところの使い分け。助詞が違うということは意味が違うということであります。「東京に行く。」「東京へ行く。」は違います。その違いをはっきりと身につけさせなければ、言葉を生かして使うことにはならないことになります。

私は一九九八年にも集中講義で中国へ行きました時に、まず、「あなた方はどんな勉強がしたいの。」と尋ねますと、「『は』と『が』の違い」。といった声がでました。「それは、まだまだ。意味はわかるのですけれども、使うときに区別が出来かねる。」と言いましたので、「それでは、これを読んでみましょうと寺田虎彦の『試験管』を読みました。『から』と『ので』の使い分けがきちっとしてありまして、こういうときは『から』を使ってある、こういうときは『ので』が使われている。」というふうに説明ができます。客観的にみんなが認める時には「ので」が使われている。私自身が主観的に判断するときは「から」である。現在も「だからさ」という言葉がよく使われます。これは一九七〇年ころからよく使われた言葉と私は意識しておりますけれども、「だからさ、だからさ」という言葉は、他人におしつけがましい感じを与えます。これは、学生運動華やかなりし頃、論理に弱い頭が他人に自分の考えを伝えるときに、「から、から、から……」と押しつける言い方を使って、それが一般化したのだと私は受け止めております。たぶん間違っていないと考えます。『ぞ・なむ・こそ』につきましても「係り助詞、強め」といったような教え方をしているから、高等学校の生徒たちは、係り助詞の「ぞ」と「なむ」と「こそ」の違いがわからないのでありまして、「『ぞ』はこういうときに使われる。」「『こそ』は、こういうときに使われる。」とはっきりしております。私は、「源氏物語」の「ぞ・なむ・こそ」を大学時代に全部調べたことがあります。総索引がまだない頃であります。一つ一つカードに取りまして、調べましたところ、全部使いわけがしてありました。時代が下がりますと、少しずつそれがずれてきます。歌の詞(ことば)の場合には、またちょっとずれます。けれども、「『ぞ・なむ・こそ』は係の助詞、強め」そんな大まかな言葉遣いをしていたのでは、言語感覚は育ってこないと考えます。

第二巻は、「聞くこと・話すこと」の指導の実際の巻でございます。「本巻は聞く、話すが中心ですが、読む、書くともからんでいるので、先生の全体の国語教育観がうかがわれ……。」と書いておられます。本当に「聞くこと」が学力の第一歩であるというのが大村国語教室の基底にある考え方であります。大村先生は、「いつも整然と区切りのいい論理的な話を聞いている生徒と、あちらへ飛びこちらへ飛びする話しか聞いていない生徒とでは頭の組み立て方が違っていってしまう。論理的な話を集中して聞く頭が学力を作っていく」と語られました。そして、そういう話を聞くときの頭は、そのまま読解をするときにも、試験のときにも、応じうる頭と別のものではない。という考え方であります。先ほど申しましたように「『から』と『ので』の違い」あるいは、この助詞の使い方が、どのような筆者の気持ちを表しているのか。読み手が常に頭を巡らすことが、結局その人の頭を作っていくという考え方であります。一面、大村先生は、学力と人間形成につきましては、「話の下手な人の精いっぱいの話、その話す人の気持ちを考えながら聞くところに人間性が育ってくるのではないか。」と説かれます。二人が自己紹介をしますと、どうしても比較することになってしまって、前の人の方が上手だった、下手だったというふうになってしまいます。大村先生は話をさせるときは、一人だけにさせられる。話の下手な人が精いっぱいはなしをしている。その人の気持ちを考えながら聞く。そこに人間というものが育ってくるという考え方が基底にあるのであります。話すことは人への愛情であって、あるいは人への尊敬である。あるいは、人と交わることであり、人を大事にすることであります。そういう人が本当に話し合える人になっていくのであります。そのような真の話し合いをしていたら戦争は起こらなかったと話されます。今のイラクのような不幸なことも起こらないわけです。話し合いを大事にしてこなかったために、戦争になった。今の時代はまた戦前に逆行しているようで、上からの指令に基づいて全部を任せてしまうという人が多くなり、大変不幸な時代になっているという気持ちがします。

余談が過ぎましたけれども、波多野博士は、「わたくしは、英語、フランス語で、スピーチの本をいくらか読みましたので、あなたの本を楽しく拝見することができました。なによりも聞く話すという、第一義的でなくなりやすい仕事を単元化していく指導の天才的な工夫に頭が下がりました。」と書いておられます。大きな形容がしてあると受けとめる方もおられましょうが、そのあとに「第三段階を設定されたことでそれが教室の『現実』のものになる点は、わたしは、上手な手品師のように見事に感じました。」という賛辞を贈っておられます。中学一年生の、〈話すことの学習〉の際に『民話』しろうさぎ」を取り上げられたことがございます。言語抵抗の少ない「民話」を取り上げられるというのも一つの見識であります。難しい文章を取り上げますと、読解に時間がとられてしまいます。そうではなくて、みんながわかる「『民話』しろうさぎ」を取り上げられ、プリントの中にメモ書きしましたように、」大国主命はどんな人柄か。これが第一段階であります。私たちの祖先はどんな人を理想と考えたかが第二段階であります。そして、私たちの祖先の考えた理想の人と私たちの考える理想の人。というのが第三段階であります。学習者はそれぞれの力に応じまして、第一段階から始める人。あるいは第三段階から学習に入る人。手びきに応じて進めていくのであります。私もたくさん授業を拝見してきました中で、考えてみますと、ほとんどが第一段階か第二段階、せいぜい第二段階で終わりでありました。私たちの祖先の考えた理想の人、それと、私の考える理想の人と問われたときに、私の考える理想の人は母親とする人も、そういうのはちょっと中学生としては恥ずかしいな、とためらいます。そうすると、今まで知っているひとを（偉人などを）思い浮かべます。だがこういう人はちょっと偉すぎて、どうも理想の人に向かないな。そこでまた考えたり、本を開くことになっていきます。視点をかえると学習が広がっていく、発展していきます。それが、単元学習であります。そのような手びきがなされています。手をひくということは教育することなのです。それを、波多野先生は「上手な手品師のように見事に感じた。」と書いておられます。このように、学んでいることが何につながっていくのか、そういうことに気づかせていく「実の場」を設定していくことが大切であることを、波多野書簡は指摘しておられるのであります。「学習者が育つ」といわれます。これは全国的に、日本国語教育学会のテーマもそのように設けられておりますけれども、育つのを支援するといった生温い甘い考えでは不充分で、育てる場がありませんと、このような三段階の手びきをして、育てる場がないと、考えは深まりません。ひとりでに育つわけではございません。

さらに「わたしとしては、聞くと話すと、どちらにプライオリティー（重点）をおくかの問題に興味をそそられました。欧米のスピーチ学者はみな『話す』にプライオリティーをおいて、そこから聞くを引き出しているからです。」「聞く」を無視する人もいると指摘されています。日本の指導要領の前回の重点のディベートというのはここからきています。ですから、指導要領の一つの指導事項として問題が出てきたときに、どこから来たのかなということが歴史を見ておりますと、すぐわかります。しかも、聞き・話すを基底にした対話力や討議力が育てられていない学習者にはディベート（討論）はできないという人は少なかったのであります。ついで、「ヨーロッパ的風土が聞くことを軽視していることはたしかなのですが、あなたの『聞く』の重視は、中学生という発達段階を考えるとしごく当然で、ここから出発したのは、あなたの見識を示すものです。」と記されております。対話・問答、会話・討議、それから討論と西尾実先生がおっしゃいました。言語生活のそれぞれの場面を考えていきますと、学習する立場から考えましても、社会生活から考えましても、「聞く」ことが最重要であります。にもかかわらず、「え～とか、あ～とか、う～とか、あの～とか」合いの手を使って、子どもたちの頭を混乱させて、そして、否定をしないことがわかっているのに先生の話が「わかったか、」というような甘い姿勢を見せる人に教わる学習者に聞く力は育ちません。学習者の頭を悪くするために下手な話をしているのは、非常に申し訳ない思いがします。話す時には必ずメモをして、いくつかの構想を立てて、こういうふうに今日は進めていくということにしませんと学習者の頭は鍛えられないということを学んでいきたい。波多野完治先生は世界的視野から大村先生の実践をこのように位置づけておられます。さらに、「話し合いについてのご議論は実に優れており、また、中学生の心性にあったものとおもいます。というのは中学生は、小学生よりずっと自己中心的になり、分裂病的症状を呈し、したがって、話し合いの価値のわからなくなる時期だからです。」と書いておられます。話し合うことのねらいは、民主国家の一員として学習者を育てるところにあるのでして、グループ学習を進めることは、社会的な技術を練るためにある。しかも、一人ひとりの学習者を育てるためにグループがあり、指導者の都合でグループが作られるのではないとの考えであります。グループ指導は個を育てるためにあるという考えもまた、二一世紀の課題であると受け止めることができます。大村実践の基底を波多野先生はこのように指摘しておられます。そのグループによる、話し合い学習の実践の頂点といえる事例を、後の方へプリントしてきておりますので、後ほどふれることにいたします。大村全集の中でも報告もされておりません。その資料を今日は持って参りました。

それから、第三回配本の書簡は、抜粋ですけれども、終わりの方（本書42ペ）に、「本巻で一番感心したのは、久保田万太郎作品（「北風のくれたテーブルかけ」）の教材研究です。これは、文学鑑賞としても一流のものですが、それが中学生の心理に即しているので、教材研究の傑作になっています。」と記しておられます。先生方も、毎日教材研究をなさいます。その時に、教材研究の典型としてご覧になるのに、私はこの「北風のくれたテーブルかけ」をあげます。もう四〇年近く前の実践でありますが、それが大村全集に出ております。第四巻に出ておりますので、是非ご覧になっていただきたいと思います。現場ではすぐに役立つ本をついつい求めがちになります。明日役立つものはないだろうかと。そうではなくて、教育の本質を衝いている、このような実践を見ていきたいと考えます。

次の第五回配本には「作文学習指導の展開」の巻が出ております。このことに関しまして、波多野完治先生は、「読む者に新しいアイデアを誘う巻である。」と書いておられますが、時間の都合で後ほどご覧いただくことにいたします。「構想をまず呈出させることも、アメリカでは行われておらず、あなたの独自のものでしょう。処理は、子どものいやがるものですが、あなたは、じつにそれを面白く、熱心にさせています。」と記されたように、構想をたて推敲させる工夫がなされています。作文の処理を学習にしていくことは早くから大村実践の中の基本の一つでありました。ここに進んで推敲させる工夫、相互批正させる工夫、そしてそれを自己評価し、今申します自己学習力に高めていく工夫がみられます。「先生への手紙」という実践でございます。私は高等学校の現場で一五年ほど勤めまして、九七〇〇時間の実践をいたしました。中学・高校勤務の方は一生に二万時間くらいの実践をされるのですが、私は一五年でしたので九七〇〇時間余りでした。その一つ一つの記録をとりました。作文の教師こそ国語の教師だと考え続けておりましたので、よく添削もいたしましたし、それによって、次の作文を期待していることがよくありました。けれども、指導者による添削はほとんど役に立たないことに気づかされました。これは、学習者の心理を知らなかったからであります。学習者の心理をつかんで、次の作文を書く時に役立てる工夫はないか。結局それは自己評価力を育てることになってまいります。自分の作文を見つめ、そして、自己評価力が育ってきますと、次の作文の時に、それを超える作文が出て参ります。あるいは、評論が出て参ります。関連しまして、「わたしは、小林秀雄の同級生で、批評については敏感で、その教育にも関心を持っていました。今日のような時代には批評することそのことが教えられなければならないのです。」と波多野完治先生は書いておられます。「あなたの生徒による処理は、大変納得できるものだ。」とも記されています。関連させて申しますと波多野完治先生の国語教育論の基本にあるのは、批評精神の育成であります。批判精神・批評精神の育成が、波多野完治先生の基本にありますから、ここにあります大村実践の作文の処理が、批評精神の育成につながっていくことを見ぬいて指摘をしておられるのであります。

第八回配本は、配本の順は後になっておりますが、巻としての内容は第六巻の先になっておりまして、第五巻になりますが、「さて、第八回配本は、非常な力作で、立派なできばえです。第六巻（作文学習指導の展開）の方が先に刊行されているので、今度の第五巻は理論編にあたり、両巻併せて大村国語教室の作文指導の全貌がわかるようになっています。」と書いておられます。大村先生の作文指導の基本的な考え方は、文章力は人間として育っていくこととつながっているという考え方であります。人間として育っていかなければ、文章力というのはなかなか育つものではない。忸怩たる思いをする方が多いと考えます。実際、文章の上手な人というのは、あまりいないものですよ、と先生は言われました。その考えをもとに作文学習のねらいは上手な文章が書けるところにおくのではなくて、書くことによって育つものがあるという考え方であります。書くことによって考える、書くことによって自己を見つめる。そうした書くことによって育つものがあるから、書くことの学習は大事という考え方です。従いまして、学習者に対して絶えず言われるのは、筆無精をなくすということであります。第五巻には、よく出てまいります。指導者としましては、作文の指導計画が一番大事と考えられているのであります。それゆえに、目的、目標、目標に伴う評価活動（自己評価に至る評価活動）、計画、実践上の工夫、等々、ご自分の体験からの工夫がそこに語られて参ります。『『中学作文』は、名作のほまれ高いものとおもわれますが、（『中学作文』というのは、筑摩から百円で出された副読本でありますが、私ども現場人にとって大変勉強になった作文書であります。これは、三年間大村先生が実践なさったことを、まとめられたもので、ここには作文の基礎力を養う工夫、実践による成果が収められています。それが、この第五巻にそのまま載録されております。作文の基礎力としてどんなことを考えていけばよいのか、計画を立てる時に、この巻を是非参考にしていただけたらと思います。）題材集がまたすばらしく、この一ページをつくるためにどんなにたくさんの時間を大村先生が費やされたのかと思い頭が下がります。」と書かれています。こんなにも書きたいことがあるとか、意見を書く時にこんなにテーマがあるということが、ずーと示されております。

ついで、この手紙で、「さて、わたしが疑問におもうのは、次の点です。あなたには、学習指導要領の各項目についての批評はないのでしょうか。興水氏も、学習指導要領の委員の一人として、もっぱらそれの弁護にあたっておられますが」という言葉を使っておられます。興水実氏は、外国語のできる教育哲学の第一人者としまして、垣内松三先生のお手伝いをなさったり、日本の国語教育界に大きな功績を残された方でありますけれども、指導要領の委員として、「その弁護にあたっておられますが」というふうに書いておられ、ついで、「あなたの場合、指導要領は一つの足場であって、それを踏み台にして非常に高いところへまで生徒をつれていく指導をしておられ、指導要領をシーリング（天井）として、そこへまで到達すべくカツカツの実力しかもっていない人たちと同じように学習指導要領をあつかうことには問題があるのではないでしょうか。」と、あるべき「要領」への希望をこめて書いておられます。これは、読むものにとりましては大変厳しい言葉でありますが、そのことに関しまして、大村はま先生は、「私も、学習指導要領の委員の一人であったので一つ一つ実践し、努力をした。」と、おっしゃったことがあります。（指導要領の指導事項、「読むこと」のアとかイとかございますね。）その指導事項には軽重がある。しかし、指導要領で、アイウと並んでいますと、読み手から言うとそれらは、同じような重さがあると読まれてしまうと言われるのです。その一つ一つの力をつけようとしていくと「要領」の学力が構造化されていないために、授業が散漫になったと話されました。学習指導要領は、アメリカで言います「コース・オブ・スタディー」の訳語でありますが、スタディーのコースにはなっていないと、私は指導主事時代によく申しました。「指導の方法は、現場の先生に任せてあります。スタディーのコースまでは、文部省は言わないんだ。」ということを、いつも文部省の人はおっしゃいます。しかし、現場には初心者の人もおられますし、「コース・オブ・スタディー」になっていないと大変困るわけです。構造化されていないために困ることと申しますと例えば、中学一年生の「読むこと」のイのところに「目的や必要に応じて要約すること」（要約力をつける）という項目がございます。その要約力をつけるのに、どんな力がいるのか。指導事項としてどんな力がいるのかということを、勉強したことのない方は、要点をまとめていって、それを全部まとめていけば要約になるということを言われたり、あるいは、言われなくてもそういうことをなさったりする。学習者の方は大変不幸であります。「要約せよ。」というふうに先生に言われるけれども、要約の仕方がわからない。大村先生の昭和四四年の話を、私は東京の学会の時にお聞きしたのですが、要約をするためには、正確に読めなければいけない。（正確に読めない原因に中学生としてはどんなことがあるのか、ということもきちんと考えられているわけですが、）まず正確に読めること。そして、段落ごとの要点がつかめること。そして、再構成する力がないと要約はできないと。そのとおりですね。その再構成する力は、たとえば五百字で、というときと、千字で要約というのでは、うんと違ってきます。再構成する力がついていないから、結局、「あなたの要約は、ちょっとまずいんだ。」ということを言いながら、先生が直される。直されても学習者はその力が、自分の身についていないために、力になっていないために、次の時にできないわけです。それらの事項は小学校の二年生から四年生に、ずっと正確に読むということが出てきます。それから、要点をつかむということも四年生から五年生ぐらいに出てまいります。そして、六年生にありました再構成する力をつけるという指導事項が、今回の指導要領には載っておりません。私の見た範囲では。そうしますと、中学校一年生で要約力をつけると書いてありますけれども、（必要な三つの）要素の力がついていないかもしれません。それ故、この学習者はどこに問題があるのか、正確に読む、というところに問題があるのか。あるいは、再構成する力がないからきちっとした要約ができないのか。さらにそこのところの手あてをしないで指導しないまま、中学校を過ぎてしまうと、その生徒はそのことがもとで、大変不幸なことになってしまします。そのように、指導要領の指導事項が構造化されていない。それでいて、現場の先生に任せてあるんだと言われたのでは、私どもは大変困るわけであります。「新しい指導には新しい方法がいるのに、その面に目が向けられないで、自分の教わった先生のまねだけをする。」それが教育の本筋を押えてあげればよろしいのですけれども。さらにまた、「何をねらって教育はなすべきかということを考えていくと、教科書だけでは間に合わなかった。」と語られます。大村実践では、教科書を使わないと、表面だけしか知らない人はよく言います。とんでもないことで、大村先生ほど教科書を使われる方はいなかったのです。教科書を一冊の本として、全体を使って、索引を作ってみる。作った索引を見れば、たとえば作文を書くときにこの文章はこういう書き出しをしている、こういう結びがしてある、と学習者はすぐわかるのです。索引を見て、何々をするとき、要約をするとき、こんなこと大事。索引をもって使っておりますから、それで学習がどんどん進む。という形で、教科書も十二分に使っていかれたのであります。今、評価が問題になっておりますけれども、学力が構造化されていないで、評定ばかりに目を向けておりますと、これはまた、変なところへ力が入ってしまいます。そして、評価のためにドリルをするというような、そんなあきれた実践まで報告されたりします。ああ、これは大変な時代になった。こうした現状からの課題をどういうふうに解決していくかを考えさせられるところであります。

「国語教科書とともに」の巻、第一〇巻につきましては、波多野完治先生が「わたしは、国語読本の『教師用』を読むのが好きて、アメリカ、イギリス、フランスなど、いろいろあつめて読んでいる。……。あなたの指導書の部分はその意味で、全集に入れてくださってたいへんよかったとおもいます。海外のものとくらべた場合、あなたのは、いつもと同じく、深く考えられていて、……。」（本書52ぺ）と書かれています。ここに持って参りましたのが復刻版の「学習指導の研究」、指導書です。これは三六年版の指導書でありますが、それを見てまいりますと、一年生の第二単元に「詩の誕生」が、おかれています。学習指導の目標に何を置くかに、詩に親しみを持たせるとある。今後、二年生で詩を味わう、三年生で理解する、と学年段階が考えられています。その、「詩の誕生」のところで、目標に即してどういう指導事項が考えられ、どういう評価がなされているかが記されています。計画のA案は図書館に資料が少なかったり、経験年数の乏しい方が教科書を中心に進めていかれる時のものとなっております。三一年版の指導書はそこが大変詳しいのであります。それから、D案というのはプリントにありますが、幼児の言葉や、小学生・中学生の詩、わかりやすいおとなの詩をたくさん与えて、それからアンソロジーを作らせる。この作業だけでも、学習者は繰り返し、繰り返し、プリントを読んでいきます。米田伸一先生が俳句の単元でこういう学習をなさった時、「俳句なんか、よみたくない。」といっていた学習者が「この俳句はおもしろいんだ。」と先生のところにわざわざ言ってきたそうであります。「君は、俳句なんかよみたくないって言ってたじゃない。」とおっしゃると、「でも、この俳句はおもしろいんだ。」と興味をもたせえた報告を聞いたことがあります。このD案に即した実践をして成功なさった例であります。そこの留意点として、材料の与え方が大切であるということが書いてございます。その場合、詩を作る生徒は自然に出てくるだろうけれど、クラス全員に詩を作ることをさせない。という意味のことが書かれております。詩にしてみたい内容を文章に書かせる作業にするというのです。なぜなら、中学生が詩を味わうということは、芸術作品を味わうのであって、言葉が円滑に用いられるようにするために、児童詩を作る小学生とは違うという考えがそこにあるわけです。そして、評価として、「図書館で詩集が読まれる」「新聞から詩を切り抜いてきて見せ、ノートに貼り付けたりする」。新聞の俳句欄あるいは、歌壇、の欄を見るなどの社会人に育てていくために中学一年生からの詩の単元、あるいは短詩系の単元があるわけです。そういう読書生活人を育てるために、詩の学習はある。短詩系の文学の学習がある、と考えられるのであります。さらにこのようになってくると、この単元は成功といえる例として、「〇〇って、白秋の詩ね。」とか、「それ、詩に作ればいいのに。」とか、「『山のあなたの空遠く』『山のあなたに空遠く』、どっち？」というようなことをきく、そういう子どもたちがでてくる、それは詩の単元の成果であると書かれています。そのようにA案からD案、あるいは目標に応じた評価の観点、項目がきちっと立てられておりまして、目標に即した指導事項が、そこにあげられているのが、この指導書の特色であります。復刻版が出まして、それをお持ちの方も何人かおられますので、また、研修会の折などに紹介していただければと思います。

プリントの次に、「小説を味わうとはそういうふうにすることか」という例があります。その留意点の最後に、「サーカスの馬」を読みまして、「『まあいいや、どうだって。』という言葉に表現されている僕の気持ちは複雑で、なかなか理解しがたいかもしれぬ。そういう場合、あくまで徹底的にわからせようとして、くどくなりすぎないよう注意したい。」とございます。ここのところが大事であります。くどくなりすぎて、文学作品の読解に時間をかけすぎるなという指示が先年出てきたのは、大変なことであります。そんな留意事項を出すのは、あきれることです。けれども、「赤い実」の心理を読み取るにしましても、「赤い実」の、あの登場人物の心理を読み取れる生徒と、読み取れない学習者といるのが実情であります。それを、一遍にわからせよう、教えようとしてもだめなものです。後藤弘子先生の『中学校国語教育実践の探求』の中にあるように、重ね読むことによってわからせていく。あるいは、そのときは結局わからないままでも、「ああ、何年前に教わった、あのときの心理は、こういう心理だったんだ。」というふうに、後に気づくことがあってもいいわけです。そのように、「文学、このよきもの」を扱いたい。教えるというので、徹底的にわからせようと考えると、そこには無理が出てくるということであります。

その次のプリントは、「学力と評価」で、これは一九九七年、比較的新しい講演でありますが、これは先ほど紹介致しました風涛社からの「大村はま講演集」の下の巻に、是非とりあげてほしいと申し出まして、採録されております。

一三枚目のプリントに、第一二回配本の波多野書簡が出ております。「国語学習記録の指導」の巻（51ぺ）でありますが、「小西まゆみちゃんの学習記録を見ていくと、国語の伸びもさることながら、この女生徒の人格形成の跡がしのばれ、じつに素晴らしい指導と成長の記録と思います。その成長の間にちらちら大村先生のかげが見えるのもこのもしい感じです。」と記されています。大村先生は、力は使い切ったときに伸びると語られ、一時間、一時間、全力で国語の時間にたち向かうように、話をしていかれます。そうしたことが、学習記録には書かれてきます。ここに持って来ましたのが、三年生一学期の小西まゆみさんの、今は内海さんと言われます。五四六ページの学習記録です。もちろん、先生のプリントもたくさんありますし、テストもあります。先生のお話も書きとめられております。例えば、この記録ではありませんけれども、古典の学習をはじめるときに、「ああ、ぜひ古典を読んでみよう。」という気持ちにさせるために、短い話を一〇回ぐらい、時間の始めにしていかれます。毎日ではありませんけれど。その短い話を聞きながら、「ああ、枕草子の作者っていうのは、どんな人だったのだろう。」「大村はま先生はどういう作品がお好きなのだろうか。」とか、そういうふうに、古典に向かわせていく。そうして、いよいよ勉強したいという姿勢にしていかれる、その心の動きが、こうした学習記録をみていきますと、大変よく出てくるのであります。鳴門に二千六十冊の学習記録がございますので、是非来て、見ていただけたらと思います。船と車ですと六時間くらい。岡山経由の列車でも六時間ぐらいで、おいでになることができます。またおいでになるときには、私に連絡をしていただきますと、車で一〇分くらいのところに住んでおりますので（二千冊を手あたりにどれから見てもいいというわけにはまいりません）テーマに応じてこの学習記録、この学習記録と紹介ができますので、そのようにしていただけたらと願っております。

最初の方に申しました貴重な話し合いの記録は、一五枚目からのところにあげてあります。話し合いの学習・討議の学習の頂点を示す実践と私は考えておりますのが、この事例であります。一九七四年、昭和49年の一一月二一日の実践。全国から百名余りの方がこの授業の参観に行きました。前もって「参観のしおり」が配られておりました。第五校時に、「児童文学世界名作の子どもたち」がございました。その時に、「討議の仕方を教える」場合と、「討議を実際にしてみる」時のテーマ、あるいは討議の仕方はどうあったらよいか、という提案がございました。提案の9、10、11、12は、後ほどご覧いただくことにいたします。この資料は公になったものはございませんので、この単元が終わりました後で、特別に送っていただいたもので、このグループでは、久世浩子さんの学習記録の中に、このまとめが含まれております。この「世界名作の子どもたち」ではどんな人物を取り上げたか。その、観点として、A・B・C。特にBの、どういう子どもか。どんな考え方をするか。その性質とか、人柄とかをこの時間には見ていきました。その時間の終わりの方になりまして、観点、性質、人柄というのがございますね。その性質、人柄のところに、「明るく優しい」といった指摘があります。こういうのは「世界名作の子どもたち」の原点でありますから当然出てまいります。その一時間の話し合いの終わりの方で、一人の学習者が「ちょっと、おっちょこちょいだったり、何でもないことで、短気だったりするのがユーモラスで身近な感じだ。」という発言をいたしました。私はメモをしておりましてハッと顔をあげました。その時のメモも残っております。「世界名作の子どもたち」を読みながら人物のこういう面を発見して、それを話し合いの中に出してきましたことに驚かされました。その学習記録のあとがきに、「この研究はとても楽しくて、小学生の時に、抜粋になった本を読んでわかったつもりになっていたけれども、こういう観点から勉強してみると、大変楽しかった。」と、書かれております。

最後のプリントの註は、先ほど紹介しました、『22年目の返信』という本に書きました、私の註であります。註の3に「重ね読み」の問題をあげておりますし、註の5に先ほどあげました、「第三段階」のことを書いております。

最後に「大村はま『国語教室』の創造性」につきまして、申し上げようと思ってプリントをしておりましたが、時間がきてしまいましたので、後ほどご覧いただければ幸いでございます。「おわりに」のところに書きましたように、「『自己評価力』が育つことによって、現代の課題である『自己学習力』が育つ」のであります。現在、「自己学習力」のみに目がいっていますが、その「自己学習力」はどのようにしてつけていくのか。もちろん、一時間、一時間の国語の時間に育てていくのでありますけれども、その根っこに「自己評価力」が育ってきませんと学習力は発揮されません。なんとなれば「自己評価」ができるようになりますと、自分の課題、そして、これからやるべきことが見えてまいります。そこで、発展的な学習に自らすすんで取りくむようになる。それが今の「生きる力」といわれている言葉の私なりの受け止めであります。現代の社会、変わっていく社会への適応力ばかり考えていたのでは、今求められている「生きる力」を学習者につけることはできないと考えます。

世界に類例がないと言われました、その波多野完治博士の書簡を重ね読むことによりまして、今まで大村教室について勉強してこられた方にも、参考にしていただけたのではないかと考えます。これで終わらせていただきます。長い時間、すばらしい聴き手になってくださりありがとうございました。

4　ことばを育て、人を育てる

鳥取県西部地区中学校国語教育研究会（07・8・10）

これからの国語教育のために　という副題をつけました。国語科の学力・学習力についての考え方、それから国語科の役割を実践研究に即しまして考えてまいりたい。

最初に「作文の学習」という資料（380ペ）を付けております。〔西尾実編「国語　中学校用」昭和36年度版「学習指導の研究」〕。その右側に書き加えましたように、国語科は本来、ことばの学習を通じて自己を見つめさせ、社会的存在としての自己の確立を図らせる、これが動かない目的であると考えます。この作文の学習という資料は、その左側に書きましたように、「文章表現力の育成を目標としながら、国語科の全領域にわたる基礎力の育成」が図られている資料であります。国語科の全領域を考えていくのにも適切な資料と考えプリントしてまいりました。

これは二年生の第三単元、五月の単元でありますが、単元設定の理由は、380ページの上の段に、新鮮な感動を覚えている内容が豊かな場合、人は話さずにいられなくなったり、書かなくてはいられなくなるという考え方に立っています。そのために豊かに題材を持たせるくふうを、またそのくふうの仕方を学ばせる、それが単元の設定の理由になっております。

学習指導にもっとも大切な目標につきましては、三つあげられておりまして、最初が、「作文の学習の基礎として、題材を集め、題材を豊かにしようとする態度を養う」と書かれております。

二つ目が、「身辺から題材を取り上げて、文章に書き表わす態度を養う。」ここのところで態度を養うとなっておりますのが、目標の書き方の一つで、この書き方のほうをわたしはずっととっております。といいますのは、上手な文章が書けるという目標の書き方があり、六〇年代、七〇年代頃から、学力保障の考え方から「～できる」と目標を書く人が出てきました。けれども、それは二者択一になる場合がありまして、こうこうこういうふうなことができる、としますと、できればいいのですが、できなかったらどうするのだということになってしまいます。やはり目標としては態度を養うという形にしたいとわたしも考えております。

三つ目は「題材の集め方について考えさせ、くふうをさせ、題材を豊かに持つようにさせる」となっております。

これらの目標を達成するための基礎力を、次のような指導事項によってつけていくというのが大村先生の授業の構造の特色であります。重層構造になっておりまして、大きな目標があり、それをどのようにして達成していくかということで、聞く、話す、読む、書く、そしてことばに関する事項がそこにあげられております。その二番目の読むというのは、書くために読む作業をここではさせるというかたちになっています。作文の単元ですから、書くことができるようにするのが目標ですけれども、書くために読むという作業をさせる場合には、どのようなことをすればよいかがあとに出てまいります。その一つに「生徒作品を読んで主題を捉える。」それから、「生徒作品の表現に注意して読む。」即ち、生徒作品の書き方に学ぶわけであります。どのように主体的な学習にしていくか、それは適切な手びきによって、指導のしかたによって、なるのでありまして、先ほどのご発表では、学習者が主体的で意欲的な活動をしておりましたけれども、そのようにならないことが多い。目標、計画はいいのだけれども、実際の学習活動になるとそれと乖離してしまう、離れてしまう。それで困られるということもよくあります。そうならないように、どのように手びきをしていくかということが大事なことであります。読む活動がはいりますけども、その活動がどのようなものであるか、後で見ていただきます。

それから、主たるねらいでありますす書くということに関して指導事項の〈書く〉に、「身辺から題材を捉え、感想や意見や感動を書く」という活動をします。それから「文脈にふさわしい語句を選んで書く」というのが二番目にありますが、身近な題材で書いたときには語彙が非常に少なくなってしまいます。気楽に書きますけれども、語彙が少なくなる。語彙が少なくなっては国語科の学習としては、大変もの足りない。そこで文脈にふさわしい語句を選んで書くという指導事項があげられております。それはことばに絶えず目を向けさせるということとつながってまいります。

そのあとのことばの指導事項は、話すことにも読むことにも通じることであります。常に大村先生の場合には、意図的、計画的に指導がなされていきますが、段落を考えて文章を書く。これは頭をクリアにするため、明晰な思考力を作るためには、話が三つあるというように段落をまず考えるというのが第一歩です。まずそのことがあげられます。三つ目に「文末のいろいろな表現」とあります。人の気持ちや考え方は文末に集約して表れてまいります。そのためには文末をどのように捉えるかがだいじになってまいります。文末の表現を考える作業があげられています。それから、四番目に「助詞の添えるいろいろな意味」というのがあります。助詞は「高校へ行く」、「高校に行く」内容が違います。「東京に行く」、「東京へ行く」ではうんと違うわけですが、そういう助詞ひとつがどういう意味をこめているのか。それからあとの二番目に出てきます生徒作品には、「のだ」、「のだ」が続いて出てきます。そういう「のだ」の「の」はなんですかと聞かれたとき、外国で日本語教育に携わっておりますと一番説明がむずかしいのであります。橋本進吉氏の文法では、「のだ」の「の」は形式名詞というので説明は終わりです。しかし、「だ」と言うときと「のだ」と言うときは、意図が、心の中がうんと違います。その「の」

は何かと質問されますと、なかなか外国の人に説明しにくい。そういうことがございますが、この生徒作品には「のだ」「のだ」と出てきます。こういうことを考えさせるのにはいい例であります。ことばの問題を考えさせるにいい例文があとにでてまいります。

このように、配意のとどいた指導事項が立てられ、学習指導をどう展開するかという計画に進みます。大村先生の指導書の場合には、A案からD案ぐらいまであげられています。先生はだいたい一〇くらいの計画はすぐに考えだせるとわたくしにおっしゃったことがあります。（これがその顕れであります。）復刻して出されたものもございます。当時は、筑摩書房の教科書は売れないけれども、指導書だけはよく売れたという話で有名であります。なぜ指導書だけ売れたかといいますと、一年生から三年生まで、案はすべて大村はま先生が書かれたもので、研究会のときに指導案を作る、あるいは研究計画を立てるのにこれが一番参考になったのです。ですから、指導書だけが売れて、教科書はあまり売れなかったというエピソードがあります。

A案（381ぺ）は、若い経験の少ない人。初心の人とか中学校の場合、ほかの教科と兼担なさる方もありますので、そういう方にはA案はいかがですかというものです。A案ではまず書くために読む活動がおかれております。№10（省略）に「題材を集める」という生徒作品を揚げてあります。この『題材を集める』を読み、自分たちも題材も集める」。これはよくある作業です。が、ここからが主体的です。「それを発表し合い、自分たちの題材にはどんな種類が多いか分類する。」（生徒作品の「題材を集める」には、先生の助言によって六つあげられています。）即ち、自分たちの題材には「見て得たもの、」「考えて得たもの、」「読んで得たもの、」「行動して得たもの」「質問して得たもの」「聞いて得たもの」のうちのどんな題材が多いか。また、どんな種類があってどんなものが少ないか。「問題点を考える。」と示されています。ここで、主体的、生活的な学習をしていく姿勢がつくられます。目標に対して学習活動が乖離して、離れてしまうというのは、こういう主体的で生活的な学習活動を考えつかないからなのです。このようにすれば、学習者が主体的に学習をする。課題をみつける向きをとると、そのまま主体的な生活的な学習になります。自分たちの問題をそこから考えるということになりますので。

それから二番目に「自分の作文の歩みを文章に書いて見る。」新学年には有効な手立てであります。自分の歩みを確認し自己をみつめていく。さらに、「作文学習を進めていく上での問題点を書いて発表し合う」とあります。題材を集めるにしましても、あるいは、自分は書き出しがなかなかうまくいかないとか、結びがうまくいかないとか、自己の課題を見つけさせる方向で進んでいます。

大村先生の教室へわたくしは二五年の間参入しまして、この、自己の「成果と課題」を、特に課題を自覚させていかれる授業に感嘆しておりました。学習したあとの成果をとらえさせる方はあります。そこから一段進み、自分にはこういう点が足りないなということを考えさせる。そこを大村先生は大変うまく引き出されたということです。こういうことを自分はしたらいいな、こういうことをしなければばと、対話をしながら、記録をみながら先生が手びきをし助言して、考えさせていかれた。そうした面がこの課題を発展させるあたりに出ています。

それから「バス通学」というのは、一一枚目のプリントにあげております（省略）。「バス通学」から「書かれている景色」とか、「作者の考えていること」などを読み取って、その次ですが、「想像される作者の人柄について感じたことを話し合う。」以下にもありますけれども、この「想像される作者の人柄について」、そのところに人の心持ちをつかむ力が養われていくわけです。作文の時間ですけれども、このような計画を観ていきますと、そこに「人の心持ちをつかむ力」という文学を読む力のひとつの大事な力がそこで養われています。そのように、ここ、ここでと計画的に大村先生は布石をうっておかれるのです。重層的な計画です。

ここに作文の指導計画表を持ってまいりました。これは一年一学期の作文の指導計画表で、教科書を中心にした書くことの指導が上にあります。下には、教科書以外に作文指導でどんな基礎力をつけるかが書いてあります。これが一年間に三枚あります。このように計画を綿密に立てていかれます。この教科書はそういう計画のもとに作られていることになります。このような緻密な計画がありまして、作文の指導をしながら、話したり文学を読むための基礎力をここで、また、ここのところでと考えてあります。いろいろな基礎力をどのようにつけていくかは、計画的に考えられていないとなかなか力になりません。㈢には、もうひとつ、「この文章から学んだことを発表しあう。」とある。同じ学年の秋田の中学生の書いた文章の書き方に学んで、自分の書き方をも考えるということが学習指導の中に入ってまいります。それから、㈣に「めいめい、通学の道で見たこと、考えたことを、文章として書く」。これは本来の書くこと、作文指導の本筋であります。

その次の単元になっていますが、「野口さん」というおもしろい題のついた文章が置かれています。これは山形の中学生の書いた作品ですが、その「野口さん」を読みまして、それがどんな順序で書かれているかを（構成力ですね）読み取る。野口さんという人について「作者の人柄について話し合う」という活動がある。これもまた想像力を広げるわけです。こういうのも文学を読むための基礎力のひとつになっていく。そういう活動も計画的にここへ置かれているのであります。融合させてあり、切り離すことができない単元になっています。

もうひとつ、身辺から題材を選ぶということは、身辺の生活、自分の身の回りの生活と真剣に向い合い、取り組むということであります。人に訴える文章を書くためには、やはり、自分と、身辺をよく見つめて真剣に取り組むことがなければできません。そのことがここにねらわれています。昔からの写生も自己をみつめるために行われてきました。

それから、㈥に「文章の書き方について気づいたことを箇条書きにしてみる」。とあげられています。この学習を進めてきまして、学習の成果と学習の課題に気づかせるということになりますが、それを「自己評価力」とわたくしはずっと呼んでおりますが、自己を評価する力をこういうところで絶えず養っていく。特に自分の課題を見つけさせる眼（マナコ）、これは学習記録によってそれを育てていかれるのであります。

今のがA案のあらすじでありますけども、何年かの実践経験のある方は、（381ぺの下の段の）このB案でいかがですかという提案です。次の(A)(B)のことを、平行して進めるとあります。書くことの単元は、読むことから入らないというのが大村先生の鉄則であります。

先ほどの例は、教科書ですので読む教材が置いてありましたけれども、書く力をつけるための単元に読むことから入ってはいけないということを、授業参観に行ったり、講話を聞きましたころから指導をうけました。この案に単元学習のひとつの典型を見いだすことができます。(A)として「題材を集め、それを発表し合うことは続ける」のです。四行目ですが、「書いてみようと思うこと、書きたいことが増してくるようにする」。いわゆる書こうという意欲をうまく喚起していく。それには、題材の発表をし合うことによって、自分で捉えたものも、友だちが捉えたものもあっていいわけです。クラスというのは学習集団ですから、一つの社会ですから、相互理解を兼ねて題材を、発表し合うことによって、わたしなりにもらって書こう、そういうことがあっていいわけです。文芸作品を作るのではありません。書くことを学ぶわけですから、こういうことがあっていいのです。あの人がこういう題材を出していた、掲示板等にそういうのが貼ってあった。あの人はこんなことを考えているのだ。それを見ながら、相互理解が深まり指導者もまた学習者を把握するということになっていきます。この人、こういう面に関心があるのだということもわかり、指導者も実の場を持つのです。そして個人個人を深く捉えることになります。

そこに考え出された題材集めの用紙（382ぺ）、上のほうがAであります。これらは作文構想メモと呼ばれておりますが、これは大変便利です。題とか内容とか目的とかいうことは上の段に、下の段にどういうふうに組み立てるか。構想力というのは文芸作品を読むときにも、もちろん大事な力でありますし、作文力にも中心になりますので、書いたあとでいっしょに出させます。生徒の作文には一生懸命読んでも何を言いたいのかよくつかめないことがあります。それで時間がかかります。作文を書かせるとき、わたしは、行事作文は書かせませんけれども、意見文をよく書かせます。八〇〇字で書かせますと一クラス五〇人の処理に普通、四時間ぐらいかかります。それを四〇〇字くらいにしますと、一時間で一クラスの処理ができます。処理の上から考えても、手間を省くと言えば失礼な申しようですけれども、四〇〇字で意見を書かせることにして、この用紙を付けて出させますと大変便利です。

それからBの表は二つの四角の中に斜めの線が入っておりまして、縦線が入っている。そこにいろいろ書いていく。このことについて次の白丸のところに説明があります。何らかの意味で共通点のある三つの題を選んで、例えば夏休みの生活報告というので、楽しかったこと、珍しかったこと、悲しかったことの三つ。あるいは運動会の感想、あるいは意見を書かせるときに、プログラムについて、競技について、運営の面から捉えてみる。

わたくしがよく使いましたのは、意見を育てるのに、第一文を指定します。「運動会はこれでよいか」と第一文に書きなさいと。高校一年生にそう指示します。そうしますと、「運動会はこれでよいか」と指定されたときに、これでよいとはなかなか書けないのです、そこで批判的に運動会を見る、すなわち意見を持つ。プログラムについてとか、競技について、運営についてというふうに。下の四角の中に斜めの線があるのは大変便利な工夫で、よい発想がうかびます。

同じように題材について「わたしの意見」というのでは、「自分を中心とする問題」とか、「学校の生活に関する問題」とか、「家庭生活」、「社会生活の問題」とか、多方面に目を向けさせるためにこの形式が使われます。

大村教室に学んだ学習者はそのあともずっとよく使います。わたくしどももこれをよく使うことがある。いつでも何にでも使えて便利だと何人もの学習者が語っております。

ちょうどメモの下のところに注として書きましたけども、のち、波多野完治博士が「文章の構造を図にするところの図になることに気がつきませんでしたので、わたしには啓示でした」と。啓示ということばを使って波多野先生は褒めておられます。波多野完治先生は、大村全集の一六巻が送られてくるそのたびごとに、一週間以内に全部読んで、そして大村先生に便せん八枚から一〇枚ぐらいの返事を書いておられました。他の人はだれも知りませんで、大村先生お一人だけそのことを心に持っておられました。そこで「先生、こういう手紙が出てきたのですが」と申しますと、「一巻ごとにいただいていたのよ。」「だって、自分が褒められてることを人に言うもんじゃないでしょう」とおっしゃって、それからわたしがあちらこちらを――宇都宮へも行って探しまして、一六巻についての、一五通の手紙が出てまいりました。その手紙に対して大村先生が、二二年目に当たっておりましたが、九五歳を過ぎてこの返事を書かれた。それがこの本であります。

発表は一九六〇年ごろですから、このメモはもう五〇年近く前です。どのようにしてこの構想メモを作られたのですか、とお聞きしますと、「きょう教室に行って、いつもと違った題材集めのメモを教えようと一生懸命考えていたら、ふと浮かんだのよ。時間はそれほどかかっていないよ」とわたしにおっしゃいましたけれども、そのように一生懸命考えていると、神様が助けて下さることもあるようでして、時間を掛けずにこの構想の表は作られたようです。

白丸を一つ飛ばしまして、「発表は掲示板に出したりする」ということも書いてあります（383ぺ上段に）。(B)に、「題材を集める」「バス通学」「野口さん」の三つを読みまして、書くために読む作業です。そのためにはねらいがなければいけません。書くために読むのですから、いわゆる読解ではいけない。内容把握をするだけではだめですね。そこで主体的に学習させるために、大村先生は作者にあてて文章を書くという作業をさせておられます。相手意識をもつことが戦後の作文の中心の一つです。相手意識を持つということになっています。その時にも、自分の通学の道の様子があげられています。

わたくしは、県教委の指導課を含めまして、二〇数年間学校現場と関わってまいりました。わたしもよく書かせましたけれども、最初の五年ほどの実践をまとめて報告する機会がありました。石井庄司先生が来られて県の研究会で実践報告をするときに、それを整理していました。わたしは自分・指導者にあてて書かせることが多すぎたと反省をしまして、それからあとは、先生にあてて、指導者にあてて書かせるのをやめました。クラスの級友にあてて、あるいは、他の人に向かって書かせるという、はっきり相手意識を持たせる書かせ方をくふうしてまいりました。

ここで、作者にあてて書かせることとし、内容については、次のところに「題材を集める」を読んで、教えられたことや、同感したことや疑問に思ったことを書くとか、自分たちも題材を集めているとか、自分のクラスではどんな題材が発表されているとか、自分がどんなことを書いてみたいとか、そういう考えを書くようにしておられます。このように生活的に学習させる。これが単元学習であります。主体的に学習させる、教えるという形でなくて活動させることになっています。また、作者の考え方をつかむということもあります。このようにして、主体的に実の場で学習させる。よく、「実の場」というのを大村先生はおっしゃいましたけども、主体的な学習の場を作っていく良い例がここに出てまいります。

いま見てまいりましたB案は、一のところで題材集めの方法を見つけさせる学習でありましたが、活動の㈡は、めいめい、集めた題材のなかから一つを選んで文章を書く。本筋の学習に入っていきまして、段落を切ることについて注意を呼び起こすようにしてある。頭を明晰にする第一歩であります。一九四八年にアメリカから教育使節団が来まして、大村先生も受講者で行かれましたが、その教育使節団の助言は、これから日本は民主主義社会を作らなければならない。そのための第一は何かというと、民主社会を支える人間は、まず頭が明晰でなければならない。頭が明晰でないと、時の政府・政治家に引きずられてしまうからです。これが国語科の基本と考えられました。いまもわたしはそう思っています。そのために段落を切ってきちっと話をする。何々とか、何々とかと続けるのではなくて、話しことばでも「何々です」、「何々と考えます」ときちっと文章を切る。話すときにも書くときにもです。それが戦後の民主主義社会の基底の明晰さと考えられていたのです。わたしは中学生でした。その時代からそうおそわってきたのです。

おまえのいうのは理屈っぽいとか、筋を通しすぎるとか、よく言われましたし、おまえのクラスは変わっとるとよくいわれました。どう変わっているんですかと聞きますと、おまえのクラスはよく意見を言う。あまり先生に意見を言うと歓迎されないというところがあるようでした。そういうことを言われると、わたしはまず明晰に考え、意見を述べることが民主主義の基本と考えてやっていると答えるのです。

その次の㊂に文章を読み合うという作業があります。読んだあと、クラスの友だちの間で感想を書く。作者あてにだいたい次のような筋で書くという手びきです。この手びきが実の場を作っていきます。384ページにあなたの文章を読みました。「あなたはこの文章でこういうことを書こうとしたのでしょう、とわたしは思います」と。この捉え方によって正確に読めているか、主旨を捉えているかがわかります。この作業で指導者もまた学習者ひとりひとりを捉えることができます。こういうところで、この生徒にはこのような点を指導しなければいけないとわかってきます。読む学習に際してこの生徒には、主旨の捉え方を指導しなければと心にとめておく。書き手の実態がそこに出てきますので。

白丸の二つ目に、「これを読んでのわたしの感想は何々です」と、自分の考えを相手の考えと対比して、自分の考えをはっきり出すという形がとられています。

三つ目に「書き方について」、気づきを書く。まず語彙について、「実によいことばが選んであると思ったのは……でした。」「感心したことばはこうこうというようなこと。」「ここはこうこういうふうにいったらどうですか」というように。「のだ、のだ」と使わないで、ちょっと、こうしたらどうですかとかいいたくなったことを書くのですね。

それから、「文末表現について」とか、「修飾語の位置について」。こういう手びきによって、「実の場」が設けられています。具体的な手びきで一人も困る生徒が出ないようにしていくだけでなく、指導者もまた学習者を捉えていかれるわけです。こういう手びきによって学習の向きが決っていく。個別に学習しているプロセスの中に個人指導の場がある。メモを書いているときにちょっと個人指導をする。

大村先生は、保護者よりもわたしのほうが生徒をよく知っていますと、おっしゃったことがありますけれども、個を伸すために個を捉えるというのは、このように機会があるごとに捉えていかれたのです。

それから、B案の㈣のところですが、「友だちからの手紙を読んで、自分の文章を読み返してみる。」処理・校正は中学生は好きではありません。書いたら終わったというので、もう投げ出してしまいたくなる。推敲する人はあまりいませんので推敲の機会をこういうところに設けておられる。

それから、㈤で、「グループで文集にする」。グループで文集にして読み合う機会を作る。学習した材料、学習材をもうひとつ材料に使う工夫です。そのことによって、内容についての相互評価とともに、クラスの仲間の相互理解ができる。話し合いをするためには、相互理解が一番大事であります。大村はま先生の教室で、話し合いがいつもできるというのは、みんながわかり合っているからです。一人でも〝みそっかす〟になるような子どもがいると、話し合いはできないと考えられているのです。ですから、一学期のうちは本格的な話し合いはなかなかできません。二学期になって、クラス内に相互理解ができるようになって本格的な話し合いがはじまる。それまでに話し合いの基礎的な力をつけていかれるのです。二人でちょっと話し合って、感想を述べあう。四人で話し合って、AさんBさんCさんは同じ意見。Dさんは違う意見というのを、クラスに報告をさせる。そういう基礎力をつけながら、話し合いは、二人、あるいは三人で、次に四人くらいで進めていかれるのです。ここではグループで作った文集を読み合う。そのように文集を学習材になさったのです。

教育は、一人ひとりを伸ばすためにあるのですから、グループにしても、ひとりひとりを伸ばすためにこのような文集による活動がなされています。

その次（384ぺ下段）に、留意点があります。「題材を集めさせるときに、指導者は、陰の力になって題材を集めやすくする」、視点を広げるということですね。先生はこのことに全力を尽くされます。

具体的には、「掲示板を利用して、いろいろ感想を持たせることのできそうな材料を提示してみる」とか、「指導者自身が生徒と対話をする。話題を提供する」。「新聞にこういうことが出ていた」とか、「こういう話を聞いたが」というように、いろいろ話をされる、「本を示して読むことを勧める」こともあると書いてあります。これは指導そのものであります。支援ということばが九〇年代にはやってきましたが、支援ということばが出たときに、わたしは支援とは?。指導以外に、教室で先生のすることがあるのかと思いました。留意点と書いてありますが、指導そのものであります。その支援を言いだしたのは、文部省の辰野裕一という方、いま審議官でありますが、この間鳴門教育大学に講演に来られて、文部省は支援というようなことは言っていませんというのです。

自分は、その時は障害児課長だった。障害児教育に関わっていられたのですね。この人は、障害児に関する支援ということを言ったというのですが、実力者でしたから、その後文部省全体が支援になって、中学校も高等学校も小学校教育もみな支援、支援になってしまったようです。わたしは学生に支援、支援と、そんなことばを使わずに留意点、教師の指導ではこういう点に留意するということを書いたほうがいいと言ってきました。言いだした人が、文部省は、そんなことはいっていないと、ついこの間の話でした。

以下、題材を集める用紙のことを説明してありますが、それは後ほどごらん頂くことにしまして……。

385ページの下の段の(3)に、「題材集めは一年の時から始めて続けていることが望ましい。」とあります。不断ずっとそれをやっていきませんと、(例えば意見を育てるということを常にしませんと、意見文を書く単元が来たから意見を書こうと)その時になっていろいろ指導してみるのでは達成できると言えません。不断にそれをやり、一年間それを継続し、一年の初めの題材はこういう題材でした。一年間それを続けてみたら、題材がこのように変わりましたという大村先生の研究があります。「意見を育てる」という指導には、特にそういうことが必要です。大村先生の実践研究でそのことは明らかになってきています。

その次の(5)のところに、「友だちの文章を読んだあと、特に新鮮な重点を示すようにして、機械的にいつも同じようなものにならないようにしたい」とあります。

小学校でも中学校でも、生徒は、学年初めのうちに褒められますと同じようなことを書き、マンネリになってきます。それをつかんでおいて目を開かせるということです。指導者が目を開かせなければ目は開きません。そのためにどうされるか、指導者が感想を書かれるのです。大村先生が感想を書いていられる。

クラスの仲間の紹介もされますけれども、その中に指導者の一枚を加えておかれる。そうしますと、こういう感想もあるのかと心が拓かれる。特によくできる生徒への指導がなければ、その生徒が停滞してしまうのですから、一日ごとに伸ばすためには、指導者の目を開かせるカードが一枚いるということです。ことばの問題について着眼点を示したいとも書かれています。

このように、指導計画が立てられてきますと、次に評価をどのようにするかという課題がでてきます。ここには、何等かの捉え方を仮に評点で表す場合の一例としてあげてあります。けれども、奥の深いものがあります。といいますのは、題材集めの用紙は一週間に三枚ぐらい提出する。出すことだけに目を向けると、5。（仮に5にしておくということです）次に題材の広がりがあげられています。先生のほうから目を広げることもありますけれども、生徒が題材集めの用紙で広がりを持つように手をひかれることもあります。これは評点では表してありません。

その次です。「着眼の新鮮さ」。学年発達に応じた大事な目安がここに示されていると考えます。中学二年生の初め、作文の題材に六つがある。「見て得たもの」、「聞いて得たもの」、「読んで得たもの」、「行って得たもの」とありましたけれども、こうした中で、着眼の新鮮さがあるかどうかの面から見ていくことが示されています。

（二）に目的に応じて表現をくふうする態度があがっています。このことは絶えず自分の文章、他人の文章を見つめる姿勢がないと、くふうすることはできません。そういう視点が入っています。

話しことばと同じように書けばいいと、気楽におっしゃる人が小学校の先生にはよくおられます。書くことは、話すようには書けません。書くと話す文章はまったく違います。中学生には話しことばと文章語は違うのだということを意識させる指導がいります。このことは、あとでまた出てまいりますが、表現をくふうする態度ということばひとつにそのようなことが考えられます。

（三）に、「はっきりした根拠のある材料を使い、はっきりしないものを省いているかどうか」という評価の視点があります。それは説得力のある話につながる、文章表現の基本であります。

「事実を正確に書く」と㈣にあります。説明文の読みの指導の時に事実と意見をねらう人がおられますけれども、もともと事実と意見とを区別するというのは、作文指導の指導事項です。事実と意見を区別して書くことは、説得力のある、明確な話、あるいは明晰な文章の基本であります。このようにはっきりした根拠のある材料を使っているかどうかを考えて、その面からの評価を提案しておられます。それから（六）に段落を切るというのもあります。一番最後の（八）です。文末表現というのがあります。このような文末でないほうがいいと思われるところが何か所かある。その視点から評点を考えるということであります。

最後に、「この時期の一つの試み」と書いておられます。一つの試みと言われるものの、本格的な評価の基準と申せます。

中国に日本語教育に赴きまして、どんなことを勉強したいのかと大学の三年生に聞きますと、よく〈から〉と〈ので〉の違いをあげます。違いはわかるのですけれども、自分で使うときになかなかうまく使えないと六人が言った時がありました。「東京に行く」と「東京へ行く」とどう違うのですかとも聞いてきます。そういう勉強をしたいという学生もでてまいります。そのときに「きょうは天気がよいので」「きょうは天気がよいから」どう違うか。中国の学生にはわかります。理解はできるのです。なぜ理解ができるかというと、中国の学生はすぐ辞書を引きます。辞書を引くと「ので」のところを引き、「から」を引きます。「から」というのは主観的なのに対して客観的な根拠があって何々する場合は「ので」と書かれている。きょうは誰がみてもお天気がいい。「から」を使うことはあり得ないわけです。しかし、日本で中学生やあるいは小学校も高学年から、「から」を使おうかな、「ので」を使おうかなと迷う子どもが出てまいります。「先生、この場合どっちを使ったらいい」と聞く子どもが小学生でも出てまいります。その時、「どちらでもいい」といったのでは、指導になりません。これはこういうときに使うんだよと言えなければ。「道が濡れている（「から」ですか。「ので」ですか。）雨が降ったんだろう」という。この時はそれだけではわかりません。散水車が水をまいたかもしれません。この場合は言い切れないときがある。そういう質問は外国の人に日本語教えてるときよく出てまいります。

この間ある大臣が「先ほど総理大臣にお会いをいたしました」と言いました。「お会いしました」という言い方がありますね、「お会いをいたしました」、もある。こういう言い方も中国の大学院生がよく気にするところです。会うを名詞としてとれば「を」を付けてもいいわけですし、それは両方いいのですよとすぐに言えるわけです。「お会いしました」と「お会いをいたしました」こういう言い方もまた、日ごろことばに目を向けさせていますと、先生にちょっと聞いて見ようということで質問のカードを持ってきたりします。大村教室ではそういうことばに関する問題を持ってきて、先生の机の上の箱の中に入れておく。それについて先生が解説をなさるということはよくあることです。あるいは、「国語教室通信」が発行されていて、毎週土曜日に、翌週の授業の持ってくるものとか、あるいは用意するもの、あるいは心構えのようなことが書いてある。その中にことばのエッセーがありまして、生徒からの質問などに答えることにしておられます。

「題材を集める」は、題材を豊かにする工夫を学ばせ、続いて「バス通学」で書き方を学ぶように単元が構成されています。教材として、身辺から題材を得て書かれた新潟の中学二年生の作文を学習材にして読み、書かれている景色、作者の考えていることなどを読みとり、想像される作者の人柄について感じたこと、考えたことを話し合う。また文章の書き方についてこの文章から学んだことを発表する学習です。

長く文章もよく書けておりますが、そういう文章をまず読みます。この文章は長い文章ですから、全部通して読むことができない生徒がいるかも知れません。その生徒には全部読み通すことができるように手当てをする必要があります。そういうことも含めまして考えていかなければいけないのですが…。

このような新潟の中学二年生の作文を学習材にしまして、書き方を学ぶと同時に書き方に学んでいく。深みのある、「に学ぶ」という作業をする例であります。

めいめい、話し合いをすることもありますが、同じ中学二年生の作文をとりあげますと、書かれた文章に言語抵抗がありませんから、そのまま読んで、それについての作業がどんどん進みます。

文学作品とか、あるいは大人のエッセーなどを例文として持ってきますと、これは戦前の中学校はみなそうでしたが、それについての解説をしないといけなくなります。言語抵抗を排除しなければなりませんから、書くことの活動にとる時間が少なくなります。

そう考えましたときに、言語抵抗のない作文をこのように持ってくるのは、作文学習に適切な材料です。また、このような作品を使いますときには、公に発表する以外には、学習者の了解を得て、手を加えておくこともできます。指導者のほうがちょっと手を加えて、少しよくするとか、あるいは、問題点がある所はそのままにしておくといったように。ことばの決まりの指導のときには生徒作文を使うのが一番いい材料です。教科書の、無味乾燥な決まり切った一文だけの文章を教材にするよりも、こういうときは「ので」、こういうときは「から」を使うと具体的に示す。あるいは、こういうときにこう使うんだよという例を出す。意見に意見を書かせるために「意見を育てる」という作業にもいいことになります。作文学習や、ことばのきまりの学習や、意見文の指導に、同じ年代の学習者の文章を使い、これで話し合うことになりますと、学んだことを共有することができます。大村実践の意図の中に、将来、共同の仕事をする人としての、基本姿勢を作っていくというのがあります。クラスというひとつの集団の中で、題材にしても調査したりした内容、ある人が考えたり、調べたりしたことをわかち合い、共同のものにすることは大事な学習力の一つです。そういう共同の仕事をしていくための基本姿勢を育てるため、話し合いは、大事な活動と考えられています。

各説の(二)「バス通学」（387ペ下）に、「語句と文法」の一部だけをあげております。そこには、「しそびれる」

とか「いよいよもって」ということばの注が上っています。「しそびれる」の意味の次に「言いそびれる」「買いそびれる」というのがあげられています。それから、「いよいよもって」の「もって」は強めるの意味だけれども、「はなはだもってけしからん」という例があげてあります。このように、関連語とか同類語とか反対語とか似たことばの例、意味の混同しやすいことばに、こういうところで目を向けさせる。そこで、いくつも指導するというのではないのです。目を向けさせることがいつもありませんと、ことばに対してなかなか目は向かないということです。小学校の学習語彙は五千と言われております。対して高等学校の一年生の学習語彙は一万五千以上といわれております。そうしますと、中学校三年間で一万語は増やしていかなければいけないわけです。生活語彙だけでしたら二千～三千ですから、そう考えると意図的に増やしていかなければなりません。外国の人が日本語を学ぶときに、中国の帰国子女と一般にいわれておりますが、中国残留孤児の人々が日本に帰ってきて、日本語の日常生活だけでしたら二千～二千五百ぐらい単語を覚えればその応用でだいたい話はできる。日常生活はまかなえる。しかし、小学校の学習語彙が五千あって、中学校の間に一万以上語彙を増やさなければいけないことを考えますと、このように注をちょっとつける。黒板の端にちょっと書くだけ、掲示板がありますと掲示板にちょっと「言いそびれる」「買いそびれる」と書いておく。そびれるっていうのは、そういうふうにつかうのかと気づかせておくことが大切です。

そのように各方面からの語彙を見つめさせる。そのことが豊かな語彙をもつことになっていきます。社会生活にどうしても必要な語は、このようにして増やしていかなければならない。「ことばを豊かに」というのは、大村教室のみならず、これからの国語科のひとつの大きな柱でありますが、生徒の現実の生活で生活語彙だけを当てにしていては話になりません。こうした「語彙を豊かにする」というのは文学を味わう力のひとつでもあります。社会生活にも困らないようにしていく必要があります。逆に、語彙に乏しい例としまして、女性は産む機械と言った大臣がいました。その言い訳にわたくしは語彙が乏しいということをいいました。自殺をした農水大臣も語彙が乏しいという言い訳をしていました。この間、原爆もやむを得なかったと言った人も言い訳に語彙が乏しいと。そんな恥ずかしいことを一人前の大人が言うものではないとわたしは腹を立てておりました。

語彙が乏しいと言い訳に使うような大人が出てきました。ついでに申しますと、「美しい国」について大村教室でありましたら、生徒がまず疑問をだすと思うのです。美しいとはどんな国と。そのことについてはたぶん、ひとつも説明はないわけです。どのように美しい国かということを言ってもらわないと、本を読まなきゃわからないというのでは困るのです。ちょっと脱線が過ぎました。失言をかばって、「適正に処理している」と聞いているという、そんな総理大臣もまた困ります。ことばに目を向けておりますと、この頃気になることが多すぎます。

「鑑賞と批評」（387ぺ）に教材として取り上げた文章の特質が書いてあります。その所感と描写が、過不足なく細心にあんばいされていて好ましい文章だ、と特質が書かれています。その次に書き出しについて、バスを待つ間のクレーンの動きから筆を起こしている。それも気が利いていると。その書き出しのくふうに気づかせることも文章指導のひとつのコツであります。小学校の三年、四年生で書き出しの指導を受けていない子どもたちは、「わたくしは」で書き出すか、「昨日」から書き出すか、それを合せて「わたしは昨日」で書き出すかになる。そういうパターンがあります。ですから、教職を目指す学生たちによく言いますのは、まず作文をみせてもらって書き出しを見たら、作文指導がよく行われている教室と、作文指導ができていない教室とはすぐにわかる。書き出しに失敗したらその文章は、だいたいダメなので、大村先生はそれこそたいへんな時間をかけて書き出し文の研究をされた。生徒の作文でこういう書き出しをしたら成功する。こういう書き出しをしたら失敗するという研究報告がある。書き出し文の研究という貴重な研究がありますが、さっきの一人称型とか日時型とかは青木幹勇という東京教育大学の小学校に長く勤められたあの青木先生がおっしゃっている。わたしの場合は、三つ学年の違う兄が、机に置いていた作文を見ましたら、ことわざから書き始めていたのです。「一銭に笑う人は一銭に泣く」と書いていた。私の時代は一銭であります。それを見まして、あれ！、こういう書き出しがあるのかと小学校二年生の時に驚いたことがあります。私には忘れられない思い出として残っているのです。それから、作文がうまくなったかというとそうはいきません。いつも文章を書くのは苦しいものでありまして、自分では満足できないことばかりであります。

指導計画を実践に移す際のむずかしさを、私どもは、絶えず考え感じてきたのですけれども、次のプリント（388～390ぺ）の学習活動の表は学習指導の目標が実践と密接につながっていて主体的な学習になっている例であります。目標のところに、一番目の教材文についてですが、「身辺からどんな題材を取り上げて文章に書き表すかわからせる」。とあります。中学生でも文章の書き方をつかめない子どもが多いのが実情ですので、この場合、書き方をわからせる目標になっています。題材を持たせるくふうとともに、書き方をわからせる。そして、めいめい書いてみようとする気持ちを持たせる。意欲を喚起する。これがこの単元のこの部分の目標であります。

指導事項として1に、生徒作品を表現に注意して読む。どのように注意するかが、下に書かれています。2に、主要語句についてその意味の範囲、語感をつかむ、と書いてあります。学習活動の一番目のところに「読み取る」と書いてありますが単に読むのではなくて、書くために読むわけですから「読み取る」。その読み取りが、「筆者が特に好きな景色として取り上げているのはどこどこか」といわゆる読解、内容把握に終っていなくて、描写の対象を具体的に捉えさせるようになっています。活動の三に、「話し合う」とありますが、「筆者は通学の途中でどんなことを感じているか」、「そこにどんな人柄がでているか」それについて自分はどう感じるか、と具体的に手びきしてあります。生活的、主体的に学習活動を進めていくコツがみえます。

このことを学びますと教室での学習活動が九月から変わっていくとわたくしは申し上げたい。まず、そのためにメモをします。一人ひとりの個別学習、それからグループ学習とか一斉学習をしていきます。まずメモをして考えます。話し合いのための個別学習。そして、読み手自身の心のありようを確認させる運びになってきております。

上の段の、指導事項の3のところに「新出漢字および、次の漢字が読めるようになる」とあり、また6に「次の語句を文脈に即して適切に用いる」という項があります。そのところをあわせみていきましても、指導事項の3では、傾くとか、譲るとか、詰めるとか、柔らかいとか訓読みの語がいくつもあがってきております。6のところを見ますと、あやつるとか、しそびれるとか、ひっきりなしにとか、不断中学生の生活語彙として出てこないことばに目を向けるようにしてあります。指導者が意識的に豊かな語彙を持つように指導する項目を作っていられます。

それから、学習活動の四、五のところを見ていきますと、五が、主要目標であります「書く」でありますが、報告文として書かせると学習者把握がうまくできる例であります。例えば観点が六つあります。

イとして所感と描写の割合。a、b、cとございます。それからロとして「段落が考えられているか」、ハにa、bとありますが、「修飾語の位置が適切か」、ニとして「語彙が豊かに使われているか」、ホとして「文末の表現に、いろいろな形が取られているか。」とあげられています。このまま生徒作品の観点にしまして、説明・論説文とか意見文を書かせるときの観点にしましても、もう少し付け加えれば活用することができる。そういう本格的な観点がそこに設けられております。

ちょうど九月になりますと、夏休みの報告というような題で書かせられます。その観点で書かせますと、夏休みの学習者の生活もわかりますし、どのように考えていたのかがよくわかるわけです。しかも報告文ですので、先生に向かって報告をする形で書かせますけれども、報告文を書かせる機会はあまりありませんので、いい教材になります。時間を取らないで二時間くらいでひとつの作文を完了するというようにするのがいいと思います。

下のことばの学習の終わりのほうの白丸に、「文の結び方とその効果をこの文章で考えてみる」とあります。この文章は、バスの来るのを待ちながら、わたしはこれこれを見るといったふうに、気の利いた書き出しで始まりまして、文末はバスを降りてから、「さっさと学校へ歩いて行くのだ」という書き方で終わっているのですが、描写の中に感情がよく出ております。ここには張り切った、張り詰めた、学校へ行く気持ちがよく出ており、いきいきとした感情がでているといってもいい。そういう文章の結びに目を配ることばの学習にしてあります。

こうした文章を見ることによって、学習活動をしながら常に思考力が養われていることになります。ことばを使うということは、そこに思考力が働いているということです。思考力は、論説文、説明文の時に鍛える、それはそれでいいのですけども、こういう文末をみて、助詞ひとつについて考える、そこでも頭が練られていきます。これが国語科です。そのことを抜きにして文学作品の単元がきたら、文学の味わい方をわからせるとか、あるいは説明・論説文で、論理的な文章の捉え方をわからせるといっていたのでは、もの足りないものになってしまいます。こういうところによくよく配慮がなされていなければならないことがわかります。ことばの学習を通じていつも思考力を働かせているということであります。

大村先生の単元をこのように見てまいりますと、目標を達成するための基礎力が指導事項の中にちりばめられています。単元の目標が、支える活動によって達成されていく。このように構造的に目標、指導事項が組み立てられていっています。しかも、ここで人間を見つめるとか、作者の人柄を想像するとかという広い視野も養われています。石がさまざまな所に配されているということになります。このようにして学習の成果と課題をいつも捉えていくようにしておられるということです。

その次のナンバー7（390ぺ）でありますが、「学習の手びき」の研究、この教科書の手びきです。その次に「ことばの問題」があります。これだけをみていきましても、中学生にはこういうことばの問題について考えさせるといいことがよくわかります。そこだけを見ていっても、大変貴重です。文字通り「手びき」です。問題集ではないのです。答え合わせをするような手びきではありませんで、学習のねらいのむきにそって学習者の手を引くというのが学習の手びきです。

はじめのかこみのところで、「この文章で筆者が特に好きな景色として取り上げているのはどこどこでしょうか」と。なんでもないような問いかたですけども、解答にこうあります。四行あとのところに「プラタナスの並木道は特に好きな景色にあたらない」と厳密に区分した注がついています。

また「クレーンは景色とはいえないからあげる必要はない」と。こういう厳密さはたいへん大事なことであります。過不足なく正確に読み取ることを求めています。これがありませんと、要約力がついていかないからです。要約力というのは、中学一年から二年にかけて先生方が懸命に指導されるひとつの大事な学力であります。過不足なく正確に読み取るのに、これは特に好きな景色には当たらないと判断できる力、これは明断に考えることの基礎にもなっていきます。

それから筆者の視点と読み手の視点を並べて考えさせておられます。

こういう設問とか、テストに出題した時に、当たらずといえどもまあ近いから、点をやっておこうという先生がおられます。わたしが若い頃の先生にはそういう人がよくおられました。しかしこういうところを厳密にしておきませんと、それこそ高校入試ではダメということになってしまいます。現実的な話ですけれども、このような正確さが明断な頭をつくるのに必要であります。

波線で囲んだ二（391ぺ）に、「通学の途中で筆者が考えたことを順々にあげ」とあります。これは要点をつかむ、構成について考える大事な力です。そして、「筆者の人柄について考えたことを話し合う」という想像を広げる力につながらせていくのです。想を組み立てる力は、文学作品を味わう際にも大事であります。

そこの下にちょっとメモしましたように、要約力には、「正確に読めて」手びきの一です、「要点がつかめて」手びきの二です。それを「再構成する力」がいる。これは取材カードのAなどに再構成する力をつけていく構想メモとなっている。このようにして要約力というものを鍛えていかれるのであります。

それは、小学校の間につけていくようになっています。正確に読めるように、というのは、小学校の二年生、三年生ぐらいからです。要点がつかめるというのも三年生からです。再構成する力は、前の指導要領には、六年生にありましたが、いまの指導要領にはありません。ですから、再構成する力は小学校ではつけられていないのです。指導要領から省かれているのです。従いまして、指導要領だけを見て指導していたのでは力がつかないのです。

わたしは広島県の指導課に十年ほど勤めました。その時に伝達講習がありまして、まず、文部省の考えはこうですという話をします。その途中で文部省のいうことだけを聞いて教科書だけを教えていたのでは生徒に力はつきませんとよく言いました。同級生が組合の闘士で一番前に座っています。終わりますと、「あんた、そんなこと言って大丈夫か。」と心配をしてくれました。「本当だから大丈夫」と答えるやりとりをしたこともありました。

文部省は生きる力であるとか、新しい学力であるとか、しょっちゅうアドバルーンを上げますけれども、その時に学力のすべてを押さえているわけではないのです。生徒にほんとうの力をつけるためにはここにでている構想に学んだり、要約力というのはこれは一九六〇年代に大村先生が東京で講演されたことですが、再構成する力が抜けた、このままでは困ると考えるようにしていく必要があります。

それから、プリント（391ページの下）の中ほどからちょっと後ろに筆者の人柄への目配りがあります。

手びきに出てきますけれど、指導者としての教材文の研究で、表現を捉える時、内容に重きをおくあまり、書き手の人柄の表れているところを見落とすことは、ありがちなのです。どうしても内容把握に中心がいきがちですから。内容を教材文研究の時に捉えます。しかし、この書き手はどんなことを考えているのか。根拠をあげて、ここでは筆者の人柄を捉えさせるように手びきしてあります。まず、親切で優しい。席を譲ってあげたいとか、重そうな荷物を持った人がいると持ってあげたくなるとかです、そういうことが書かれていますから、「親切で優しい」人柄の生徒である。それから、「内省的」な面がある。それから、「気が弱い、神経質」というのが三つ目にあります。このことと関連しまして、内省的な面があるというのが次の(5)と関連します。(5)に「内省的ではあるけれども、落ち着いた明るさがあって鋭い感覚の持ち主である」とあげてあります。これは解釈力を働かせた結果、こういう注がつけられています。

それから(3)の神経質について、神経質であるから、「ものごとを深く考える。したがって物事を批判的に見る」と(4)にあげてあります。このように表現を捉えていきますと、優しいとか内省的とか神経質とかいう視点だけでなくて、内省的であるから物事を深く考えて、したがって批判的に物を見ていく。こういう捉え方がしてあります。生徒作品を、これだけ深く読んでいかなければいけないと教えられる例であります。

ナンバー8（392ペ）の波線の三ですが、ここが作文単元のねらいであります。「あなたが通学の途中で見たこと考えたことを作文に書いてみましょう」とある。その時の指導として、例文としてあがっている新潟の中学生の作文は、説明文の要素といわゆる描写する要素と併せ持っていることを指導しておく必要があると書かれています。描写力というのはよくよく見つめる・観察するところからくるのですから、ここだけの学習では充分でなく、描写力そのものはまた別に指導が要ります。

そういう「作文の基礎力」を、三年間にわたって指導された例が大村実践の中にはあります。「書き継ぐ」力

をつけていく、そのためにこういう学習をさせたというのもあります。描写力を鍛えていかなければ文章が無味

乾燥といえば言い過ぎですけども、要点だけになってしまうということがあります。そのため観察力も関連して

導いていく必要があります。

その次の「ことばの問題」の研究の箇所で、細かく国語学力に目が向けられていることがわかります。すなわ

ち、波線の中の一ですが、文の結び方がどんな効果をあげているか考えさせていく。ひとつは明晰に結んである。

それから、いいかけのような形、または省略したような形で結ばれている文がある。これらについて、一番最後

の行です。これらの文は「簡潔で、しゃれた味わい、スマートだと、表してあります。古文でも名詞止めが出て

きますし、古文では連用中止法か下へかかるのか、問題の多いところです。そういうのを思い返して見ますと、

現代文でも古文でも指導にあたっての留意を細かくとの思いが強くいたします。」

ことばの問題の二で、「この筆者は、朝の楽しい気持ちをどういうことばで表しているか」とあり、詳しい解

答も示されています。「朝の楽しい気持ちそのものでなく、楽しい気持ちにしてくれる道路、景色、イチョウの

葉などについての表わし方には次のようなものがある」と付け加えてあります。そのようにことばの問題を考え

ていきますと、答えが得られるものと、得られないけれどもそれと関連して考えさせられるものがあるというこ

とがよくわかります。

テレビを見ておりますと、「日本語検定」というのがあったそうであります。企業が、自分の社員がどれほど

日本語の力があるか受けに行くようにと大変勧めたそうであります。大企業の人がたくさん受けに行ったという

のですが、合格率は三割と聞きました。その中には「気が置けない」というのはどんな意味かというのもあった

ようです。逆さまに覚えている人がたくさんいて、企業からいいますと、国語力が足りないと。今の子どもが足

りないだけではないのです。効率を追う人は、いつも子どもの学力が落ちた落ちたと言いますけれども、そのよ

うに言えたものではなくて、いつもことばに目を向けているかどうかが問題になります。ことばの問題の三（393ペ下）で、いわゆる「描写のうまいところ」が取り上げられた場合は、漠然と考えさせないで、語彙とか文末とか修飾することばというように分けて、意識して考えさせるということも示されています。この指導書はこのように作られています。

次のページ（394ペ）に練習があがっております。テストの問題にもできる練習であります。練習問題は、①に、「八つの段落に見出しを付けるとしたらどういうふうな見出しが付くか」と問われています。要点をつかむ力になります。そういう問いについて学習者がきちんとできるかどうか。これはおもしろいからちょっと応用問題としてみようとなさってもいいような、いい問題です。それから「右の八つの段落を次の三つに区分する」というのは、情景を描いたり、考えを書いたり、あるいは「入り交じった段落」というように区分をさせる問いです。㈡の「傍線の部分をあとにあることばイ〜ヌのことばを使って、短いことばで書き換えたらどういうことばを使うか」。も生きたことばについてのいい問題です。

それから㈤は、「くだけた言い方ですが、普通の言い方に直しなさい」そういうのもあります。先ほどちょっと触れましたように、生活語と文章語とは違います。そういうことも中学生の時期に目を向けさせないとなかなか目が向きません。

この間アナウンサーを集めて対談があった時に、わたしのお父さんはという女性アナウンサーがいまして、司会者がわたしの父はというふうに言いなさいと直していました。ぼくのお母さんはとか、を成人してもいう。「やっぱおもしろかった」も使っていました。ことばへの自覚をもたせないとこういう言い方はなかなか直りません。「すいません」も耳だちます。大変気になり不愉快です。同じように「かって」と「つ」を小さくして使う人も。「米子はかってこういう町であった」と言ったりしています。文章に書くときには「つ」は大きいですね。しかし、話すときには「かって、かって」という話をする人がアナウンサーの中にもいます。三宅というよく出てくるアナウンサーが朝の番組を担当して「かって」を使っていて耳だちました。かってに（勝手に）日本語を変えてほしくないと、わたしはつぶやいております。書きことばにはさすがにありません。新聞は必ず、「かって」、と「つ」を大きく書いています。しかし、校長さんの中にも「かってかって」とおっしゃる人がありました。私は、校長さん、マイクで近所の家へ聞えて恥ずかしいから止めてくださいと言ったことがありました。

中学生の時期にことばに目を向けさせるのにこういう文章を、こういう例を学ぶのは大事なことです。外来語について力タカナ語に目を向けさせるという設問㈦もあります。後に「外国語の氾濫」という研究を中学三年生になさいましたがここに布石がなされています。機会を捉えて外来語・カタカナ語に目を向けさせることもなさっています。練習ということになっておりますけども本格的な問いかけになっております。

いままで実践をみてきて申し添えしたいのは、ここは因幡ですから、白うさぎの例をあげてみます。因幡の白うさぎは中学一年生に話し合いをさせるのに、言語抵抗がありませんから、よい材料になります。その時に手びきの第一段階、としまして、「大国主命はどんな人か」と問う。これは内容把握ですね。「わたしたちの祖先はどんな人を理想の人と考えたか」となりますと、生活的になります。これが第二段階の手びきです。大国主の話は今までずっと続いてきています。祖先が考え描いてきた人です。もうひとつ、第三段階としまして、「わたしたちの祖先の考えた理想の人と、わたしの考える、また、わたしたちの考える理想の人」となりますと、明らかに現実と結んだ生活的な考えをさせる向きになります。

わたくしはそのことを学びましてから、ここにひとつのコツがあると考えているのです。内容把握をしてそれでおしまいという教室が多いのですが、大村先生は教室で読むことを教えて、それで読むことの力になりますか、とおっしゃったことがありました。どきっとしました。主体的に生活的に読むということはどういうことなのか。

「わたしたちの考える理想の人」ということになるとお父さん、お母さんというわけにいかないですね、中学生になると。そうすると、待てよ、というふうに立ち止まって考える。すると伝記上の人物をうかべて、野口英世等、これはちょっと偉すぎて、わたしの理想の人とは言えないな。もうちょっと考えたり読んだりしてみよう。理想の人に誰を選ぶかなとうんと考えるようになる。主体的に。自分の生活と結んで考える。

そういう向きが単元学習です。そこを考えて実践していきますと、学習者が変わっていく。手びきされることによって変るといえると思います。

申し上げたい問題の一つはそこです。目標、計画が一番大事で、目標をどのように実践に移して行くか。その計画をどのように主体的、生活的にしていくかということであります。

その次のプリント13は、「どの教科書も読めるようにするために」という大村先生の実践研究であります。〔資料　略〕今申し上げましたような主体的な学習をさせていかれたその時期であります。時代の要請を受けて、いくつも実践研究をなさったのですが、ここに紹介しますのもそのひとつであります。五〇年代の後半にも、生徒に学力がないと言われました。学力がないとは、しょっちゅう能率・効率を重視する大人がいうことであります。言われると現場人は責任を感じます。これも基礎的な学力を身につけさせるための大村先生の実践研究のひとつです。各教科の教科書が読めないためにその教科が目指している学習に達することができないという声を聞かれて、教科書が読めない生徒たちを救う手立てをくふうしなければ、と考えられ、そこから実践研究が始まります。真ん中あたりの一一行目ぐらいの語彙・語句というところが大事です。語彙・語句をまず取り上げてみる。語句というのは文脈の中で一つの内容を示していることばになります。例えば「式が導かれる」というのが数学の教科書にあります。式が導かれるというのは、これはなかなかむずかしい。そのように拾い上げてあります。そうしますとカードで一六〇〇枚くらい。わたしはこの間数えたのですけれど、一六〇〇あまりになりました。

下の方ですが、その語句、語彙は、三つに分けられる。というのは、下から一〇行目あたりのところです。専門語に準ずる、例えば「導かれる」とか、あるいは「勧進」とかはその教科の担任に指導してもらう。国語科で指導すべきはどのくらいか。この間数えて見ますと一四〇〇あまりありました。それをどのように指導するかが大村先生のくふうであります。右のほうのIの一のところで、現実の生活領域、すなわち学校、家庭、社会に適した話題を五八選ぶ。この五八は、ご自分で考えられたのですね。一四〇〇の語・語句をそれぞれの話題に配当していかれる。そしてそれを含む文章を作る作業ができます。次のページを見ていただきますと、生徒と先生が一緒に、一体となって作られた例文であります。

一年生では遠足を題材にして、話題にして、そこに一八語句が配当される。一八語を含む文章が作られる。先程の「かつて」がはいっています。「右手に見える丘はかつてこういうふうなところで」と文章化してある。「音楽」というので一五語句、「わたしはずっと前から音楽に関心を持ち続けて来ました。率直に言って…」。「関心」とか「率直」とかこういうふうに文脈のなかに入れていかれます。

二年生では「クラス新聞」の中に、「認（したた）める」とか、「技」とか、「なかだち」とか、「ややもすると」とか、「乏しく」とか、「かつ」とかがあります。そういうふうにことばが配置をされている。クラス新聞についての重要性を生徒と一緒に文章に作っていかれたのであります。

この文章は第九巻を見ていただきたい。九巻を見ていきますと、この例文が全部出ております。「どの教科書も読めるようにする」ための願いがこめられています。

語彙テストしてやって見られると、漢字ドリルをおやりになるよりよっぽどいい。こういう実際の文章で書けるかどうかが大事です。こういう研究では『やさしい漢字教室』。これなどもまちがいやすい例文がたくさん上がっています。そして、この時には竹かんむりの「管」であり、こちらは草冠の「菅」である。その違いをどのようにして教えるかというようになっています。

上にメモしましたように、漢字を百回書かせてきたのは明治以降の方法です。漢字を百回書かせると全員の身についたかというと、ダメだったということがはっきりしています。それこそ、忘れないようにこういう例文を作って覚えさせたい。ドリルなどで暗記させる方法では二〇日しかもたないと言われています。試験をすれば覚えるから、試験をするとか、漢字ドリルをして覚えさせても二〇日、よく保って二五日といわれています。だめな方法に変えて、どのようにして忘れないように身につけさせるかが大村先生のくふうであります。

百マス計算がはやりましたときに、大村先生は何にでも興味を持たれる方ですから、「先生は百マス計算をおやりになりましたか」「ええやってみたわ」というようなやりとりを私はしました。

ドリルというのは明確な目的があって役に立つのです。例えば野球で、相手の胸のグローブをめがけて納まるようにキャッチボールの練習をする。これは目的意識がありますから意義を持ちます。むりに暗記をさせるというのでは何べんもやらなければいけないし、高校入試の時には忘れていたということになります。ドリルの、ノートの、あそこにあったのだけども、いざの時には出てこないことはよくあります。それは人のことは言えません。わたくしにもよくあります。そういう、あそこにあったんだが忘れたということはしょっちゅうあることです。生活的な場、使用されている「実の場」で身につけてしまうことが大事です。語彙指導としての漢字指導を考えなければなりません。

次に、大村先生はテストについてどのようなことをなさっていたかを、例としてあげました。(396ぺ)

そのまえに、一言添えます。

二年半ぐらい前から例のOECD学力調査で読解力に問題があると伝えられ、文科省はあわてて対策を立てて小学生にも中学生にも問題を作ってみた。この春実施してみたら小学校の低学年の問題よりも上学年の問題のほうがやさしかったというので問題になっております。対策というのはだいたいダメなのです。対策をたてるよりも、お話しておりますように単元的に学習している教室の生徒の場合は心配ない。そういう対策は不用といってもいいのです。

わたしはああいう抽出したテストで心配したり喜んだりするのはまちがっていると思います。ここにもって参りましたのは、先生方にこんなことを申し上げる必要はありませんけども、大村先生はテストではかることのできる力とテストになじまない力があって、テストになじまない力のほうが大事と絶えずおっしゃっていました。国語力で一番大事なのは「聞く力」で、これはもう動きません。聞く力がなければ「対話」ができない。社会生活ができません。聞く力を持たない人が井戸端会議をするのです。自分のことばかりしゃべるというように。その一番大事な聞く力をどのようにつけるかというのは国語科の課題であります。

それから話す力・話し合う力がないと民主社会は成り立ちません。今の政治家はほとんど話し合う力はゼロであります。話し合いません。批判をうけてもわたしは正しい、これを続けますといいます。でも国民に納得のいく説明をしません。

書く力、読書生活の力、すべてテストになじみません。けれどもそういう力は大事です。テストになじむのは読解力の中のごく一部であるということになります。しかしそれが重視されますので、大村先生はテストについての勉強の仕方（396ぺから）とか、テストの受け方、（今回に限りません）と示していかれます。今回に限りませんというのに意味があるのでして、たえず目を向けるようにということです。そして、「説明的な文章と文学的な文章とどちらも教科書外から出題しますが、次のような点は特に注意しなさい」と書かれています。そこに注意として、「問いにぴったりあった答えをするように」ということがあげられています。

飛ばしまして、「不確かな答え方をしない」ということで「例えばAさんはどういう話をしましたか」と聞かれたとき、「Aさんはこれこれこういうわけですから、これこれこういうふうに考えて、こうこうこういう話をしました。」とよけいなことをいろいろいう。それはテストの問いに対してまともに答えていない。聞かれているのは「どういう話」だけですから、問いに合わない。ものごとを、文章をはっきり考えていない。「このようなあまい答え方はだめです。」…と注意があり、「このようなあいまいなやり方をしていると頭がはっきりしなくなります。」と。ハッとさせられることが書かれています。

もう一つの例として、「理由」を聞いているときに、一、二と、はっきり理由があげられるはずですのに、「これこれがこうであったからではないでしょうか」とか、「なになにが理由であろう。」と書いたりする。問いに対して的確でない答えは、テストということを忘れていると書かれています。テストの性格をきちんと頭にいれて常に対応するようにとの注意は、出題者のあまさをも反省させられます。

具体的な問題の一では、問題文の内容を真に理解しているかどうかを問うため、ア～カの文が問題文で述べていることと合っているものには丸を、合っていないものには、ばつをつけるようにしてあります（397～398ぺ）。四択・五択の一つが正答というのでなく、選択肢の一つ一つに真剣に向き合うように問われています。時間の都合で詳しくは、のちほどプリントをごらん下さい。

テストのあとには「テスト答案を見て」というプリントが配られ、誤りやすい点、具体的にどういうことかとの問いにそうでない部分を交え答えるあいまいさ、文末表現の強弱を問われ「かもしれない」が弱いと気づかない人がいる、など自己評価への眼を育て、評価を指導に生かしておられます。このような評価と指導の例に学び、暗記力をはかることが中心になっているテストを改め、次の指導に生かす評価にしていきたいと願っています。

〔資料〕作文の学習

（西尾実編『国語　中学校用』㈡昭和三六年度版　筑摩書房「学習指導の研究」大村はま担当）

一　なぜこの単元をおいたか

生徒が、文章が書けないと訴える時、また、書くことを好まない時、そのいろいろな原因のなかで大きいことは、書くこと、書こうとすること、さらに言えば、書くという一つのほねおりをしてまでも表現したいもの、――そういうものが自分にないということではないだろうか。

新鮮な感動を覚えている内容が豊かな場合、その内容自身が声を持ち、ことばを持つのではないだろうか。つまり、どうしても書かないではいられないのではないだろうか。

この単元では、まず、豊かに題材を持つことと、そのくふうを取り上げた。豊かに題材を持つことのたいせつさを知らせるとともに、実際に、豊かに題材を持たせようとしているのである。

二　学習指導の目標を何におくか

㈠　作文の学習を基礎として、題材を集め、題材を豊かにしようとする態度を養う。

㈡　身辺から題材を取り上げて、文章に書き表わす態度を養う。

㈢　題材の集め方について考えさせ、題材を豊かに持つようにさせる。

【指導事項】

（聞く・話す）

(1)　作文の題材を発表し合う。

（読む）

(1)　生徒作品を読んで主題をとらえる。

(2)　生徒作品を、表現に注意して読む。

（書く）

(1)　身辺から題材をとらえ、感想や意見や感動を書く。

(2)　文脈にふさわしい語句を選んで書く。

（ことば）

(1)　段落を考えて文章を書く。

(2)　語いを豊かにする。

(3)　文末のいろいろな表現。

(4)　助詞の添えるいろいろな意味。
(5)　語句の組み立て。
(6)　修飾することば。

三　学習指導をどう展開するか

【A案】

㈠　「題材を集める」を読み、自分たちも題材を集める。それを発表し合い、自分たちの題材には、どんな種類があるか分類する。どんな種類が多いか、また少ないか、かたよりがあるかなどの点から見て、問題点を考える。

㈡　自分の作文の歩みを文章に書いて考えたり、自分たちの間で、作文の学習を進めていく上での問題点を書いて発表し合う。

㈢　「バス通学」から、書かれているけしき、それについて作者の考えていることなどを読み取り、想像される作者の人柄について感じたことを話し合う。また、文章の書き方について、この文章から学んだことを発表し合う。

㈣　めいめい、通学の道で見たこと、考えたことを、文章として書く。

㈤　「野口さん」から、作者の書こうとしていること、それがどんな順序で書かれているかを読み取り、野口さんという人について、また作者の人柄について話し合う。

㈥　文章の書き方について気づいたことを、箇条書きにしてみる。

㈦　「修飾することば」を読み、いろいろな用例を出し合って、例を新しくして、この解説の文章を書き換えてみる。

◎【B案】

㈠　次のⒶⒷのことを、平行して進める。

Ⓐ　題材を集め、それを発表し合うことを続ける。その間に、めいめいの心の中に、自分でとらえたものも、友だちから得たものであるが、とにかく、書いてみようと思うこと、書きたいことが増してくるようにする。

　題材を集めるために、用紙を用意する場合、次のはその一例である。下のB紙は、四つのくぎりを生かして、いろいろな使い方ができる。

○何かの意味で共通点のある三題を選び、あと一つのくぎりには、その三題の共通のねらいを書く。たとえば、「夏休みの生活報告」という題の場合、「楽しかったこと」、「珍しかったこと」、「悲しかったこと」の三つを取り上げるとか、「運動会の感想」を、「プログラムについて」「競技について」「運営について」ととらえるとか、また、兄を書くのに、「兄」「にいさん」「兄貴」ととらえて書くとか、いろいろなくふうができる。（いつでも何にでも使えると学習者たちにも好評であった。）

○題材をいろいろな面からとらえるためにも便利である。「わたしの意見」というような題で何か問題をとらえて書く場合、「自分を中心とする問題」「学齢で学校の生活に関する問題」「家庭生活

A

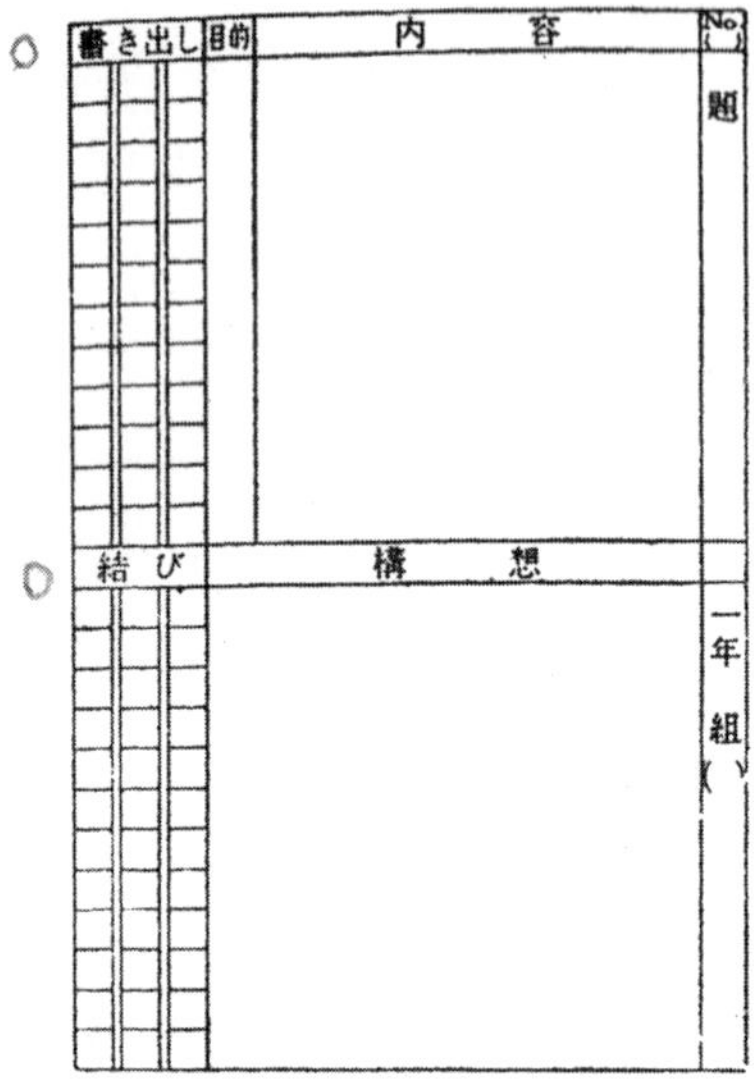

B

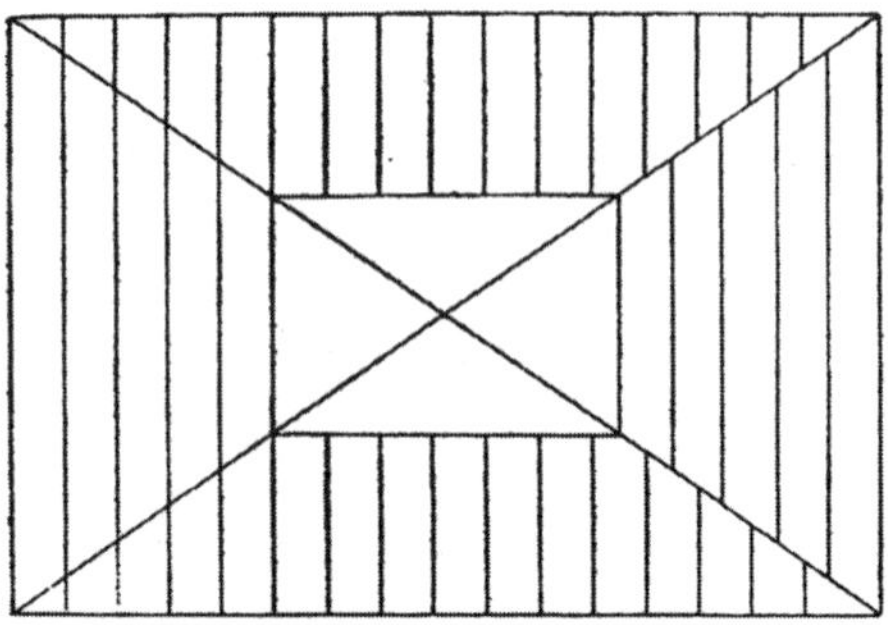

注　のち、波多野完治博士が「文章の構造を図にするとこの図になることに気がつきませんでしたので、私には啓示でした」と称賛された。（'83.11）

（『22年目の返信』04.11.小学館）

での問題」「社会の問題」というふうに多方面に目をつけさせるのに、この形式が便利である。

○　発表は、時間の初めに「こんなことを書いてみたい」というような題で、数名を指名して、書こうとしていることを発表させたり、掲示板に出したりすることによる。特に、取材の範囲を広くしたり、着眼を新鮮にしたりすることに役立つものを取り上げる。

(B)

「題材を集める」「バス通学」「野口さん」を読み、それぞれの作者にあてたつもりで、文章を書く。

○「題材を集める」を読んで、教えられたことや、同感したことや疑問に思ったことを書くとか、自分たちも題材を集めていることとか、自分たちのクラスでは、このごろ、どんな題材が発表されているかとか、または、自分がどんなことを書いてみたいとか、勉強したいとか思うことについての、考えや感想を書く。

○「バス通学」を読んで、「学習の手引」を手引きにして、好きなところを書いたり、作者の感じていることに対しての自分の感想を書いたり、自分のほうの通学の道の様子を知らせたりする。

○「野口さん」を読んで、野口さんに対してどんな気持を持ったか、作者の言ったり、したりしていることについての感想、文章についての感想を書き、自分の友だちを、「こんな人がいる」と紹介したりする。

（これらの文章を読み書きしている間、それぞれの時間の初めに、題材を発表しつづけるわけである。）

なお、この間に、次のような「ことばの問題」の解説を中心に、ワークとして、(a)文末表現、(b)助詞の添えるいろいろな意味、(c)修飾することば、(d)同じような意味を表わすいくつかの語句、(e)細かい意味を添えるちょっとしたことば、などに気づかせるようにする。

(a)――六八ぺ「ことばの問題」一
(b)――八二ぺ「ことばの問題」三
(c)――八二ぺ「修飾することば」
(d)――六八ぺ「ことばの問題」二
(e)――六一ぺ「ことばの問題」二

(二)　めいめい、集めた題材のなかから一つを選んで、文章を書く。文末表現その他の点について、関心が高まっていて、自然に気がつくと思うが、段落を切ることについても注意を呼び起こすようにする。

(三)　文章を読み合う。読んだあとで、感想を書く。作者あてに、だいたい次のような筋で書く。
○「……」という、あなたの文章を読みました。あなたは、この文章でこういうことを書こうとしたのでしょうと、わたしは思います。
○これを読んでの、わたしの感想は……
○書き方について……
　語いについて――実によいことばが選んで使ってあると思ったのは……でした。どうかなと思ったことばはあまりありませんが、取り上げてみますと……です。それからこれはわたしの考えですが、これよりもこのことばをと思ったところがあります。それは……です。ここへ……と使ったらどうかと思います。
　文末表現について――わたしの特に変えたいところは……です。
　修飾語の位置について――わからないというほどではありませんが……というところの……は、位置を変えたほうがいいように思います。
㈣　友だちからの感想の手紙を読んで、自分の文章を読み返してみる。推敲の機会
㈤　文章だけでなく、書く前の感想、書いている間の感想、友だちの感想、その他、できたら自分の文章について、だれかが話していることばも拾うようにして加え、グループで文集にする。　読み合いの場。文集を学習材に！

◎【留意点】
(1)　題材を集めさせる時、指導者としては、陰の力になって題材を集めやすくすることが必要である。具体的に言えば、掲示板を利用して、いろいろな感想を持たせることのできそうな材料を見せること。また、指導者自身が、生徒の中にはいって、いろいろな話題を提供する。新聞にこういうことが出ていたとか、こういう話を聞いたがどう思うかとか、だれの小さい時の話だが、こういうことがあったそうだとか話すのである。ある本を示して読むことを勧める。
(2)　題材を集める用紙の形式などは、どのようにでもくふうしていいことである。項目を作っても、たとえば「目的」など、書きにくがる間は、あけておいてもいい。題も、あとからつけることもある。
　いちおう、A紙の項目について生徒に説明することばを書いてみると、
○内容は、「どんなことを書くのですか。」という問いに対しての答えに当ること。

○構想は、上に書いた内容のことを、どんな組み立て・順序で書く予定かということ。番号をつけて書く。
○目的は、どういう人を読み手と考えて書くか、また、その人に、どんな気持ちになってもらうつもりで書くか、たとえば、同じ。意見でも、自分のクラスの新聞に載せるものか、学校全体の新聞に載せるものかで、あげる例も書き方も変わってくるはずである。また、そのことを知らせるためなのか、知らせた上、同感してほしいのかによって、書き方を違えることがいいわけである。
○書き出しは、こんなふうに書き出してみようと思う、その文章の最初の文。
○結びは、終わりをこんなふうにしようかと思う、その結びの文。
用紙を特に用意しなくても、項目によって書かせればいいわけではあるが、これは、常に一枚持たせておいて、提出したら、代わりに一枚渡すという方法をとるため、このほうが、題材を集めることを忘れさせないようである。なお、これは、長く提出のない生徒にだけ注意し、多く提出するほうは、別に提出日を設けないほうがよいようである。

(3)　題材集めは、一年の時から始めて、続けていることが望ましい。
(4)　題材がかたよらないように、発表する題材の傾向に注意が必要である。かたよった時は、ヒントを出して視野を広げさせなければならない。
(5)　友だちの文章を読んだあとの感想は、特に新鮮な重点を示すようにして、機械的に、いつも似たようなものにならないようにしたい。特に、ことばの問題について、はっきりと着眼点を決めたい。
また、先にあげた例のようなものを書き合う程度で、論じ合うような方向には向けたくない。
(6)　文章は、原稿のままとじることを主にしたい。
(7)　自分たちの作文学習の上での問題点をあげるような時はヒントとして実例を出すようにして、問題点に気づかせる。
（「題材を集める」の「手びき二」）

四　評価をどのようにするか

このまま生徒に与えるかどうかは別として、作文について、何かのとらえ方をしておきたい。一例をあげてみる。

(一)　題材集めについて
(イ)　数――（週に）3……5　2……4　1……3

0……2　0〈催促しても〉……1

(ロ)　広がり

(ハ)　着眼の新鮮さ

(二)　目的に応じて表現をくふうする態度

(イ)　目的に応じていろいろとくふうしている……5

(ロ)　目的に応じて　はっきりくふうしている……4

(ハ)　目的に応じて、どこかくふうしてはいる……3

(ニ)　目的は心にあるが、応ずるくふうはしていない……2

(ホ)　目的を考えていないらしい……1

(三)*　はっきりした根拠のある材料を使い、はっきりしないものを省いている

(四)*　事実を正確に書く

(五)*　要旨を明確に書く

(六)　段落を切る

(イ)　段落の切り方に同感できる。よい切り方……5

(ロ)　(イ)ほどではないが、だいたいよい切り方……4

(ハ)　とにかく考えて切ってある……3

(ニ)　考えてないようだが、形の上でとにかく切ってある……2

(ホ)　一箇所、とにかく切ってある……1

(ヘ)　全然切らない……0

(七)　文脈にふさわしい語句を選んで書く

かりに四百字詰め原稿用紙として、その中に、知っていることばのなかでもっと適切な言い方があるだろうに、というところが何箇所あるかによって考えたもの。

0箇所〈そして感心するところがある〉……5

0箇所……4

1箇所……3

2箇所……2（3、2、1の中にも、感心するところはあろうが、この場合の評点には表さない。）

3箇所……1

(八)　文末表現

一つのセンテンスを四〇字以内と仮定し、四百字詰原稿用紙一枚に五以上のセンテンスがあると仮定した場合。(七)の場合と同様、このような文末でないほうがいいのにと思われるところが何箇所あるかによって評点を考えたもの。

（注　*印のあるのは、その文章によって、採点したり、あるいはしなかったりする。）

○なお、以上は、作文の評価のすべてという意味ではない。この時期の、そして一つの試みにすぎない。

各説

㈡　バス通学

一　教材研究

教材としての位置と意義

身辺から題材をとらえて書かれた、すぐれた文章の一例として取り上げた。

だれにも、同様の経験のあることであろうし、書き方においても、めいめいが書く時の参考になることが多いであろう。

〔注　書かれた文章を学習材に〕

主題と構成

主　題

バス通学の途中。

構成

㈠〔初―六二8〕　発車を待つ。

㈡〔六二9―六五2〕　乗り合わせた人々。

㈢〔六五3―同15〕　東港線を走る。

㈣〔六五16―一六六5〕　乗り込んで来られる先生。

㈤〔六六6―終〕　町の中心部を経て学校へ。

語句と文法　（一部略）

※（関連語、同義語、反対語、音　字形の似たことば、意味の混同しやすいことば）

66しそびれる　する機会をにがしてしまう、↓言いそびれる・買いそびれる。

各方面から語彙をみつめさせる。

いよいよもって　ますます。「もって」は、強める言い方。「そんなことをするとは、はなはだもってけしからん。」

〔注〈ことばを豊かに〉生徒の現実の生活で使わない語を拡げる。のち「語彙指導」の多くの例〕

万代橋　新潟市内にある橋の名。

礎町　新潟市内にある町の名。

鑑賞と批評

バスで毎日学校へ通う一女学生の見た社内所見と、沿道風景の朝のスケッチである。

所感と描写が過不足なく、細心にあんばいされていて、まことに好ましい文章となっている。バスを待つ間のクレーンの動きを見るところから筆を起こしているのも、気がきいている。車内の所見は、いちいちに少女らしい情感が流れていて、好感が持てる。印象的なのは、東港線のアカシア並木を走る時の描写である。

この文章には、どこといって、取り立てて季節の描写はないが、このアカシア並木の道を走る時、窓から流れ込んでくる朝風がさわやかであると言っているところからみて、それはなんとなく五月ごろの風という印象を受ける。さわやかなスケッチである。

作者と出典

作者

石井尚子（新潟大学教育学部附属中学校二年生）

出典

『中学作文』（作文の会・昭二九）

二　学習活動

目標	学習活動	ことばの学習
○一　身辺からどういう題材を取り上げて、どのように文章に書き表すかわからせる。 ○二　めいめい書いてみようとする気持ちを持たせる。	一　読む――「バス通学」（本文No.11・12） 二　読み取る――筆者が特に好きなけしきとして取り上げているのは、どこどこか。〔描写の対象〕 三　話し合う ――筆者は、通学の途中で、どんなこと	

【指導事項】

（読む）

1　生徒作品を、表現に注意して読む。

2　主要語句について、その意味の範囲、語感などをつかむ。

3　新出漢字および、次の漢字が読めるようになる。

腕　忘れる　傾く　停留所　踏切　遅れる　譲る　愉快　詰める　柔らかい　胸

（書く）

4　身辺から題材をとらえ、感想や意見や感動を書く。

5　文脈にふさわしい語句を選んで書く。

6　次の語句を文脈に即して適切に用いる。

あやつる　顔から火が出る　取り引き　さわやか　しそびれる　ひっきりなし

〔中学生の生活語彙に出ない〕

7　次の漢字が書けるようになる。

鼻　機械　運転　築く　倉庫　通過　始発　座席　好意　姿　事故　服装　十字路　図　書信　飛び降りる　結う

を感じているか。

――そこに、どんな人柄が出ているか。

――それについて感じたこと。

（指導事項1の評価）

四　発表し合う――文章の書き方について、この文章から学んだこと。（うまいと思うにつけ、こうしたらどうかと思うにつけて、学んだこと。）

五　書く――「通学」「通学の道で」などの題で。

（指導事項4の評価）

（指導事項8～13の評価）

〈観点〉

イ

a　所感と描写との割合いが適当であるか。

b　描写――いきいきと描かれ、情感をも写しているか。

c　所感――わかりやすく、新鮮であるか。

ロ　段落が考えられているか。

ハ

a　修飾語が適切に選ばれているか。

○うまいところ、こうしたらどうかと思ったところを取り上げる。

○段落を考えて文章を書く。

○「バス通学」で、朝の楽しい気持をどういうことばで表しているか、抜き出して調べ、自分の文章にも語いを豊かに使うように試みる。

○文の結び方とその効果を、この文章で考えてみる。また、文末に、いろいろな形を使って表現してみる。

8 次の表記のしかたに慣れる。 「ダーツ・ダダダダと・ガツチヤyとLなどの擬声語・擬態語。 9 くぎり符号などを適切に使う。 石炭の山が——あのマンモスが運んだのか——築かれている。 〈どうせ……ずーっと離れた所にいればいいのに〉などと、かってなことを考える。 （ことば） 10 段落を考えて文章を書く。 11 語いを豊かにする。 12 文末のいろいろな表現。 13 修飾することば。	b 修飾語の位置が適切であるか。 ニ 語いが豊かに使われているか。 ホ 文末の表現に、いろいろな形が取られているか。 へ a 表記は正しいか。 b 符号が適切に使われているか。 （もし各項目を10点とすれば、100点満点で計算できる。）	○修飾することばを注意して使う。

○

三 設問の研究

「学習の手びき」の研究

一 この文章で筆者が特に好きなけしきとして取り上げているのは、どことどこでしょうか。

〔注—過不足なく正確に読み取る〕

〔注—明晰に考える基底〕

〔解答〕

○船の見える踏切。（六二ページ）
○東横線の道。（六五ページ）
○礎町から郵便局にかけての道。（六六ページ）
（プラタナスの並木道〈六三ページ〉は「特に好きな」にあてはまらない。また、マンモス・クレーンは、けしきとは言えないから、あげる必要はない。）

二　筆者が通学の途中で考えたことを順々にあげ、この筆者の人柄について感じたことを話し合ってみましょう。

〔注―構成について〕

〔解答〕
○筆者が通学の途中で考えたこと

(1)　マンモス・クレーンをあやつっている人は、たいくつしているだろうか。それとも、大きな機械を動かすことが喜びになっているだろうか。（六一ページ）

(2)　途中からバスに乗って来た人々は、もみくちゃになっている。席にすわっていることが、ほんとうにすまなく思われる。（六四ページ）

(3)　満員のバスに置き去りにされた人たちに対してすまない気がする。しかし、遅刻しそうな時は、バスが停留所を通過してくれればいいと、かってなことを思う。（六四ページ）

(4)　恥ずかしくて、おばあさんになかなか席を譲ってあげられない。「どうせ立つなら、わたしのすぐ前か、ずっと離れた所にいればいいのに。」と考える。（六四ページ）

(5)　重そうな荷物をもっている人は、こちらが持って、あげましょうと言ったら、すなおに好意を受けるのが礼儀だ。（六四～六五ページ）

(6)　先生におじぎしようと思うが、なかなかうまくその機会をとらえることができない。どうしたらいいか困ってしまう。そういう自分の性質を自分で持てあましてしまう。（六六ページ）

(7)　すてきな髪を結って、赤いぴかぴかのくつをはき、はでな洋服を着て学校へ行く子はきらいだ。（六六ページ）

○筆者の人柄

(1)　親切で優しい
　席にすわっているわたしたちが、ほんとうにすまないみたいだ。（六四・3）
　その人たちに対しては、たまらなくすまない気がする。（六四・6）
　おばあさんがはいって来ると、席を譲ってあげたい。（六四・9）重そうな荷物を持った人がいると、持ってあげたくなる。（六四・14）

(2)　内省的

恥ずかしいことだが、〈通過してくれないかな……〉などと、かってなことを思う。（六四・7）

(3) 気が弱い・神経質

おちついて外なんかながめていられない。（六二・15）

代わってあげたいとは思うけれど、横の人が立ち上がりそうなので（六四・12）

自分がとてもみじめに思われて、みんなが笑っているような気がする。（六四・15）

おじぎをしようと思いながら、つい、しそびれたりする。……困ってしまう。（六六・3～5）

(4) 物事を深く考える。したがって、物事を批判的に見る。

あの機械をあやつっている人の気持ちはどんなだろう。……少し偉くなったみたいで（六一・5～8）

その人は、持たせる人に対して悪いと思う……礼儀ではないだろうか。（六四・16～六五・2）

子どものくせに……そんな服装をする必要はないはずだとわたしは思う。（六六・10～14）

(5) マンモス・クレーンのような機械の動きに心を奪われたり、すがすがしい活動的なけしきに心を引かれたりしているところをみると、内省的ではあるが、おちついた明るさといったものを持った、しかも鋭い感覚の持ち主であることが想像される。

三　あなたの通学の途中で見たこと考えたことを、作文に書いてみましょう。

〈指導〉「題材を集める」が説明文であったのに比べて、この文章は、説明文の要素と、いわゆる描写する要素とをあわせ持つことを指導すべきであろう。

「ことばの問題」一、二、三を利用して、「バス通学」も読み直しさせたい。

「ことばの問題」の研究

一　この文章で、文の結び方が違っていると思われるところを抜き出して、それがどんな効果をあげているかを考えてみましょう。

〔解答〕

○物事や人の名を表わす単語（＝名詞）で文を結ぶ。

〔六一ページ〕象のマンモス。たくましい鉄の腕。

ぐわーっと開いた腕の先。〔六四ページ〕若い女の人。何やらわめく男の人。〔六六ページ〕若葉のころは柔らかい黄緑。

○言いかけのような形、または省略したような形で文を結ぶ。〔六一ページ〕こっちの列車へ。少し偉くなったみたいで。〔六三ページ〕ガッタン、ガッタン。〔六四ページ〕ためらったり。〔六六ページ〕自動車はひっきりなし、人はぞろぞろ。自分が好きでするのか知らないけれども。

◎これらの文の結び方は、簡潔で、しゃれた味わい（スマートな感じ）をよく出している。

◎

二　この筆者は、朝の楽しい気持をどういうことばで表しているか。そのことばを抜き出しましょう。

〔解答〕○ほんとうに気持がよい。（六二・16）
○とてもいい気持だ。（六三・7）
○自家用車で朝の散歩にでも出かけたというような気分になる。（六五・13）

朝の楽しい気持そのものではなく、楽しい気持ちにしてくれる道路・けしき・いちょうの葉などについての表し方には、次のようなものがある。

○気持のよい道路（六三・4）
○この封切のながめわとてもよいのだ。（六三・11）
○気持のよい東横線の道（六五・3）
○この道は、……すばらしい。（六五・7）
○なんとすばらしい道だろう。（六五・15）
○いちょうの葉は、すてきだと思う。（六六・15）

三　この作文のうまいところ、こうしたらどうかと思ったところがあったら、取り上げて話し合ってみましょう。

〈指導〉

段落の切り方、語いの豊かさ、文末のいろいろな表現、修飾することば、というような項目について話し合わせるようにする。

◎いわゆる描写のうまいところなどが取り上げられた場合にも、ばくぜんと考えさせずに、語い・文末・修飾することばというように、分けて考えさせる。

四　練習

㈠　次の文章は、「バス通学」の中の、いくつかの段落ですが、これを読んで、あとの問に答えなさい。

①右の八つの段落に、それぞれ適当な見出しをつけるとしたら、次にあげてあるのは、それぞれ、どの段落にあてはまりますか。

（　）の中に、段落の符号を書き入れなさい。

(イ)バスの中で考えること（　）
(ロ)踏切りからのながめ（　）
(ハ)バスの出発（　）
(ニ)アスファルト道路のながめ（　）
(ホ)機械を見て感じること（　）
(ヘ)バスの振動（　）
(ト)バスを待つ間のこと（　）
(チ)いつものバス（　）

◎②右の八つの段落を、次の三つに区別して、（　）の中に、段落の符号を書きなさい。

(イ)主として情景を描いた段落　（　）
(ロ)主として作者の考え・感想を書いた段落　（　）
(ハ)(イ)と(ロ)と両方の入りまじっている段落　（　）

〔答〕　①イ＝D　ロ＝H　ハ＝E　ニ＝F　ホ＝B　ヘ＝G　ト＝A　チ＝C

②イ＝C、E　ロ＝B、D　ハ＝A、F、G、H

◎㈡　次の文の――線の部分を、あとにあげてあることば（イ～ヌ）を使って書き換えるとしたら、それぞれ、どれを使いますか。（　）の中に、ことばを書き入れなさい。

①バスの来るのを待ちながら、わたしはいつも巨大なマンモス・クレーンの動きを見る。（　）
②おかしいやら、恥ずかしいやら、なんとも言いようがない。（　）
③「えーと、きょうは数学・英語・国語・理科、みんな入れたはずだわね。」自分に言い聞かせながら考える。（　）
④「船の大将だぞ。」と言わんばかりに、にょきっと突っ立っている。（　）
⑤ここは人通りも少なく、自動車もあまり通らないので、スピードを出す。（　）
⑥「いいえ、けっこうですわ。」なんて言われたらがっかりで、自分がとてもみじめに思われて、みんなが笑っているような気がする。顔から火が出そうになる。（　）

⑦おじぎをしようと思いながら、つい、しそびれる。
（　）
⑧あの機械をあやつっている人の気持は、どんなだろうか。（　）

〔ことば〕
(イ)形容　(ロ)表現　(ハ)閑散　(ニ)赤面　(ホ)機会を逃がす
(ヘ)同時　(ト)操作　(チ)納得　(リ)言いたげに　(ヌ)紅顔

〔答〕　①ヘ　②ロ　③チ　④リ
⑤ハ　⑥ニ　⑦ホ　⑧ト

略

(五)　次の――線の言い方は、くだけた言い方ですが、普通の言い方に直してみなさい。　俗語↕文章語
①外なんかながめていられない。
②ほんとうにすまないみたいだ。
③そんな時って、ほんとうにいやだ。

〔答〕①なんか→など。
②みたいだ→ようだ。
③って→（というの）は。

(六)　次の二つの文は、文末の形は同じですが、全体の意味は違っています。どのことばによって、どう違っていますか。
①たぶん、運転手さんも愉快なのだろう。
②なんとすばらしい道だろう。

〔答〕①は、推量の意味。
②は、「なんと」ということばを伴って、感動の意味を表わす。

(七)　この文章で、かたかなで書いてあることばは、どんな種類に分けられますか。例もあげなさい。

〔答〕(1)　外来語――バス、マンモス・クレーン、スイッチ、ボタン、アスファルト、など。
(2)　音声を写したことば――ズズズズ、ズシンズシン、ガッタン、ガタガタ、など。

テストについて

1、説明的な文章と、文学的な文章と、どちらも教科書
○外から出題しますが、次のような点は、特に注意しなさい。

〔意　図〕

ひと口にいえば、問いによく注意して、きかれていることに、向きも範囲も、ぴったり合った答えをする、ということです。漠然（ばくぜん）と、それらしいこと、答えに近いこと、なんとなく答えが含まれている、というような不的確な答え方をしないことです。

○　たとえば、

「Aさんは、どういう話をしましたか」

ときくと、

「Aさんは、こういうわけですから……と考えて、○○という話をしました。」

というふうに、よけいなことをいろいろいうのです。——のところは、きいていないことです。「……いう話」だけしか、きいていないのです。

こういうふうに、問いに合わない、ものごとを、文章を、はっきり考えていないようなあまい考え方はだめです。いかにも、頭のはたらかせ方が、あるいは、はたらき方が、にぶい感じです。また、このような、あいまいなやり方をしていると、頭がはっきりしなくなります。きれない頭になってしまいます。

○　もう一つ例を出します。

文章のなかに一つの考えが出ていて、筆者はどうしてそう考えたのか、文章から読みとって答えるような場合、つまり「理由」をきいているときに、

一、……が　こうであること。
二、……が　こう変わったこと。

というふうに、はっきりと理由をあげられるはずですのに

一、……が　こうであったからではないでしょうか。

などと書く。

二、……が理由であろう。〔文末決定性〕

なども同じ。

きかれていることの書いてあるあたりの文章を、適当に書きぬいたりして、問いがどうなっているか、それにぴったり答えるということを忘れているのです。

◎「テスト」ということを忘れているのです。問いに対して的確でない、よぶんだということは、マイナスであることを、はっきり意識しないとだめです。

〔テストの性格〕

ことに、ことばが的確に使えるかどうかのテストを受けていることを忘れてはいけません。

○　それから、たとえば、理由が三つあって、それが同

じ重さ、同じ程度ならば、
一、……
二、……
三、……
というふうに書けばいいのですが、同じ重さでなく、たとえば、三が、二の一部分であるというようなときは、
一、……
二、1……
　　2……
〔明晰さ〕

というように、書けるようにしなさい。事の大小、内容の重さ広さの関係を、はっきりつかんでいることが大切、そして、そのつかんだことが、書き表わせることが大切。はっきりつかめていても、書き表わせなくては、今のように、紙に書くテストではだめです。なにができてもわかっていても、書き表わせなくては、だめです。わかっていることはすばらしいことですが、そこで安心してしまってはだめ、表わす、書き表わすことをしなくては。◎

一、
政治や経済を動かすのも情報である。ロケットを地球以外の天体に飛ばすことができるのも、科学者がそれに必要な情報を作り出したためである。社会を維持し、生活を豊かにしていくためには、情報を作り出し、うまく伝達し、保存することが必要である。機械は情報を記憶したり処理したりすることはできるが、情報を作り出すことはできない。考える、研究する、発明する、芸術作品を作るなどは、人間が行なわなければならない仕事である。

個人個人の生活を考えても、生活のなかで生じた問題を解決するためには、情報をうまく処理することが必要である。変化が激しいこの時代においては、過去の習慣や経験だけでは、解決できない問題に行き当たる。そのときには、必要な情報を利用し、十分に考えることによって解決しなければならない。

頭がいいということのなかには、情報処理が能率的に行なわれるという要素が含まれている。生まれつきの頭のよさにはかかわりなく、必要な情報の収集・保存・取り出しを能率的に行なうくふうを凝らすことによって、われわれはずいぶん頭の働きをよくすることができる。

（樺島忠夫）

問（1）　次のそれぞれの文について、その内容が右の

文章で述べていることと合っているものには、丸を、合っていないものには、ばつをつけなさい。

ア　機械は、情報を作り出し、伝達し、保存することができる。

イ　機械は、芸術を作り出したり、発明をしたりすることはできない。

ウ　情報は、政治や経済を動かすばかりでなく、天体旅行のロケットも動かすことができる。

エ　情報は、社会を維持し、生活を豊かにする。

オ　新しい問題が起こったときでも、機械がそれまでにたくわえていた情報を取り出して解決することができる。

カ　頭がよくないといわれる人間は、そのなかに、情報の処理がうまくないという意味もふくんでいる。

問（2）　右の文章で述べていることの中心をまとめていったものとして、次のなかから最も正しいと思うものを一つ選びなさい。

ア　機械は変動の激しい時代の新しい問題についても解決のかぎを与えてくれるので、われわれは機械の性能をいっそうよくするために努力しなければならない。

イ　機械はすぐれた力を持っているが、情報を作り出したり、使い方をくふうしたりするのは、結局人間である。そのくふうを凝らすことによって、人間の頭はいっそうよくなるのである。

ウ　機械は人間以上の力を持ち、人間の及ばない働きをするから、われわれ人間は機械の力に支配されないようによく考えなければならない。

エ　生まれつき頭がいいということは、機械をじょうずに使うことができるということである。機械をじょうずに使うということは、政治や経済を動かすことができるということである。

二

この世の中をよくするのに、どういうしかたで貢献するかということは、人によっていろいろと違いがあるであろう。そうして、自分はこういうやり方で努力してみたいと決心して、自分のやりたいと思う道を一つ選び、その道を進んだとしても、必ず成功するとは限らない。失敗に終るかもしれない。しかし、成功するか失敗するかは、初めからわかっているものではない。努力すれば成功の可能性が大きくなると思って全力を尽くす。そこ

〈人間のみかた〉

に人間としての生きがいがあるのではないかと、わたしは思う。

近ごろ、若い人が昔よりも現実的になったといわれている。つまり、将来の見通しを立てて、年をとってから困らないようにしようなどと考えるようになった。というのである。それは、むしろ、あたりまえのことかもしれない。それを、あながち悪いというわけではない。しかし、若い人が自分の生活の安定だけを考えているのでは、あまりにも寂しい。しかも、未来は現在とあまり違わないだろうと決め込んで、そのわくの中で暮らす場合だけを考えているのだとしたら、これは、寂しいだけではなしに、少しおかしいことである。また、それでは、ほんとうの生きがいは感じられないであろうと思う。

（湯川秀樹）〈世界観〉

問（1）初めの段落の論点は次のうちどれか、よいと思うものを一つえらびなさい。

ア　人間には個性があり、どういうしかたで世の中に貢献するかは、人によって異なるのは当然である。

イ　人間は自分の選んだ道を進んでも、必ず成功するとは限らない。そんなものである。

ウ　人生は、成功するか失敗するかは、初めからわかるものではないから、将来の見通しなどたたない。

エ　人間としての生きがいは、努力すれば成功の可能性が大きくなると思って、全力を尽くすところにある。

問（2）「若い人が昔よりも現実的になったといわれている」とありますが、「現実的」というのは、具体的にどういうことを考えていることですか。

問（3）このような論説文の文末には、筆者の述べようとする事がらについて、どのくらい強く考えているか、またその反対か、考えの程度、度合いが見られます。次の中で最も強い表現になっているのは、どの文ですか。また、最も弱い表現になっているのは、どの文ですか。

ア　どういうしかたで貢献するかということは、人によっていろいろと違いがあるであろう。

イ　成功するか失敗するかは、初めからわかっているものではない。

ウ　失敗に終わるかもしれない。

エ　努力すれば成功の可能性が大きくなると思って

全力を尽くす。そこに、人間として生きがいがあるのではないか。

文脈の理解

問(4) 次の傍線の付けてある語句は、どの部分に意味がかかっていくのか、よいと思うのを一つえらびなさい。

(A) 世の中の変化を少しでもよい方向に向かわせるように、わずかでも貢献したいと考える。

ア よい　イ 向かわせる
ウ 貢献したい　エ 考える

(B) 世の中の大きな変化は、おもに、人間の営みによってもたらされているものであるということがいえるだろう。

ア よって
イ もたらされているものである
ウ いうことが　エ いえるだろう

今後の留意点＝評価を指導に生かす

テスト答案を見て　(四九・五)

1 一、問(1) ア
ア×―イ○―ウ○―エ×―オ×―カ○

エに注意。文脈をよく考えずに、ことばだけを見ている人がある。「社会を維持し生活を豊かにしていくために、情報が必要である」と書いているのでしょう。

2 一、問(2) イ
これはよくできました。こういうことは全体に得意のようで、うれしいことです。

3 二、問(1) エ

4 二、問(2)
○「具体的」にどういうことを考えているか」という問に対して、次のようなのは、「具体的」ではありません。
× 将来の見通しを立てている。
× 現在しか考えていない。
× 将来のことを考えながら生活している。
× ゆめをもたない。
どれも、どんなことを、ときき返したいような、具体的なことをいっていない答えです。
具体的に、考えていることといえば
「老後にも困らないように」
ということでしょう。

5 二、問(3)

最も強い表現　イ
最も弱い表現　ウ

強いほうは、ほとんどできましたが、弱いほうに誤りがありました。

文末の表現、文法の本で、しっかり見直しておきなさい。

「かもしれない」などといういい方が弱いと、どうして気づかなかったのでしょう。

6　二、問(4)　A　イ　B　イ

Aのほう、「少しでも貢献したい」というふうに思った人がだいぶありました。そういう人は「貢献したい」のすぐ前に、同じ意味の「わずかでも」があるのに気がつきませんでしたか。

やはり部分の部分を見ていて、文のすじを、よみとろうとしないからではないでしょうか。

7　三

語句がやはり弱くて困ります。今回は、いろいろよくできたのですが、この三のところで、点を失ったようです。

(1)

○　いいかげんなことは言えないという気持ち、大切な人と思い、救う気持ちを持っている。

○　Aさんには、逆(さから)えないような、そんな尊敬の気持ちを持たれていた。

○　下級生あつかいはできない、なんでも一歩ゆずりたいような気持ち。

○　しぜんに敬意がわくように思われていた。

○　なにか、敬語がしぜんに出てくるような気持ちを持たれていた。

○　三年生でも、ごくしぜんに一歩下がって尊敬できると思われていた。

○　こいつはできるぞ、何についても多少考えなくては、という気持ち。

○　尊敬されていて、一歩先の人のように思われていた。

ただ、

×　Aのすばらしいことを知っていた。

×　Aのすばらしいことに注目していた。

というだけでは、足りません。

8　三の(2)

A　滞って　渋滞して

B　あえぎ

5　自己学習力の育成のために

大分県高等学校教育研究会国語部会（99・10・27）

はじめに

丁重なご紹介をいただき、恐縮しております。九州大会に先立ち開かれました、由緒ある会にお招きいただき大変光栄に思います。また八六年に大分で全国大会を開きました時にご協力いただきました会長の中川先生をはじめ富藤先生のお声も久しぶりにお聴きしました。そうした先生方をはじめ、当時、学生として演習に参加していただきました方々のお顔を拝見し、大変懐かしい思いをしております。

与えられた時間「国語科教育の現状と課題」のテーマのもと、自己学習力の育成について申しあげてみたいと思います。資料は四二六ページからです。教育課程の改定は一〇年ごとに時代の要請を受けて行われていますが、今回の改定は特に違った意味があると考えております。この点につきましては高野指導主事からすでにお話しがあったと思われますが、そうした点をまずたどってみたいと思います。

まさに、国家の社会的基盤、インフラの改革の一環として、今回の指導要領の改訂が行われたと言われております。各国におきましても経済のグローバル化に基づきましてカリキュラムが随分変わっていくようでございます。私の経験から申しますと韓国では日本から三年ぐらい遅く、といいますか、三年ぐらい日本の様子を見ていて、その後で指導要領を変えているようでございます。これはシンポジウムに仁川へ参りました、三、四年前にそのことを発見しまして、なかなかいい着想だなと思っておりました。日本でうまくいかなかった所を修正をして、韓国が指導要領を変えているということでございます。ドイツでは、近年、高校のカリキュラムが変わりまして、まだ卒業生がでていませんけれども、創造性（クリエイトのほうですが）をどのようにつけていくかということが中心になってきたようであります。その教育がどのようにおこなわれているか大変興味深いところでありますが、これも詳しく紹介されていくことと思います。そのドイツでは教員の採用から創造性を求めており、どのようなクリエイティブな面をもっているかとか、どうクリエイティブな授業をしているかが求められているようでございます。

それからカナダのマクマスター大学の医学部の話を以前読んだことがありますが、そこでは直接知識を伝授した場合には退職するとのことが宣誓書に書いてあるそうです。知識を教授した場合には退職する、教える先生はダメということになっているとしますと、教育の歴史に学ぶために先達の実践を説いている私などはすぐにやめなければいけなくなるのかなという思いをいたして、その紹介を見ておりました――本来、歴史に学ぶということは、言われていることと同じく、自己の課題を捉え、それを解決していくことですが。――ともあれ学ぶべきは知識ではない、必要なのは自分で発見する能力、自分で問題を解決する能力だというのが方針と聞きました。それに適応する教官がいて、適応する学生でなければ、その医学部は卒業できないそうです。有名なトロント大学では六年間の医学部教育をしていますが、先程のマクマスター大学では三年間で卒業してよろしいということになっているそうです。ここでは、教授は週に二回、一時間ずつの教育しかしない、その時カルテを渡しまして、五人のグループにこれについて調べて来なさい、この患者はどんな病気ですかという課題を与えて、五人の一年生に図書館でいろいろ調べさせるとのことです。例えばこれは糖尿病ではないかと言ってくると、その糖尿病というのはどのようにしてかかるのか、糖の代謝はどのような事になるのかということを聞かれるのです。最初、その五人は糖尿病はどのような身体の組織からどうなっておこるのか、どう処置すればいいのかというのを調べるのに一〇週間（二ヶ月半）かかったそうです。一方で一年間に四〇症例をこなさなければ退学という規則があるそうでして、一例を調べるのに二ヶ月半かかったら、これは退学以外に道がないわけであります。そこで学生は大変な恐怖心を抱きまして分担をすることにする。五人グループですから一人ずつ症例について、あるいは原因対策について分担して調べる、一年間に四〇症例の解決をしなければというので大変だそうです。トロント大学を卒業した医者は大変知識がありまして、今までと同様に全部講義によって知識を得ていく。知識の面ではかなわないのですが、雇う病院長の方はどちらを選ぶかとなると、トロント大学の卒業生を雇うと心配で心配でかなわない。知識はあるけれども自分で対処ができるかどうかの判断ができない、急患が来たときに心配で院長はおちおち寝ていられない、それに対し、マクマスター大学の卒業生は、これは自分の手に負えないという時には宿直の院長を起こして「お願いします。」という。自分の範囲がちゃんとわかっていて対策が立つということを読みました。このような動きを日本ではつまみ食いのようにとり入れて、大学の三年から大学院に入っていいとの試みをしているように思われるのです。

一、教育課程改訂の動向

さて一九〇〇年に国語科が成立しまして、来年でちょうど百年になります。明治五年から数えますと二〇数年が加わりますが、その一三〇年の日本の国語科の歩みをふり返ってみますと、そこで教えられてきたことは、大体内容主義で、教科書を中心にして知識をたくさん与える。その事の応用は各自にまかせる形で進められてきました。現今は経済のグローバル化に基づきまして、それに対処できる人間を求めるということになってきていますので、今までの一〇年毎の指導要領の改訂とは意味合いがちょっと違うのではないかと、私は危機感をもっております。その危機感と申しますのは資料の430ページの上の囲みに記しました調査報告、（新しい指導要領が改訂されます教育課程の元になりましたのは、「教育課程実施状況に関する総合調査」の報告によるのでございますが）におきまして「子どもの生活と子どもの現状」につきまして、ゆとりのない生活、社会性の不足、規範意識の低下、自立の遅れ、体力運動能力の低下傾向などがみられ、「知識を詰め込む授業」になっていると指摘されていることです。戦後日本はこの方向で四〇年進めてきたのです。戦後すぐは、経験学習が行われましたけれども、ほぼ四〇年間こういう教育をやってきたわけですからここに挙げられるのは、当然のことと考えられます。次に「覚えることは得意だが、自ら調べ判断し、自分なりの考えをもち、それを表現する力が育っていない」といわれますと、なるほど私自身二〇数年高等学校の現場に関わり、周りを見ていまして、そう言われてやむを得ない、局外者からの観念論というわけにはいかないなという思いがいたします。それから「一つの正答を求めることはできても多角的なものの考え方が十分ではない」と結論づけられています。今高校生の中には優れた子どももいますし、無関心派と呼ばれる子どもたちもいる。そういう生徒たちを育ててきたのは小中高等学校教育であり、その責任を感じざるを得ないということであります。そこへ社会の変化として国際化、情報化、科学技術の進展、環境問題への関心など、それに対応する人間を育成するのだということが総論として挙げられてきているわけです。総合学習の時間を設ける、早いところでは、来年から高等学校でも試みをなさるそうですが、大体日本人は分析は得意ですけれど、総合はあまり得意ではないと言われてきております。その総合学習の時間をどのように展開して行くかということになりますと、今のままでは、対応する向きはでてまいりません。

国語教育の歴史をたどって考えておりますす中からいくつか申しあげてみたいと思います。あげられた子どもの現状をふまえて新しい教育課程は「生きる力」として三つの要素が中教審から答申されています。「豊かな心」と「生きる力」というふうにあげられていますが、国語科の場合、「生きる力」の中に豊かな心は入ると考えられます。生きて働く言葉の力をつけていくということは「豊かな心」を育成することと別物ではありませんのでこれは含めて考えてよいと思います。資料2のはじめ（429ペ下段の囲み）の「生きる力」のアに「自分で課題を見つけ、自ら学び、自ら考え、主体的に判断し行動し、よりよく問題を解決する資質や能力」が挙げられております。ここにいう自己学習能力は教えて身につくものではありませんから、毎日の授業のなかでどのようにつけていくかが問題になってまいります。イに「自らを律しつつ、他人とともに協調し、他人を思いやる心など豊かな人間性」と挙げられています。それが欠落して教育システムが崩壊してきて、いじめ、不登校、学級崩壊が小学校から言われています。

このように考えてみますと、私たちのやってきた、特に私は戦後の高校教育を受けてきましたので、自分と全く重なっておりまして、高校時代はどうであったか、その後教師生活をしてきて、どのように子どもたちの教育に携わってきたか、自分では懸命にやってきたつもりですが、時代社会の要請とか、こういう変革の時代にどのように処していけばいいのかということを考えさせられます。そのように教育課程の改訂を見てまいりますと、リクルートの江副某が教育課程審議会の委員になったりしまして効率を重視する産業人からいろいろな要望を聞いて教育課程が変わるとも申せますが、局外者からの観念論として見過しえない職業倫理への厳しさというものが求められているのではないか、その意味で今回の改訂は、私どもにとりまして、教職者自覚を促すものがあると考えております。少子化、学校選択の自由、大学は独立法人化という方向になっております。ちょうど有馬文部大臣というのは、そういう独立法人化の方向へもっていくために、うまく東大元総長が利用されたのではないかとさえ思えるくらいの大蔵官僚のやり方で、大変困ったことになっています。国立大学の経済学部や文学部、教育学部という文科系の大学は併合されたり、つぶれるのではないかという危機感があるわけです。私が前に勤めていました鳴門教育大の学生数が七〇人減となりますと、理科系教官三名減、文科二名減とたちどころに減員がくるわけです。失礼な言い方ですが生首は切れませんからやめた人のあとは補充できない形になってきていま す。たまたま文科と理科だけ申しましたがあと芸術・体育学科などがありますから学生数の少ない所は皆教官を減らしていかなければならない。しかも独立法人化ということで部外者が大学を評価する、評価者が来て大学の授業を見て、こんな授業をしたのでは効果があがらないのではないかということになってしまう。効率の面から問題点が指摘される。一時間か二時間の授業を見られて「ここの教育は」と簡単に決められては困ると私は思います。しかし評価者が外から来られるということになりますと、そういう形がとられるということになります。これは国立大学だけのことではなく、やがて各県でもそうなるのではないか、事実、神奈川県では先生が余りまして、高校の先生はもう三年前から県庁に行って役所の仕事をするということです。三年契約で県庁に行って行政の仕事をして帰ってくる。今年帰る最初の人たちがおられるとのことです。私のゼミを終えた人がちょうど指導主事をしておりまして、「頭が痛い。」といっております。三年行政をやった人が現場に帰ってきて、どこの学校へいってもらうか、かわりにまた何十人がそこにいくのであります。大分県の場合はしばらく離れておりますからよくわかりませんが、だんだんと厳しさが出てくるのではないかと考えている所であります。

前置きが長くなりましたが、二一世紀に向けて国語科教育が現在の課題を解決し、成果を確かにしていくためには、どのようなことを考えなければならないのかを手短かに書き記してみました。資料の427ページのはじめの白丸のしるしは確認です。私ども言葉の教育にかかわっているものには、言葉による教育の目的は、高校で申しますと社会的存在としての自己を見つめさせ、国際化時代のアイデンティティの確立ということにあります。どのように確立させていくか、これからの社会に機能する（生きて働く）ことばの力――それには問題解決の資質がいるでしょうし、協同して作業をしていく資質がいる。先程のマクマスター大学のように共同で調べ解決しなければ間にあわない時代が来ている。調べたことを社会生活の中で共有していく資質としての言語能力が必要と考えられている。それから豊かな人間性に資する言語能力が育てられねばなりません。このように考えてきたことが、「生きて働く言葉の力を備えた学習者として自己確立をはからせる」ということになろうかと思います。自己確立をはからせるためには自己確認をしなければならない。どのように自己を確認させているか。毎時間の授業でそれをどう確認させ自己評価させていくかということになりますと、いちだんと工夫がいります。こう考えてきますと、日本人はそもそも主体的な人間として形成される経験をしたことがないのだという声が聞こえてまいります。テスト主義で主体的人間として形成される授業を受けてこなかったのだという人がいます。なるほど全般的に見たとき、一人ひとりの生き方に配意し、主体的に一人ひとりの学習者を形成してきたかといわれると、答えがでにくいところがあります。

歴史的にたどってみますと、資料427ページの上段のア戦後の経験主義にたった国語科指導の時期は、私が高校生活を送った時代でありますが、今から考えますと、学力分析が不足していました。学力を構造的にとらえ、価値ある学習経験を組織的に用意することができていませんでした。たとえば要約をさせるということがありましても、要約力をつけるためには三つの要素がいるのに、その三つの要素は教えないでいて「要約しなさい。」「宿題。」という形が今も見られます。子どもが困っておりました。「どうしたの?」「要約してきなさいと言われたけれど、どのようにしたら要約できるのか?」これは小学校中学校で教えられてくるはずなのですが、身につけてこなかった子どもたちには、高等学校で身につけさせなければならない。そういう学力分析ができておりませんでした。今でもそういう先生が囲りにおられますから、そうした点についてどうするのかということがございます。それが四八年ぐらいからの時期でございました。一九五八年頃から学力低下論が出てまいりました。先生方のよく聞いておられるところでありますが、この学力低下論というのは効率を求める人の間からいつの時代にも出てまいります。部外者からそれが出てまいりますと錦の御旗のように考えられるのでしょう、学力が低下した、手紙ひとつ書けないではないか、人前で話ができない、討論ができない、会議のときに黙っているだけではないか、と言われます。（学校の会議も黙っていて早く終わればいいなと思うときがございます。）そのような面を捉えて学力低下論が出てまいります。結局、次のイに書きましたように、教科書を中心に知識、技能を系統的に身につけさせる方向が復活してまいりました。ちょうど、私の新採用の頃でございます。技能主義としましたが、私は、技能主義が悪いとは思っておりません。内容がないところに技能は身につかないのですから。今日の授業を拝見しておりましても、内容があって、技能が身につくといえます。技能主義は悪いのではないのですけれども、一方的に技能主義といわれましたのは系統的の名のもとに知識を身につけさせようとする。そうしますと先程のトロント大学のように知識は頭につめられますが、それを応用するための力をもっている学習者と、もっていない学習者がいるということを忘れることになりがちです。そこのところをよく考えていなかったという面がこの四〇年間の反省として出てきていると思います。そのうえに「聞く話すこと」の重要性の自覚が欠落していた。これは欠落していたのではなくて先生方は皆十分ご承知なのですが、それに割く時間がなくなってきたと善意に解釈をします。そのためにペーパーテストを中心とする測定可能な学力に目が注がれていった。要約の仕方を教える先生はいる。しかし、それは、入試対策であって、本当に自分で生きた言葉の力として必要なときに文書を要約して報告をし、会議で発言し、会議の中で新しい考えを生み出していくという方向になっていかなかったと考えられます。したがって話しあい、書くことによって問題を発見したり、対話や討議によって課題を解決したりする実践が非常に少なくなってまいりました。これは入試の傾向としてやむを得ませんが、しかし、話し合いへの配慮が欠け過ぎたのではないか。今回の指導要領、教育課程の改訂は指導重視から学習重視へと、何度もお聞きになっている通りです。しかし、これもずっと言われてきたことではなかったでしょうか。ただ主たる教材の教科書中心にということになってきておりました。今回、学習重視へということになりました。生きた言葉の力は具体的な活動の場において身につくというのはまちがいないことです。今日は故事成語をとりあげておられましたが、それを学ぶことによってどのような事を考えるのか、生活と結び付けてみると、例えば六年生が「巧言令色鮮し仁」ということを教わった時、「うちの隣のオバさんと一緒だ」といった話（笑い）を私は青木幹男先生から聞きました。この先生は、六年生の卒業前に論語を児童と一緒に読まれた。それは口でいえるように暗記するぐらいに何度も何度も一緒に読まれた。武者小路の「論語私観」をテキストにされたようです。「巧言令色鮮し仁」を学んだら、隣のオバさんと一緒だという子どもがいたというのは冗談にしてもできすぎているくらいの話でありますが、生活と結びついた学習がおこなわれていませんと知識があってもそれを転換する力がない学習者が多いといえます。子どもたちの中で特に国語の好きでない子ども達にはそういう傾向が見られるのです。話しかたはこうするのですよということは先生方は皆教えておられるのですが、中学校でもそれが応用できる子どもはクラスに五人ぐらいと昔から言われております。人前で話す時は構想を立て、声に留意し聴衆にこういう配慮をしてとか、あるいは人の話には同感の意を示すようにする、そのような事は知識では知っていても、実際にはなかなかできていません。身についていない。それゆえに「生活的に身につける」ということは「言葉の教育の基本」として間違ってはいなかった。戦後の教育の基本は間違っていなかったと思うのであります。今話し合いの中で、話を聞いている時にあいづちを打ったり、そうそうと相手の話を誘うということが日本人にはなかなかできない。そのように考えてみますと、言葉の力というものは具体的な活動の場において身につくことがはっきりしてくると思います。こうした考えは言語活動主義として、大先達の西尾実先生が、昭和一二年に提唱なさったことであります。しかし、教室でなかなか行なわれてこなかった。優れた理論がありましても実践に移されてこなかったわけです。今回の指導要領では自ら学び自ら考える力を育成するとなっております。その肝心な所は「目標をどうたてるか」ということになってこようかと考えます。先程申しましたように、内容のないところに技能・態度は育ちませんから、内容はいつも必要なわけです。教科書であったり、補助教材であったり、その内容に即してどのように考える力をつけたり、あるいは自己学習の態度を身につけるための活動を設定するか、これからの課題になってこようかと考えます。

次に国語科授業の営みを資料によって考えてみます。下の段の１「個々の学習者の実態から出発する」。これはもう先生方はお聞きになってきたことでありますが、その学習者把握がどのようになされ、身につけさせる学力を措定することが、特に高等学校ではむずかしいということになります。どのような目標で、どういう学力を高校生の身につけていくのか、国際化の問題であったり、環境問題にしましても、時の話題をどのような視点からどういう資料なり、評論文や説明文を媒材として、話題に対応できる学習者に育てていくか、それがこれからの総合学習で考えなければならないことになります。その次の行に書きました学習者が抱いている、また指導者によって喚起された、（この事が大事なことでありますが、学習者に興味関心を持たせるのが指導者でありますから）関心、意欲が学習の基底になります、その学習の基底をまず、どのように作り上げるか。そして「学習の結果身につけた態度」が次の学習への発動的な学習態度を生んでいく、これが関心、意欲、態度と平成四年から言われていることであります。この関心、意欲、態度と三つをいっしょにしまして、関心意欲態度を伸ばすのだとか、図るのだとかいう話題が当時から盛んになりました。けれど、関心、意欲が学習力の基底になり、そして学習の結果身につけた態度が次の学習に取り組ませる、という学習の組織化が考えられねばなりません。

427ページの終りの白丸印のところですが今回求められている〔学習者の「生きる力」は、「自ら学び考える力」「生きて働く言葉の力」〕というふうに国語科では置き換えて考えたいと思います。「生きて働く言葉の力」と受け止めましたときに、先程の「自ら学び、考える力」は自己学習力をどのように育てていくかにつながっていくと考えます。高等学校の教科目標はそこにかかげましたような形で示されております。「国語を適切に表現し、的確に理解する能力を育成し、伝え合う力を高める」と。以下並列に並んでいますが、その「伝え合う力」というのはどの辞書にもございません。だいたい「伝える」ということと「合う」ということは合わない言葉だとわたしは考えております。ある雑誌に書いた事がございますが、「伝える」というのは「古今伝授」のようにある内容を、あるまとまりを伝えることで、「合う」というのは、お互い同志の関係に使います。その中身は何か。中身は育てないでおいて、育てないわけではありませんが、育っていないのに伝え合う力だということがスローガンになりますと、困ったことになるのではないか、形式的な学習の場になってしまいはしないか、という気がいたします。先週も上越の方へ行きまして、実践報告をお聞きしておりますと「伝え合う力」としてディベートをやっております。年間何回も実施しているとのことです。そこでのディベートの対象は文学作品でありました。最もディベートに向かない文学作品、「文学、このよきもの」をディベートで、ここの心情はああだこうだと言っている。その必要はどこにあるのかと思う発表がございました。「伝え合う」ということがはじまりますと、そういう表面的な活動が流行したりする。形式的な受け止め方をしています。極論を出しましたけれども「伝え合う力」を高めるという言葉は「国語を適切に表現する」ということができればついてくるのです。しかし、「要領」では並列されている。それから「思考力を伸ばし心情を豊かにする」とあります。言葉が使われる場において思考力が伸び、心情が豊かになっていくと考えられますのに。言葉はその機能として思考力を伴っております。思考力、認識力を伴っております。学習の場での工夫によって、心情が豊かに育ったり、判断力がついたりしていくのですが厳密さに欠けて並列され、そのうえ「言語感覚を磨き」と並べられております。どのようにして言語感覚を磨くのか、それが示されておりません。以下同じことなのです。昨日たまたま会の資料をいただきまして、大会テーマである「生きる力」「豊かな力」の育成はいかにすれば可能かという題がついております。なるほど日本の指導要領が指導要領としての役目を果たしていないために、この苦しいテーマ（笑い）に出ていると、失礼な言い方ですが思いました。指導要領というのはコース・オブ・スタディの訳語なのですから、スタディのコースですから「生きる力」はこのようにしてつける。「豊かな心」の育成はどのようにすることですと説明されていなければいけないのです。日本の指導要領は第六回目まで変わってきませんでこのようになっております。私はこれはコース・オブ・スタディでない、教科書をしばる独特の要領である、と以前から言ってきました。指導主事をしながら毎回文部省の人に向かって要約力をつけるとすれば要約力の要素三つをちゃんとあげてこのように要約力をつけると示さなければ指導要領らしくはないではないかということを言ってきたのですが、それは現場の先生におまかせなのだというのがいつも文部省の返答であります。

ちょっと脱線をしましたが（428ぺ上）に書きましたように、羅列的で中心がどこにあるのか、学力の構造はどのようにとらえられているのかはっきりしません。今、要約力で申しますと、再構成する力がありませんと要約力はつきません。四百字でしたらどの程度かを考え、終わりの方に結論を持っていってよろしいですね。二百字だったら再構成してはじめに結論を言わなければ字数から言って成り立ちません。そのことが小・中の指導要領になければいけないわけです。しかも今回「再構成する力」というのが省かれてしまいました。この夏にも小学校担当の教科調査官に「再構成する力をなくしてしまったら要約力を身につけることができないのではないですか」と言ったら、「今度は沈めました」と言って逃げられました。これは個人的に話をしていて責めたわけではございませんが、そのようなことがありました。①正確に読めて、②段落ごとの要点がきちんとつかめて、③それを再構成する。この三つの要素が要約力には要るのでありますが、小学校の六年生に再構成する力の項が今まではありましたが、なくなっています。そうするとどこでどのようにして要約力をつけるのか、それは中学校でつけるのか、そこでつけてもらわなかった子どもは、高等学校でつけなければならない。そう考えさせられてしまいます。昭和五五年の指導要領は小学校の場合はかなり良くできていて、学力の構造の観点が前面にはでていませんけれど、力としてはよく押さえられていました。つけるべき力に関しては要素的な力がよく押さえられていました。今回は指導要領が簡略になって、そうした面が抜けています。そうしますと、先生方が自分で工夫をして、学級の子どもたちには、学力の高い学習者もいますし、まだまだ力を付けてもらってない学習者もいます。その力の付いていない学習者にどのように力を付けていくかということに関しては指導要領に頼れないわけです。私は「指導要領を超えて」ということをよく言ってまいりました。広島県の指導主事をしておりましたときに、友達が「お前、指導要領の説明をしながら指導要領を超えてなんて言っていいのか」と忠告してくれました。私は「いいんだ。指導要領がコース・オブ・スタディになっていないから、こういうことを強調する必要がある」と答えておりましたけれど、指導要領を超えて学習力・学力を考えていくことが国語科の場合に必要になって参ります。

例えば言語感覚、言い換えますと「言葉の生命を感じ取る力」をどのように磨いていくかということになります。私は新任の頃でございますが、「今日の四限目の自習の時間うるさかった」と学級日誌に書いてきた学習者がいました。「ちょっとちょっと、今日の四限目うるさかったと書いているが、君は何か言ったの。静かにしようとか言った?」「いや何も言いません。」それじゃあ、この書き方はちょっと冷たいのではない?」学級の記録にそういう書き方は冷たすぎるのではないかと言ったことがあります。他に言葉がない?」と言いますと、「さあ」と考えまして「やかましい。」「そうね。やかましいも同じ系統だね。主情的。ほかにはない?」「騒がしかった。」「うん、それは客観的にとらえられていることばだね。」といったことがあります。さらにない?と言いましたら「騒々しかった。」「ああ、それも客観的にとらえられているからいい。」と。それらに対して「やかましい。」とか「うるさい。」というのをクラスの日記に書き付けるというのは傍観者の非難ではないのではないか、と言ったことがあります。そこでとくに言語感覚を磨こうとか伸ばそうと考えたわけではございませんが、人間としてその場でどんな表現をするか気づかせたかったのです。学習者は教わらなければ気がつかないのですから、対話によって気付かせてまいります。それが「豊かな心」とつながっていると考えます。言葉が違うということは意味が違う。どんなときにどんな言葉を使うかということは、やはり日常の生活場面でそのことに気付かせていく。又、教える。そういうことをしなければ、国語科としては、役目を果たすことができません。時間数が減ってまいります中で、どのように力をつけていくか更に工夫がいるところだと考えさせられております。

資料一枚目の終わりの方（428ぺ上）になります。そのように考えてまいりますと、指導者の授業構想力、あるいは日常の言語生活が問われているということになろうかと思います。文部省は創意工夫、特色のある教育をやってくださいといいますけれども、なかなか簡単にはいきません。そのためには学ぶプロセスが生涯学習時代の自己学習力につながっていくように、授業構想がなされなければならないと考えます。そのことが減ってしまった授業時間の中で、どのように国語力を、生きた言葉の力をつけることができるかの課題に応えることになるかと考えます。マクマスター大学で行われますような教育にもついていける学習者を育てなければなりませんし、ドイツの高等教育のようにクリエイティブな教育を、この授業はどのようにクリエイティブな授業であったかが問われる時代になってきたと思うのであります。その後にあげましたように五日制で時間数が減り、高等学校では総合国語と選択科目ということになってまいりますけれども、当然内容を厳選するということになってまいります。内容を厳選したうえ、教科書に頼っておりますと全体性、画一性が勝ちすぎて画一主義、単数的思考になってしまう。そういう矛盾が一方ではございますので、ここでどのように発動的な学習態度を生む学習を組織していくかということが求められてきます。そう考えてまいりますと430ページ下の段を見ていただきたいのでありますが、課題として三つのことがあげられます。その三つ目、指導者自らが、話を聞いて、又読んで啓発され、課題を解決していく方法そのものを授業の構想の中へ持ち込んでいく必要がある。即効性とか効率を求める社会ではありますけれど、自身がどのように啓発され課題を解決していくかという問題を取り上げていかなければならないのではないか、さらにもう一つ書きましたように、学習者の持つべきものに関心を持たせ（すなわち言語文化への関心でありますとか、国際性の問題もございます）そういう持つべきものへの関心を持たせ、意欲を喚起し、学習に取り組ませ、成就感を持たせ、これからの自己の課題を確認させていく。こうした授業のもとには子どもを見つめ、子どもをとらえることが必要になってまいります。それは指導者から申しますと、見てとらえるときもありますし、手堅いのはちょっと書きつけさせること。でないと一人ひとりの子どもはとらえられないということになると考えます。そうした学習としては、今日初めて小川国男の小説を読んだ、読む前と比べて、人の心についてどんなことを感じたか、あるいは学んだか、ということが一言いるのではないか、失礼な授業批判になりますが、そんなことを積み重ねていくことによって新しいものが生まれてくる。成就感をもったり、自分の課題であったり、何も感じなかったというのも当然ありましょう。何も感じなかったということであれば、また別の補助教材を準備して、この作品はどうかな、この作品はどうかなと作品を増やしていくことになると思います。私は広島県の高等学校におりました頃、過疎地の学校におりまして、かなり有名な大学にはいる三人ほどの生徒がいる、あと数学〇点、理科〇点で入ってくる生徒もくる。同じクラスにそういう子どもたちがいる場合、教科書では授業が成り立ちません。教材を数多く準備する以外にすべがありません。大村はま先生のように四〇数通りの教材を準備する力は私にはありませんから、そこで（せいぜい）八種類の教材を準備してまいります。目標が同じであればよろしいのですから、「自己をみつめる」のが目標の、手塚富雄さんの「自己について」という文章がある。その文章の読める子どもはこの手引きで学習をしなさい、どれを選んでもいい。プリントのどれでもよろしいと。そうすると子どもたちは手引きを見て、どれが答えやすいかというので選ぶようです。私はその時初めて知ったことですけれども、生徒は全部を読む、八つの教材をみな読む。そして答えやすいのはどれかということで選ぶようです。そこで選んだ教材によって、八つのグループができました。そのグループの所へ行って助言をします。そして皆の前で発表する、全員が教材を読んでしまっておりますので、あのグループはあの教材についてこんな事を考えた、いわんとするところはこういうことで、考えさせられたことはこういうこと、というのを発表させるようにし向けていきます。そうしますと数学〇点、理科〇点で入ってきておりまして、国語だけができるという子はまずいませんのに、そういう生徒たちも、やはりそこで活動ができるということになってきます。社会や数学や英語の先生が「どうしてあのクラスで静かに授業ができるのか」。「力に合う教材があれば学習者たちは皆勉強するのですよ」と私は言っておりました。「見に行っていいか」「どうぞ見に来てください」ということになって参観者が増えていきました。

教材をそのように複数、七・八種類用意しますと、生徒は自分で選んで学習することができます。
428ページの上の段をご覧ください。

3、〔国語学力の構造的把握〕ということには、後ほど触れさせていただきます。下の白丸の印「教室における一時間一時間の授業が『国語科の学力構造』のどこに位置付いているのか、絶えず確認をしていかないと独りよがりになる」につきまして、学習者は入試に向いた力であるとか、就職試験に向いた力を求めます。そして、魔法のように上達する方法を求めてきます。しかしそんな方法はありません。毎日毎日の国語の時間で身につけさせていく以外ないわけでありますから、多様な学習者に対しましてつけるべき学力の目標をはっきり確認しながら多様な方法がいるということになってまいります。

次の白丸の「国語学力を獲得させていく過程で、思考力、ことばによる現実認識力を養っていくように学習活動を構想していく」につきましては、これから教育内容の創造とともに求められてくると考えます。今までのように、暗記力中心のテスト、試験といいますと学習したことの中から出されています。私は新卒の頃からそういうテストをしたことがございません。学習をしたその通りの試験をするのであれば再生的思考力（暗記力）を調べるだけですから、暗記力の強い生徒が、あるいはそこに少し時間をかけた人がいい点を取る。努力は認められますけれども。それよりも学習したことをふまえて、こういう文章を読みとるということをしませんと、読むとの力になっていかないのではないでしょうか。私の一年上の学年は（呉の高等学校にいる時のことです）試験をすれば勉強をするから試験をしようという。そこで一〇人の担任が度々試験をするという学年経営をやっておりました。私共の学年は、試験は結果ですから、その時間にもっと学習をさせた方がいいという考え方です。校長は機嫌が悪いのです。試験をした方が学習をしてくるのではないかと考えていましたので。強制をするのは、学習習慣をつける面もございますが、やはり本質的には違っているのではないか、自己学習の意欲にはならないのではないかと私共は、考えておりました。で、結果は同じでございました。上の学年も、次の学年も。もちろん大学が違うのでそれぞれ違うということになりますけれど、国立の一期校、二期校合わせて三五〇人ほど入りましたが、それは試験で追い立てた学年も、そうでない自主的学習に目を向けさせた学年と、結果は数の上では変りませんでした。となりますとその後が考えさせられるのであります。一人ひとりの将来を見守りたい。

白丸の三つめでありますが、自己評価力を育てる、日頃の学習活動の中で「手を引くこと」によって、自己評価力を育てていくということがこれからは特に大事になると考えております。学習の記録に今日の収穫、新しい作品を読んだ、この作品を読まなかったときと比べてどういうことを考えさせられたか、一言書く、ザラ紙を切っていってそれに書かせて集めることから始めるのでありますが、だんだんと生徒たちは慣れてきます。そうなりますと「そのことをちょっとノートに書きなさい」というようにノートを豊かにしていく。そこへもう一つ、自己の課題を「こういう作品は自分には興味がもてなかった」と。それはそれでよろしい。しかし、例えば短歌の作品がございますが、教科書には八首とか一二首しか出ておりません。それを五〇首位持っていきますとその中には、「あ、これはいい」と、子どもたちにぴたっとくるものがあるようでございます。教科書の教材には興味がわかないけれども、何となく惹かれるなあというようなものが出てくるのでございます。そうしますとプリントからそれを切って好きな順番に並べてごらん、好きな理由をちょっと書きなさい、「好きな一首をちょっと皆の前で読んで！」と発表させたり、考えたことを書かせたりしていきますと、自分の成就感や自己の課題がそこに書き付けられることになります。確認をして、次にはこういうのを読もうというように学習者自身が考えていくことになります。

そうした学習記録が二千六十冊鳴門教育大学の「大村はま文庫」に収められています。是非見に来ていただきますと、中学生がどんなふうに学習をし、育っていったかが明らかに出ております。

二、聞くこと・話すことの学習の目標・内容と課題

第一の項目が長くなりましたけれども、現代の課題を考えていきますときに、二つ目（428ぺ下）として、私は聞くこと話すことの学習に対して目の向け方が足りないと考えております。全身を傾けて聴くと書きましたけれど、聞くことが全ての学力の基礎であることは先生方がよくよく御存知のことでございます。クラブ活動をやっていて、運動部でなかなかの活躍しているのに、割合よくやるなあという学習者は必ずよく聞いています。教室でよく耳を澄まして聴いているからであります。そういう学習の仕方というものは私共分かっているわけでございますから準備したよい話を聞かせる、全身を傾けて聴く機会が増えてきますと、他のことをボーっと考えていることはなくなってくる。準備したよい話を度々聞かせることによって聴く力が育つ、頭が明晰になる。今は小学校以来聴く力を育てられてこなかった子どもたちが多いと思われます。聴くことが学力の基本であると考えま

すと、準備をした先生の話の中に、読書でありますとか、学習の意欲を喚起する話が一回に一分半ほどあればいいと考えます。私はやはり駆け出しの頃から、月曜日にホームルームに行きますと、昨日こんな本を読んでね、（昨日読んだわけではございません、本当はもっと以前に読んだり、学生時代に読んだりした本ですが）大変興味をそそられた。ちょっとさわりの部分を読んでみようかと話しまして、読みます。すぐ後に「先生貸して。」と必ず二・三人がやってきます。一人に貸しますとその親しい友人が三人は読みます。こうして読むべき本をクラスにはやらせることを試みておりました。高校生の読書離れということを聞きますと、聞かせる話・読ませる話の工夫をすれば読ませうるのにと残念な思いでおります。

1、聞くことの学力面は、テスト・入試のため、読むことの学力重視にひきずられてきましたが、すでに一九五一（昭和26）年の「学習指導要領試案」において、「聞くことの学習の重要さは、読むことの学習の重要さに劣らない」と記されておりました。指導者の話術が、生きた教材でありますから、まず聞かなければ差し支えがある場に学習者をおくように心がけ、おとなの話・時の話題（昨日、今日のニュース、たとえば脳死移植にジャーナリズムはほとんど賛成だけれども、反対意見もあること、コソボやチェチェンの問題、世界の人口が六〇億を越えたが将来の、水・食糧の問題など）を語ることによって、生活的に身につけた聞く力が、生きることばの力となっていくよう配意することが必要だと考えます。

429ページの②の、聞くことの学習の目標としまして、高校生の場合は、「社会生活のさまざまな場に応じた言語生活ができる」があげられています。これからの課題としましては、日常の話しことばの中に人間（自己）の問題や社会の問題を発見したり、自他の課題を解決したりすることができるように育てていくこと、さらに、〈ことばの響きに人の心を識る〉識見の育成がめざされるべきであろうと考えます。

2、学習の内容面での課題としましては、㋐話しことばの発達形態に応じた指導と㋑コミュニケーション技術の訓練が生きて働くことばの力の基底として心がけられねばならないと考えます。つまり討議（話し合い）、討論（ディベート）の基本は、西尾実氏が一九四七年に説かれたように、「対話」にあるのでして、一対一の対話力をどのような場でつけていくかの工夫が計られねばなりません。教室で行なわれているのは、ほとんど「問答」です、小学校・中学校とも基本が身につけられてきていません。生徒から聞いてくる場の工夫が必要です。

もう一つのコミュニケーション技術の方は、高校生なら話し合いはできるだろうといった安易な態度から、討議（話し合い）の基礎能力を身につけさせる場が作られてきませんでしたし、討論（ディベート）に至っては、その基礎力である対話力・問答力・討議力が伸ばされないまま、また一人ひとりの意見が育てられないまま、不適切な論題で、（新聞、評論文などからの）借りものの考えを述べ合っていることが多いように見受けられます。

3、話し合える学習者を育てるのに肝要なことは、真実のことばで話し合うことの大切さであり、話し合うことのねうちを体得させることにあります。そのためには、言いそこなえば笑われたり、率直に言えば損をしたりする雰囲気の中では真実のことばは育たないとの決意でクラスの雰囲気を変えていくこと、高めていくことが必要となります。軽い笑いがうける時代の風潮の中では、なかなかむずかしいことでございますけれど。生きて働くことばの力をつける課題の根底をとりあげてみました。

そのためには、聞くことに関心をもち続けさせ、人間のふれあいを重視した日常的な指導（計画）が必要と申せます。（そのことが、日常的に言語感覚を育てることにもなってまいります。）ことば（ことばの生活）への関心がことばへの自覚を生み、ことばへの識見を高めることになると申しあげてきました。ドイツの哲学者ボルノーの「言語を用いての教育において人間全体を教育している」とのことばは、教育の神髄を道破しているとの思いがいたします。

三、国語科の学力構造――現代の課題を中心に――

二枚目（資料略）に「生きる力として求められる国語学力」を構造的に示してみました。野地潤家先生は、国語科の学力を要素的学力、基礎的学力、総合的学力として示しておられます。今回私は言語生活面を中心に現代の課題に力点をおきまして整理してみたのでございます。一番下に、関心・必要性・意欲をあげております。関心・意欲は、学習者が自分でもつものと考えるむきもありますが、もつべき学習内容への関心や、必要性を自らもつことができる学習者はクラスに数えるくらいしかおりません。これらは指導者によって、喚起されねばならないと申せます。本気になって読もう、話そうといった態度を指導者が作り（「導入」と呼ばれてきました）学習させますと、自己の課題（充実感の一方、この面が足りないとの自覚「自己評価力」）が学習者自身に見えてまいります。それが次の学習への発動的態度を生むのだといえましょう。私は指導者が手をひくことによって自己評価力を育てなければ、自己学習力は育たないと申しております。

関心・必要性・意欲を基底とし、すべての学習活動の場で要素的学力が身につけられていきます。

さらに表にあげました基礎的学力を、学習内容に応じて獲得させて参ります。精読力の中では分析力が今まで目あてにされてきておりますが、今後の社会生活における生きたことばの力としては、洞察力に目が向けられねばなりません。さらに、話表力の四・五にあげました討議力、司会力の重要さも申すまでもございません。一時間一時間の国語科授業のこうしたねらいが、どこに向いているのか確認されていませんと、学習者に、授業の目標を自覚させることができませんし、自己評価力もついてきません。

上の囲みが、総合的学力と認められている学力であります。読書生活力では、とくに学習者任せになっております「適切な書物を選ぶ力」をどのようにつけていくのか、さらに「読むことによって啓発され、みずからの問題をとらえる力」が養われませんと高等学校において「生きて働くことばの力」をつけたことにはならない時代が来ていると考えます。自覚して言語生活を営む力としまして「自己の考えを育て、言うべきときに言うべきことを伝える力」を原点として、「ことばの響きに人の心を覚る力」「聞き、話し、書き、読む生活の中に自他の問題を発見する力」など、たえず自覚して言語生活を営むことを通じ言語感覚を磨くとともに自己の人間性を豊かにしていくことが課題としてあげられます。

国語学力を構造化してとらえ、学力をつけていくプロセスで、学習内容に応じて「情報を収集し処理する力」や「情報を産出し発信していく力」が生活的につけられるように授業が構想されることが必要となってきております。校内・学習上の問題を捉え、発信する、学校学級新聞の製作なども適切です。こうしたねらいが指導者にきちんと位置づいておりませんと、教材を教えただけで、「生活のことば」としての「国語」の力、生きて働くことばの力はついていかないと考えます。

四、総合的な学習単元

一、「外国の人は日本（日本人）をこのように見ている」の場合（プリント三枚目（431ぺ）をごらん下さい。）

大村はま氏のこの単元は、資料選択に工夫をしますと、小学校高学年から高等学校まで学習者の実態に応じ「総合的な学習の時間」の国際化の領域においても、「国語総合」においても取りあげることができ、必ず成果のあげられる実践事例であります。外国の人から、日本及び日本人がどのように見られているかを考えることは、学習者個々人の自己確認となりますし、国際人としてのアイデンティティの確立のため、最も適切な視点になるからであります。資料の面でもこの実践から二五年が経過し、類書も多数出版されてきておりますので「手びき」の観点に導かれて、豊かな読書やそれにもとづく学習が行える単元と申すことができます。

この学習を通じて、つけられていく総合的な国語学力（情報化の力、国際化にかかわる資質などを含め）は、プリント（略）にあげております。傍線をつけました箇所を追ってごらん下さい。対話力、討議力、司会力などの言語生活力を含め、読書生活の基本の力「読んで啓発され、自らの問題をとらえていく力」など、つけられた生きたことばの学習が組織化されて示されております。

この学習の成果を村上徹くんは、学習記録の第二章に記しております。「外国の人の見た日本人の生活・風俗」のうち礼儀について、村上くんは、『日本を知る』や『円出づる国ニッポン』によって考えた成果をまとめております。「日本人の礼儀正しさ」が崩れ、形式化してきているが、「礼儀が何故人間社会に必要なのか、そこから考え直してみる必要がある」「礼儀がお互いの潤滑油として効果がある以上、それが崩れたことには問題がある」と述べております。その他「国民性」について、第三章に、適切・的確な引用をしたうえ、「日本は権威主義的民主主義国家である」（434ぺ）とあるが「これは現代の日本をはっきりと表現している」と論じています。学習の成果と自立を含めた日本人の課題がみごとにまとめられております。

二、プリント四枚目（略）は、注釈や文法学習で終りがちな「徒然草」を教材にした古典教育を古典文芸教育たらしめようと志向した試みであります。古典作品に現れる人間像をとりあげて教材化したとき学習者の関心が高まり、学習の成果があがることは、早くから（私の調査によりますと、明治三〇年代の終りごろから〔二〇世紀にはいって間もない頃から〕坪内逍遙読本などに）認められています。しかも、兼好の興味が人間にあったことは西尾実氏の研究をみても明らかでございます。この意味で「徒然草」における人物の描き方、人間のとらえ方を追求していく学習は、学習者自身に自己を見つめさせ、人間の生き方を考えさせる、この上ない学習となります。それを単元化した例でございます。のちほど、ごらんおき下さい。

（いただきました予定の時間がまいりました。）

五、終わりに

最後に、これからの「生きて働くことばの力、豊かな心」を育てていく課題の基底になることといたしまして、先達、西尾実氏の学習記録についての提言を五枚目（略）にあげております。学習者ひとりひとりに、学習のすべてを記録させる――学習の成果（学習を通じて学んだこと・考えたこと）、学び方、そのプロセスにおける自己の課題・学習中の態度などを（指導者に導かれ、手びきによって）書きとめさせる――ことによって、主体的な学習のしかたを体得させようるとの提案であります。私はこの提案によって高校での実践を行なって参りました。下の後半（略）の囲みの中には大村国語教室における学習記録の実践から私が学びました特色をあげてみました。五枚目うらの書くことの学習の構造ともども、のちほど御覧下さい。

以上、国語科教育の現状をふまえ、二一世紀へ向けての課題である自己学習力の育成について述べさせていただきました。長時間熱心にお聴き下さりありがとうございました。

（於　大分県立杵築高等学校）

〔資料1〕

国語科教育の現状と課題（99・10・27　大分県高国研）

○ことばによる教育の目的　＝社会的存在としての自己をみつめさせ、国際化時代のアイデンティティ及び、これからの社会に機能する（生きて働く）ことばの力を備えた学習者として自己確立をはからせる。
＝〔リテラシィ〕

○国語学力の不易の面（国民としての基礎的な聞き・話し、読み、書く能力）と学力観

・領域が　聞くこと・話すこと、書くこと、読むことと活動面になるのは明確でよい。

・学力観＝時代によって、いろいろな主張がなされる
〔言語観・社会の要請によって規定〕

ア　戦後の経験主義にたった国語指導――学力分析の不足→学力を構造的に捉え、価値ある学習経験を組織的に用意することができなかった。〔↑三七年から生活教育への切り替えが〕

イ　教科書を中心に知識・技能を系統的に身につけさせる（技能主義）――聞く・話すことの重要性の自覚の欠如→ペーパーテストを中心とする測定可能な学力に目が注がれ、話し合い・書くことによって問題を発見したり、対話・討議によって課題を解決したりする実践が少なくなってきていた。〔学力及び経験学習を自覚した教室――系統化は別物でないと〕

ウ　指導→学習重視へ＝ことばの力は具体的な活動の場において身につく（言語活動主義）

・自ら学び・自ら考える力の育成（活動）↕〔目標・内容のないところに技能は育たない〕

1　国語科授業の営み――個々の学習者の実態から出発＝〔学習者把握〕と〔学力の措定〕が必要

・発達段階に即した目標に応じて――授業が構想され――展開――評価　＝態度として身につく。

・学習者が抱いている・また指導者によって喚起された　関心・意欲が学習の基底となり、学習の結果身につけた態度が次の学習への発動的学習態度を生んでいく。

○今回　求められているもの〔学習者の「生きる

力」＝「自ら学び考える力」＝「自己学習力」〕

教科目標　「国語を適切に表現し的確に理解する能力を育成し、伝え合う力を高めるとともに、思考力を伸ばし心情を豊かにし、言語感覚を磨き、言語文化に対する関心を深め、国語を尊重してその向上を図る態度を育てる。」（羅列的・中心は？・学力の構造？）

〔ことばの機能＝思考力・認識力を伴っている。〕〔言語感覚＝ことばの生命を感じとる力〕
＝ことばへの識見

2　〔授業構想力が問われている〕創意工夫・特色ある教育の名において

・学ぶ過程が、生涯学習時代の「自己学習力」につながっていくように。

〔発動的学習態度を生む　発展的な学習活動をたえず計画していく〕
＝総合的な学習　情報化の教育
がいわれる。

・内容の厳選

〔全体性・画一性がかちすぎると――画一主義、単数的思考になる。また、学習者個々の悩み・つまずきが軽く扱われやすい。〕

3　〔国語学力の構造的把握〕
（学力＝学習する能力　と考える立場に立つ）

・要素的学力　・基礎的学力
・総合的学力＝（自己学習力）〔次表プリント〕

○　教室における一時間一時間の授業が、「国語科の学力構造」のどこに位置づいているのかたえず確認をしていかないとひとりよがりになる。

○　国語学力を獲得させていく過程で、思考力・ことばによる現実認識力を養っていくように学習活動を構想していく。

○　自己評価力を育てる　日ごろの学習活動のなかで――「てをひくこと」によって。
学習記録に　収穫・成就感・自己の課題が書き記されていくように指導していく。
＝（生涯にわたる自己学習力の基底）

聞くこと・話すことの学習の目標・内容とその課題

○　全身を傾けて聴く――すべての学力の基礎
○　話すことの力――話すべき中身（内容）を育てる
〔聴く＝主体的活動〕← S二六年「試案」
〔読むことの学習の重要さに劣らない〕
○　教師の話術――生きた教材＝生活的に身につけたものが本当のことばの力になっていく。

Ⅲ

1　学習の目標

①　話しことばの特性（一回性　直接性）、形態（対話……）に応じて言語生活の向上をはかる

②　社会生活のさまざまの場に応じた言語生活ができる。→ことばの響きに人の心を識る

③　聞き・話す生活を通じて、問題を発見したり、自他の課題を解決したりすることができる

2　学習の内容――発達形態に応じた話しことばの指導とコミュニケーション技術の訓練＝課題

A　対話・問答〔基本――特殊〕
　会話・討議（話し合い）
　公話・討論（ディベート）
〔意見が育てられていること〕

B　①　討議のしかたを指導する（台本を作って）
②　討議の指導（司会は指導者）　身をもって示す
③　討論（ディベート）の指導〔対話力問答力?・〕
〔論題は？　意見――借りものでないか〕

3　話し合える学習者を育てる――話し合うことのねうちを体得させることがなければ……

・聞くことに関心をもち続けさせる日常的な指導（指導計画が重要）＝言語感覚の基盤

・話し言葉に眼（マナコ）を拓く――話すのはわけもないことという心を払拭する〔しゃべると話す〕
あいさつ、音読・朗読が基本→〔耳を養う〕←自己のことばを自分の耳で聞く

○ことば（ことばの生活）への興味・関心→ことば自覚→ことばへの識見＝＝言語感覚育成

○「言葉を用いての教育において、人間全体を教育している」（ボルノー『言語と教育』）

〔資料　2〕

○　「生きる力」（要旨）

ア自分で課題を見つけ、自ら学び、自ら考え、主体的に判断し行動し、よりよく問題を解決する資質や能力。

イ自ら律しつつ、他人とともに協調し、他人を思いやる心や感動する心など豊かな人間性。

ウたくましく生きるための健康や体力。（中教審答申）

○　豊かな人間性〔時代を超えて変わらない価値あるもの〕を身につけさせていく。
正義感や公正さを重んじる心、自らを律しつつ、他人と協調し、他人を思いやる心、人権を尊重

する心、自然を愛する心などの豊かな人間性に培うこと　（中教審答申）

・〔子どもの生活と子どもの現状〕

（教育課程実施状況に関する総合的調査）

ゆとりのない生活、社会性の不足、規範意識の低下、自立の遅れ、体力・運動能力の低下傾向

「知識を詰め込む授業になっている――内容を十分理解できない子どもが少なくない。覚えることは得意だが、自ら調べ判断し、自分なりの考えをもちそれを表現する力が育っていない。一つの正答を求めることはできても多角的なものの見方や考え方が十分ではない。」

・〔社会の変化――国際化、情報化、科学技術の進展、環境問題への関心事――に対応し得る人間の育成〕

○教育は学校教育のみで完結するのではなく、学校教育では生涯学習の基礎となる力を育成するとの考えに立つ。

○課題――目標と評価のあり方

・自ら学ぶ意欲、課題発見力、思考力・判断力（情報処理力）、表現力（情報産出力）、人間認識力、批判力　〔言語生活への識見＝言語感覚の錬磨〕等の育成・錬磨を通じて自己を確立させる。

・知識・技能を教授する授業から、自ら調べ判断し、自分なりの考えをもち、それを自分のことばで表現することができる学習者を育成する方向へと変えていく。

・指導者自らが　話を聞き・読んで　啓発され課題を解決していく方法そのもの。

＝学習者のもつべきものに関心をもたせ、意欲を喚起し、学習に取り組ませ（過程重視）、成就感をもたせ、これからの自己の課題を確認させ、次の学習への態度（発動的態度になるはず）を確立する。

〔活動重視＝発達段階に応じた　目標――授業構想――展開――自己評価〕

〔生きる力＝自己学習力←自己評価力〕

単元　外国の人は日本（日本人）をこのように見ている（昭和四九年、石川台中学二年）

村上　徹

〔学習記録〕

まえがき

個人の場合において、自分自身を全部知っていると信じ、「自分のことは自分がいちばんよく知っている。」などとよく口走る人があるが、一般には、自分の半分しか知っていないといわれている。そして、その友人が本人の知らない部分も含めて三分の一を知っているなどといわれている。

国の場合もこれと同様なことがいえる。すなわち、自国を知っているのは日本人ばかりではないのである。我々が日本、日本人を深く理解するためには、個人の場合「友」に相当する外国の人に、そのことについて語ってもらわねばならない。そして、そのようにして日本を深く理解したときこそ、国の成長というものが実現するのである。

しかし、だからといって、外国の人の言ったことを鵜呑みにする必要はない。また、いちいち気にする必要もない。ただ、外国の人が日本、日本人をどう見ているかさえ知っておけばよいのである。そのことは、決して不要なことではないばかりか、自身のことを過信しないためにも必要なことではないか。

第二章

〔礼儀〕

資料	「外国の人は、日本の生活・風俗についてこのように見ている」 一、○日本人の礼儀正しさは驚くばかりである。 ○日本人の礼儀は形式的なものである。
私見	たとえば、「日本を知る」の中に「外国人に対する無作法は認められない。」「大変礼儀正しくつつましく、敬意、親切さを持ち合わせている」等が、「円出づる国ニッポン」では、「愛嬌がよい、親切、行儀正しい……」「日本の礼儀深さは、皮膚ほどの厚さしかないといわれているのはまちがいで、伝統的なものである」等の記述が見いだされる。 日本人の礼儀正しさは、江戸時代のころ、たいへんよくほめられているが、しだいにそれが

形式的なものにすぎないと理解されてゆく。江戸時代の封建性ゆえに、礼儀正しさは強要されていた明治維新で封建制がくずれると同時に礼儀も崩れてきた。人間は中みが問題であるのは事実にちがいないが、礼儀がお互いの交わりの潤滑油として効果がある以上、それが崩れたことには問題がある。

〔資料活用〕

この問題については、「ニッポン日記」「日本遠征記」等を見るのがよさそうである。

〔全体の考え〕

ところで日本の礼儀は、江戸時代のしめつけから明治への急変により大きく変わり、礼儀は崩れた。今日の日本人の礼儀は、知っている者同士と、必要にせまられその人と話さねばならない会議などのときの二とおりが残っているだけである。公の場、公園などでの日本人の態度は、しばしば話題になるほどひどい。また、礼儀はほんとうに形式化してきている。礼儀正しさが何故人間社会に必要なのか、そこから考え直してみる必要がある。

〔料理〕

二、日本の料理は芸術品である。

資料

「円出づる国ニッポン」の中に、「日本料理は舌だけでなく、目をも楽しませるべく作られる」「サシミ、スシのおいしさにおどろき」等の記述がある。

私見

日本料理について悪いとする書物はほとんどない。私はいつも油こい物をたべている外国人になぜさっぱりした日本料理が口に合うのか、ふしぎでならない。これは外国人が日本料理を珍しかったということで、口には合わなかったのかもしれない。いずれにしても、日本料理は私たちがみても美しい。これは日本人が外国人よりずっと繊細な感覚をもっているからに相違ない。

〔資料活用〕

これについては、「ベルツの日記」等を読むのがよいであろう。

〔全体の考え〕

日本料理は日本人ばかりでなく、外国人にまで好まれた。これは、たいへん意味のあることだ。また、その料理が芸術品のようにまで見えるということは、すばらしいことではないか。

〔その他〕

三、その他、日本の生活、風俗に関すること。

○服は中国のようなけばけばしい色はなく地味。
○人力車そのものへのおどろきとそれをみすぼらしく思うこと。
○風呂は原始的な素朴さがある。
○贈り物を年じゅうあげたりする。
○街路や家のこの上もない清潔さに感服。

第三章
〔印象〕　資料
「外国人は日本人の性質についてこのように見ている。」
一、人に接したときに与える印象がよい。
「日本を知る」の中には「愛想がよく、気さく」「諸事つつましやかである」「つつましく、敬意、親切さ、強い意志を持ち合わせている」「平和で満足げなようす」等があり、「円出づる国ニッポン」の中には、「控え目で恥ずかしがり」等の記述がある。

私見
日本人の過去で外国人に与えた印象はきわめてよい。これは前項の礼儀正しさが影響していると思われる。ところで、このように日本をほめている記述の中には、明らかに皮肉と思われるものもあるので、私は手ばなしでは喜べないものを感じた。

資料活用
このことに関するものは、たいていの本なら見いだせるであろう。

〔評価〕
二、日本人への評価はしだいに厳しくなってきた。たとえば、「円出づる国ニッポン」の中には、「日露戦争当時は、小国ニッポンがロシアに勝ったということを、外人たちは喜んでいたが、GNP上昇が進むにつれ、外国人は日本を批判しはじめた」というような内容が見られる。また「日本を知る」の中には、「大胆不敵といえるほど勇気があり、盲目的服従を名誉とする。」「日本の俗物根性は、高価なもの、西洋風の変わった物を次々と求める」などの批判めいたものがふえてくる。他の書籍でも新しくなればなるほどその傾向が強くなる。

考え
このように外国人の日本に対する考えが厳しくなってきた原因は、次の四つが考えられる。

〔その他〕

① 日本人自身が変化したのではなく、外国人に対する立場が変わってきた。昔は師弟の関係であったが、今は対等である。
② 日本人がどんどん変化してきた。
③ 接する人が増して、これまで見られなかったところまで外国人が見るようになった。
④ 日本人の国民性も変わってきたし、外国人との関係、立場も変化した。

このうち、私は①ではないかと考える。日本は今では大国とまでいわれるようになってきている。これでは外国人も日本への見方を変えていくより仕方がないのではないか。その国の国民の性質などというものは、少しずつ変化はしていってもそれは遅々たるものにすぎない。

三、その他、国民性に関する資料

○日本人は私たち（外国人）とさほど違いはないのだが、自分自身を特別な民族だと思っている。
○競争心が強く、常に異彩を放っていたがる。
○あらゆる点で、第一等になることを欲し、称賛を待ち受けている。
○集団グループを作ることにより責任回避をしている。
○残忍性が日本人の本性であり、競争など機会のあるごとに発揮する。
○盲目的な権威（企業）に対する服従は日本においては忠誠という美徳である。（明らかに皮肉と見られる）（「円出づる国ニッポン」から）
○傲慢なくらい愛国心が強い。（「日本を知る」から）

〔閑話[注1]〕

「円出づる国ニッポン」の中に、「日本は権威主義的民主主義国家である」との感想がある。これは現代の日本を、現代の社会のことを、あまりにもはっきりと表現しているのではないか。外国人はこれを皮肉で書いたのであろうか。ぼくには、皮肉ではなく、ただ当然となっているような気さえするのだ。

第四章
〔態度〕

資料

「外国の人は日本人のものの考え方をこのように見ている。」

一、ほめられたときの態度がはっきりしない。

たとえば、これまで述べてきた国民性にもあったが、「諸事つつましやか」などを見れば明らかである。

考え

日本人は嫉妬心が強いので、一人がほめられるとそれをねたんだりする。これを防ぐため人々は公の場、大きな場でほめられると謙遜してそのことを否定しようとさえする。これは外国人にとっては慣れていないことなので、よく理解できなかったのだと思う。私はやはり、ほめられたとき、素直に喜べる外国人をうらやましいと思う。だが、そのようにするために、私は嫉妬心をどうにかする方策の必要性を強く感じる。

あとがき

今、一つの研究が終わって、私は一つの考えをもつ。外国人は日本、日本人をこれほどよく見ているとは思わなかったからだ。我々は果たしてこれほど外国人を見ているだろうか。外国人はこれだけ日本を見ているならば自国に吸収したものもあるはずだ。日本人ももっと外国を見て学ぶべきだろう。ところで立場を変えて考えてみると、日本はこれほど詳しく見られていたということになる。外国の人にこれだけよく見られていても、日本人は自分自身を過信して、外国人から見た日本について聞こうとしなかった。

Ⅳ

1　テストで測れない力の育成を

学校の教育内容・教科書を規定する「学習指導要領」がまた改められる。前回の改訂から今日まで、どのような成果および課題があったのかを検証しないまま、低下した学力を補うために授業時間を増やそうというのである。

今回の騒動のもとになったのは、経済協力開発機構（ＯＥＣＤ）の学力調査で子どもたちの「読解・応用力」の順位が低下したからだという。学力低下の声は、五〇年代にも、六〇年代にも、それ以後も効率・競争力を求める人たちを中心に声高に叫ばれてきた。今回は、「読解・応用力」の不足が嘆かれている。真の「読解力」は、書かれた文章の内容をとらえたうえで、筆者の考えについて読み手が「私はこのように考える」と、自己にひきつけて深め考える能力をさしている。文章の内容を究めていくこのような態度＝学習力の育成をはなれて、授業時間や対策としてのドリルを増やしても、「読解・応用力」は向上しない。

今課題の学力には、テストで測ることのできる力と、測ることのできない力とがある。身近な「ことばの力」を取りあげてみても「話す力」も「書く力」もテストにはなじまない。学力の基本で、社会生活に最も大切な「聞く力」もテストで測ることはできない。民主社会を支えている「話し合う力」は、言うまでもなく「聞く力」によって成り立っている。その意味で、民主社会における教育の重点は、「聞く力」を育てるために、子どもたちを引きつける話、頭脳を明晰にする話し方に置かれていなければならない。

独創的な国語教育を実践した教師・大村はまは、「聞く力」を高め、一人ひとりに即した「手びき」で主体的に自己の考えを育て、「自己の課題」をみつめさせる教室を営んできた。鳴門教育大学図書館の「大村はま文庫」に保存されている二千冊の「学習記録」をひもとくと、中学一年の学習例では、民話「白兎」を取り上げ、①大国主命はどんな人柄か②私たちの祖先はどんな人を理想の人と考えたか③祖先の考えた理想の人と、私の考える理想の人は——と視点を転換させ、「話し合う」ことで考えを深めさせていく。この第三段階を設定することで、学習を知識で終わらせることなく、学力の質が高められていく。二〇世紀の教育の課題を克服してきた大村はまの実践に学ぶことが、いま求められている。

そもそも教育は国家のためにあるのではなく、学習者一人ひとりに社会的存在としての自己を確立させる営みである。国際学力調査の順位にばかり目がいき、文部科学省のいう学習到達度調査（ＰＩＳＡ）の対策のみに走っていては、この国の子どもたちに「真の学力」をつけることも、人格の形成も危うい。生涯にわたって自己を育てながら国際人として生きていく基礎力を養うためには、他と競争させるのではなく、一人ひとりの考えを育て、常に「自己の課題」をみつめさせる教室・場が求められる。それには教職にある人・保護者・社会人、すべての人の自己確立と教育への広い視野が欠かせない。

（朝日新聞「私の視点」08・3・12）

2　大村はま先生と鳴門　I

まず、四月一七日に亡くなった国語教育者大村はま先生のお仕事と鳴門教育大学との御縁について紹介させていただきます。

大村はま先生は、一九二七年（昭和3年）に東京女子大学を卒業して長野県諏訪高等女学校に赴任され、戦後、東京の公立中学校に七三歳一〇ヶ月まで勤められました。その後も二五年間にわたって、著述・講演・テレビ・ラジオを通じ教育界への提言を続けてこられました。

在命中はその名前を存じあげなかった人も、全国の各新聞紙が逝去を報じ、NHKの教育テレビ「心の時代」「わくわく授業」「あすを読む」において、追悼番組が放映されるのを観て、どのような先生だったのかと関心を持たれたようです。

旧制女学校（諏訪高等女学校・府立第八高等女学校）における実践者としての大村はま先生は、昭和の始めから作文・書くことを指導の中核に据えて生徒の思考力と自ら学習する力を育ててこられました。信州での教え子の一人である作家・藤原ていさん（ベストセラーとなった『流れる星は生きている』で有名。作家新田次郎夫人）は、終戦後中国東北部（今の長春）から北朝鮮を経て三人の子どもを連れて歩いて帰ることができたのは、「大村はま先生に教わったお陰」と書いています。［余談になりますが、その時手をひかれて引き揚げて帰った子どもさんの一人が日本を代表する数学者、藤原正彦お茶の水大教授です。」

困難に惑う場に立った時、大村先生に練り鍛えられた思考力・判断力・意志力が働いて行動することができたというのです。そのほか数え子が口々に「大村先生に生き方を教わった」と話しているのは、大村先生の教育が、国語の学力を養いつつ、現代の教育に望まれている「自己学習力」を育てておられたことを示しています。

（05・7・1）

○

大村はま先生は、戦後は進んで新しくできた中学校に移られ、机も椅子も、黒板も教科書もない「教室」で、疎開の荷造りに使われた新聞・雑誌の切り抜きに「手びき」をつけて学習材とし、大村単元学習と呼ばれる工夫を重ねられました。

先生のねらいは、一人ひとりの生徒が、社会を一人で生き抜いていける人間に育てあげることであり、そのためには、優れたことばの使い手でなくてはならぬというところにありました。教科書だけでなく、新聞・雑誌・図書・図表・統計などを取り入れた手作り教材による授業や学級新聞などを作成するプロセスにおいて、社会に出て必要な話し合う力、書く力、読む力を育て、生涯、読書から離れない人に育っていく基礎を養っていかれました。

その独創的な工夫は、教室での四〇人の子どもは束にして見たり、教えたりするものではなく、いつも一人ひとりを見、一人ひとりに即した教育をしなければならないという考えから生みだされてきています。親でさえむずかしい子ども一人ひとりを捉えるために工夫されたのが鳴門教育大学図書館に所蔵されている生徒一人ひとりの「学習の記録」です。普通、学校での「記録・ノート」は忘れてはならないことを書き留める備忘録ですが、大村先生の教室では、毎時間学習した内容のほか、その時、頭をよぎったこと、考えたこと、学習に取り組む心の動きまで書くようになっています。従って、指導者があとでそれを見ると、指名はされなかったがこの生徒がその時こういうことを考え、どのように伸びていったかというように、言葉の力（国語力）を含めた一人ひとりの学習の姿・学習のすべてをとらえることができるのです。この工夫された「学習記録」が常設展示コーナーで公開されています。また、特別資料室での閲覧もできます。

（05・8・1）

○

さる八月一〇日、大村はま先生を偲び、顕彰する会が、横浜市開港記念会館で行なわれた。会場の都合で予約制がとられ、全国から約六〇〇名［鳴門・徳島県から約三〇名］が参加した。元鳴門教育大学長・野地潤家先生の「大村はま先生をしのんで」の講演、元同僚でワシントン大学名誉教授の上山民栄さんの談話「はま先生の素顔」、国語教師を父にもつ栗原小巻さんの朗読『教えるということ』・『日本の教師に伝えたいこと』、ビデオ「大村はま創造の世界」（大空社第六巻）の上映などがあった。

教え子によるパネルトークⅠ「忘れ得ぬ大村教室」においては、わが国で発行された最初の新聞をはじめとして、一〇万点以上の新聞を蒐集し、横浜に誕生した「日本新聞博物館」の創設に寄与した羽島知之さんが、「私の新聞研究の原点は、中学生時代の、大村教室における新聞学習にある」と述べ、民社社会建設のためには新聞による意見・世論の形成が必要と考えておられた大村はま教室からの実践の成果が語られた。

一九三四（昭和9）年に諏訪高等女学校に入学した茅野和さんは病気で休みがちだった私を、大村先生は「勉強はいつでもできるのだから」といたわって下さったこと。女高師卒業後、嫁いだ病院の都合で、大学に再入学して栄養士の資格をとり、患者さん一人ひとりの食事に手紙を添えて病状に即して味付・品種・量・必ず食べてほしい品・残してもよいおかずなどを説明するようにしたところ、患者さんから「茅野病院のラブレター」と喜ばれ、回復も早くなった例をあげて、大村先生の国語教室で教わった「言語生活者としての書くこと」の延長であったと語った。このことについては、生前大村先生も「和ちゃんのラブレター」と呼んで、教室での書く習慣の成果としてたいへん喜んでおられた。

大村先生の国語教室で学んだ人々がことばに目を向け、自己をみつめる態度を確立し、「大村はま先生に生き方を教わった。」と語る姿の原型は鳴門教育大学に遺された二千冊の「学習記録」に如実に現れている。

（05・10・1）

○

（承前）大村はま先生を偲び・顕彰する会に登壇した不破修さんは、「大村先生は、たえずことばを磨く姿勢をもち続けておられ、お話はいつも明晰で、平易で、聞き易いひびきをもっていた。私たちはしぜん日常のことばに目を向け、関心をもつようになった」こと。また「中学生を一人の大人として扱って下さり、叱られるというようなことはなかった。時に注意をなさる時も『そんな子どもっぽいことを言うのではありません』と、たしなめられる程度であった」と語った。

この不破修さんの「学習記録」を見ていくと、大村はま先生の学習者・子どもへの接し方の基本の姿が現れている。鳴門教育大学に遺された「学習記録」の一冊をひもとくと、その学年の二冊目の「あとがき」の終りに、「次の学習記録」の抱負として、「第一に学習記録として役だつものにする。第二にメモを整理して、いつでも活用できるようにする。最後にだれにでも読みやすい文字を書くことです。」と記されている。

この決意（自己評価）について、大村はま先生は赤ペンで次のようにはげましていられる。「この抱負はたいへんいい着眼であると思います。ほんとうの『記録』になっていくでしょう。あなたのノートは、重点を簡単に、急所をはずさず、正確に落ちなく書いてあり、少しもむだのないのが特徴です。書いている分量として、たいへん多いひとがあります。そういうひとにも、もちろんすばらしい記録はありますが、あなたのを見ると『必要にしてじゅうぶん』ということばのとおりであると思うことがあります。字も人に見せるものを書くときと、そうでない時とで区別が見えています。あなたのはそれがたいへんはっきり見えています。いわゆるきたないところもありますが、必要な場合に必要に応じてきちんと書ける点で（評点を）五にしました。」とある。

簡単で短い記録を書いていた学習者・子どもが自己の課題に気づき、それを克服しようと決意した機をのがさず、啐啄同時（そったくどうじ）に励まし、努力の方向を示されたとみるところができる。現在、教育界で模索されている「自己学習力」はこのような手びき（学習者への的確な指導）によって育てられていった。

（05・11・1）

○

鳴門教育大学図書館の大村はま文庫に貴重な学習記録を残した人のその後を追っていくと、文科系のみならず理系・医系に優れた人材が輩出している。大村教室における先生の幅広い講話、一人ひとりを熟知した「手びき」＝「教育」によって、学習者・生徒たちが自己をみつめ、個性に応じた進路を決定していったためと思われる。

そのなかの一人で、目黒第八中学校を一九五一年（昭和26年）に卒業した都築暢之さんは、先生の亡くなる少し前、［〇五年春に］次のように回想している。

『大村はま先生が四〇歳代で教えて下さった当時の目黒八中の生徒たち、私達も七〇歳、古稀に達し、自分なりに生きてきた道を振り返る歳になりました。私自身の道はまことに小さく大村先生とは比べものになりませんが、一番幸せだったことは、大村先生に教えていただいたことだと思っています。

大村先生は人生の全てを国語の教育に注がれてきました。大村先生には豊かな才能から生み出される独創性に富んだ発想があります。それは大村先生の信念と情熱に支えられ、国語教育に最も適した方法として結実しました。大村先生が提唱された方法は国語教育の原点となると同時に、現在に至るまで国語教育に関するさまざまな発想の源になっています。大村先生が現在もなおお仕事を続けられ、それが常に第一線の仕事として評価されていることは驚嘆すべきことです。大村先生が如何に素晴らしい才能と情熱の持ち主であるかが判ります。大村先生は、まず生徒に自分自身の観察・分析から目的に到達することを努力させ、もし行き詰まれば、その場で的確に解決への示唆を与え前進させて下さいました。何がその生徒にとって足りないかをその場で見抜きアドバイスできることは、飛びぬけた才能がないと不可能なことです。

大村先生の「観察と分析」という教えは私達に言葉の持つ力に気付かせると同時に、科学的に物を考えなさいという教えでもあったと思います。私達は中学校時代に、教科書を単に読むだけでは得られない大切なことを教えていただいていたのだと思います。私は大学卒業後から現在までずっと医療に携わっていますが、医師として常に求められていることは、自分が行うどのような医療行為でも、それが治療法として意味があるか否かを考えることです。そのためには物事を観察し分析して考えることが大切で、これは大村先生の教えに通じます。現在、日本人の考え方の科学性が話題になっています。日本人の判断には理屈を超越した感覚の世界が存在するといわれます。それには利点もあるでしょうが、科学という面では欠点になると思います。大村先生は、物の考え方の育成には小さい時からの教育が大切だと見抜かれ、科学的思考法を教えて下さっていたのだと、はるか後になってから気付きました。

大村先生には本質を見通す力とそれを実現させる力があります。物事に情熱を持つ人は数多くいますが、同時に何が最も大切かを的確に見抜ける人は稀です。改めて大村先生の偉大さに敬服しています。今後も末永く私達を導いて下さることを願っております。』

［「大村はま先生の偉大さ」（文集「はまたけ第八号」05・5・29　目黒八中　昭和26年卒業生）］

東京女子大学時代、寮の一室でファーブルの「昆虫記」を読み耽られた大村はま先生は、教職生活の間もみずからの読書生活に位置づけられ、教室でも科学的思考法の訓練を重ねてこられた実態がよくうかがえる。

なお、「私自身の道はまことに小さく……」と書かれているが、都築氏は、埼玉医大の高名な教授であり、定年退官後、現在は富山県の僻地医療に携わっておられる。定年後の選ばれた道もまた、大村はま精神を受け継がれたものと推察され、感嘆を禁じることができない。

（05・12・1）

○

鳴門教育大学図書館に寄贈された「大村はま文庫」の図書資料（約一万五千冊）と、先生の創出された単元学習の事例を観ていくと、学習者に一人の社会人としての言語生活力（話し合う力・コミュニケーション力）を付けることが第一に考えられている。そのことが受験に際しても、現在国際的に話題となっている「論理的思考力」の向上にあたっても根源となることを、先生は早くから見通していられた。

大村はま文庫に数多くの「学習記録」「グループ学習の記録」を残している宇野正威（うの・まさたけ）氏は、先生の亡くなる少し前（〇五・三月）大村教室について次のように記している。

『大村先生の授業を受けたのは半世紀以上前のことであり、その風景を昨日のように思い浮かべるというわけには行きません。しかし、クラス雑誌の編集とか、ある研究テーマ（例えば、「雀は害鳥か」）の資料を読み、自分の考えをまとめる学習など、いくつかのエピソードを想い出します。その特徴は、多くの場面設定の中で、社会的レベルでの、聴き、話し、読み、書くという言語コミュニケーションの基本を学習することであったと思います。

私は、四〇年以上にわたって精神科医として働いております。精神科では、特別な場合を除いては、まずその人の悩みを聞くことから始まります。ところが、知的障害があるわけではないのに、悩みを言葉でなかなか表現できない若い人が以前より増えたように思います。高度経済成長政策に伴う地域社会の崩壊、核家族が一般的になり、しかもその家族さえとかく崩壊しやすいという背景のもと、一部の若い人にとっては言語コミュニケーションを訓練する場が乏しくなったのか、とごく常識的に考えました。

昨年の暮、大村先生をお訪ねしたとき、「かけがえなきこの教室に集う」（白寿記念文集　小学館刊）を頂きました。その中に、勝方信一氏が次のような文章を書いておられました。「ゆとり」と「自発性尊重」の教育路線が定着してゆく中で、『〝指導より支援を〟というスローガンが教育界を席巻していた。教えること自体が悪いことのようにいう風潮があった』というのです。人間の特徴である言語コミュニケーションの基本学習である国語教育が、そのような風潮の中でその教育レベルが低下していたらと恐ろしくなりました。

国語学力調査で日本の順位の低下が明らかにされてから、「ゆとり教育」の見直しが急に教育界の課題になっているようです。しかし、人間の体にたとえれば、症状がでたとき病気はすでに相当に進んでいるのです。先生が、何十年にもわたり、教えることの大切さを訴え続けてきたのは、教育界のそのような風潮に危機感を抱いていたからでしょうか。先生の講演を基にした『教えるということ』（共文社刊）を読みながら、先生の教育に対する熱い思いに感動しました。教師という職業人としての技術、専門職としての実力を持つことの大切さを強調しながら、教えるということはどういうことなのかを熱烈に語っておられます。そして教えることに真剣に取り組まない教師に対する批判の激しさに圧倒されました。

「『研究』をしない教師は、『先生』ではないと思います。」という主張に、先生の七〇年以上およぶ〝教師〟という職業人としての生き方と誇りが凝縮されていると思います。

［「聞き、話し、読み、書くこと」（文集「はまたけ第八号」目黒第八中　昭和26年度卒業生）］

宇野正威氏は、東京都精神医学総合研究所、国立武蔵野病院の副院長を経て、現在、吉岡リハビリテーションクリニック院長で、日本老年精神医学会、日本痴呆学会評議員として活躍していられる。ご自身の長い医学者としての立場から、また、教え子としての経験から、大村はま先生の国語教室の本質と現在の教育の問題点を的確に指摘しておられる。

（06・1・1）

○

今年は、昨年四月に亡くなった大村はま先生の生誕百年目に当っており、各地で記念の研究会が計画されている。鳴門教育大学では、図書館内の大村はま文庫に常設展示コーナーを設け、世界に類例がないと言われる大村先生の仕事が、一般の人にもよくわかるように解説を付し、展示している。

遺筆となり、新聞やＮＨＫテレビが何度も報じた詩文「優劣のかなたに」のほか、陳列ケースには、話し合い学習の教材となった、有名画家の児童画・指人形・ぬいぐるみや、信州時代、諏訪湖が凍るような夜、墨が凍らないよう火鉢の五徳の上にのせて習字の練習を続けられた硯石とか、大村先生の実践に心動かされ何度も書簡を送られた心理学者・波多野完治博士、画家・安野光雅氏の手紙などが展示されている。

教材として、指人形やぬいぐるみなどが用いられた裡には、次のような考えがあった。

大村先生の教室では、学習者に常に関心や興味をもたせ、自発的に学習する意欲を起こさせる工夫がこらされているとともに、将来、いろいろな場で話し合いに参加する民主的な社会人の育成がめざされていた。社会における話し合いの場では、ひとりでも軽くみられる人がいると真の話し合いが成立しないとの思いから、人前での発表は決して失敗させてはならないと考えられていた。さまざまな小道具が求められたのもそのためである。

指人形は人前でものが上手に言えない生徒が発表する時の練習用に使われていたし、「ねこ」を「ぬく」としか言えない生徒が「ぬいぐるみ」を使って、ちょっとした感情をみせて表現することができたと話された。単元「外国の人は日本（日本人）をこのように見ている」の学習では、力の弱い学習者が、「文芸春秋」の文章「青い目の嫁が見た　勝海舟」を担当していたが、発表のときに「あやつり人形」を用いて聴衆の喝采を博し、いつまでも話題になったとのことである。人前での発表に失敗し笑われると、以後、人前で物を言わなくなる子どもの多いことを考えると、発表に際しては、必ず成功するよう手だてを講じ、自信をもたせなければならないことを教えられる。

毎年、三越での児童画展に出かけ、新作の「額の絵」を求められたのも、学習者の話題を豊かにする雰囲気づくりのためであった。

話題が豊かであれば人前で話すのも苦にならぬし、題材があれば作文もどんどん書くことができる。その種（タネ）をもたせる工夫を日ごろからしていられたのであった。

陳列ケースのなかの林義雄の「小鳥の家」の絵からは、とくにいろいろな話題が生まれたとのことである。一度ご覧になってはいかが。

（06・2・1）

3　大村はま先生と鳴門　Ⅱ

（1）一人ひとりを伸すために

現在の学校教育においても、家庭でも「一人ひとりの子どもを伸す」と常に言われる。一人ひとりを伸すためには、まず、一人ひとりの「個性・能力」を捉えなければならない。とくに学校で、すべての学習者を主体的に学習させるためには、一人ひとりをどう捉え、どのように導くかが課題となる。

鳴門教育大学図書館の「大村はま文庫」に寄贈された二千六十冊の学習記録を観ていくと、大村はま先生が「学習記録」を個を捉える拠りどころにしていられたことがうかがえる。

一九六四年四月八日の学習は、自己紹介からはじまっている。大村はま先生は、まず自己紹介の目的を二つ板書されたのち、ご自分で具体例を示される。――生徒が新しい学校・学級でとまどい困ることがないよう、また人まねになったり、マンネリにならぬよう、みずから身をもって範を示されるのが先生の常である――

先生の自己紹介を聞いて、熊内祥子さんは、「○横浜で生まれたから浜とつけた。名まえの思い出。○趣味」と記している。同じクラスの藤永幸一さんは、「横浜で生まれたから浜という。名まえを書くのがむずかしかった思い出。［これは子どもの頃、墨で書く時代に濱という旧字体の偏のサンズイが横に広くなってしまって困られた話をさしている。］オルガンをひくのが好きである。」と記録している。熊内さんは、要点を無駄なく概括的に記録している。これに対して、藤永さんは内容を具体的に生き生きと記している。また、「きょうの感想」の欄には、熊内さんは、「先生の自己紹介がおもしろかった。言うことがはっきりしていて、順序がそろっているので聞きやすい。私も先生のように話してみたい。」藤永さんは、「自己紹介の内容がよくわかった。とくに自己紹介にはどんなことを話したらよいかわかったのでうれしかった。」と書いている。

自己紹介への関心を深め、話の明晰さ、順序・構成に目を配ることの大切さに気づいている熊内さんと、自己にひきつけて学ぶ姿勢を記録している藤永さん。学習記録には、このように個人差がでてくる。ここに見られるのは能力差ではない。能力差は個人差の一部というのが大村はま先生の考え方である。この個人差を捉え、ふたりの豊かな力をどう導くかが指導者の責務である。何の手だても講じないで、漠然と子どもに接しているだけでは、個を捉えることはできない。書きとどめなければ消えてしまう話を、自己にひきつけて考える場を設けて記録させ、そこから一人ひとりを捉える手がかりを得、個性を伸す工夫を重ねる。そうした教育力向上のため「大村はま文庫」に学んでいきたい。（06・9・1）

（2）「学習記録」について

「一人ひとりを伸す」ために、聞いて書き留めた「学習の記録」によって、その子どもの個性・能力を捉える方向は、戦後に始まったのではない。

一九三八（昭和13）年から四年間、東京府立第八高等女学校（旧制）で教わった北目せい子さんは、『大村はま先生に学びて』に次のように記している。

「（前略）国語の授業は実にきびしくまた楽しかった。一分も油断ができない。それこそ真剣勝負の授業だった。授業中やたらに筆記帳（ノート）に書くことは許されなかった。泉のようにわきでる先生のお話を全神経を集中して聞いた。抑揚のある話しぶり、間のとり方まで指導して下さった範読。古文のおもしろさ、現代文の味わいを教えて下さったのも先生だ。ただ教科書の文章を教えるだけでなく、読みとり方（着眼点）、研究の仕方まで触れて下さった。あの当時、読んだ本がどれだけあったか。

授業中に学びとったことをうちに帰ってから国語筆記帳に書くのが、またたいへんなことだった。必ずその日のうちに書かなければならない。学校で頭に入れたことをノートに文字で書く。当然忘れていたこと、わからない箇所がでてくる。調べてわからない時は質問に行った。放課後、職員室でお聞きしたこともあったが、遅くなると先生はたいてい図書室にいらっしゃった。

しかもその国語ノートは、度々提出しなければならなかった。一つの単元が終るごとに出したような気がする。記録することはたいへんな仕事だったが、返していただく時の楽しみは格別だった。必ずどの人にも赤い美しい字で評が書きしるされていた。何箇所にも赤ペンがあったりするとうれしくて何度も読み直した。誤字を直して下さり、考え方を導き、ひとりひとりにそれこそ個人差に応じた指導であった。先生の書かれた字は、ペン字のお手本にもなり練習した人もたくさんいた。この国語ノートは一年で六・七冊になったろうか。卒業後もページを繰って読んだこともあった。

一学級五〇名のしかも何クラスもの生徒のノートを丹念に読まれる苦労は、なみ大抵のことではない。何年も続けて［注―五三年間］やり通されたこと、これは先生の強い意志と何事も徹底してやまない実践力によるものと思う。（略）」

ことばを育てることで心を育て、人（個性）を育ててこられた大村はま先生は、「私の仕事の半分は生徒のもの」とよく話された。ご自身の教育力を向上させるために「学習記録」によって、学習者一人ひとりの考え方・

学び方を常に捉え、導いてこられた。そうした実践の一つをここに見い出す。

（06・10・1）

（3）教え子のことば

「大村はま記念国語教育の会」の第三回大会が、一〇月下旬に先生の初任地・長野県諏訪市で開かれた。徳島からは、鳴門教育大学の元学長・野地潤家先生のほか五名が参加した。

東京女子大学を卒業する時、安井哲学長から「十年間は生徒［と同じ学ぶ人］ですよ。」と送り出され、喜び・躍り上って赴かれた大村はま先生は、「諏訪こそ　わが根」「諏訪高等女学校時代にした人生勉強が、生涯私を支えた」と語っていられる。

大会では、信州教育の先達西尾実先生の国語教育理論とそれを実践に移された大村先生の国語教育の実際、そして大村はま国語教室から何を学び、それをどう生かしていくかといった講演・話し合いがなされ、近来稀な充実した会であった。

圧巻は、当時の教え子の方々の語る、おりおりの大村はま先生の教えであった。当時の大村はま先生の印象や教えをうけ、今に活きていることを語るため、当日、東京などから集まられた教え子は二一名であった。最年長の松木元子さんは、一九三一（昭和6）年に女学校に入学した方で八八歳、最も若い方が八三歳であった。七〇年を経て鮮やかに活き活きと語り続けられる大村先生像に改めて心うたれた。

矢崎のぶさん（八五歳）は、「私は入学後すぐ扁桃腺を病んだ。のち遠足の帰り途、先生を囲んでなごやかな会話のなかで、この学年で最初に休んだ人は――あなたですよ。と笑いをさそわれたこと、又後年、電話でお話をした時――その声は、平かなの〈のぶ〉さんね。と憶えていて下さったことが忘れられない。」と語った。間髪を入れず、「先生はだれ一人もわけ隔てなく可愛がり、接して下さった。」とか、「クラス会での集まりで、私が先生に一番大事にされていると思っていた」と言う人がいた時、「私も」「私も」との声が上り、結局、みんながそのように思っていたのだとの話があった。

教え子の語られる大村はま先生像は、一人ひとりが「私が一番……」と感じていたように大事にされながら、大村先生に「生き方を教わった」という話に収斂していった。『流れる星は生きている』で著名な作家藤原ていさん（新田次郎夫人）が、敗戦後、中国東北部（現長春）から三人の子ども――そのうちの一人が日本を代表する数学者藤原正彦お茶の水大学教授である――を連れ、歩いて日本へ帰ることができたのは、大村はま先生に教わったからだと後年、書いているが、この日、増沢千鶴さんは、「私は提出期日厳守とたびたび注意を受けた。」開拓農家へ嫁し、作業のあいだラジオを持ち歩き大村先生に教わった「ことばへの関心」を家族みんながもつようになったし、後年、大村先生に「蕗味噌」など農作物を送り続けたのも期日厳守の心からだった」と語った。永富篤子さんは、母を亡くした夏、まだ心幼く悲しさを表すことばをもたなかった。その折、先生からの「篤ちゃんの心が慰められますように、神にともなく、仏にともなく祈っております」との手紙を頂き、はじめて悲しい気持ちになった。以後、つらい時・悲しい時は、いつもこの手紙を思い出して耐えることができた、と語った。

一九三六・三七（昭和11・12）年に教わった武川せつさんは、「あなたがたは、女性も社会へ出て人前で話すことがあるだろうから」と人前で話す練習をさせられた、今までいろいろな経験をしてきたが、このことが大変役に立ってきたと語った。暗誦・朗読の時代の昭和11・12年に女学校で本格的にスピーチの練習をさせられたこと、そのプロセスで思いやりと聞き手としてのやさしさを教わったことが八三歳になっておられる方の人生に大きな意義を果たしたと聞いて、先生の先見性、新しい方向を切り開いていかれた開拓者精神に感嘆した。

（07・10・1）

（4） 教え子のことばⅡ

鳴門教育大学図書館の「大村はま文庫」に収められているいくつもの文集に、大村はま先生の人がらや、教えられ・今に活かされていることが綴られている。前回の座談会に続き、諏訪高等女学校時代の教え子の記録を紹介したい。

一九三四（昭和9）年に入学した二〇回生の笠原美祢さんは、次のように記している。

「先生から受けたものは、ただ国語の力だけに限られておりません。先生がその折り折りにおっしゃったこと、なさったことが年を経るにしたがってよみがえってまいります。

私どもが入学した前年あたりから木綿の着物に木綿の袴という校則がきびしくなってきたようでしたが、それはあくまで生徒に対してであって、先生方には関係のないことでした。が、大村先生は、とてもよくお似合いの紫の絣の着物をおやめになって、内織りの木綿の着物をまるで制服のようにいつでも召していらっしゃいました。

［着替えたことがわからぬように同じ着物を二枚お持ちだったという。］

取りきめたこと、約束はいい渡されますと、決して取りはずしたり、大目にみて今度だけは……というようなことは許されませんでした。先生は言葉で教えられるほかに、このようにさりげない日常の行動の上でも私たちを導いていて下さったと思います。

授業の上では、どんな音読・朗読がうまくゆかなくても、答えがまずくてもお叱りになる場面は見たことがありません。そんな時、先生は顔色も変えず、声もあらけず、時にただ悲しそうな眼つきをなさるだけでした。しかし、生徒が道に外れた行いをした時は、厳しく、激しい口調で注意なさるのでした。それも当事者に向かってだけでなく、全員に言い渡されました。並の人にとてもできることでありません。大村先生のなかに一筋の強いものが流れていて、それが先生を動かしているように思われました。先生はクリスチャンでいらしても、信仰について口にされたのを伺ったことはありません。でも学習の間に、またご自身の行動を通して、犯すべからざる尊厳、真なるもの、人間愛、使命感といったものについて、私たちをめざめさせて下さったのです。先生は、教師としていつも子どもを見つめ、力をつけるために工夫を凝らし、独自の教育法をきり拓いていらしたこと、そして、どのように辛い立場に立たれても決して己を曲げることがなかったこと等、一つ一つが生き方の指針と存じております。」

笠原さんの三年前一九三一（昭和6）年に諏訪高女に入学した飯田ふくいさんは、次のように認めている。「昭和一〇年の春に、私は家庭の事情で両親と別れて生きる運命となりました。その私を大村先生はお引き受け下さって、寝食を共にさせてくださいました。丁度女学校四年生の春でした。一年生から三年生まで担任もして頂き、国語・作文・習字を教えていただいたり本当に幸せでした。

学校で教えてくださる国語の時間がとても新鮮で、魂が動き出すようで、その時間の来るのが待ち遠しく、いつか母よりも好きで、先生を心から尊敬するようになっていて、私は親から離れて生きることも、不安を感じませんでした。

国語の一教材が終了するごとにノートを提出させ、一人一人に感想をお書き下さり、誤字の訂正をして下さいました。それがどんなに楽しみとなり、励みとなったかしれません。次の授業をお受けする気持が溢れました。

先生と起居を共にするようになった私は、学校での「先生」「生徒」という関係でなく寝食を共にしての先生の生き方を、その真実の姿を学ばせていただきました。

お家での先生は、殆ど睡眠時間のない毎日でした。風呂敷に包んで持ち帰られる幾クラスかの個人ノートの推敲をなさり、毎晩欠かさず、お習字の練習でした。ご自分のご精進のためだったのでしょう。毎日練習なさったのを、東京に送付なさって、自己研鑽をなさっておられました。机に向われる後ろ姿には、恐ろしい程の気迫が満ちていましたので、お茶を運んでも「お茶を」ということばをおかけすることができなくて、まごまごして、先生のお気持を乱すようなことが度々ありました。

こんなことがありました。秋深まった夜半、岡村［地名］のお宅のご近所から火事が起き、庭先に熱気がくる程になりました。先生はその日持って帰られた沢山のノートを急いで大きな風呂敷に包まれ私の背中に背負わせ、「高島小学校を通って、仲町の増沢さんまで逃げなさい。」とおっしゃいました。私は、殆ど夢中で暗い道を飛んで行きました。あの炎の空と、ノートを背負った自分と、生徒のノートだけを一番大切になさって、先生が急がれたあの光景が、今までに何回私の思い出にくり返されたかわかりません。

私は偉大な先生の教えを、直接身に受ける環境にありながら受け皿が小さすぎて至らぬ自分が悔まれますが、その後［七〇年］の生きる道程で、私は先生の教えてくださった数々のことを身内に入れて、どんな悲しみにも苦しみにも耐えることができました。〝自己に厳しくあれ、自己鍛錬することが、真理の探求になる〟私なりに先生の教えをこんなふうに受けとめています。」

（08・1・1）

いずれも文集『大村はま先生のご叙勲をお祝いして』（一九八四・七）による。

（5）英語の大村はま先生

諏訪高等女学校での最初の教え子である　中島ふじさんは、次のように記している。

「大村はま先生には、昭和三年から四年三月まで教えていただきました。

八月の二〇日過ぎ、先生は信州の女学校の夢多き四年生の教室にお出でになりました。髪をひっつめに結われて、白い面長なお顔に、澄んだまなざし、細いすき通る静かなお声、そして、地味な着物に羽織り、実に質素なご様子でびっくりいたしました。

それから、翌年三月まで先生から教えていただく英語の時間は、とても楽しみでした。静かなお声で、お読みになるリーダーの単語の一つ一つが胸に刻みこまれました。生意気盛りの私たちは、ときどき勝手な質問をしたりしましたが、先生はいつもにこにこと、わかるまで、丁寧に教えてくださいました。英語の時間が、とても楽しく待ち遠しかったものです。他の宿題はほうり出しても、英語だけは、一生けんめいに辞書と首っ引きでいたしました。

卒業した年の夏休みに学校のすぐ下の先生の下宿へお訪ねしたことがありました。女学校の思い出、クラスメイトのこと、現在の松本の寄宿舎の面白い話などをしましたら、先生は、声をたててお笑いになりました。その時見せていただいた、先生のお姉様のお書きになったという、うちわの露草の花が、とても印象的でした。

私達の下の学年からは、国語や習字をお教えになり、妹などから、いろいろな話を聞き、なつかしく思っていました。

（「大村はま先生に学びて」広島大学教育学部国語教育研究室編　66・12・20による）

花岡ふさ子さんは、「英語の大村先生」と題して、次のように回想している。

「私ども諏訪高女二一回の卒業生九〇数名が、大村先生から親しく英語を教えていただいたのは、昭和3年四年生の時のことです。

和服に袴をおつけになった小柄な大村先生は、いつもにこにこしていらっしゃって、ものやわらかに涼しいお声で、親切に教えてくださいました。ほんとうにおやさしいという言葉がぴったりの先生でした。「おめさん」「わしたち」「そうずら」と威勢よく諏訪弁でまくしたてていた私どもも、先生のお声が皆によく聞き取れるようにと、いつも神妙にして、先生のご授業をうけたように覚えています。やさしくて、しかもおかし難い気品とあたたかな人間性に満ちた先生のお人柄に接して、私どもは先生を心から尊敬し、信頼するようになりました。先生のおっしゃるように勉強していれば、どんな難関でも突破できるという心がまえができたことは、本当に幸せでした。

私どもの学年は、進学希望者も多く、課外には先生から英語と国語の整理をしていただきました。そのおかげで、それぞれ希望校に合格し、学校の先生方も喜んでくださいました。私はその年の一二月に上京しましたが、その時も先生に教えていただいた英語と国語は、——特に国文法は——都会の女学生にも自信を持ち得たことは、幸いでした。「これさえ覚えておけば大丈夫ですよ。」とおっしゃった先生のお声は、今でもはっきりと耳底に残っています。覚えにくい助動詞も「命令を受け（受身）し警官（敬語）ざれをして」と覚えれば忘れませんよと教えてくださいました。私は先生から、基礎になるものは徹底的に覚えること、記憶法には要領があることなども教えられました。」

（「大村はま先生に学びて」による）

大村はま先生は、英語科の教員として招かれ、「国漢一〇年（国語・漢文の教員検定試験は合格するまで一〇年かかる）」と言われていた国語科の教員資格を文部省の検定試験によって、半年で取得するよう、当時の三村校長から厳命をうけて赴かれたと言う。

先生は、一九二四（大正13）年三月に捜真女学校卒業後、家庭の事情により、（在学中の姉君の卒業を待って）東京女子大学への入学を一年延期し、当時、文部省内にあったパーマー英語教授研究所に事務員として勤められた。パーマー氏は、当時の新しい英語教育の方法であるオーラル・メソッドの権威で、はま先生の父君と一緒に地方へも公開授業にまわっておられたことである。のち、大学卒業をまえに大村先生は、英語教員の文検（文部省の専科正教員の検定試験）を受検する時、研究所への勤めと、公開授業から帰宅してからの、父の実演が大層役立つことになったと語っておられた。

諏訪高女での大村はま先生の英語は、当時、最も新しかったオーラル・メソッドによるものが取り入れられていたので、生徒たちにとって、とても新鮮で、待たれる授業となったのであろう。

（08・3・1）

（6）教え子のことばⅣ

［自己をみつめさせ、一人ひとりを育てる教育］

昭和6年に諏訪高等女学校に入学した　小島初子さんは、「文の直しについて」と題して、次のように認めている。

（前略）　あれは二年生の二学期の初めの作文の時間だったと思う。「今日はこの作文について勉強しましょう。」と先生は、謄写刷りの紙を静かに配り始められた。

「山の朝」　題を見、書き出しを見て、わたしの手はぶるぶるふるえ出した。わたしの作文だ。顔に血がのぼった。先生は二三の人を指名して読ませられた。わたしの気分は落ち着き、ある種の得意ささえ感じられた。思いがけず、というのではない、初めから自分としては書けたつもりであった。むろん、すぐれた例として挙げられたものと思っていた。

山の朝が明け、日常が始まる。――谷川の水を汲んで食事のしたくをする――その描写が、実際に山の朝そのものであるかどうか。一とおり描けている。ということは本当に描けているということにはならない。よしんばこの描写を町の中に持って来たって同じことではないのか。山の朝の清々しさは、このようなものではない。では、どのように描いていったらよいのか。あなたならここのところをどう書くか。指名して、次々と文章を板書された。山の朝の、ことばだけの清々しさが消され、冷たい水、谷川の音、鶯の声、風など、耳や目にぴったり響いてくるものとなって行った。赤くなったわたしの顔は青白み、唇を噛み、うなだれた。もともとは作文が特に好きでもなく、一とおり描けていればそれでよいとしていた自分である。そんなにまでおっしゃらなくていいではないか、とさえ思った。わたしは数日間ぼんやりして、何も考えられなかった。

次週の作文の時間がわたしには苦痛だった。しかし何か書かなくてはならない。わたしは思い切って「文の直しについて」と題を書いた。そうしたら不意に胸の中が明るくなり、もやもやしていたものが、しだいに押し出されてくるような気がした。「山の朝」批判を受けて、どのように自分が感じ、どのように受け取り、どのように自分を取戻していくかが見えてきた。自分がどのように思われるかなどは念頭になかった。三枚ほどを夢中で書いて出した。

次の時間の来るのがおそろしく、同時にまた待たれた。「先週、山の朝についてみんなで考えたことを、山の朝の作者がこのように書いています。」先生は「文の直しについて」と息をつぎ、歯切れのよい口調で読まれた。「このように素直に受け入れて、しっかり自分を見つめている。わたしにとってもうれしいことです。」と先生は語られた。

決して素直にただ受け入れているわけでもない。たとえ先生にほめられたとしてもそれは辛いことだった。だが、次の瞬間、きっとこれからは描ける、と思った。わたしの目からうろこが落ちたのだった。わたしが、私の持つ小さな世界から抜け出られたのは、あの時だけだったのかもしれない。

その時代、すでに先生は、女が男に伍して仕事をしてゆく辛さ、社会の冷たさが、この日本には続いていることを、少しも詠嘆的でない、はっきりとしたことばで、話しておられた。

（「大村はま先生に学びて」平成17年復刻、溪水社）

芦田恵之助・川島治子先生以降のすぐれた指導者の系譜――「文章の心をよむ」・「自己を知る」・「自己を育てる」教育の典型が、ここに見いだされる。

（08・4・1）

（7）「大村はま文庫」の文集について

鳴門教育大学図書館の「大村はま文庫」が広く知られるようになり、先日も諏訪市から訪れた教え子が、七二年ぶりにご自分の作文帳と対面されて話題となった。お二人とも年間二百ページを超える文集をまえに、こんなにも書いて（書かせていただいて）いたのかと驚きつつ女学校時代の文章に読み浸っておられた。

このお二人と諏訪高等女学校で同級の下玉利百合子さんは、作文帳を回想して、次のように記しておられる。

「三月にはいると、私どもは一年間の作文を製本した。好みの表紙をつけ、リボンでとじて大村先生に提出する。この時、文集の名前を書いた紙をそえ、その名称の由来を記すのを忘れてはならない。

先生は一冊ごとに（各学年一五〇名編成であった）匂うような墨色で題字を書いてくださった。それを抱いて帰る放課後の鮮烈な喜びは今なお忘れられない。

こうして私は二冊の文集を持っている。名づけて「早春」と「斑雪」である。信州の冬は長い。迎春のよろこびを文集完成にそれに託した。雪白の表紙にブルーのリボンでとじて得意であった。同じころ、藤村の同名の随筆集を父の書架に見たが、私はあえて意に介さないことにした。「斑雪」は、やはり同じ表紙に、黒白のより糸を用いた。

三〇年の歳月を閲して、二冊とも表紙は黄ばみ、リボンも色あせた。しかし、先生の書いてくださった題字は今なお鮮やかに匂っている。

こころみに「早春」をひらく。何と年間三〇篇近い作品がおさめられ、その稚い字にたどられた行間に、末尾に、詳密な批正と批評が先生の朱ペンで加えられている。誤字・脱字・文体の混合・表記の混乱など、先生は絶対にお許しにならなかったが、どんなおさない作品に対しても、その本質や個性に介入されるようなご指導は一度もされなかった。のみならず、常に何らかの長所をひき出され、書く意欲を喚起された。私は二年の前半、ひどいスランプに陥ってほとんど半年間一枚も書くことができなかった。それでも先生は何ともお叱りにならず、冬休みに提出した作品に対して、「長い間待っていたあなたの文章をうれしく読みました…」という冒頭で、はげましのお言葉を書いてくださったのである。

今も思い出す。校門に面した三五度の急坂を先生が大きな風呂敷包みをさげて毎日のぼっていらしたことを。私どもの作品やノートの重みにちりめんのしぼりがのびてしまった紫色の風呂敷を。

先生がいつも午前二時ごろまで私どもの提出物に朱筆を入れてくださっていたことを、のちに先生の下宿の小母さんから聞き及んだが、先生からは一度もそんな恩着せがましいおことばをうかがったことはない。

ただこうした生命を削るご苦労を夢にも知らず、一週に一度必ず持たれる作文の発表批評の時間をひたすら待ちわびていた稚さを　今こそおわびしたい気持ちでいっぱいである。(作文に関する部分のみを抜粋――筆者)(『大村はま先生に学びて』広島大学教育学部国語教育研究室編　66・12・20)［復刻版は　05・2・1　野地潤家発行］

大村はま先生が還暦を迎えられた年、これまでの先生の業績を記念するとともに、これからの国語教育実践の貴重な資料にさせていただくため、先生の教室に学ばれた方々に、先生とその教室について語っていただいた上記の文集に、大村はま先生の基本姿勢と教え子の方々の受け止めかたがよく現れている。

大村はま先生は一九八〇(昭和55)年三月、七三歳一〇ヶ月まで(停年の決まっていない時代)東京都の公立中学校に勤められ、退職に際して、教え子たちに次のような手紙を送られた。

「お変わりなく、お元気にお過ごしのことと存じます。／　さて私、皆さんといっしょに勉強しましたあと、この三月まで国語教室で過ごし、三一日付で退職いたしました。

昭和三年の八月の末、もうすっかり秋になっていた信州諏訪へ、諏訪高女の先生として文字どおりこ躍りしながら、ほんとうに喜んで赴任しました。そして、そんなにもしたかった仕事を、五二年もつづけて来られた私は、ほんとうに幸せでした。この五二年のある時期に、あなたとごいっしょであった日もございます。お教えしたことよりは、教えられ、励まされ、喜ばされたことの方が多かったと思います。長いあいだに、人の世のことですから、苦しみや涙がありました。でもそのどれもが、教室での生きがいを消すことはできなかったのです。それほど未来の人、私のいのちをつぐ人、子どもを育てる教室の魅力は大きかったのです。

今、退職しましたにつけ、あらためて、教え子と呼ばせていただく皆さんを思い出します。あなたを、皆さんを教えさせていただきながら、私は成長したのです。私の生きたしるしを確かめ、生きがいを得たのです。つまり、私の生活が、生涯があったのです。

なつかしく、ありがたく、深い感慨をもって退職のことをお知らせし久しぶりのおたよりにいたします。

大村はま」

不祥事の続く今日、改めて　師弟の絆の深さに心うたれる。

（08・9・1）

4　大村はま先生と鳴門　Ⅲ

（1）子どもたちの思考力を育てる

学校における学力低下の声が喧しい。昨年来言われているのは、「読解・応用力」の低下である。教科書の内容をそのままテストで測るこれまでのやり方は、暗記力「再生的思考力」を試しているだけで、本格的な思考力を育てているとは言えない。今後も、教科書だけに頼る今まで通りの進め方をしていて、授業時間や対策としてのドリルを増やしたとしても「応用力」・思考力は向上しない。いわゆる「応用力」を得させるためには、真の思考力の育成が欠かせない。

鳴門教育大学の「大村はま文庫」の二千六十冊の「学習記録」をひもといていくと、大村教室では、まず「聞く力」が、学力の基礎であり、民主社会における「話し合い」を支える力として重視されている。――この「聞く力」を育てるためには、読み聞かせ（拓き読み）だけではなく、子ども達を引きつけ腰を立たせる話、頭脳を明晰にする論理的な話し方が、常に為されていなければならない。指導者に専門職としての自己訓練が必要とされているところである。――「聞く力」が学力の基礎であると識った学習者は、先生の話や級友の発言の要点を即座にメモし、自己の考えを「学習記録」に書き付けていく。要点を整理して書き留める作業は、明晰に考え、論理的に思考する頭脳をつくっていく。こうした学習習慣・学習態度＝即ち「自己学習力」の育成によって、思考力は高められていく。

児童・生徒に借りものでない自分なりの考えをもたせるためには、それらとともに自己の意見の拠りどころを確認する習慣・態度を常にもたせることも欠かせない。

大村教室の、自己の考えの拠りどころを確認させ、主体的に「自己の考えをもたせる」工夫の例は、一年生に意見を発表させる学習準備の過程におけるプリントに表されている。

○（プリント）「気をつけたいこと」

1　「ちょっと　聞いた」「ちょっと　だれかが言っていた」「ちょっと　読んだ」「ちょっと　何かに書いてあった。」

　こういう「聞きかじったこと」を、自分で考えたこと、自分の考えそのものと、勘違いしないこと。

2　聞いたこと、読んだことは、はっきり区別して表す。

3　単なる想像と、本当に感じていること――事実と、はっきり区別して、よく判るように表す。

4　大きなことは言わない。こんなことばづかいは、あぶない。

　「人は……」「人間というものは……」「だれでも……」「おとなは……」「世の中は……」

5　目は、なるべく

　自分の　まわりに　　自分の　内に。　　自分で　知ったことに（向ける）。

6　事実を　もとにして考え、　考えたら　また事実にもどる。　書けた！

7　「ほんとうに　こう思っているの。」（だれかが聞いた）「そうです。」（こう言えればいいのです。）案外、ペンが走って（大きなことばで）書いてしまっていることがある。

　大村はま先生の教室では、将来、社会人として自己の考えを述べるとき、借りものでない、拠り所の明確な、自己の意見が出せるように、意見を育てる態度が養われてきた。

思考力の育成の場合も、そのねらいを達成するためさまざまな工夫がなされてきた。即ち、自己の考え・意見をもたせるために、一聞き・話し、書き、読む言語生活のなかから、関心をもつべきものに関心をもたせ、常に意見の種を捉える態度を育てる。二自らの考え・意見を育てる方法を体得させる。三自己の考え・意見の拠りどころを確かめる態度を育て、意見が借りものでないことを確認させる。四確かめた意見を書いたり、発表して話し合い・討議に参加する という過程を経ている。（08・5・1）

（2）「よむ」力とは――

鳴門教育大学の「大村はま文庫」に寄贈された教え子の「学習記録」を繙いていくと、心理学者波多野完治博士が世界に例のない実践記録と称讃された視点が至るところに見出せる。

二〇〇四年一二月に発表された「国連経済開発協力機構」の学力の国際比較調査は、日本の子どもの読解力の低さを明らかにした。この調査報告を見て文部科学省は、急いで読解力を向上させるプログラムをうち出した。その中身は、読書を勧め、説明文などを読ませ記述式の解答をさせる機会を増やすようにというものであった。しかし、国際比較テストの求めている「読解力」は書かれた文章の内容を捉える程度では対応のできないものである。

大村教室では、ことばの響きを通じて相手の気持を「よみ」取れる人が、いい話し合いのできる人であり、「話し合い」は「（心の）よみ合い」であると教えられている。そこには、大村先生の「よむ」力についての基本的な考えが表れている。それは、「よみの世界」は、何を書いているのかを受け取るだけではない。読むというのは、第一に心をよむことなのだから、「何が書いてあるか」がわかったら、その人が「なぜそんなことを言うのか」、「どういう社会だからそういうことを言ったのか」と、人の心をよんだり、社会をよんだり、読んでいる自分の心をよんだりすることであるという考えである。そのために大村先生は、全力を尽くして、「学習の手びき」を作られた。

これまでの日本の多くの教室は、「何が書いてありますか」を読むだけで、書いた人の気持や背景や展望、それがどんな影響を人に及ぼすかを考えようとしなかった。今こそ日本語の「読む」・「よむ（人の心をよむ）」ということばの奥行きの深さを考え、対処しなければ、国際比較テストに対応するしないにかかわらず、人間として不幸だと大村はま先生は考えていられたのである。

（06・3・1）

（3）学力低下の声を聞きながら

「学力低下」の声が喧しい。そもそも子どもの学力が低下したとは、いつの時代にも繰り返し唱えられてきたことである。どのような学力がどれだけ低下したのかは、長い期間をかけた本格的な調査研究に依らなければ明らかにすることができない。今成人の方も、かつて企業の側の求める学力に足りないと言われなかったであろうか。

教育は個を伸すことが目的であり、学習者一人ひとりに社会人としての自己を確立させていく営みである。学習者全部を束にして、一つのテストで学力低下を云々することには納得できない。しかも学力低下の原因は、現場の教職者にあると弁じ、講習を受けねば免許を取り消す法律までが作られた。

もし、学力が低下しているのであれば、責任は「ゆとりの教育」「新しい学力」「生きる力」などと次々にアドバルーンをあげ、現場を疲弊させてきた役所と軽々にそれに賛同してきた人達にある。しかし、学校教育に携わる教職者は、保護者と同じく子どもの学力の低下が伝えられると無関心でいられるはずがない。その原因を追求し、対応策を懸命に考え続けている。

鳴門教育大学図書館の「大村はま文庫」のなかに、一九五〇年代後半にも声高に論議された基礎的な学力を身につけさせるための実践研究の資料《すべての教科書を読めるようにするために》がある。

実践研究の趣旨は、各教科とも学習に教科書が用いられている。が、教科書が読めないために、その教科がめざしている学習に達することができないとの声を聞かれた大村はま先生が、現実に、充分な学習ができないでいる生徒たちを救うてだてを工夫しなければと思いたたれたところからきている。

もちろん教科書の記述については、国語表記法の改善、各教科の使用語彙の問題などと関わる大きな問題である。例えば国語の教科書の当用漢字は一年から三年の間に提示されるが、他の教科では、当用漢字の範囲内なら一年生から遠慮なく使って書かれることなどにも原因がある。

いろいろ問題や事情があるにしても、いま教科書が読めないために、学習が進まない生徒を救う方法を！と生み出された実践である。

Ⅰ⑴生徒が読めない、わからないところには、いろいろな面があるが、まず語彙・語句を取りあげることにされた。その場合、単語だけを取りあげるのではなく、文脈の中で一つの内容を示すことば〔を経て、……までには至っていない　など〕は一つとして扱うことにしてある。

⑵教科書は、英語・音楽を除いて全部に当り、読めないというのは、どういうところか、どのことばか　が調

べられる。

Ⅱ方法として、A　各教科担任から読めなかったことばを知らせてもらう。

B　国語科担当者が、各教科の教室で読めないことばを採録する。

C　A・Bで採集したことばについて読めないところのおおよそを知るために予備調査（検査）する。

D　各教科書を読んで、生徒のわかりにくそうなことばを探してカードにとる。

このようにして集められた語彙・語句は、筆者が数えたところ約一六〇〇余りにのぼっている。

Ⅲ次に、それらが三種類に分けられている。

ア　専門語に準じることば〔（式が）導かれる、勧進、（文明）圏、素描など〕

イ　①かな書きにしたり、読みがながあれば意味のわかることば〔莫大、芯、牽制する　など〕

②かな書きにしても、読みがなを付してもわかりにくいことば〔図り、（空気を）断つ、ぼくめつ、そくばくなど〕

また、子どもにはなじめないことば〔おそれ（がある）、施す、（……の）むね、営む　など〕

③むずかしいほどのことばではないが、多いと全体がむずかしい感じになってしまうことば〔留意し、明瞭にし、良質の、固着する　など〕

ウ　国語科において扱うべきことば　の三つである。〔ちなみにアに属することばは七〇余り、イの①②が約一〇〇、③に属する語・語句が二六、計二〇〇余りのことばがあげられている〕

○わかりにくそうなことば一六〇〇余のカードのうち、二〇〇余を除いた一四〇〇余りのことばが国語科で扱うべきことばとして指導の工夫がなされていく。（以下、次号）　（07・8・1）

（4）どの教科書も読めるようにするために

（承前）各教科の教科書が読めないために、その教科のめざしている学習に達することができないでいる生徒たちを救うてだてを工夫していかれた大村はま先生の実践の続き。

〈進めかた〉

1）教科書中の読めなかったことばを各教科担任から知らせてもらったり、生徒のわかりにくそうなことばをカードにとる。そこから専門語は省く。

2）専門語を除いて集められた一六〇〇余りの語、語句のうち、専門語に準じることば〔勧進・素描〕とか、生徒になじめないことば〔施す、おそれ（がある）など〕は、その教科に依頼したり、別途、掲示板などで指導することとする。国語科で扱い、指導の工夫をすることばは（筆者が数えたところ）一四〇〇余りとなる。

A　国語科で扱うべきことばの学習指導の方法は、①生徒の実際の生活の領域〔学校・家庭・社会〕に即した適切な話題（五八）を選び、②国語科で扱うべきことば（一四〇〇余語）をそれぞれの話題によって分け〔一話題に一〇〜三〇語〕、③話題ごとに集められたことばを含めた文章を作る。④一つの話題〔学校生活であれば〈授業〉とか〈友だちとの交わり〉〕を中心に、その話題のもとに集められたことばの学習（書く、読む、話す・聞く　などの）をさせるというものである。

B　その際の工夫として次のことが考えられている。

①生徒の現実の生活を三領域（学校、家庭、社会）から考えて話題を選ぶ。

②それぞれの生活の場面にどういう生活があるかを考えさせ、話題を決めていく。たとえば、

ア　学校であれば――授業、自由時間、友だちとの交わり、ホームルーム、クラブ、先生との対話、読書、催し、校外見学など

イ　家庭では――家庭生活、食事、手伝い、学習、遊び、読書、趣味、テレビ　など

ウ　社会では――路上（通学途上）、乗物、店屋、公園、町なか、旅行　など

③これらの生活のなかで接する人と自然を考え、学年ごとに話題（五八）が選ばれ配当されていく。

一年では、＝服装、家族、自己紹介、こづかい、対抗試合、ホームルーム、遠足、新聞、読書　など（一八話題）

二年では、＝尊敬する人、してみたいこと、スポーツ、クラブ、登山、試験、私の家族、家庭生活　など（二三話題）

三年では、＝勉強、友だち、宗教、母の日、修学旅行など（一七話題）

これらの話題と、国語科で扱うべきことばを結び、話題ごとに、集められたことば（一四〇〇余り）を含む文章を作る作業が進められていく。

作業グループには指導者も加わって全部の語を含む文章にしていく。

④文章を作る際にも工夫がなされている。

Ⓐ話題によって「宿題について先生に一言」といったふうに書く。

Ⓑ語彙によって関連語、同類語、反対語、混同しやすい語などをあげ、各方面からそのことばを眺める。

⑤話したり、書いたりしてでき上った文章を学習中の単元と関係なく（いわゆる「とりたて指導」）学習する。

話題に配された語彙と、その語彙を含めた文章の具体例は次のようである。

（一年）○遠足――皆さんここからの眺望はすばらしいでしょう。右手にみえる丘はかつてこの産物に富んだ温

暖な地方を支配した〇〇氏の根拠地として、壮大な城が築かれていたものです。現在ではこの古跡も荒廃してその昔の隆盛のなごりをとどめるものはほとんどありません。わずかに当時のおもかげをしのぶものとしては、あの樹木の伐採された山はだに点在する石垣ぐらいのものです。〔話題「遠足」に配当された語彙は〜の一八〕

（二年）○クラス新聞――クラス新聞の重要性は、だれも認めるところです。過去一年間にわたって、B組みんなの心の交わりのなかだちになっていました。クラス新聞は、すなわちB組自身でありました。ところが、このごろになって、ややもすると内容が乏しく、かつ抽象的になり、真剣にクラスの問題に取り組み、その解決に力を及ぼすというより、たくみに、てぎわよくまとめてあるという感じが濃くなってきました。はなはだしいときは、なにか、かたにはまったような、規格化されてきたような気さえします。それに、この間、町営グランドの完成したことをトップニュースにして、小松さんが中央大会に派遣されることを小さく出していましたが、クラス新聞の性質を忘れた扱いです。小松さんが派遣されることこそ、トップニュースに相当することです。編集部が縮小されたため、いそがしいことは認めますが、この傾向をただながめているわけにはいきません。よい新聞にするために、おのおの自分の新聞のきもちで育てていかなければならないと思います。たりないことばながら、この一文を書いたゆえんであります。〔配当された語彙一二〕

大村はま先生は、すべての教科の基礎としての国語科の役割を果すため、ことばの力をこのようにして生徒たちの身につけさせていかれた。その特色は、常に生活に即してことばを体得させていかれたところにある。

（07・9・1）

（5）いま話題の「読解力」について

「ゆとりの教育」で教育内容の三割を削減しておいて、大臣が代わったとたんに「学力低下」の声が喧しくなった。並行して「生きる力」という、名称も内容もあいまいなスローガンが掲げられ、学校週五日制が実施されてわずか五年。その間にどのような成果があがり、課題が残されているのか、検証・説明もないまま、「学力低下」を補うために授業時数を増やす話が進んでいる。便乗して「武道・ダンス」を必修にとの提案もなされている。思いつきも甚だしい。

騒ぎのもとになったのは、三年前のＯＥＣＤの学力調査の対象になった子どもたちの「読解力」の順位が低下したからだという。抽出されたクラスが別の学校・クラスであったら、こういう騒動にならなかったのではないかと皮肉〔本音？〕をもらす人も出ている。が、保護者も、教職者も、子どもの学力が低下したと伝えられると無関心ではいられない。

だれもが口にする「学力」を経済人が問題にする時、その企業に即応する力であったり、実用的な話す力であることが多い。子どもの「読解力」が云々されるときも、文章の内容が把握できているかどうかをテストによって測るレベルで考えられてきた。書かれた文章の内容を捉えることはもちろん大事であるが、真の「読解力」は、内容を捉えたうえで、筆者の考えについて、読み手である児童・生徒が、そのことについて「私はこう考える」と自己にひきつけて深め考える能力をさしている。そのような内実を究める態度の育成をはなれて、授業時数や練習を増やしても、めざされている「読解力」＝「真のよむ力」が向上するはずはない。

国際学力調査の順位だけに目がいき、あわてた文科省が急いで作成・実施した今年の四月二四日の全国学力・学習状況調査は、過去に例をみない負担を学校現場に強いるものであった。〔さらに、公表を前提にしているため、自校の成績を上げようと、児童のまちがいを監督者が指で示して訂正させたとか、学力の低い子どもを欠席扱いにしたなどの弊害も伝えられている〕そのうえ、難易度の転倒が〔小学六年生の問題のほうが、中学三年生の問題より難しいと〕指摘されたり、六月一五日の記事〔×が〇になる〕によると、採点に当たって解答が揺れ、作業が中断したりしている。

そもそも、学力には、テストで測ることのできる力と、測ることのできない力とがある。紙に書いて答えるテストによって、評点をつけることのできる力よりも、むしろテストで測ることのできない力・テストになじまない力のほうが多い。社会生活で身近な「ことばの力」を取りあげてみても、「話す力」も「書く力」もテストでは測ることができない。さらに学力の基本で、最も大切な「聞く力」もテストにはなじまない。社会生活を成りたたせる「話し合う力」は、言うまでもなく「聞く力」によって成りたっている。

その意味で民主社会における保護者の願いは、子どもたちに「聞く力」が日常的に育てられているか、「聞く力」をつけるため、先生や保護者が子どもたちを引きつけ、頭を明晰にする話をしているかどうかに向けられていなければならない。

鳴門教育大学図書館の「大村はま文庫」の「学習記録」を繙（ひもと）いてみると、テストで測ることができる力は、学力の一部であることを生徒たちによくよく判らせたうえで、一活動ごとに、目前の作業・学習にうちこむように手びきがなされている。「聞く力」が学力の基底であると識った学習者は、先生の話や級友の発言の要点を即座にメモし、自己の考えを「学習記録」に書きつけている。要点を整理して書きとめる作業は、明晰に考え、論理的に思考する頭をつくっていく。日ごろからこうした頭脳の鍛えかたをつみ重ねていかなければほんとうの「読解力」は育っていかない。

（07・10・1）

(6) 機会を逃さずことばへの感覚を磨く

新学年を迎え、進学のことが気になりはじめる高学年の生徒たちは、学習雑誌などからの知識によって指導要録（内申書）のことを話題にするようになる。

鳴門教育大学図書館「大村はま文庫」の記録の中に「ほめことばの研究」というユニークな学習がある。ある日、清掃が終ったあとの教室で、内申書の人物評定の欄について、「どんなことが書かれるのか」が話題となったという。「ぼくなんか、いろいろなことが書かれると思う。」と心配する生徒に、先生は「そんなところに、一生にかかわるようなまずいことを書かないものよ。『気が強いな』と思えば『しっかりしている』と書くし、少し気が弱い人には『やさしい』と書くから、その欄はだいたいほめことばになるんです。」と話されたのがきっかけで、「私の短所をほめことばで言って！」と先生の周りが賑やかになった。このような機会を逃さずことばへの感覚を磨いていかれるのが大村先生の教室である。これを契機に「私たちは、自分をどういう人と言われたらうれしいだろうか」とのことばの学習がはじまっている。

生徒の一人が〈おもしろい人〉と言うと、「おもしろい人などと言われたいの。おとなは『ちょっと変っている・へんな人』を〈おもしろい人〉と言うと聞いたことがあるよ」と返す生徒が出る。「でも、ユーモアのある人ということもあるでしょう。」「それなら『明るい人』がふさわしい。」と話が進み、一人ひとりが「ほめことば」を集めることになっていく。

集め方の観点は、①自分はなんと言われるとうれしいか。②友だちほか、自分のほめたい人を思い浮かべ、そのほめことば。③人の話を聞いて、人をほめることばをとらえる。④読んだもののなかから、ほめることばをみつける。などである。

生徒の集めたことばを種類分けをすると次のようであった。

一　努力してる　はりきっている　がんばっている　ファイトがある　熱心だ　努力家　勉強家　がんばりや

二　頭がいい　さえている　賢い　鋭い　りこうだ　きれる　勘がいい　聡明　頭の回転が早い　目から鼻へぬけるようだ

三　たくましい　強い　しっかりしている　たのもしい　頼りになる　勇気がある　勇敢だ　根性がある　りっぱだ

四　明るい　ほがらかだ　明朗だ　おもしろい　陽気だ　たのしい　快活だ　晴れやかだ　にぎやかだ

五　やさしい　あたたかい　親切だ　思いやりがある　温和だ　おだやかだ　人間味がある

六　元気だ　はつらつとしている　活発だ　いきいきしている　機敏だ　活動的だ　はきはきしている　テキパキしている　活気がある

この学習は、専門的な研究ではなく、ことばについての関心を高め、感覚を鋭くするのが目的であるため、それぞれの種類ごとのことばが網羅されてはいない。学習者たちが生活の中から拾ったことばを、いつもとは異なる男女別、六つずつのグループ（編成に当っては発言力・ことばへの理解力など細かく考えられたグループ）で研究を進め、好かれていることばのランクづけをし、その理由を説明（発表）していく学習である。

話し合いの内容は、次号に紹介するとして、第四群のことばで男・女とも上位にランクされたのは、「明るい

ほがらか　明朗だ」であり、下位にランクされたのは「にぎやか」であった。　（07・6・1）

（7）ほめことばの研究（承前）

「自分をどういう人と言われたらうれしいか」との学習で上位にランクされたのは、男・女とも「明るい　ほがらかだ　明朗だ」であり、下位にランクされたのは「にぎやか」であったという。ランクづけをしている時の一つのグループの話し合いのプロセスは、次のようにメモされている。

〔Ⅰ〕第四類のことば（明るい　ほがらかだ　明朗だ　おもしろい　陽気だ　たのしい　快活だ　晴れやかだ　にぎやかだ）のうちの「にぎやかだ」については。

A　「にぎやかな人」――いい感じだ。
B　そうね。
C　かなり上位だと思う。
T　なにか、そうぞうしい人のような感じ。
D　そうですかあ?
T　「あの人はにぎやかだ」と言うこと、ある?
E　あります。
T　そう、あの人が来ると、にぎやかになる――という言い方はするけれど。

E　そういう意味です。そうです。
T　だったら、にぎやかにする人でしょう。
A　略した言い方ってわけにはいきませんか。
T　ちょっとむりよ。でもまあ、にぎやかということばが好きなのだから、どこかへ入れておいたら。

〔Ⅱ〕A「おもしろい」は、ほら、少し変っている人のことを、かっこよく言うことばなんでしょう。

Bそんなことないよ。「おもしろい」は、ユーモアのある人のことだよ。
C　この詩のおもしろさはどこにあるとか、「ああ　おもしろい虫の声」とかいう昔の歌がある。ああいうのは、味わいが深いという意味だね。「おもしろい人」も、味のある人という意味じゃあない？
D　おもしろい先生――というと、味があるというより、冗談を言ったりして、授業中に何度も笑わせてくれる先生のことじゃない。
E　おもしろい先生というときは、ほめことばでしょう。さっき出た、何か変った人という意味にはならない。
F　ほら、テレビでいつか、どんな先生が好きかって子どもに聞いて統計を出していたけど、おもしろい先生というのが上位だった。
G　先生、とつづかないときは、少し複雑なわけね。
このような話し合いがなされ、第四群のなかでは、「明るい」が男・女とも、好きということになっていく。「ほがらかな人」もほとんど同じと言えるようであるが、少し軽調子なところがあるし、「明るい」と「ほがらか」を合わせた「明朗」は、明るすぎる感じで、「明朗な人」と言われたのでは、「明るい人」と言われた気持には及ばないというところに落ちついていく。

性格を表わす第四群では、「純真、すなお、純粋」などが集められているが、生徒の生活の中からは拾われなかった。

これらの順位を決めるのが学習の目的ではなく、ことばを集めて調べたり、話し合ったり、考えたりするなかに、さまざまな生活の場面が頭に浮んで、その時々の表現の細かいところをかみしめることになる。

大村はま先生の教室でのことばの学習は、どの答えが正しいかを問題にするのではなく、頭のなかでどのようにことばに対する感覚が磨かれたか、また話し合いのなかで、自分の言おうとしていることを人にわかってもらうように話す苦労をして、ようやくことばを見つける体験をさせて社会人として育てる営みとなっている。

（07・7・1）

（8）ことばへの感覚を磨く

「美しい国日本」としきりに使われている。同時に「六十年経ったから改めねばならぬ」ということばが聞かれる。その中身を言わず、うわべだけのキャッチフレーズが躍るとき、大村はま文庫の「学習記録」に含まれている〈ことばを豊かに〉の学習が思い出される。

大村はま先生の教室では、生活のなか、場面のなかでことばを豊かにし、ことばへの感覚を鋭くする学習が常に行われてきた。その一つの例をとりあげてみる。（「このことばこそ」一九七九～八〇年・一年生）

そこでは、広くいろいろな意味に使われる動詞――「笑う」「喜ぶ」などいくつかを〈どのような「笑い」・

「喜び」なのかと〉学習したのち、「驚く」が取り上げられている。「驚く」と同じ意味をもつ「息をのむ」「たまげる」などを生徒が集めて一覧にし、それぞれにぴったりの場面を二人一組で文章にする。

各文章の同意語の部分を「驚く」にしておいて担当者が質問に答える形で最もふさわしいことばをクイズのように選んでいく学習である。（文章を創る時、二人だけの秘密であるのも中学生に好まれる。）

集められた「驚く」の同義語句は次の二〇であった。

1　あいた口がふさがらぬ	2　あきれる	3　唖然とする
4　あっけにとられる	5　息をのむ	6　一驚を喫する
7　がくぜん（愕然）とする	8　ぎょっとする	9　驚異
10　きょとんとする	11　たまげる	12　どきっとする
13　度肝をぬかれる	14　はっとする	15　びっくり仰天
16　ぼうぜんとする	17　ぽかんとする	18　胸を突かれる
19　目を見張る	20　目を丸くする	

大村教室での学習は、担当したことばを使った、三〇字・四〇字の短文を作るのではなく、そのことばにぴったりの場面を表現した一編の文章を書くので、助言や対話の場が多くなり、指導者も大いに活躍される。

夏休みに信州へ行き、星の輝きにほんとうに驚いた女子のグループが、「目を見張った」がぴったりだという文章を作った。その場面を描いた作文を発表したところ、「目を丸くする」「驚異」「息をのむ」などいろいろ出される。話し合いのなかでだんだん消され、「目を見張った」と「目を丸くする」が残り、どちらでも同じという意見が強くなった。

大村はま先生は二人が文章を作っていた時、「目を見張る」は、美しい絵のように優れたもの、感動のある「驚き」であり、「目を丸くする」は、そういう深い味わいがなくてもびっくりした時に使うと話しておかれたという。クラスの意見が分れた時、担当していた二人はそれを思い出して、「目を見張る」は「心に感動があって、感嘆して、憧れがあって」使うことばだと答えて落ち着いていった。

ことばはその場面に合わせながら、細かく頭を働かせて考えていくことでその感覚が磨かれていく。大村はま先生は、鳴門での講演で、「心にまず浮かんだことば（すごい・なんとも言えない等々）は飲み込んで使わないようにする。どのように「すごい」のか相手に判るように伝える努力をしてから発するように心がけるとよい」と語られた。

先生は、空疎なことばを見のがさず、的確なことばに言い換えてみせることによって「真実のことば」の使い手を育ててこられた。

（07・2・1）

（9）ことばを豊かに

大村はま先生の、生活のなか、場面のなかでことばへの感覚を磨く学習の例を先号で取りあげた。その途端、厚生労働大臣から、〈女性は子どもを産む機械〉との発言が飛び出し、心ある国民が「まゆをひそめ」たところ、再び、子どもは二人が〈健全〉と話したと伝えられ、反省を「うながす」声が「ちまた・巷」に満ちている。国会でそのことを追求されると〈国語力が乏しいので〉と言いわけをし、世人の「ひんしゅく（顰蹙）を買っ」ている。

ここにカギかっこを付けてあげた類の語句は、国語教科書には出てこないが社会生活の中では一般的に用いられることばである。

鳴門教育大学・大村はま文庫の「学習記録」をひもと（繙）いていくと、必ず「新しく覚えたことば」の項が設けられている。ことばを豊かにしていくためには、まず、①読みものにおける語彙に目を向ける学習がある。芥川龍之介の『杜子春』には、「目を伏せる・とりとめもない・思いめぐらす・途方に暮れる・まゆをひそめる・すみやか・たたずむ」など、ことばが豊かに用いられている。そのほか、説明文にも随筆にも新聞にも、生徒同士の生活場面では用いられないが、社会生活のなかで常時用いられる語は多い。こうしたことばに意識を向けさせていかねば「社会人」と成ることができない。次に、②ぜひ知らせたいことばを含めた生活場面を書き表わす学習が必要となる。「すごい・どうもどうも・まあまあ」といった空疎な生活語の次元にとどまることなく、「目を丸くする」と「目を見張る」の違いなどを（先号であげたように）身につけさせていく工夫がいる。③さらに、読み・書く領域だけでは補うことができないことばを「話」のなかに含めて聞かせたり、身のまわりや社会のできごとをニュースや新聞から取りあげ話題にするように心がけたい。

大村教室に学んだ人の「学習記録」には、「先生のお話」の記録がたえず出てくる。例えば(ア)愛用に「御」のついたことばのもつ味を知らせるお話として「昭和のはじめ、諏訪湖が凍るころ、私は御愛用の白い鼻緒の下駄スケートをもって湖へ出かけました。服装は着物にはかまでした。」とか、(イ)「遠足は、前例を破って……することにしました。」など。また、(ウ)草かんむりと竹かんむりの違いを意識にとどめさせるために「菅と管」の字をあげて話をされた類も多い。〔このお話のあと、草かんむりと竹かんむりをまちがえる生徒はなくなったとのことである。〕④これらの事例に学び、指導者や囲りの大人が教室や家庭において豊かにことばを用いるように心がけたい。現在、今の子どもの段階・学年にこのことばはむずかしいのではないかと自己規制をするのではなく、ことばを拡げるために使ってみせて言い換え、わからせる――たとえば「培う」は、「（木の根っこに土をかけて）養い育てる」意味である、従って「…に培う」と用いるとわからせる——ようにしていきたい。
大村はま先生は「ことばを育てることは、こころを育てること、人を育てること」と考え、色紙にも書いていられる。〈国語力が乏しいので〉と恥かしい言いわけをする人を多くしないよう心したい。

（07・3・1）

（10）ことばへの関心

文化庁の「国語世論調査」（〇六年）の結果が九月はじめに発表された。八日付け各新聞は、一面もしくは、社会面で「上や下への大騒ぎ」（五九）とか、「ケータイ　辞書代わり」の見だしで、六～七段ぬき記事として大きく扱っていた。

慣用句の実態調査は、Ⅰ〈混乱したさま〉にどちらの言い方を使うかとして「上や下への」と「上を下への」（大騒ぎ）のどちらを使うか、〈そう思い通りにいかないこと〉に「そうは問屋が卸さない」、「そうは問屋が許さない」のどちらを使うかなどと言い方を問う場合と、Ⅱ選択肢によって①〈役不足〉②〈流れにさお（棹）をさす〉③〈気が置けない〉④〈ぞっとしない〉などの意味を問うものであった。

Ⅰの誤用の実態では、一〇例のうち、七例が誤って使われていることが問題にされており、Ⅱでは、①の誤答が五〇・三（正答四〇・三）②の誤答が六二・二（正答一七・五）③の誤答が四八・二（正答四二・四）④の誤答が五四・一（正答三一・三）などと報じられている。

これら慣用語句が正確に答えられない原因は、小学校では五年生、中学校では二年生ごろに教材として取りあげられているので、あとはその人の成長に伴う自然習得にまかせているところにある。話し合う力や聞く力は社会人となれば自然に身につく故、母国語の時間は少なくてもよいだろう。それより英語や武道に時間をとろうという政府の委員会での発言にみられるのと同様である。しかし、社会生活に必要な語句は、日常の生活や学校生活のなかで周りの大人や、教室で、たえず意識させるようにしていなければ身についていかない。さらに、慣用語句は「上を下への大騒ぎ」が「上や下への」と助詞一つが違っていても通じないことを厳密に教え導いておく必要がある。

鳴門教育大学図書館の「大村はま文庫」に残された「国語教室通信」（毎週土曜日に発行され、翌週の各クラスの学習の予定や用意すべきことが記された、B4表裏二つ折りの通信）には、教室では扱いきれないことばや読書に関する最新の情報が盛られ、社会に出た時に困らないよう慣用語句・関連語・同類語・反対語・意味の混同しやすい語・このようには使わない語句などが毎週連載されていた。

手紙・賀状・暑中みまいの書きかた、感想文のポイント、時候のあいさつ、「異同」・「多少」・「軽量」の用法、「真鯉」の「真」の意味、〔荷になる・荷が勝つ・荷をおろす〕〔耳にたこができる・耳につく・耳に残る〕〔鼻にかける・鼻であしらう・鼻をあかす〕などなど教室で教えきれない、また、教わっても中学生の生活語彙として使わない語彙に目を向けさせ、意識をもたせ続ける工夫がなされてきた。

大村はま先生の国語教室においては、例えば中学一年生の「話すことの学習」に際して、言語抵抗の少ない（読解や解説に時間をとらない）民話「白うさぎ」をとりあげて、1　大国主命はどんな人がらか〔第一段階の手びき〕、2　私たちの祖先はどんな人を理想の人と考えたか〔第二段階〕、3　私たち祖先の考えた理想の人と私の考える（私たちの考える）理想の人〔第三段階〕といったように生活と結び、視点を転換させて思考し、話し合いによって高め合う学習が進められる一面、これまで記してきたように「ことば」に関心を向けさせ、ことばを豊かにする工夫がなされてきた。ことばの学習は、このように計画的で、生活に即し、語彙を豊かにする方向で学習者の心を拓き、思考力を高めていかなければ実っていかない。

（07・11・1）

5　大村はま先生と鳴門　Ⅳ

（1）新聞による「学習」の創造

大村はま教室における「新聞」を資料とする学習は、一九四七（昭和22）年の東京の焼け野原の中からはじまった。窓ガラスも黒板も机も椅子もなく、教科書もノートもないため、先生はわずかな疎開荷物を包んでいた新聞紙を伸ばし、教材となる記事を切り抜いて、それに考える「手びき」をつけたものを百くらい作られたという。わんわん騒ぎ、走り回っていた生徒たちも、ひとたび新聞・雑誌等を資料とした教材が与えられ、考える方向が手びきされると、食い入るように学習に入ったと語られている。

中学生に自分が優か劣かを意識させず、学びひたらせ、一人の日本人として社会生活を送る基本の力をつけていくためには、教科書だけを教材として、一斉に授業を進めるやり方は向かない。しかも、将来、社会人として関心をもつべきものに関心をもたせ、自ら進んで学習する態度を育てるためには、常に新しい教材が必要となる。大村はま先生は、御自分の読書生活のなかから、学習者一人ひとりに適した教材を創り出すようになっていかれた。それらの資料のなかには、購読しておられた新聞四紙が常に含まれていた。

大村教室では、学習の柱の一つに、「語句を豊かにし、ことばへの感覚を鋭くする」が据えられてきた。七九年の隅田川の花火大会の四つの新聞の記事が中学一年生の学習に適切と判断され、先生は、目のつけどころ、考える方向、グループでの基礎資料の作り方などを手びきされる。鳴門教育大学に遺された学習記録を見ていくと、西本浩明くんは、「花火を見ている人の様子」についての四紙の記事を比べて、次のように記している。

まず、毎日・読売・東京新聞に用いられている「にぎわった」と読売の「ゆったり」について、「真反対のように感じる」「にぎわった」は盛り上がっている感じで、「ゆったり」は「落ち着いている＝おだやか」という感じがする。また、「にぎわった」「歓声」「声をはずます」と東京新聞の「どよめき」について、どれも声に関係し、表わし方が少しずつ違っている。うれしさが出ているのは、「にぎわった」とか「声をはずます」であり、「どよめき」は声の中でも、ひと味違った言い方で、初めて出会ったことばのような気がすると記している。

「花火を見ている人の気持ち」についての四紙の表現については、「歓声」と「ため息がもれる」について、「どこか似ているよう」に思われるが、「だいぶ違うところもある」と素直に記し、「声」と「息」、両方とも心の中で感じていることだが表面に出し方が違うと意味づけている。

生きたことばの使い方、ことばへの感覚を鋭くしていくため、学級でも家庭でも試みたい方法である。


（06・11・1）

（2）新聞による「学習」の成果（承前）

大村はま教室における「新聞」を資料とした「ことば」に目を向ける学習は日常的に行われてきた。前号の「隅田川の花火を見ている人の様子」について、西本浩明くんは毎日・読売・東京新聞に用いられている「にぎわった」と「ゆったり」について、「にぎわった」は盛り上っている感じがする。「ゆったり」は「落ちついている＝おだやか」という感じがして、「真反対のようだ」と書いている。

次いで「花火が上った空の様子」について、西本くんは、読売新聞の「パノラマ」という表し方は、この場面に適しているのではないかと記し、「光の絵巻」は古い感じはするが、工夫してあり、いい表現と述べ、東京新聞の「光と音のページェント」は、辞典を引かなくては分からなかったが、若い人が好むようなことばであり、「ページェントに光と音を加えて強くしたのだ」と推し量り、そして、「ぼくは『光の絵巻』が好きです」と結んでいる。

「学習記録」の「あとがき」において、グループ内の話し合いで話題になった表現と、それらを味わう力の「全部が身に付けば大収穫」と記したうえ、「発表の時は、罫紙二枚の原稿を覚えるのに大変だったが、表現力が増した。」と、場面に適したことばの使い方やことばにこめられている感情が理解できた喜びを記している。ここには西本くんが、「表現くらべ」の学習によって、ことばへの関心をたかめ、語彙を豊かにし、ことばへの感覚を磨き、自己の学習の成果と課題を自覚していったプロセスがうかがえる。

ひるがえって考えると、ことばが身につくことは、その人の心が拓かれることである。義務教育の段階において教科書だけを教わっていたのでは、語彙は限られてしまう。語彙が少ないということは、思考の幅が狭いということである。一人ひとりの学習者のことばの生活を拡げ、各自の思索を深め、自己の考えを表わし、相手に伝える言葉を獲得させるように手を引かねば、目の前の学習者は、将来不幸である。

大村はま先生の教室においては、ことばに関心をもたせ、ことばへの自覚を育てることによって学習者の心が育ち、個性を伸す営みとなるよう工夫されてきた。

鳴門教育大学に遺された二千六十冊の「学習記録」には、上記のように、みずからの学習の成果と課題を評価する力が育てられている。学習者はそこに見出された自己の課題を克服するため、「自己学習力」を発動して次の学習に取り組んでいったのである。

（06・12・1）

（3）「新聞づくり」による学習の典型

鳴門教育大学図書館・大村はま文庫に遺された二千冊の「学習記録」をひもといていくと、大村教室では、たえず新聞が学習の資料とされるとともに、学級（グループ）新聞・学校新聞の制作・交流が重視されている。それは、「新聞」が民主社会成立のための世論形成に欠くことができないのと同じく、学校という一つの社会の意見が話し合いによって「学校新聞」に集約されねばならぬとの大村先生の考えに基づいている。即ち、新聞の編集計画についての話し合いと、発行に至る「実の場」を通じて、協力し合う作業の中に、学習者一人ひとりに応じた役割があること、同時に、解説・論説・説明・文芸等さまざまな文章を書く機会があり、それらの作業が生徒一人ひとりに　ことばに関心を向けさせ、ことばへの自覚をもたせ、ひいては、教育本来の目的である「自己を確立させる」営みになっていくことを先生は見通していられた。

一九四七（昭和22）年に発足した新制中学校における大村教室での「新聞」学習の成果とその典型を一九五六年の西尾実編「国語　中学校用」に見いだすことができる。

大村はま先生によって書き下された　一六ページにわたる教材は、モデルとして制作された「いずみ新聞」とこの新聞の批評会によって構成されている。その内容には、学校新聞の意義や新聞編集の技術面をはじめ、学習成果の発表会、論説・昼休みの意義、いじめの問題、下級生からの意見、職員室訪問、クラブ便り、中学生の読み物、詩・童話・リレー小説等の作品など、学校生活の現状と生きた問題が取りあげられている。まさに、学校新聞を身をもって制作してみせることによって、学校生活にどう目配りをし、学習生活をどのように向上させていけばよいか、学習への態度や学習意欲の喚起がはかられている。

そのなかの論説「昼休みの意義」は、冒頭から読者を引きつける。『親が死んでも食休み』という諺があるが、このことわざ通り食事をしたあとはしばらくからだを休めることが大切である。」に始まり、「昼休みの利用のしかたは、全員を運動場へと強いることでなく、静かに休むことである」との主張が述べられている。まさに学校生活の生きた話題を捉え、全クラスで討議すべき問題を提起している。

大村教室における「新聞」学習は、特別の学習ではなく、日常の学習と同じく「ことばの力」をつけつつ、自己学習力を育て導き、教育本来の目的である自己を確立させていく営みであった。

（07・1・1）

（4）大村教室のメディアリテラシー教育

テレビ・新聞・ラジオ・インターネット・ケイタイ（携帯電話）等から送られてくる情報を取捨選択し、自在に活用するとともに、自ら発信するメディアリテラシー能力が重視されてきている。

学校においてメディアリテラシーを身につけさせる教育は、戦後の大村はま先生の実践を嚆矢としている。新制中学校発足時の四七（昭和22）年の五月、疎開の荷物を包んでいた新聞・雑誌のいろいろなところを切り分け、それに考える向きを示した「手びき」を付して教材とした深川第一中学校での大村教室、及びどの鉛筆の広告がやさしいことばで訴えかける効果をもつかを考えさせた広告四種の比較研究がよく知られている。

四九年からの目黒第八中学校における、単元「新聞」のもたらした成果として、二〇〇〇年に横浜に誕生した日本新聞博物館に、わが国最初の新聞をはじめ一〇万点以上の新聞を寄贈し、「私の新聞研究の原点は、中学一年の時の新聞学習にある」と折あるごとに語っている羽島知之氏の活動が刮目されてきた。

戦後の大村教室における新聞・ラジオを媒材とした学習は、これらを含め「ひとつの社会が社会として成り立っていくためには、その社会に通じ合いが行われ、何事についても社会としての世論が形成されていなくてはならない。そのために欠くことができないのが新聞・メディアである。」との考えを基底にして営まれてきた。

鳴門教育大学図書館の「大村はま文庫」に寄せられた、二千六十冊の「学習記録」を繙いていくと、紅葉川中学校の53年度三年一組S・Mさんの四月九日の記録に「三年生になって、はじめにする勉強　新聞について　学校新聞の編集　新聞の読み方」とあり、新聞の読み方から入るとメモされている。一三日の月曜日に「新聞の読み方」の学習の目標として、次の項目があげられている。

一　新聞に親しむようになる。　二　新聞の社会的な意義を理解する。

三　新聞の効果的な読み方を身につける。　四　新聞の利用のし方を知り、利用できるようになる。

五　特に次のようなことがよくできるようになる。　1 説明の書き方　2 見出しのつけ方　3 索引のつくり方　4 大意・要点のまとめ方　5 一般的な言葉の意味と使い方　のあとに、「仕事」として「自分の読み方の反省、新聞の性質を知り理解する、新聞を実際に読む」と記されている。さらに、「次の時間には、新聞についての質問がある。社説と論説の違い、短評と社説はどう違うかなど。さあ大変、そのようなことに気をつけて読んだことがない」とメモしている。大村先生のメディアリテラシー教育は、日常の学習と同じく緻密な目標とことばの力を育てる指導事項を掲げ、適切な指導と具体的な評価（ここでは省略）を伴なわせて成果を自覚させていかれる営みである。

学習が進み、四月二四・二五日には、三つの新聞について、同じニュースの取り扱い方の違いについて、班ごとに調べ発表する準備がなされている。この時、司会のあいさつ、発表の内容・順序など会のすすめ方が念入りに手びきされている。

同じクラスのT・Kさんの学習記録は、編集・制作以前の学習を主に「新聞のじょうずな読み方の研究」と題されている。班ごとの、三紙を比較する作業に先立って、一つの新聞の一面から一二面にどのような記事があるかを調べる個人研究に、一週間意欲的に取り組んでいる。新聞ごとに表を作り（縦軸に紙面一から一二をとり、横軸に政治・経済・国際問題・社会・文化・スポーツ等のニュース、それに社説・論説・解説等を挙げ）それぞれの面にどんな記事が載っているかを比べる作業を通じて体験的に新聞への理解が深められている。その間に先生から広告の役割と品位についてとか、比べることで新聞社の考えや方向がわかるといった講話がなされ教科書や解説にはない新聞への基本姿勢が育てられていく。

S・Mさんの二一日の記録は「今日のMさんたちの発表から文章についての勉強ができた。明瞭であること。あやふやに書かず考えをはっきりすること。わかりやすい文章であること」をあげており、自己評価力が育ったことを示している。

大村教室の「学習記録」からは、先生のメディアリテラシー教育が、社会及び学校生活をみつめさせることで自己評価力を育て、みえてきた自己の課題を克服しようとする意欲を自己学習力へと導いていかれた実践の内実がうかがえる。

（08・6・1）

6　大村はま先生と鳴門　Ⅴ

（1）波多野完治博士のみた大村はま

発達心理学者でピアジェの紹介者、波多野完治博士に、「著者（大村はまさん）との一時間」という文章がある。その一部を紹介したい。

（前略）「全集『大村はま国語教室』が刊行されるようになってからは、忠実な読者になって、現在まで「全一六巻のうち、当時は既刊八冊」全部通読している。（中略）大村さんの考え方が大体分かったような気がしたところで、『著者との一時間』を試みたくなった。……著者との一時間が、実は二時間になったくらい、その会談はなごやかであり、また有益であった。というのは、筆者のために大村さんは著書には出てこない話材を用意してきてくれたからである。

一つは、中学生が荒れることについての話であった。大村さんがいわれるには、中学生は、親と先生とがおたがいに話し合うことを大変きらう。学校での生活は親にかくしておきたいし、家庭での生活は先生に知られたくないことがある。親と先生との話し合いは、この二つの「かくしておきたいこと」をつきあわせてしまうことになる。ある生徒などは、親と先生との話し合いの日、「今日は家へ帰りたくない」といったそうだ。つまり、登校拒否や家庭内暴力は、自分の秘密が先生や親に知られてしまったことがきっかけで起こることがある、というのである。

これは、「学校と家庭の連絡」を密にするという立場の人からみれば、意外に思われようが、中学生の立場からすれば変でも何でもない。自我が出来はじめのときには、他人に知られない事情、つまり「かくしごと」が成立する。この「かくしごと」の世界と表面に出す社会的自我の世界とが二つあつまって自我が出来ていくのだ。……親と先生との連絡は、この成立しかかっている自我をハダカにしてしまう故、中学生がいやがるのはあたりまえである。大村さんは、国語教育に徹することにより、児童・生徒のこういう心理的特性を見ぬかれたといえる。……（後略）」（『大村はま国語教室　月報11』93・11・30　筑摩書房による）

人間の発達・成長について味わい深い文章である。（06・6・1）

（2）波多野完治博士からの書簡①

鳴門教育大学の図書館「大村はま文庫」に収められている教え子の方々の「学習記録」（二〇六〇冊）を中心に編まれた、『大村はま国語教室　全16巻』の第一巻が出版された時、心理学者波多野完治博士は、次のような書簡を届けられた。

「ごぶさたいたしております。／といって、気がつきましたが、わたしは、まだあなたにお目にかかったことがないのですね。テレビで見ただけでした。」

こんな不思議な書き出しにはじまり、「大きな判の本で、しかも五〇〇ページ以上、こんな本をいまの教師は読んでくれるのか、と思いながら手にいたしました。ところがよみ出してみると大違いで、全体が一つのドラマのようでした。全体が有機体のように構成されており、一冊の本であるばかりでなく、一つのドラマ、一つの作品でもありました。そうして、その中から得られる教育的洞察は無限です。本当によいご本をよませて頂きました。」

のちに全集の八冊まで読み進められた博士は「第一巻は、日本の国語教育の古典の一つ」と讃嘆されたこの巻は、「大村単元学習」が生成し、成熟し、深化していくすがたが一冊にまとめられている。

大村はま先生の実践の特色は、一人の日本人として生きていくことばの力を、優劣を意識させず、学びひたらせる学習を通じ、みずから身につけていくように手びき（教育）していかれたところに見いだすことができる。

一人前の日本人として社会生活を営むためには、［会議の前などに］読んでおかねばならないものがあれば、探して読むことができ、書く必要のある時には、相手を考えて適切な文章を書くことができ、また人の話を聞いてきちんと対応することができなければならない。それには、話すことよりさきに、人の話を謙虚に聞き、そのうえで言うべきことがあれば、言うべき場において、適切な発言ができなければならない。大村はま先生は、このような言語生活の力を生徒一人ひとりの身につけるため国語の能力を分析し、目標に即した教材を自分で創りだし、一人ひとりに応じた緻密な指導をしてこられた。

こうした実践のまとめられた「大村はま国語教室　第一巻」（筑摩書房）について、波多野博士は、「教育的洞察は無限です。」と書かれた。［つづく］

（06・7・1）

（3）波多野完治博士からの書簡②

（承前）日本を代表する心理学者波多野完治博士は、『大村はま国語教室　第一巻』への書簡の続きに、次のように認めていられる。

「わたしは、視聴覚教育から教育教授の問題に関心をもちはじめたものですので、あなたのせられる実践は身にしみてわかるような気がいたします。

文章に書き、口に出してはいえないようなことを、シナリオにし、脚本化するなどということは、人びとにはなかなか考えつかなかったと思います。

日本の教師たちが、この本を気がるに手にし、一ページでも開けてみてくれるとよいと思います。そうすれば、すぐひきつけられて、それから先は、あなたのすぐれた世界へ入ってしまうでしょう。一旦入ったら、もうその世界からぬけられないでしょう。（82・12・3）」と。

現在の学校では、ある文章を読んで、「人物の心情は？」「この時の主人公の気持ちは？」とか、「作者の言いたいことは？」などの問いを耳にすることが多い。全く分からない子どもはしかたがないとして、少し分かっている児童・生徒も、答え方に迷っている学習者も「分かりません。」と答えたりしている。大人でも文学作品や映画の主人公の心情や、作者の意図を尋ねられたとき、的確に答えることはむずかしい。

大村はま先生は、「味わうこと」と「味わったことを表現すること」とは別の力と考えられているので、波多野博士が第二段落に記されたように、「文章に書き表わしたり、口に出しては表現できないようなこと（主題や心情など）をシナリオにしたり、劇にしたりする」作業のなかで味わったり、深く考えさせたりしていかれた。

例えば、戦後すぐの暫定教科書に採録されていた「クラーク先生」の学習では、あるグループがクラーク先生の偉大さ（筆者の訴えたいこと）を「寄宿舎の夜」という劇にして演じたり、森鷗外の「安寿と厨子王」を読んだ時は、学習者自身の生活と結んで、グループごとに放送劇・幻燈・絵本・創作・朗読・創作・作品研究といった形で発表したりしている。［鳴門教育大学図書館「大村はま文庫　学習記録」による。］

こうした活動の基底には、作品の主題や人物の心理などを口に出して答えたり、味わったことを文章として表現させようとして学習者を困らせたりするよりも、大切なねらいである味わうこと（鑑賞すること）をさせるのが、専門職としての教師の勤めであるという考えがある。こうした豊かな工夫を「大村はま文庫」の資料にみることができる。
（06・8・1）

（4）苅谷剛彦氏の見る「大村はま先生」

先日（08・6・8）、「大村はま記念国語教育の会」が浦和市で開催された。今秋からイギリス・オックスフォード大学の教授に転出する　苅谷剛彦東大教授が、『職業』としての教師――大村はま先生を手がかりに――」と題して講演を行った。大村はま先生に関わる、興味深い・刺激的な話ゆえ、今回はそれを取り上げる。

社会学から教育を考えている苅谷氏は、まず、現在六〇万人の公立小・中学校の教師の年齢別構成表を写し、五〇代前半の先生がピークを占めていること、若い人の大量採用の時代が来ること。子どもの数は減少するが退職金の確保の問題などで、教育費は高くなること。そして、高い教育費で教育の質が高くなるか?と、「教育の質を支える教師」の問題を提起した。

「人材確保法」の見直し・地方公務員の削減・評価と処遇・免許更新と研修・授業数の増加と多忙化のなかでどういう人が教員になり、どう育つかを考えていくと、地域によって格差が（賃金の格差も）うまれるのではないかと懸念を表した。この状況を踏まえ、そもそも教えることが「職業」となるのは、当たり前のことか、と本質を問い、「職業としての教師」が成立するための条件は?と問題を提起された。［＊職業の語源は＝天職　という」

大村はま先生の原点である「戦後日本」は、新しい日本社会を創るため、新制中学校を作った。それは世界的にみてもきわめて先進的な制度で、ヨーロッパはまだエリート教育の段階で日本も進学率四〇％＝ほとんどが中学校で卒業していった時代。その時、大村先生は旧制高等女学校の教諭から、新制中学校へ移られた。新しい日本社会を支える人を育てるために、「つき動かされる思いで」移られた。

先生は「一国語教師として…心の中を字にしたり、話したりできる言葉の力を育てることが使命だと思いました。民主主義を築く時代に話し言葉ができないとどうしようもない。それなのに、討議・話し合いの指導が最も遅れていて、それをなんとかしなければならない。本気で自分も勉強し、そして子どもたちにも話し合う力をつけさせようとしてきたのです。」と語っていられる。

苅谷氏は、考えてみたいこととして、その時代は教師としての使命と教師としての仕事とが一致した「幸福」な時代だったのか？使命と仕事をつなげるものは何か？と問い、使命感だけでは空回りして勤まらない。技術だけでも勤まらない（目標の喪失）と言う。そこから「職業としての教師」が成立するための条件を追求していく。

そもそも　すべての子どもに大人になるまでの課程を「学校」という場で過ごさせ、共通の知識、共通のものの考え方を与える公教育が成立し普及したので、教師が職業として成り立った。が公教育には、アメリカ型の「市民の形成」とプロシャ型の「皇帝に従う国民の形成」という両義がある。戦前の「個人が国家の担い手」となるとの考え（「富国強兵」）と、戦後の「個人」を主体と考える「民主主義」の二つの価値が緊張した状態（アンビバレンス・相反感情の状態）になる。公教育はこの相反の状態に迫られてきた。民主主義は＝個人の尊重。だが、グローバル化のなかで、「経済成長」の国家間の競争に勝ち抜く二一世紀型の能力の育成としてＯＥＣＤ（経済開発機構）がＰＩＳＡ型学力をやっている。それは同時に、個人の自己実現、個性の発現を扶けるための教育がなければならぬ。

公教育の役割は、自由と平等の保証であり、自分の人生を自分で自由に設計するための力を保証することが必要な一面、平等を実現するためには、社会の基盤についての知識を教えることも必要となる。それらが教師の仕事に反映する。「子どもの個性の尊重、自ら学ぶ意欲の尊重、自分で選ぶことの尊重」に対し、「親の考え・満足感の尊重」の対立となる。社会の担い手としての最低限必要な力とは何か？ 多様性についての合意性？ と問い、大村実践の「社会学的」意味は、このアンビバレンスとの格闘の軌跡が 大村実践だったのではないか？ 単元学習における学習の個別化と、学習者の身につけさせる「力」についての総合的な見通しをもち、アンビバレンス解決の方法が、教えることと学ぶこととのせめぎ合いであったのではないか？ と説いていく。

平等と自由のアンビバレンスの解決が、「優劣のかなたに」の 一人ひとり到達するところが違い、プロセスに意味がある実践となった。その実践の特徴として、氏は、リアリズムとプロフェッショナリズムをあげる。1 教室の中の教師は、教えることが中心。 2 「てびき」による授業の具体性。「自分で考えてごらんなさい」では、子どもは考えない。どうすれば考えるようになるのかを考えるのが教師。 3 「身をもって教える・モデルとなりうる教師 の三つである。その例証として次の言葉を挙げていく。「教師は、そのときやっていることが、どういう能力と結びつくのかということを、見つめていなくてはならない」「まず、育てたい力の基本となる頭のはたらきは、どんなことかを捉え、そのような頭のはたらきをさせる仕事はなにか、と考えていく。」さらに、「基礎学力というのは、現場の私たちがこんなふうにさせたい、それはどうしたらできるだろうか、と考える小さな工夫によって養われるようです。要求をそのまま口で言うのが一番だめです。こうしなさいと言わないけれども、そうさせなくては教師としては指導をしていないことで、教師は何をしているのかということになってしまいます。」また、徹底した教材研究や「仏様の指」の話を引いて そこに、大村先生のプロフェッショナリズムをみいだしている。

大村先生は、このアンビバレンスの解決に使命感をもつことができた。私たちの時代に何が「職業としての教師」をかきたてるのか？　同じ知性の力による解決の役割は大きくなっている。「個人」と「経済成長に勝ち抜く国家」論。さらに食料・水・環境…問題。世界の終末に関わる人がでてくるかも知れない。今子どもたちはみんなどこかの小・中学校に行って公教育を受けている。教師の仕事はそこにどうかかわっていくか。そのとき教育の質を支える教師に　どういう人がなり、どう育つか…。ともに考えねば…と。

（08・7・1）

（5）大村はま先生の目ざされた学力の基本姿勢

（承前）「大村はま記念国語教室の会」が〇八年六月八日に埼玉県浦和市で行われた。シンポジウムのテーマは、「学ぶということ・教えるということ——言葉を育て、人を育てる——」であった。シンポジストの提言ののち、司会者から発言を求められたので、私は、大村はま先生の「学び・教え」てこられた基本姿勢について、次のように述べた。

苅谷剛彦先生から近代の公教育には、「個人」を主体と考える立場と「個人が国家の担い手」となるとの考えがあり、緊張した二つの価値の——アンビバレンス（両義性・相反感情）の状態の格闘という考え方が出されて興味深く聞かせていただきました。私は大村先生のうちでは学ぶということと教えるということが、調和を保ちつつ発展していく——学力が重層構造を成してしかも螺旋状に高まっていくと考えてきました。学びの面だけでなく教育の面においてもそれは当てはまると思う。大村先生の場合、ご自分の学びの方法がそのまま教室での教える方法になってきたことを思い合わせると、学力の構造がそのように考えられてきます。例えば今日、甲斐雄一郎先生の説明の中にありました、三年生になると自由にやらせられるということもその現れと考えます。それは七〇年代から八〇年代にかけて、指導要領で求められたクリエイティブという国家の希いを承けたとき、創造性は教えることはできないと先生は考えられ、一ひねりして「創造性に培う（創造する力の基礎に培う）」実践をなさいました。その時、甲斐先生のご指摘のように、二年生までにヒントを重ね、手びきで導き「五つの夜」がつくられ、三年生になりまして自由に創作「秘密の遊び場」（のちに文集）を書かせられるという実践があります。そのプロセスを見ますと、学力についての考え方だけでなく大村先生の授業そのものも――言語生活・言語文化生活の向上をめざした、聞き・話し・書き・読み・話し合う活動。人生を拓くまどである語彙を豊かにする指導。ことばの響きに人の心を識る言語感覚を磨く指導。発見・創造を志向した読書生活の指導。それらを学習記録に収斂させていかれる実践が――重層構造を成していると観ることができます。そこからは、大村先生の場合、「指導要領」の求め（国家の求め）るものと格闘・せめぎ合いをしておられたというより、時代社会の求めを一度受け止めたうえ、一工夫こらして（「指導要領」を超えた実践で）、学力に重層構造をもたせ螺旋状に高めていかれたとの思いがします。大村先生の場合、あくまでも社会的存在としての「個人」の言語生活力が中心で、個々人に可能な限りの学力をつけたあとは、「自立した」その人に将来を選ばせ・任せる立場におられたと私は考えています。

　加えて今日、興味深かったのは、苅谷夏子さんから、大村先生には嘘を言えないという話が同窓会で出たということです。それは大村先生が、西尾実先生の「真実の言葉」を実践していらした現れだと思いますし、先日、大村先生の女学校時代の先生でありますす川島治子先生のことを調べていましたら、その教え子が川島先生の国語は「自己の心を読む」、「自己を知る」、「自己を育てる」ことだと確信を持って書いておりました。そのことと関わって、大村先生は「教室へ出ると、教師はだれでも自分の教わった先生のなさったことを、なんらかの形でまねるものだと聞いたことがあります。私も諏訪へ赴任しまして川島先生のなさっていたことに似た形の授業で教師生活を始めたのです」と話しておられますし、後に先生は「人はお互い、誰かを育てながら生きているものです。何より自分を育てながら生きている」と話されました。その諏訪での講演を思い出してみますと、そのまま川島治子先生につながります。そこに指導者の系譜といいますか、芦田恵之助先生以来の川島先生、大村はま先生の系譜が浮かび上ってきますし、もう一つ西尾実先生とのつながりが見出されてきます。そういったことを考えさせていただきました。今日は大変刺激をいただきました、と。

求められて述べた私の意見は、苅谷剛彦氏と大きく異なるのではなく、苅谷氏は、社会学の立場から教育を「個人」と「国家」の二項鼎立の面から捉え、その対立で大村先生も悩まれたのでは……と基本的立場について分析したのに対して、私自身はシンポジウムの「学ぶということ・教えるということ――言葉を育て人を育てる」とのテーマに即し、大村はま先生自身の学びの姿勢から捉えた考えを述べたのである。

（08・8・1）

7　大村はま先生と鳴門　Ⅵ

（1）

四月一七日は、大村はま先生の三回忌に当っている。［先生はクリスチャンであられたので、天に召されて二年と言うべきであろうか］

今回は、九八歳一〇ヶ月まで、訴えずにいられなかった教育界への先生の想い・希いを、遺筆となった詩文で偲びたい。

優劣のかなたに

優か　劣か
そんなことが話題になる、
そんなすきまのない
つきつめた姿。
持てるものを
持たせられたものを

出し切っている
生かし切っている
そんな姿こそ。
優か劣か、
自分はいわゆるできる子なのか、

いわゆるできない子なのか、
そんなことを
教師も子どもも
しばし忘れて、
学びひたり
教えひたっている、
そんな世界を
見つめてきた。

学びひたり
教えひたっている
それは優劣のかなた。
ほんとうに持っているもの
授かっているものを出し切って、
打ち込んで学びひたり
教えひたっている
そういう世界。
優劣を論じあい
気にしあう世界ではない。

今はできるできないを
気にしすぎて、
持っているもの
授かっているものを
出し切れていないのではないか。

成績をつけなければ、
合格者をきめなければ、
それはそうなのだ。
今の日本では
教師も子どもも
力のかぎりやっていないのだ
やらせていないのだ。
優劣のなかで
教師も子どもも
あえいでいる。

学びひたり
教えひたろう

優劣のかなたで。

なお、鳴門教育大学図書館の「大村はま文庫」には、大村はま先生追悼の展示コーナーを常設している。一度ご覧いただきたい。

（07・4・1）

（2）大村はまのことば①

心理学者で広い視点から世界の教育を見透され、日本における生涯教育の提唱者でもある波多野完治博士（一九〇五～二〇〇一）は、大村はま国語教室の実践から生まれたさまざまな工夫を、「教室から生まれた人生訓」と評された。

そのいくつかを紹介してみる。

○〈わかる力と表す力は別のもの〉

「教師がよく使うことばに、『わかっているなら言えるでしょう。言えないのは、わかっていないからです。』ということばがあります。これは道理に合わないと思います。

わかっていなければもちろん言えないかもしれませんが、わかっていても言えない事情がある場合もあります。大人の世界では普通のことですが、子どもにも子どもの世界なりの秘密があることだってあります。

また、わかっていることがそのとおり口に出せる、あるいは書けるというのは、容易ならざることです。わかる力と表す力は別ものです。『わかっているなら言えるに決まっている』、そう簡単に決めつけられるものではありません。まして、それで責められては困ります。この二つの能力を測る観点に混乱があるとも言えます。」

○〈種をまくほうが大切〉

「子どもはほめることが大切です。でも、いいことがあったらほめようというのではなく、ほめることが出てくるように、ほめる種をまいていくことを考えたいと思います。そうせずに、いいことがあった子、よくできた子だけをほめていくと、まんべんなくほめるというわけにはなかなかいきません。

また、少し学年が上になりますと、ほめるに値しないことをほめられたときは、喜ぶよりも、むしろいたわられているような辛い気持ちになるのではないでしょうか。

教師は、ほめる大切さと、ほめる種をまく大切さを並べて、いえ、種をまくことのほうを重く心にとめておきたいものです。」（大村はま『灯し続けることば』04・7・1　小学館による）　（06・4・1）

「教師は」を「親は」「おとなは」と置き換えて読んでいくと味わい深い。

（3）大村はまのことば②

大村はま先生の教室から生まれた教育観は、そのまま珠玉の人生訓でもある。

［承前］

○〈仕事がたとえ実を結ばなくとも……〉

「あるとき、新聞に梅の花についての記事が載りました。梅の花は他の木から花粉をもらわないと、花は咲いても実を結ばないと書いてありました。

やがて梅の季節になりました。私の住んでいたところの門の左右に白梅と紅梅の木があったのですが、ひょっと見ましたら、白い梅が一輪咲いていました。何とも言えない、いい香りで、私は『たった一輪、友達もいないのに咲いているんだな』と思いました。この花は、他から花粉をもらえなくて実を結ばないのだろうな。でも早春のすがすがしい朝の喜びと、すばらしい香りを私に与えてくれたのだから、この美しさは変わらないのだなと思いました。

人の仕事もそういうことがあるのかもしれません。一生懸命うちこんだ仕事がたとえ実を結ばなくとも、咲く美しさだけ、仕事をしたことが値打ちというものがあると言えるのではないでしょうか。」

○〈スタートラインが同じでも……〉

「昔から一貫して行われてきた教室の風景、先生が新しいことを説明なさって、そして問題を『さあ、やってごらん』となります。

でも、人でも馬でも『さあ』と言って走らせて、同じ速さで走っていくなどの奇跡は、まず起こりません。説明を聞けばみな同じ程度にわかって、同じ歩調で進むと、本気で信じているのでしょうか。

スタートラインが一緒で、同じ教材・問題で、同じ方法でしたら、同時にゴールに入らないのがあたりまえです。そんなところから、劣等感や優越感が生まれるのです。それは教室の修羅場です。そして、そういった感情は、成長しようと思う心の妨げとなるものなのです。」（大村はま『灯し続けることば』04・7・1小学館による）

こうした考えにたって大村はま先生は、優劣を超えた授業を重ねられた。鳴門教育大学図書館「大村はま文庫」に多くの実践資料・「学習記録」が遺されている。

（06・5・1）

（4）苅谷夏子著『優劣のかなたに――大村はま60のことば』

四月一七日は、大村はま先生が天に召されて二年目に当たっている。先生が生涯をかけて求め続けられた「優劣のかなた」の世界と、そこに至られた大村先生の全体像を教え子苅谷夏子さんが、「まるで単元学習に取り組むように」（はじめに）探り出した書である。苅谷さんが挙げたことばは千五百を超したという。それらのなかから六〇の項が選ばれ、先生の遺されたことばに触発された追懐と先生の思想とが、達意の文章で刻まれている。まさに生きた種を播かれた先生と誉められる種を受け止めた教え子の、こころの絆が響きあった、心の拓かれる書物である。

このような人が育ったことは、大村教室の単元学習の成果と申すことができるし、またたぐいまれな知性の持ち主が生んだ大村先生への返書ともいえる。

装幀の桜、及び散る花びらに原稿用紙を配した図柄も、「京都の桜」がお好きだった先生を偲ぶ内容にぴったりである。

大村はま先生の単元学習は、単なる方法ではない。それは人間観・教育観にうらづけられた理念であり、稠密な学力観のもと、学習者が一人で社会を生きていける国語学力を身につけさせていく営みであった。その根源にあるのは、深い人間理解に基づく人間愛であり、開拓者精神であり、教職の専門家としての責任感であり、更に「自分がいちばん厳しい批評家」とのことばに現れる批判精神であった。

大村単元学習は、大村はま先生自身のためにあった　のことばはそのことを表している。

苅谷さんは、六〇のことばの一つに大分市での大村講演の次のことばを取り上げている。「人生に於いて自分が劣っているとか、だれかが優れているとか、そういうことを離れて暮らすことは　ほんとうは、できないでしょう。ただ、自分が劣っているから絶望する、われを見失ってしまう、そういうことでなくて、自分の劣っていること、思うようにならないことに堪えることを学び、その自分を生かしていこうとする、そしてだんだん一人前になっていくのだと思います。子どもですので、まだそれだけの覚悟がつかめない。そういうことを、だんだん鍛えていかなければならないのです。」（『教室に魅力を』国土社）

大村はま先生にとって「優劣の問題」は、若くして亡くなった姉上への想いをはじめとして、物心のついた時からの大きな課題であった。それを母君の叡智や『学びひたりて』（共文社　05・12・20）の生活などによって克服し、いかに学習者の学ぶ姿勢を育てる向きに変えていかれたかが全編を通じて明らかにされていく。

苅谷夏子さんは、現代教育のこうした切実な問題を先生の遺された幾千幾万のことばから探求しようとする。そのことはまた　亡き恩師への深い悲しみを超える作業でもあった。

心理学者　故波多野完治博士が「世界の母国語教育に類例のない実践の記録」と讃歎された大村はま先生の偉業の究明には、最晩年の一〇年を先生の身近に侍り、篤い信頼を得、相談にあづかったこの人を措いてなかったといいえよう。

座右の書として繙くことによって二一世紀の新しい教育への意欲が湧き出てくる著作である。　（07・5・1）

七四年ぶりの「対面」

去る〇八年一〇月一日から三日まで、一九三四（昭和9）年に長野県諏訪高等女学校に入学され、八七歳になっておられる三人の方が、鳴門教育大学図書館を訪問され、「大村はま文庫」に収められているご自分の作文集・国語筆記帳（学習ノート）と七四年ぶりに対面された。

来合わせた記者の「懐かしいですか」との問いに、今井密子さんは「大村はま先生は、大学を卒業してすぐ赴任してこられたが、深く広い学識と人の心を惹き付けるお話ぶりで、一人ひとりを本当に熱心に教えてくださった。年間に二〇編を超えるこうした作文帳や、たくさんのプリントを貼り付けたノートを観ていると、懐かしいと言うより幸せに思います」と答えられた。かつて今井さんは、「大村先生の国語教室は一時間が緊張の連続であった。読み・朗読を大切にされ、読み方によって文章の理解度がわかると、読みの練習をさせられた。言葉は力をもっていると　ことばに目を向け、ことばを大切に使うよう教えられた。段落を切って内容をつかむことから進んで、その文章の内容を表現している珠玉のことばを探させられた。そのようにして私たちは幼い年なりに、文豪と呼ばれる人の文章の味わいを全身で吸い取る感激を覚えた。文章の味わいの後、漢字の習熟、さらに書体のくずし方、語法の扱い、と先生の授業は、習字・文法にわたり綿密を極めた。作文の指導は、はしばしにまで目を通してくださり、批評ではなく、このように書けばよかったと考えさせる　筆者の心に副った朱筆をいれられた。先生が敬愛された芦田恵之助先生をお迎えして、作文の批正の時間がなされたとき、芦田先生が私の作文

「ガラス拭き」をとりあげて下さって以来、私は文章を書くのが好きになった。（以下　略）と書いておられる。

河西里恵子さんは、大村先生が、教科書以外に夜遅くまで生徒一人ひとりのために書いて与えられた名前のお手本、一五〇人の生徒一人ひとりが申し出た、折々の個人目標『第一歩のこころ』『すなほに』『姉妹仲よく』などの標語や習字の手本を資料として寄贈下さるとともに、大村先生の国語教室で学んだことが、その後社会に出てどれだけ役に立ったかを語られた。河西さんは、叙勲お祝いの文集に次のように書いておられる。『『赤い鳥』（大正から昭和前期の児童むけ雑誌）の復刻のパンフレットを見つめながら、小学校四・五学年のころが浮かんで来ます。担任の先生が『赤（赤化思想の持ちぬし）』と言われて検挙された時、先生が恋しいと泣いた気持ちがよみがえってきます。大切にしていた雑誌『赤い鳥』を家のものに隠されても、この先生を慕う気持ちと教えは私の心から離れることはありませんでした。そんな思いの中に女学校へ入った私は、今考えてみると、小学校の先生の姿を大村先生に一番求めていたと思います。何とかして認めていただこうと、作文や国語購読に力をいれたように思います。それが報われようと、報われまいと、励んだことが、社会に出てどれほどプラスに自信になりましたことか。東京丸の内の会社で、田舎者の私が引け目を感じないでプライドを持って勤めることができたのです。叙勲お祝いの会の翌朝、小雨の降る窓辺に立ってじっと外を眺めていらした先生の小さな肩を見まして『お早うございます』と声をかけました。水がしみるようなやさしい先生のお声が私の心の中にもどってきました。今まで私は、先生に求めてばかりいたことをしりました。……」と。

永富篤子さんは、「私たちは、熱心に教えて頂き、幸せいっぱいだったのですが、先生は、それからも、大村文庫の資料と記録に残されたように、時代と生徒の変化に即して、研鑽・工夫を重ねられ、生涯真摯な探究者であられたのですね。」と語られた。この永富さんは、大村先生が叙勲をお受けになった八二（昭和57）年のお祝いの文集に、次のように思い出を書いておられる。「常日ごろから私は、つらい時とか、涙が出そうな時とか、そういう時、いつも私が高等女学校二年（一三歳）の夏に母を亡くした時、先生から頂いたお手紙を思い出して耐えてまいりました。それには『篤ちゃんの心が慰められるように、神にともなく、仏にともなく、祈っております。』と書いて下さっていました。『私のために祈って下さる方がおられる。』キリスト者であられる先生は、生徒の一人ひとりの上に、惜しみなく深い愛をそそがれたのです。」と。

三人の方は、大村はま文庫に収められた先生のお仕事をみると、先生ご自身の探求への実践が、それぞれの生徒のなかで、個性に応じて、さまざまに発展していった証しであり、これからも私どもの心の指針となるともして、諏訪・岡谷へ帰っていかれた。

（5）指導者の系譜――川島治子先生のこと

大村はま先生は、山形県天童市における講演に於いて、次のように語っておられる。

私は、小さい時から、先生になりたいと思っていました。（中略）女学校にはいりましてから、たいへんすぐれた国語の先生につくようになりました。その先生は、垣内松三先生のお弟子でもあり、芦田恵之助先生のお弟子でもありという方でした。その先生は、私は、ああいうすぐれた方のお弟子であるということだけで幸せだ、といつもおっしゃっていましたが、垣内松三先生の理論、芦田恵之助先生の実践を大正の時代に身をもって実践していらした方だと思います。東京女高師出身の方でした。おからだが弱く、そのために気持ちもやや弱くといった、消極的なところがあると、ご自分でおっしゃる方でしたけれども、私はその先生の国語教室で育ちました。

［註　20（大正九）・9～24・3の間］

今、思いますと、先生は、こんな新しいことも、なさっていたと驚くことがあります。先生は新しいものをめざして一生懸命になっていらしたのです。とにかく、いわゆるありふれた形というのでしょうか、ここを読んでみなさいと言って、進めて、読み違うと直し、ことばがわからないと教えるといったことが普通に行われていた、大正期に、そういうことは一切なさったことがなかったのです。生徒一人ひとりの答え、発言を、合っている、合っていないということで処理されませんでした。どのような発言も取りあげていただいたという思いがいたします。

私は、教室へ出ると、教師はだれでも自分の教わった先生のなさったことを、何らかの形でまねるものだ、と聞いたことがあります。私も、長野県の諏訪高等女学校に赴任しまして、しらずしらず、川島治子先生のなさっていたことに似た形の授業で教師生活を始めたのです。

（「教師の仕事」98年2月、東村山地区協議会にて）

大村はま先生と捜真女学校の同窓の軽部作代さんは、川島治子先生について、次のように記している。（「同窓会報」52（昭和27）・4・20）

先生の国語は、字句の解釈にとどまっていたそれまでの国語と違って、「自己の心をよむ」、「自己を知る」、「自己を育てる」という新しい教授法ですので、それまでねむっていた私達は、一ぺんに目をさまされ、はじめて自分の目で万物を見ること、知ることを教えられて、新しく生き還った喜びを感じました。先生の国語、作文の時間は実に楽しく、また自己反省と追求への苦しみでもありました。

（「略歴」から）

同じく同窓生の、沼野ふみさんは、次のように認めている。

川島治子先生は、「文を読むこと」、「文を書くこと」を通して、私どもに、その「心」を見いだしていくことを教えて下さいました。先生の勉強は、この「人」にあり、人格即ち、その心に触れることでした。心とは、「まことなるもの」即ち真実、真理です。真理を求むる先生のお心は愛と理解を生み、虚偽を嫌い、内容の伴わない形式を排斥されるのでした。先生の国語の授業は、単なる字句の解釈ではなく、深く掘り下げて求めて読み取ること、作文では、「ありのままの素直な表現」を主張されました。それらは、みな、先生の真実を尊び、真実を教えようとされた企図に他ならなかったのです。五年間の歩みと先生の徹したご指導によって、師弟の心と心は一致して、内容の把握に、真理の探究に、作品の鑑賞に、活き活きとした眼を開かれ、生きる悦びを感得し得ました。

（「同窓会報」24ページ）

大村はま先生は、後年（82年）諏訪市での講演で、次のように語っておられる。

「人は、おたがい　だれかを育てながら生きているものです。なにより、自分を育てながら生きているものです。」と。

川島治子先生が、おそらく私の生涯を決した人、先生のなさっていたことに似た形の授業で出発したと語られる大村はま先生。時代を超えた、不易の「自己を育てる」教育は、このように　すぐれた師弟に受け継がれて今の時代につながってきた。

今、学力の質が問われている。学力の質を向上させるためには、他と競争させないこと、また、常に「自己の課題」をみつめさせる授業が求められる。それには教職にある人・保護者・社会人、全ての人の自己確立・自己研鑽が欠かせない。

（08・2・1）

補章

大村はまの教育・国語教育観――波多野完治書簡への註（I章の1参照）――

■第一回配本　第1巻

註1　「教育的洞察は無限です」（本書40ページ）

第一巻は、大村国語単元学習が生成し、成熟し、深化していくさまが一冊にまとめられている。明確な教育目的のもとに、的確な目標とそれに応じた評価活動、一人ひとりに即した学習材の発掘・創出とその活用、学習活動の多彩さ、学習指導の濃密さ、創意にあふれた展開などをさして、「教育的洞察は無限」と記したのであろう。のち、波多野博士は、『大村はま国語教室』の「月報11」において、この巻を「日本の国語教育の古典の一つ」と書いている。

註2　「文章に書き、口に出してはいえないようなことを、シナリオにし、脚本化するなどということ」（40ページ）

「クラーク先生」の学習のまとめとして、「寄宿舎の夜」という劇化がなされたり、「安寿と厨子王」のばあいは、朗読・絵本・放送劇・幻燈・創作・作品研究など、グループによる学習発表会が行われたりしたことをさしている。こうした学習活動の基底には、味わうことと、味わったことを表現することとは別の力であるとの大村はまの考えがある。

■第三回配本　第4巻

註3　「重ね読みの問題はアメリカの文学教育からヒントを得られたのでしょうか」（42ページ）

「重ね読み」に関しては、大村はま自身の体験からの発想であることが語られている。そのもととなった『引照つき聖書』においては、一つの聖句を理解するのに、参考に見るべき箇所を「旧約（新約）聖書の何のどこ」といったふうに示している。まさに「聖書にて聖書を」深く読む方法である。その考えを押し拡げて、「本で本を読む」重ね読みの単元が生まれた。

その工夫の根底には、多くの教室で見受けられる、先生に解らせてもらう読みでは、真の「読みの力」はつかないのではないか、説明し解らせてもらう読みから、本を使って自力でわかっていくのが「読む力」であるとの考えがある。真の読書（生活）人育成のために生まれた工夫である。

■第四回配本　第2巻

註4　「先生の全体の国語教育観がうかがわれ…」（43ページ）

この指摘に、「ほんとうに聞くことが学力の第一歩」との大村はまの考えがよくとらえられている。大村国語教育観を示す話として、「いつも整然と区切りのいい論理的な話を聞いている学習者と、あちらへ飛び、こちらへ飛びする話しか聞いていない学習者とでは頭の組み方が違っていってしまう」、「論理的な話を集中して聞く頭が学力をつくっていく。それは、読解に際しても、試験に臨んでも応じる頭と別物ではない」がある。さらに、「聞くことの学力と人間形成」については、「話の下手な人の、精いっぱいの話、その話す人の気持ちを考えながら聞くところに人間性が育ってくるのではないか」との教育観がある。

註5　「話し合いについてのご議論は、じつにすぐれており、また中学生の心性にあったものとおもいます」(43ページ)
ここで「話し合い」と言われているのは、西尾実博士の言う「討議」をさしており、「討論」は含まれない。大村実践は、話し合いの目的を世界に眼を拓いた民主国家の一員として学習者を育てるところにおき、グループでなくては、社会的なことばの技術を練ることはできぬとの考えにたって営まれてきた。波多野博士は、「中学生は小学生よりずっと自己中心的となり……話し合いの価値のわからなくなる時期」と捉えており、大村実践のもとになった話し合いについての見識を「中学生の心性にあったもの」と同意している。

第五回配本　第6巻

註6　「処理は、子どものいやがるものですが、あなたは、じつにそれを面白く…」(44ページ)
大村はま国語教室における早くからの提案に「作文の処理を学習に」がある。設けられた「実の場」によって、進んで推敲し、相互に批正しあう意欲をもたせ、さらに、「先生への手紙」の例にみられるような自己評価力を育てる数々の工夫をさして、波多野博士は「処理は、子どものいやがるものですが、あなたはじつにそれを面白く、熱心にさせています。」と述べたうえ、「これは『批評』への導入としての役目もはたしています。」と位置づけている。

第八回配本　第5巻

註7　「今回の第八回配本ですが、非常な力作で、あなたもさぞご満足であろうと思いました」(48ページ)
全集第五巻は、大村はま国語教室における「書くこと」の指導の、目的、目標、指導計画、実践上の工夫、評価活動に至る創造的な工夫と提案が収められた巻で、その開拓した創造的提案は書くことの指導だけでも五〇〇を

超えている。（波多野博士は、これらを「非常な力作」と評し、「わたしのようなものにも、新しく教えるところのある、すぐれた着想にみちたもの」と記した。）

大村はまの「書くこと」の基底にあるのは、文章力は人間として育つこととつながっている。したがって、作文学習のねらいを上手な文章が書けるにおくのではなく、書くことによって育つもの［自己をみつめる。考えが明確になる。など］があるとの考えである。それゆえ、学習者への話にも、筆不精をなくすことを第一に説いた。指導計画を重視して、「書く」内容をもたせ、書くことのできる技術を一人ひとりにつけさせ、書いて推敲し、相互批正・自己批正による自己評価力を養うなど数々の工夫は、こうした考えと、書き出せずに困っている学習者をそのまま見過すことができない教職者自覚から生まれた。

註8　「あなたは…学習指導要領の各項目についての批評はないのでしょうか」（48ページ）

大村はまは、私も「学習指導要領の委員の一人だったので、一つ一つ実践し努力をした」こと、「ただ、指導事項には軽重があるが並列されて並んでいると読む人に同じように受けとられる。」と指摘し、「学習指導要領」が学力に即して構造化されていないため、「一つ一つ力をつけようとすると、授業が散漫になった」と語った。――［例えば中学一年生に求められる「要約力」をつけるためには、三つの力、1正確に読めて、2要点がつかめ、3再構成する力がいる。それらの指導事項が小学校段階において、ばらばらに配されていることなど。］また、「新しい指導には、新しい方法がいる」のにその工夫がないこと、さらに、「何をねらって教育はなすべきかを考えると、「指導要領」にしばられている教科書では間に合わなかった。」と語った。

「私の単元学習は、国語能力のはっきりとした分析にたった言語生活の指導」と考え「指導要領」を超えた実践を行なってきた大村はまにとって、「学習指導要領」は、批判のレベルにはなかったと言える。

■第十一回配本　第14巻
註9　「文章の構造を図にすると☒になることは気がつきませんでしたので、私には、啓示でした」（50ページ）
大村はま国語教室においては、筆不精にならぬために、常に、取材のしかた・内容を育てる指導の工夫が重ねられている。そうした角度を変えて豊かに題材・対象を観（み）、内容を育てる工夫から生まれた構造図である。大村はま自身の、対象をいろんな角度からみる体験から生まれ、学習者からも「どこにでも使える」と好評であった。その工夫を波多野博士は、「わたしには啓示でした」と讃嘆している。

■第十二回配本　第12巻
註10　「国語の伸びもさることながら…」（52ページ）
大村国語教室では、学習のすべてが「学習記録」に収斂される。備忘録としてのノートや、ポートフォリオと異なり、学習に向かう態度・心の動きや話（発表）を聞いたり、文章を読んだり、話し合いをしたりした時には、心をよぎったこと・考えたことを、さらに学習の成果と課題のすべてを手びきに導かれて記録する営みである。書く習慣を身につけ、記録することによって得られる成果のすべてが目指されている。学習者にとっては、学習のすべてを書くことによって自己をみつめ、自己評価力が育てられ、自己学習力を発動して自らを育てていく根基となっていく活動である。学習者たちが「大村先生に生き方を教わった」という大村教室の実践の本質を象徴する学習活動である。
これを波多野博士は、「国語の伸びもさることながら、この女生徒の人格形成の跡がしのばれ、じつにすばらしい指導と成長の記録」と記したのである。
大村はま自身の勉強のため、生徒から再提出された「学習記録」二千六十冊は、学習者一人ひとりの学習した単元名を記し、一冊ずつケースに収め、鳴門教育大学附属図書館「大村はま文庫」に保管している。

■第十三回配本　第⑩巻

註11　「あなたの指導書の部分は、その意味で、全集に入れて下さって、大へんよかったとおもいます」（53ページ）

西尾実編「国語　中学校用」の「学習指導の研究」（昭和31年版及び36年版、筑摩書房）をさしている。大村はまが担当した一～三年の全指導書は、指導者の経験、図書館の充実ぶり、資料の豊かさ等に配意して、たえず複数の指導計画［A案～D案］が示されている。学習指導の的確な目標、目標達成のための緻密な留意点、目標に応じた展開の例と、そのプロセスにおける評価の観点・項目が記されている。とくに、この目標を達成するためにどのような基礎力が必要であるか、即ち、学力（目標）と指導事項が構造化して示されている。あわせて、学習者の変容の例をあげて評価の観点を例示している点などに特色が見いだされる。

波多野博士は、これらをさして、「あなたの教師用書は、深く考えられていて、……用意の深く且つ慎重なのに感心いたしました。」と述べたのであろう。

ちなみに、当時、筑摩の教科書は売れないが、指導書は研究会の折の指導案作成の参考として、よく売れたと言われている。

なお、註15と関連するが、九二年に復刻版一千部が再販された。

註12　「評価の観点について。……あなたはそれを数量化しようとしない」（53ページ）

この指摘は、大村はま国語教室の本質とかかわっている。大村はまの基底にあるのは、評価とは、学習者が自己の学習をどのようにみて（考えて）いるか、学習者自身が、今後、自己のどの面をどう伸ばしていけばよいかを考えるためのものというところにある。

指導者が常に学習者の学力・学習力を綿密にとらえ、どの面をどのように導いていくかを考えているのは当然である。学習者が重く考えがちなテスト（評定）については、ペーパーテストではかることのできる力と、テストになじまない力を見究めるように導き、折あるごとに学習者に理解させたうえで、何を（どのような力を）みるためのテストであるかを充分吟味し、予告して、出題している。

選択肢の一つ一つに明確なねらいをもたせたテストの後は、プリント「テストをみて」による講話のほか、対話・学習記録などによる日常の指導によって、一人ひとりが留意しなければならぬ点、為すべきことを自覚させ、自己学習力を発動していくように手びきをしている。大村はまの評価が「到達度に属するもの」であり、クリエイティブであるのは、こうした考えに立っているからである。

■第十四回配本　第7巻

註13　「先日は大へん愉快な一夕をすごさせて頂き…」（54ページ）

大村はまとの対談をさす。『総合教育技術』八四年一〇月号（小学館）参照。

註14　「これを復刻なさったことは、教育出版の一つの新機軸でしょう」（55ページ）

「大村はま国語教室」資料編五冊

文中の「教育出版」は筑摩書房の誤り。もしくは「教育出版上の」の意味か。

註15　「西尾教科書が消失してしまっていることは」（55～56ページ）

西尾実編「国語　中学校用」（昭和三一年度版六冊、三六年度版三冊）及び、「学習指導の研究」［全一八冊］は、この手紙の七年後の九二年に一千部限定版として復刻された。（註11も参照。）

『22年目の返信』［巻末に寄せて］
――『大村はま国語教室』の各巻に寄せられた波多野書簡――

大村はま
波多野完治

二〇〇二年五月、大村はま先生は、世田谷弦巻のアパートから横浜へお移りになった。これまで鳴門教育大学が寄贈をうけ、「大村はま文庫」として学内外の利用に供している文献資料は、二〇〇一年度までの第一次分が、文献六三〇〇冊、雑誌一三〇〇冊、学習記録二〇〇〇冊、学習指導資料五〇〇点である。一九九五年から大村文庫の整理・特殊分類に携わってきた私は、弦巻のお住いから届けられた第二次分約一〇〇箱（第一次は約四〇〇箱）の整理のため、折をみて前勤務校である鳴門教育大学の図書館特別資料室に出向いていた。

大村先生から、「不要と思われるものは、処分してもらっていいのですよ」と気づかっていただいていたけれども、九六歳（二〇〇二年時点）までわが国の国語教育を前進させるための提言を続けてこられ、そのために全力を傾注して集められた学習資料は、手びき一枚、メモ一片も粗略に扱うことはできなかった。

八月、講演のため鳴門教育大学へお出でになり、「大村はま文庫」の資料、特に一冊ずつケースに収められた「学習記録」二〇六〇冊と何度目かの「ご対面」をなさった先生を、淡路島・明石大橋経由で次の講演地大阪までお送りした。その翌日、引っ越しにあたって教え子の苅谷夏子さんや篠原尚男さん夫妻、豊重禎子さんら「おはま会」の方々によって詰められたダンボール箱の資料のなかから一つの封筒を取りあげた。独特の書体で書かれた宛名をうら返してみると、「文京区……音羽ハウス……波多野完治」と印刷されている。

波多野先生の大村実践についてのお考えは、「総合教育技術」(小学館)誌上、『大村はま国語教室』(筑摩書房)の「月報11」、また『授業を創る』(国土社)の「巻末に寄せて」などによって広く識られている。けれどもこの十数年、公の場でのお話や大村先生との何十回かの対話・電話のなかで、波多野先生の書簡についてお聞きしたことはなかった。

休日の早い閉館時刻を気にしながら——一面、お便りの内容に胸の高鳴りを覚えながら——取り出してみると、「本日は全集第二巻［第四回配本の「聞くこと・話すことの指導の実際」］をお送り下され、ありがとうございました」にはじまる便箋六枚にわたる書簡であった。

波多野完治先生は、まず「本巻は聞く、話すが中心ですが、読む、書く(話すように書く、マンガのキャプション)ともからんでいるので、先生の全体の国語教育観がうかがわれ、全体的展望をするのによい巻とおもいます」と、この巻の位置づけをなさったのち五行あとの箇所に、(43ページ参照)

「わたしは、英語、フランス語で、スピーチの本をいくらかよみましたので、あなたの本を理解する素地はいくらか出来ていたのでしょうか、たのしく拝見することができました。なによりも聞く話すという、第一義的でなくなりやすい仕事を単元化していく授業の天才的な工夫に頭がさがりました。

原理(スピーチの)としては、古来いわれたことが、あなたの授業で実践化されているところも多いのですが、第三段階を設定されたことで、それが教室の作業として「現実」のものになる点は、わたしは、上手な手品師のように見事に感じました。

わたしとしては、聞くと話すと、どちらにプライオリティー［筆者注——重要性・優先権］をおくかの問題に興味をそそられました。というのは、欧米のスピーチ学者はみな「話す」にプライオリティーをおき、そこから聞くをひき出しているからです。

もちろん、聞くに全然ふれないスピーチ学者もいることですから、ヨーロッパ的風土が聞くことを軽視していることはたしかなのですが、あなたの「聞く」の重視は、中学生という発達段階を考えるとしごく当然で、ここから出発したのは、あなたの見識を示すものです」と、世界的な見地に立って大村はま先生の実践の本質を透視され、三行あとのところに、

「話し合いについてのご議論は、じつにすぐれており、また中学生の心性にあったものとおもいます。というのは、中学生は、小学生よりずっと自己中心的になり、分裂病的症状を呈し、したがって話し合いの価値のわからなくなる時期だからです」と記され、

大村はま先生

「たのしく読ませて頂いているのにまかせ、少し言いすぎたかもしれません。おゆるしを。

はたの　かんじ」

と、結ばれている。

大村はま国語教室の創造性について　国際的な視点から述べられたこのお便りを私は目を見張る思いで読み返した。さらに、第二巻の発行が、八三年三月三〇日であり、封筒の消印が四月四日付けであることに気づいた。当時、八〇歳に近い波多野完治先生が、二、三日のうちに四五〇ページを超えるこの巻を読み通され、便箋六枚に及ぶ礼状を認めておられるところに先生の抱いておられる格別の思いが伝わってきた。

この巻のもつ意味について、波多野完治先生は、のちの「月報11」（『大村はま国語教室　第一四巻　ことばの力を伸ばす』　筑摩書房）において、

「(前略)全集が刊行されるようになってからは、忠実な読者になって、現在までのところ、既刊全部通読している。五冊目ぐらいのところで大村先生の考え方がつかめた気がした」と書いておられる。これは前掲の第四回配本の書簡に、「先生の全体の国語教育観がうかがわれ、全体的展望をするのによい巻とおもいます」とお書きになっているのと照応している。

「月報11」においては、続けて、「大村国語教育学［波多野先生はこのように呼んでいられる］への入門として［既刊一〇冊のうち］一番よい手がかりをあたえてくれたのは、大村先生が中学生のための本を三冊［『やさしい国語教室』『続やさしい国語教室』『国語教室おりおりの話』(いずれも毎日新聞社・共文社刊)をさす］まとめた第十三巻『国語学習のために』である」と述べられ、「第一巻『国語単元学習の生成と深化』はすばらしい本でおそらく、日本の国語教育の古典の一つであろうが、この本の真価がわかった、とおもったのは、全集四・五冊を読んだ後であった」と記しておられる。その第四回目の配本についての書簡を、私はまず手にしたのであった。

日本の国語教育実践史からみてかけがえのないこの書簡に関して、これまで個人的にもお話しがなかったことを私は不思議に思った。波多野先生のお便りを資料の中に見いだしたとご連絡したところ、大村はま先生は「全集の一冊一冊についてお便りをいただいていたのよ」「波多野先生の一連のお便りは、現職で勤めていたころのつらい思いを忘れさせ、天の助けのようだった」と電話口で話された。そして、「一人胸に秘めて励みにし、他人に話したことはなかった」「だって、自分のほめられている手紙のことを他人に語るものではないでしょう」とおっしゃった。

図書館に保存できる文献、資料、学習記録等と、保存できかねる個人的な資料・写真・手紙類とを区分していたこれまでの作業を中断し、波多野書簡を捜すこととした。こうしてこれまでに見いだせたのが、本書に掲げた一五通（資料編を含む。一五回配本分は未見）の手紙である。

これらの波多野書簡を公にしていただく願いとともに、その折りのお気持ちを直接おうかがいするため、二〇〇二年一一月六日に群馬の北岡清道さんと大村先生をお訪ねした。

大村はま先生は、それまでお祝いの会で一度しかお目にかかったことのない波多野先生から、こういう書簡を受け取って。まず「驚いた」とおっしゃった。在職中、「孤独感があり、心細かった」ので——と漏らされたのは、嫉みなどのためにさまざまに疎外され、心を痛められることが多かったからである。例えば、言語感覚のよく育った学年の生徒たちを、持ち上がって三年生で共に学習を進めようと期待しておられたのに、それが叶わなかったり、一年生ばかりを担当されることが続いたりした。（それぞれにその年のその学年にしかできない実践の工夫を重ねられたのではあったけれども）大村先生は、「日本の話しことば教育の損失であるとさえ考えた」と話されたこともあった。それらのことが、「孤独感があり、心細かった」との言葉になったと推察される。——書簡が届いたときは「こういうこともあるのだなぁ。『神様ありがとう』という思いがした」と語られた。

「世界的な視野に立って書いて下さっていますね」と申したところ、「こういうことを言っていただいて大丈夫かなぁ、こういうふうに（大村はま国語教室の実践を）解釈してくださる人がいるのかと胸に迫るものがあった」と添えられ、「驚きと感謝の気持ちであった。」と加えられた。

「大村はま国語教室」の透視者波多野完治先生は、第一六回配本『大村はま国語教室　別巻』についての書簡の最後を「世界に類例のない、この国語教育の実践記録を日本の読者に提供してくださったことに対し、心からお礼を申します」と結んでおられる。

五二年にわたる大村国語教室の限りない工夫は、大村はま先生の人間愛、開拓者精神、学力観を基底とした研究と実践が結びついた前人未到の創造的な営みであり、実践の学としての国語教育学そのものである。

世界の教育、国語教育の理論と実践を広い視野、高い視点から観てこられた波多野完治博士は、便箋百枚を超える一六通の書簡を通じて、このことを的確に示されたのである。

二〇〇三年六月二日（大村はま先生九七歳の誕生日に）

元鳴門教育大学教授　橋本　暢夫

『大村はま国語教室の実際』（溪水社）あとがき

一

大村はま先生は、一九五六（昭和31）年一二月二日、広島・大下学園祇園高等学校の第一回国語科教育研究会において、「国語学習指導の実際」と題する講演をなさった。爾来、二〇〇一（平成13）年の第四六回国語科教育研究会まで、三二回にわたって、先生は国語科教育の課題及び国語教室への提言を続けられた。

本書には、そのうち、一九八九（平成元）年から二〇〇一（平成13）年までの講演記録を収めた。大村はま先生の八三歳から九五歳の年時にわたっている。

各講演の題目、研究会名・年月日、所収紀要は次の通りである。

（本書においては「紀要」の記録から、文言・文末を修正している。）

（題　目）（研究会名・年月日）（所収紀要・発行年月日）

1　国語教室の実際（単元「赤い鳥小鳥」）　広島市大下学園祇園高等学校　大下学園国語科教育研究会

第三四回研究会（89・12・3）研究紀要三六（90・3・25）

2　国語教室の実際　同　同

（単元「ユーモア優等生―笑いのセンスを育てる―」）第三七回研究会（92・12・6）研究紀要三九（93・3・31）

〔当日は大村はま先生がご病気のため、九二・一一・二三の第二二回「大村はま国語教室の会　研究発表大会」

における提案の録音を橋本暢夫（鳴門教育大学）が編集のうえ、会員の方々とともにお聞きし、大槻和夫教授（広島大学）が、「大村先生のご提案をどう受けとめるか」の解説を行なった。」

3　国語教室の実際（単元「一基の顕彰碑」）　広島市大下学園祇園高等学校　大下学園国語科教育研究会　第三九回研究会（94・12・4）　研究紀要三一（95・3・31）

4　国語教室の実際（「ことばの海で　ことばの森で」の学習）　同　第四〇回研究会（95・12・3）　同　研究紀要三二（96・3・30）

5　国語教室の実際（単元「ことばの感覚をみがきあう」）　同　第四一回研究会（96・12・1）　同　研究紀要三三（97・3・31）

6　国語教室の実際（単元「談話室」）　同　第四二回研究会（97・12・7）　同　研究紀要三四（98・3・31）

7　国語教室の実際―「学習のてびきについて」―　同　第四四回研究会（99・12・5）　同　研究紀要三六（00・3・31）

8　私の学習指導の歩み―私の研究授業―　同　第四五回研究会（00・12・3）　同　研究紀要三七（01・3・31）

9　単元学習のためのわたしの勉強法と単元の実際　同　第四六回研究会（01・12・2）　同　研究紀要三八（02・3・31）

本書に収めた九編の講演記録のほか、一九八九年からの十三年間に、大村はま先生は、大下学園国語科教育研究会において三回（九〇年、九一年、九三年）の講演をなさっている。［九八年は白内障手術のため来広されなかった。］これらの講演の要旨は、『日本の教師に伝えたいこと』（95・3・20、筑摩書房）のなかに、「身をもって教える」、「話し合うこころ」、「目標を定めて」の見だしのもとに収められているので、本書への収録は保留した。これらの講演の全文と資料は、大下学園国語科教育研究会「研究紀要」の二七・二八・三〇号に掲載されている。

なお、大村はま先生をお迎えして一九五六（昭和31）年から開催されてきた大下学園の第四〇回研究会までの記録は、野地潤家先生の「国語科教育研究会のあゆみ」（平成8・3・17稿）に詳しい。（「研究紀要32」96・3・20所収）。

大下学園国語科教育研究会は、野地先生のこのまとめののち、七回開催され、「研究紀要」は、三九号まで発行されてきている。

二

大村はま先生の長年の実践研究の精神は、一九七二（昭和47）年に届けられた、第一回実践研究発表会の案内に尽くされている。

国語科実践研究発表会

国語教育を飛躍的に前進させるためには、もっと、日々の国語教室の実践そのものによる研究がたいせつにされ、実践的提案がなされなければならないと思います。現場の実践者による実践的提案――現場の実践によってしかできない提案がさかんになされなければならないと思います。もちろん授業は水入らずですべきものですから、授業による提案は非常にむずかしく、限界があると思います。そうした限界を考えつつも、やはり、その限界のなかでの実践――授業による提案を試みたいと思います。
このたび、特に、長年にわたって私の国語教育実践の歩みを見守り、多くの示唆と励ましをいただいた、今日まで私をささえてくださったかたがたにおいでをいただきまして、これからの国語教育へのいくつかの提案をいたしたいと思います。小さな、しかし、それなしにはすぐれた理論も、教室の実際においては空転するのではないかと思われるような、日常の国語教室の営みのあり方を実践によって提案したいと思います。また、二一世紀を活躍の場とするわが教え子たちに、今の日本で、国語教室で、何をしておくことが必要か、実践をもって提案したいと思います。
この提案がきっかけになり、これからの国語教育が大いに論じ合われますよう願っております。

昭和四七年九月　　東京都大田区立石川台中学校　大　村　は　ま

三

一九八〇（昭和55）年三月に退職された大村はま先生は、六五年からの「月例研究会」、七二年から九回の「国語科実践研究発表会」を承けて、その後二一年にわたって、研究即実践の理念のもとに、秋の「大村はま国語教室の会」研究発表会において、次のように国語教育界への提案を続けてこられた。

第一〇回八〇（昭和55）・一〇・二六　・単元「知らせよう　日本の子どもたちを」
・個人文集「私の本」
・語彙指導の試み――「指」をめぐって

第一一回八一（昭和56）・一一・二二
・単元「卒業記念　石川台中学校図書館掲示板」
・単元「ことばとことばの生活についての意見」
・語彙指導の試み――「妙」が身につくとき

第一二回八二（昭和57）・一一・二一
・個人文集――私の本　第二案
・語い指導の試み――「味」「越」「余」――（呼び合うことば）

第一三回八三（昭和58）・一〇・一六
・単元「古典に学ぶ勉強のしかた」（三年）
・単元「私たちの国語教室設計案」（一年）

第一四回八四（昭和59）・一〇・二八
・単元「古典のなかの笑い声」（二年）
・単元「朝日新聞の社説とＮＨＫの解説等による一人一研究」（三年）

第一五回八五（昭和60）・一一・二三
・単元「隣国に友をもとめて」
・語彙指導資料作成の一つの試み――この情景この気持ちを表わすことばを

第一六回八六（昭和61）・一一・九
・単元「日本の少年少女の贈るインドネシア少年少女読本Ｉ」

第一七回八七（昭和62）・一一・一五
・単元「わたしたちのフォスター・きょうだい」「話し合いの能力を養うために」
・読書生活指導を深める一つの試み――読むことにこんな指導も――
・紹介　語い指導資料

第一八回八八（昭和63）・一一・二〇
・単元「大村日本語教室資料部助手　二年Ｃ組の□」

第一九回八九（平成元）・一一・二三
・単元「赤い鳥小鳥」

第二〇回九〇（平成2）・一一・二三・単元「東アジア・東南アジア少年少女会議」
第二一回九一（平成3）・一一・二三・単元「日本と日本人をとらえ直す」（中三）［情報を求め、情報を得て、いろいろな言語活動にのせながら識見を育て合う学習室］
第二二回九二（平成4）・一一・二三・単元「ユーモア優等生――笑いのセンスを育てる――」
第二三回九三（平成5）・一一・二三・単元「アイヌ、その意味は『人間』」
第二四回九四（平成6）・一一・二〇・単元「一基の顕彰碑」
第二五回九五（平成7）・一一・二六・「ことばの海で　ことばの森で」
第二六回九六（平成8）・一一・二三・単元「ことばの感覚をみがきあう」（北海道新聞「言の葉」）
第二七回九七（平成9）・一一・二三・単元「談話室」
第二八回九八（平成10）・一一・二三・私の単元学習から
第二九回九九（平成11）・一一・二三・単元「ことばと人間のめぐりあわせと面白さ　その一」
・二つのおすすめ――単元学習の背景に
第三〇回〇〇（平成12）・一一・二三・私の研究授業（研究授業一覧の冊子をもとに）

四

本書に採録した講演資料のうちの七資料は、「大村はま国語教室の会」研究発表大会の第十九回から第三十回までの提案資料と重なっている。これは、秋の大会のあと七日乃至十日しか日時の余裕がなかったのと、先生のご年齢を考え、主催者が同じ資料でと、あえてお願いをしたためである。

同じお話を二度なさらない大村はま先生は、それぞれの年の「国語教室の会」における提案資料をもとに、単元胚胎の経緯、単元の目標、目標に応じた具体的な評価活動、一人ひとりに即した学習材の発掘と実践にあたっての工夫、さらにどのように個を把えるかについて、東京での研究会と別の角度から創造的な話をして下さった。従って、ここに収めた記録は、東京と広島との二つの講演が合さったものであり、波多野完治博士が、「世界に類例のない国語教育の実践記録」（大村はま　波多野完治『二二一年目の返信』一五三ページ、04・11・10、小学館）と絶賛された「大村はま国語教室　全十六巻」の営みのうえにさらに新しい境地を示されたものとみることができる。

大村はま先生が、その年、その年の国語教育界への「提案」を本書によって世に訴えておきたいと望まれた意図もここからきていると推察する。

五

二〇〇四年までの七十七年にわたる「大村はま国語教室」からの数多くの提案、及び教え子の証言（『大村はま先生に学びて』05・2・10、溪水社・復刻など）は、大村単元学習が単なる方法でなく、大村はま先生の深い人間理解に基く人間愛、開拓者精神、学力観などを基底とした専門職としての学習者研究と実践とが結びついた創造的な営みであることを示している。それは時代を超えた不易の営みである学習者の自己確立をはかる教育の真の姿を表してきている。

広島の地で大村はま先生の講演に接し、あるべき国語教育への眼を開かれ、みずからの国語教室創造への熱意をたかめた方は多い。同じように本書を通じて、学習者の腰をたたせ、一人ひとりの手をひくとはどのようにすることかを学んでいきたい。あわせて大村教室においては、学習のすべてを「学習記録」に収斂していく活動が、自己をみつめさせ、「自己評価力」を育てる学習となっていることに思いを致したい。自己評価力が育ち、学習の成果と課題を自覚した学習者は、みずからの課題を克服しようと自己学習力を発動して次の学習に取り組んでいく。現在求められている「自己学習力」は「自己評価力」を育てることによって身についていくことを大村はま先生は、実践によって示してこられた。

本書がこのようなまとまりをもつに至るまでには、研究会の創設以来四八年に及ぶ大下学園関係者、故井上幹造先生、浜田友三郎先生など、代々の校長先生、故菅原教信先生をはじめとする教頭先生方、また、専務理事、職員の方々、さらに、直接研究会及び「研究紀要」の刊行を支えてこられた教職員の方々――創設期の故佐本房之氏、北岡清道氏、中期の築地道江氏、現在の宮平政知氏ら国語科のみなさまのお力添えがもととなっている。

野地潤家先生は、研究会の創設に与かられて、全体講師に大村はま先生を推挙され、爾来、ご自身も講演者・指導講師として会全般を支え、研究会及び研究紀要の充実とその発展に尽くしてこられた。本講演集の編成もまた、先生のご指導によっている。

本書の刊行にあたっては、溪水社木村逸司社長、寺山静香様に並々ならぬご高配をいただいた。心から感謝申しあげる。

（元鳴門教育大学教授）

二〇〇五年三月二日

校正刷りをご覧になり、「一度にこみあげてきたなつかしさ、思い出と感謝、次々と開けてきたしあわせなつながり、ご縁、胸がいっぱいになりました。」と「まえがき」にお書きになった大村はま先生は、二〇〇五年四月一七日、神に召されました。九八歳一〇か月のご生涯でした。

　戦争のない平和な世界を築くためには、次の社会を荷う現在の学習者たちが、「お互いに知り合うことが第一」との考えを念頭に、二一世紀の国語教育への提言を続けてこられた先生のみたまに謹んで哀悼の意をささげます。

大村はま先生を悼む

自己学習力育成の先駆け

――「自己評価力」の育成を実践によって――

亡くなられる三日前、先生の五十八冊目の著作の校正が終わったことをお知らせすると「うれしいわ。六月初めに出るのね。山形での講演の後、もう一度鳴門へ行って大村文庫の『学習記録』や若い方にお会いしたいわ」と話しておられたのに信じられない思いである。

先生は一九二八（昭和3）年に教職に就かれ、七四歳まで公立中学校に勤められた。その後も二五年間、講演、著述、テレビ、ラジオを通じ、教育界への提言を続けてこられた。

先生の生き方の根源は、キリスト者としての人間への愛と、髷（まげ）を切って北海道へ渡られた祖父以来の開拓者精神、そして教職者としての自己への厳しさにあった。よき師と友に恵まれて育てられてきた自己を顧み、一人一人の生徒が社会を一人で生き抜いていける人間に育てあげることを自己の務めとしてこられた。また、優れた言葉の使い手は、優れた人格の持ち主であるはずとの信念を持って、その達成に全力を傾けられた。

新聞、雑誌などを取り入れた手作り教材による授業や学級新聞を作成するプロセスで、話し合う力、書く力、読む力を育てていく魅力ある授業は「大村単元学習」と呼ばれ、ＮＩＥ（教育に新聞を）の活動の先駆けとなった。

その独創的な工夫は、教室での子どもは束にして見るものではなく、常に一人一人を見なければならないといった考えから生み出されている。画一的な教育と無縁の、子どもの心に寄り添った営みは、工夫された「学習記録」を提出させ、言葉の力を含めた一人一人の学習のすべてをとらえることで可能となる。

関心を持つべきものに関心を持たせるのが教育であると考えておられる先生は、「読んできましたか」と検査するだけの教師、「一生懸命指導したのですが、お宅のお子さん、勉強が足りませんね」と言い訳をする教師を無責任と退けられる。書き出せない子どもには、書き出しを与え、材料がなく書けない生徒には探しておいた種と書きかたを示して書けるように導かれる。

聞くことが学力の第一歩との考えに立つ先生は、常に整然とした話をして生徒の頭を論理的に練っていかれる。不断、明晰（めいせき）に考えるよう鍛えられた頭が、読解力につながっていくし、試験の折にも応じうるとの考えである。

戦争に敗れた原因は、指示されて動くだけで自己の意見を持たず、話し合いによって世論をつくることができなかったからと考えられ、戦後は「話し合う力」を大切にしてこられた。また、褒め上手であった先生は、褒めるに値することで褒めるためには種をまいておくことが大切、とも語られた。

徳島とのご縁も深い。先生は七〇年代に続けて三年、県内の中学校国語研究会に指導に来られた。平成に入ってからは、毎年のように鳴門教育大学においでになり、時の課題を解決していく方向を示された。さらにご自身の研究と指導のために集められた文献・資料一万点、および先生ご自身の勉強のため生徒から提出された「学習記録」二千六十冊を、九五年から二度にわたって寄贈してくださった。

◎

大村教室では、毎時間学習したこと、考えたこと、心の動きなどのすべてが「学習記録」に記されていく。その活動が自己を見つめさせ「自己評価力」を育てる学習となっている。自己評価力が育ち、学習の成果と課題を自覚した学習者は、自らの課題を克服しようと自己学習力を発動して次の学習に取り組んでいく。現在、求められている「自己学習力」は「自己評価力」を育てることによってその人の身についていくことを先生は実践によって示してこられた。

鳴門教育大学では「大村はま文庫」を創設して学内外の方の利用に応じており、外部から年間百人を超す方が訪ねてこられる。

心理学者・波多野完治博士が「世界に類例を見ない母国語教育の実践記録」と絶賛した全集十六巻をはじめ、七七年にわたって教育界に提言を続けてこられた先生のみたまに謹んで哀悼の意をささげます。

（徳島新聞　05・4・25）

あとがき

一

大村はま先生が天に召されて三年余、教育界に関する話題は尽きることがない。常に実践による提案によって、教育・国語教育を前進させることを念じておられた先生に　お尋ねしてみたいと願うことも多い。

本書は、前著『大村はま「国語教室」に学ぶ――新しい創造のために――』（渓水社　01・7・30）を承け、大村はま「国語教室」の創造性について、学会・研究会などにおいて報告・発表してきた論考・講話類を取りあげた。

本書にあげた報告・講話などは、研究報告が七、研究会における講演記録が五、新聞等への寄稿が四、編著書のあとがきが二となっている。

本書に収めた論考・講話類は一九九三年から二〇〇八年にわたっている。今回一本として編むにあたり、発表の機会を与えられた方々、機関に深く感謝申しあげたい。

考察が一五年間にわたっていること、及び求められた課題によることのため、重複する部分があることをお宥しいただきたい。

二

各論考・講話類の題目、発表誌名・会場、発行所、発表年月日は次のようである。

（題　目）	（所載紀要等）	（発表場所・発行所）	（発表年月日）
第一章　大村はま「国語教室」の創造性			
1　大村はま「国語教室」の創造性	「研究紀要　39」	大下学園国語科教育研究会	03・3・31
2　二十一世紀の国語教育への提案──「優劣のかなた」をめざした単元──		大村はま記念の会（横浜）	05・8・10
（第47回大下学園国語科教育研究会　02・12・1）			
3「大村はま文庫」を活用するために──「学習の記録」にどう学ぶかを中心に──		鳴門教育大学国語教育学会	06・8・18
4　国語科教師論	『新国語教育学研究』全国大学国語教育学会編	学芸図書	93・11・30
第二章　ＮＩＥの先駆者大村はま			
1　新聞による学習の創造──大村はま生誕100年	「季刊ＴＫＳ　85号」	東京機械ＫＫ	06・7・1
2　大村はま「国語教室」におけるメディアリテラシー教育		第四回大村はま記念国語教育の会	08・11・16
3　ＮＩＥの先駆者大村はま	「日本ＮＩＥ学会誌　2号」	日本ＮＩＥ学会	07・3・31
4　対話力の重視──優劣を意識させない授業──		徳島新聞	06・11・3
第三章　大村はま国語教室に学んできたこと			
1　個に応じ　自ら学ぶ意欲に培う教育をもとめて		徳島県小学校教育研究会	95・2・6
2　これからの単元学習のために		徳島市小学校教育研究会国語部会	94・6・16
3　国語科教育の現状と課題──大村はま「国語教室」に学んできたこと──			

4　ことばを育て人を育てる――これからの国語教育のために――
大分県中学校国語教育研究会　04・10・22
鳥取県西部地区中学校国語教育研究会　07・8・10
5　自己学習力の育成のために――国語科教育の現状と課題――
大分県高等学校教育研究会国語部会　99・10・27
第四章　「大村はま文庫」と鳴門
1　テストで測れない力の育成を　「私の視点」　朝日新聞　08・3・12
2　大村はま先生と鳴門Ⅰ～Ⅵ　「スカイタウン」　徳島新聞・松茂専売所　05・4～08・10
補章　二十一世紀をみつめて
1　大村はまの教育・国語教育観――波多野完治書簡への註（『22年目の返信』）　小学館　04・11・10
2　大村はま・波多野完治『22年目の返信』巻末に寄せて　小学館　04・11・10
3　『大村はま国語教室の実際』あとがき　溪水社　05・6・8
4　大村はま先生を悼む　徳島新聞　05・4・25

第一章の1は、例年講演のためお来し下さっていた大村はま先生が、この年広島へお出でになることができなくなった。急遽、事務局からのお話で、大村先生から二〇年ぶりに公にすることが認められた波多野書簡について報告した記録である。「大村はま国語教室　全15巻　別巻1」への波多野完治博士からの16通（うち一通は未見）の書簡をてがかりとして大村はま国語教室のどのような面に創造性が見いだされているかを明らかにしようと試みた。波多野氏の透視された大村国語教室の実践が広く深いところから、考察の資料が80ページを超える量となった。見返してみると、全集・対談などの資料ごとに大村はま先生の願いがこめられているので、省略はせずあえて掲載することとした。【書簡発見の経緯は、補章の2に記した。】

2においては、大村はま「国語教室」の実践が、「優劣のかなた」をめざし、二十一世紀の国語教育への提案となっていることを報告した。3においては、鳴門教育大学図書館に設置された「大村はま文庫」に収められた、二千六十冊の「学習の記録」から、大村先生がどのように「個」を捉えられ、一人ひとりを導いていかれたか、その内実をいかに学んでいくかについて報告した。4においては、大村国語教室は方法としてまねることはできない。指導者として、実践に生かすには、何をどう学ぶべきかについて記した。

第二章においては、NIE運動の先駆者としての大村はま先生の新聞・メディアリテラシー教育の内実について考察した。

現在、さまざまなメディアから送られてくる情報を取捨選択し、自在に活用するとともに、みずから発信するメディアリテラシー能力が重視されてきている。大村教室においては、アメリカにおいてNIE（教育に新聞を）運動が始まる以前から、「ひとつの社会が社会として成り立っていくためには、その社会に通じ合いが行われ、何事についても社会としての世論が形成されていなくてはならない。そのために欠くことができないのが新聞・メディアである。」との考えを基底に、新聞による学習が行われてきていた。そこでは、新聞の意義と特色を学び、その編集・制作の作業を通じて、学校生活の生きた問題を取りあげてその解決の方法を探らせ、自己をみつめさせ、自己の学習生活をいかに高めさせるか。また、情報発信力を向上させることによって、真実を伝え、社会的責任を自覚させるように図られていることを明らかにしようとした。

二章の1では、〇六年が日本において新聞印刷機の製造がはじまって一〇〇年になると聞き、大村はま先生の生誕一〇〇年に当っていることを申し出て、のちに私費で購入された印刷機を図書準備室でフルに回転させながら、学習指導を進められた大村実践を思い起こし、学校に印刷機のなかった時代の目黒第八中学校などにおける「新聞学習」をとりあげ、その成果を報告した。

2には、「よい学習記録は、よい学習から生まれてくるもの」と述べられた「大村はま文庫」の「学習記録」（鳴門教育大学図書館貴重資料室」保管）の中から、五三年度の紅葉川中学校における画期的な「新聞学習」の実践を再現し位置づけた。3では、日本におけるＮＩＥ（教育に新聞を）学習の課題の一つである「実践からの理論化」のためには、卓越した大村教室における「新聞学習」の歴史とその成果に学ぶべきことを報告するとともに、今後のＮＩＥ学習への提案を試みた。

第三章には、ときどきの課題について、徳島県・大分県・鳥取県の小学校・中学校・高等学校の国語教育研究会、および、教科を越えた方々【三の1】に求められて講じた記録から五編を取りあげた。いつ、いかなる課題に関しても、大村はま「国語教室」の実践が解決への道筋を示していることについて述べている。

第四章の1は、学力の質が、声高に云々されている時代社会のなかで、テストになじまない「話し合う力」が民主社会には重要であること、あわせて総ての学力の基底に「聞く力」が据えられねばならぬことを提言した。短く、意を尽くしていない文章であるが、新聞という公器のもつ力は大きく、かなりの反響があった。2～7には、徳島新聞松茂専売所長平野稔氏の依頼によって、地元のミニコミ誌「スカイタウン」に連載している小文を掲げた。地元及び県北地区の方々に、鳴門教育大学図書館「大村はま文庫」にかかる、大村はま先生の仕事を理解して頂くため四年余り続けている小論である。

最後に、二十一世紀をみつめた、大村はま「国語教室」の実践に関し、学んだり、直接お聞きしてきた先生のお考えをふまえた注記と編著書のあとがきなどをあげ、補章とした。

三

大村はま先生の実践は、「人は一人では育たない。」「人は　おたがいだれかを育てながら生きているものです。何より自分を育てながら生きているものです。」との人間観にたち、一人の日本人として民主社会を生きていく基本の力を主体的な学習を通じて、学習者一人ひとりの身につけさせていこうとする「理念」のもとに営まれてきた。「理念」ゆえに、いつ、いかなる学習者に対してもそれぞれの個人差に応じて　創意・工夫のこらされた「学習の実の場」が創りだされてきた。

その大村「国語教室」において、先生は明晰に考える力と話し合う力を基底に、言語文化の基礎に培い、人生を拓く窓である語彙を豊かにし、言葉の響きに人の心を識る言語感覚を育て、発見・創造を志向する読書生活を拓き、学習のすべてを学習記録に収斂させることによって、自己学習力のもととなる「自己評価力」を育ててこられた。

画一的な、つめこみ教育とは無縁の、一人ひとりに学習への意欲を喚起させ、「学び方」を自得させ、個性を発揮させていかれた大村単元学習は、学習者に学習目標を達成させつつ、指導者のなかでは広く深く国語学力・国語学習力が見通されていて、指導の目標、内容、評価を関連づけながら、それらが重層的に構造化され、螺旋状にたかめられてきたと観ることができる。世界の国語教育に詳しい波多野完治博士が「世界の母国語教育に類例がない実践の記録」（本書57ぺ）と讃歎された大村はま国語教室は、このような創造性のもとに成りたっている。

四

大村はま先生は、最晩年、野地潤家先生との長年のご縁から、ご自身の蔵書・指導資料、教え子の「学習の記録」など、精神生活にかかる資料類を鳴門教育大学に寄贈された。それらの資料が整えられ、付属図書館に「大村はま文庫」が設置されて十余年になる。年間百人を超える方々が全国からお見えになる。

年若い友人や元のゼミ生、「はまなすの会」・「おはま会」の方々などから、「大村はま文庫」を活用した研究事例について、また、聞き落としたり、見ることができなくなった報告を一本に！と、要請されて、思い腰をあげた。しかし、本書は、大村はま先生の教育・国語教育における実践・研究の創造的なお仕事の一部を取りあげるにとどまっている。半世紀を超えるご指導を受けてきた一人として恥じ入るばかりである。ことばの足りないところは大村はま先生ご自身の著作・講演集・対談など、原典に返って学んでいただきたい。

先生は、教職者としての責任感から、実践・研究について厳しかった。一面、サービス精神に富んでおられ、日常生活では、まさに「おしゃべり浜ちゃん」そのままでいらした。東京から大分での研究会までの同行を　前橋の北岡清道さんにお願いした折、一度は躊躇された北岡さんが、新幹線の車内では、絶えることなく先生が話をしてくださったと驚く話し好きでいらした。電話でお話しをする折は、短いときで四十分、二時間四十分に亘った時もあり、折々の実践研究のねらい、「学習記録」に学んできた思いなどを次々に語ってくださった。私自身、先生の「国語教室」講話の前座を勤める機会を何度か持ったが、先生は同じ思いでいられるとき、たとえば、「大村はま先生は、学習の総てを学習記録に収斂させることで自己をみつめさせ、『自己評価力』を育ててこられた。」

と報告したときなど、「橋本さん、うまいこと言うヮね。」と、あの慈顔でほほえんでくださった。本書の一部でもそのように言っていただけるかどうか、はなはだ心もとない。が、不肖の弟子の四年後の姿を亡き先生への一つの報告としたい。そのうえ、あらためて二十一世紀の国語教室の創造のため、大村はま「国語教室」の理念に学んでいきたい。

本書がこのようなまとまりを持ち得たのは、五十五年を超える野地潤家先生のお導きによる。先生には本書の刊行にあたっても細やかなお心配りをいただいたうえ、身にあまる序文を頂戴した。心から御礼申しあげたい。

本書の刊行にあたっては、溪水社木村逸司社長にこの度もさまざまなご高配をいただいた。厚く感謝申しあげる。

二〇〇八年十二月

橋本暢夫

著者略歴

橋　本　暢　夫（はしもと　のぶお）

1931（昭和６）年大阪市生まれ。1954年広島大学教育学部卒業。和歌山県立桐蔭高等学校、広島県下の高等学校に勤務。1969年広島県教育委員会指導課指導主事、高等学校教育係係長・指導課課長補佐。1970～1980年広島県立広島女子大学講師を兼務。1980年広島県立高等学校教頭から、大分大学に転じ、助教授・教授。1989（平成元）年～1997年　鳴門教育大学教授　評議員　付属図書館長を勤め「大村はま文庫」を創設した。1997～2003年　徳島文理大学教授。博士（教育学）。1990年　大村はま賞受賞。1996～2004年徳島県ＮＩＥ推進協議会会長。

専攻は国語教育学。国語教育史研究（国語教材史、国語教育実践史・大村はま「国語教室」の研究）。国語科教育実践理論の研究　などを専門としている。教育の国際化を志向して、日本語教育分野の実践研究にも携わり、1987～1988年、中華人民共和国　天津・南開大学招聘教授。（以後1998年・2004年にも）。広州・華南師範大学招聘教授（2004年・2008年）。成都・四川大学招聘教授（2005年）。

主要著作

・『中等学校国語科教材史研究』（溪水社　2002）
・『大村はま「国語教室」に学ぶ――新しい創造のために――』（溪水社　2001）
・『（大村はま）22年目の返信』（共編　小学館　2004）
・『大村はま国語教室の実際　上・下』（編　溪水社　2005）
・『国語教育史資料　第六巻』（共著　東京法令出版　1981）
・『国語教材研究方法論』（編著　［国語教育基本論文集成　24巻］　明治図書　1993）
・「国語科教育の本質と国際化」（「国語科教育37集」全国大学国語教育学会　1990）
・「野地潤家先生の旧制中等学校国語教育史研究」（「語文と教育　第12集」1998）
・「教科書教材史研究の成果と展望」（『国語科教育学研究の成果と展望』全国大学国語教育学会　2002）
・「子どもの発達と国際化」（『子どもの発達と教育』　ブレーン出版　1992）
・「自己学習力の育成」（『国語教育の授業改善』　ＫＫニチブン　1997）　など。

大村はま「国語教室」の創造性

2009年４月17日　発　行

著　者　橋　本　暢　夫

発行所　株式会社　溪水社

広島市中区小町1－4（〒730-0041）

TEL（082）246－7909

FAX（082）246－7876

E-mail:info@keisui.co.jp

ＩＳＢＮ978－4－86327－052－7　C3081